职业教育汽车专业课程改革创新教材

U0742431

汽车

底盘构造与维修

（第2版）

Structure and Maintenance of Automobile Chasis
(2nd Edition)

李晓 ◎ 主编

陈树国 ◎ 副主编

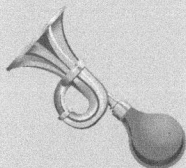

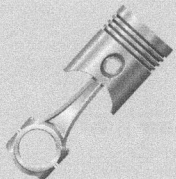

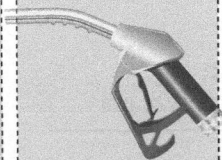

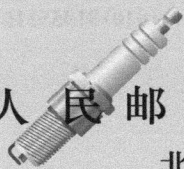

人民邮电出版社

北京

图书在版编目（CIP）数据

汽车底盘构造与维修／李晓主编. -- 2版. -- 北京：
人民邮电出版社，2014.5
职业教育汽车专业课程改革创新教材
ISBN 978-7-115-34748-0

Ⅰ. ①汽… Ⅱ. ①李… Ⅲ. ①汽车－底盘－结构－高
等职业教育－教材②汽车－底盘－车辆修理－高等职业教
育－教材 Ⅳ. ①U463.1②U472.41

中国版本图书馆CIP数据核字(2014)第049456号

内 容 提 要

本书比较系统地介绍了汽车底盘各总成和部件的结构、工作原理及拆装与检修的方法。通过课程教学和技能实训，可使学生能理解汽车各系统、总成工作原理及结构特点，基本具备汽车底盘拆卸、装配能力，以及使用汽车底盘维修的常用工具、量具、设备进行底盘各总成、部件检修的技能。本书的主要内容有汽车底盘概述、汽车传动系、汽车行驶系、汽车转向系和汽车制动系。

本书可作为职业教育汽车类专业教材，也可供相关从业人员参考。

- ◆ 主　编　李　晓
  副主编　陈树国
  责任编辑　刘盛平
  责任印制　杨林杰
- ◆ 人民邮电出版社出版发行　　北京市丰台区成寿寺路 11 号
  邮编　100164　　电子邮件　315@ptpress.com.cn
  网址　http://www.ptpress.com.cn
  北京七彩京通数码快印有限公司印刷
- ◆ 开本　787×1092　1/16
  印张　16.5　　　　　　　2014 年 5 月第 2 版
  字数　428 千字　　　　　2025 年 7 月北京第 15 次印刷

定价：36.00 元

读者服务热线：**(010)81055256**　印装质量热线：**(010)81055316**
反盗版热线：**(010)81055315**

　　本书是依据行业职业技能鉴定规范，并参考现代汽车维修生产技术文件而编写的。它与"工学结合"的人才培养模式和"岗位导向"的课程教学模式相配合，强调淡化理论，加强实训，突出职业技能训练。教材编排科学，特点鲜明，呈现方式新颖，贴近实际工作，能够充分利用实训设备引导学生自主学习，激发学生的学习兴趣。但是，汽车技术日新月异，新技术、新知识不断涌现，"汽车底盘构造与维修"课程的教学内容应该随着汽车技术的发展及职业岗位能力动态变化而调整，以适应职业岗位对人才能力结构的需求；另外，社会对毕业生的需求也随着现代化生产技术的发展和精益管理方式的推广，在专业能力、方法能力和社会能力方面提出了更高的要求，这就要求职业教育要以培养学习者的职业能力和综合素质为目标，教材的编写及其设计思路也着眼于学生的可持续发展和转岗能力的培养。

　　本书第1版已经多次印刷，在职业院校中有一定影响。教材编者通过使用该教材及对其他院校应用教材调查，积累了一些修订该教材的想法及思路。而且参与教材编写的教师均在教学一线从事汽车专业教学工作，对目前学生状况、学校教学设施都有深入的了解，具备了修订该教材的基础。

　　修订后的教材能使学生掌握现代汽车底盘的结构、工作原理、故障检测与诊断方法，特别是培养学生的动手操作能力，培养正确使用维修工具的能力，使学生具备一定的技术数据分析能力。本书在编写上更进一步体现出针对性、实用性和职业性，做到"教、学、做"的统一。在培养学生的动手能力上，重点强调学生怎么做以及如何做。

　　本书由北京电子科技职业学院副教授李晓任主编，陈树国任副主编。

　　本书教学时数为 160 学时，其中 80 学时为实践教学学时。

　　由于编者水平有限，书中难免存在不足之处，敬请读者提出宝贵意见。

编　者

2014 年 1 月

目录
CONTENTS

绪论

知识目标

◎ 能正确描述汽车的分类方法。

◎ 能根据汽车编号正确描述汽车类型、特点。

◎ 能正确描述汽车维修常用方法、步骤。

◎ 能正确描述汽车维修制度。

能力目标

◎ 会正确选择汽车底盘拆装常用工具、量具。

◎ 会正确使用常用汽车维修工具、量具。

课题一　了解汽车总体构造、分类与编号

基础知识

一、汽车的分类

汽车是指由动力装置驱动，具有 4 个或 4 个以上车轮的非轨道无架线的车辆。现代汽车的类型很多，为便于管理，国产汽车产品分为载货汽车、越野汽车、自卸汽车、牵引汽车、专用汽车、客车、轿车和半挂车及专用半挂车 8 类。

1. 载货汽车（货车）

它主要用于运送货物，也可牵引挂车。货车按最大总质量分级，分为微型（≤1.8t）、轻型（1.8～6t）、中型（6～14t）和重型（＞14t）4 级。

2. 越野汽车

它主要用于坏路或无路地区行驶，所以一般都是全轮驱动。按驱动轴数分为双轴、三轴和四轴驱动越野车。按越野总质量分为轻型（≤5t）、中型（5～13t）、重型（13～24t）和超重型（＞24t）4 级。

3. 自卸汽车

它是具有可倾卸货箱的汽车，分后倾、侧倾两种。按最大总质量分为轻型（≤6t）、中型（6～14t）和重型（＞14t）。

4. 牵引汽车

它是用于牵引挂车的汽车，可分为半挂牵引车和全挂牵引车。前者由半挂（鞍式）牵引车与载货半挂车组成，后者由全挂牵引车或一般货车与全挂车组成。

5. 专用汽车

它装有专用设备，具备专用功能，是用于承担专门运输任务或专项作业的汽车，如厢式车、罐式车、起重举升车、特种结构车等。按完成特定任务不同，常见的有救护车、冷藏车、洒水车、消防车、油罐车、起重车、工程车等。

6. 客车

它主要用于载送人员及随身行李物品，具有长方箱形车厢的汽车。按车辆长度分级，分为微型（≤3.5m）、轻型（3.5～7m）、中型（7～10m）和大型（＞10m）4 级。铰接和双层客车属特大型客车。

7. 轿车

它是指用于载送人员及随身物品，座位布置在两轴之间的四轮汽车。按发动机工作容积（排量）分级，分为微型（≤1.0L）、普通级（1.0～1.6L）、中级（1.6～2.5L）和中高级（3.0L以上）。

8. 半挂车

它是指由半挂牵引车牵引，并且其部分总质量由牵引车承受的挂车。其前部通过鞍式牵引座支撑在牵引车上。按总质量分为轻型（≤7.1t）、中型（7.1～19.5t）、重型（19.5～34t）和超重型

（＞34t）4 级。

二、汽车编号规则

为了在生产和使用中便于区别不同车型，常用一组简单的编号来表示汽车的厂牌、用途和基本特征，根据国标《汽车产品型号编制规则》（GB 9417—88）的规定，国产汽车的产品型号由企业名称代号、车辆类别代号、主参数代号、产品序号和企业自定代号组成，如图 0.1 所示。

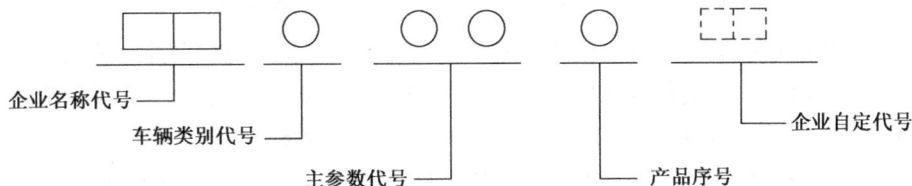

图 0.1　汽车编号规则

（1）企业名称代号用企业名称的 2 个或 3 个汉语拼音字母表示。

（2）车辆类别代号由表 0.1 中规定的阿拉伯数字表示。

表 0.1　车辆类别代号

车辆类别代号	车 辆 种 类	车辆类别代号	车 辆 种 类	车辆类别代号	车 辆 种 类
1	载货汽车	4	牵引汽车	7	轿车
2	越野汽车	5	专用汽车	8	
3	自卸汽车	6	客车	9	半挂车

（3）主参数代号用两位阿拉伯数字表示：载货汽车、越野汽车、自卸汽车、牵引汽车、专用汽车与半挂车的主参数代号为车辆的总质量（t）。当总质量在 100t 以上时，允许用 3 位数字表示。

客车的主参数代号为车辆长度（m）。当车长小于 10m 时，应精确到小数点后一位，并以长度的十倍数值表示；轿车的主参数代号为发动机排量（L），应精确到小数点后一位，并以其数值的十倍值表示。主参数的数字按《数字修约规则》的规定修约。不足规定位数时，在参数前以"0"占位。

（4）产品序号用阿拉伯数字表示，数字由 0，1，2，…依次使用。

（5）企业自定代号由两部分组成，前部分由汉语拼音字母组成，表示专用汽车分类代号。后部分为企业自定代号。分类代号用反映专用汽车车辆结构和用途特征的 3 个汉语拼音字母表示，结构特征代号为：X——厢式汽车，G——罐式汽车，Z——专用自卸汽车，T——特种结构汽车，J——起重举升汽车，C——仓栅式汽车。

（6）举例。

① CA1091 的含义：中国第一汽车制造厂生产的第二代载货汽车，总质量为 9 310kg。

② EQ2080 的含义：第二汽车制造厂生产的越野汽车，越野时总质量为 7 720kg。

③ TJ6481 的含义：天津客车厂生产的第二代车长为 4 770mm 的客车。

④ CA7180 的含义：中国第一汽车制造厂生产的轿车，排量为 1.8L。

三、车辆识别代码

车辆识别代码（Vehicle Identification Numbers，VIN）也称为 17 位编码，是国际上通行的标识机动车的代码，是制造厂为每一辆车指定的一组数据，可谓一车一码，具有在世界范围内对一辆车的唯一识别性。每一辆新出厂的车辆都被刻上 VIN，此代码将伴随车辆的注册、保险、年检、维修与保养，直至回收或报废而载入每辆车的服役档案。利用 VIN 可以很方便地查找车辆的制造者、销售者。

VIN 位于易于看到并且能够防止磨损或替换的部位。所选择的部位一般在仪表与风挡左下角的交界处、发动机的前横梁上、左前门边或立柱上、驾驶员左腿前方或前排左座椅下方等处。

国家标准《道路车辆识别代号（VIN）》（GB 16735—2004）规定，VIN 由 3 部分组成：

WMI	VDS	VIS
1　2　3	4　5　6　7　8　9	10　11　12　13　14　15　16　17

第一部分 WMI——世界制造厂识别代号，必须经过申请、批准和备案后方能使用。

① 世界制造厂识别代号的第 1 位字码是标明一个地理区域的字母或数字；第 2 位是标明一个特定地区内的一个国家的字母或数字。第 1 位和第 2 位字码的组合将保证国家识别标志的唯一性。第 3 位字码是标明某个特定的制造厂的字母或数字。3 位字码的组合能保证制造厂识别标志的唯一性。

② 对于年产量≥500 辆的制造厂，世界制造识别代号由以上所述的 3 位字码组成。对于年产量<500 辆的制造厂，世界制造厂识别代号的第 3 位字码为数字 9。此时车辆指示部分的第 3～5 位字码将与第 1 部分的 3 位字码作为世界制造厂识别代号。

第二部分 VDS——车辆说明部分由 6 位字码组成，如果制造厂不用其中的一位或几位字码，应在该位置填入制造厂选定的字母或数字占位。此部分应能识别车辆的一般特性，其代号顺序由制造厂决定。

第三部分 VIS——车辆指示部分由 8 位字码组成，其最后 4 位字码是数字。

第 1 位字码指示年份。

第 2 位字码可用来指示装配厂，若无装配厂，可规定其他内容。

如果制造厂生产的某种类型的车辆年产量≥500 辆，第 3～8 位字码表示生产顺序号；如果制造厂的年产量<500 辆，则此部分的第 3～5 位字码应与第一部分的 3 位字码一起来表示一个车辆制造厂。

举例：上海大众汽车有限公司 VIN

L	S	V	A	F	0	3	3	2	3	2	2	2	9	6	3	4
1	2	3	4	5	6	7	8	9	10	11	12	13	14	15	16	17

第 1～3 位 生产地理地区代码。

上海大众汽车有限公司

第 4 位 车身形式代码。

A——四门折背式车身　　　　　B——四门直背式车身　　　C——四门加长型折背式车身

E——四门加长型折背式车身　　F——四门短背式车身

H——四门加长型短背式车身　　K——二门短背式车身

第 5 位 发动机代码。

车型系列：上海桑塔纳轿车，上海桑塔纳旅行轿车，上海桑塔纳 2000 轿车

A——JV (026A)/AHM　　　　　　B——JV (026A) +LPG /AHM

C——JV (026A) /2P   D——JV (026A) +LPG /2P

E——JV (026A) +CNG /2P   F——AFE (026N) /2P

G——AYF (050B) /QJ   H——AJR (06BC) [AYJ (06BC)] /2P

J——AYJ (06BC) /FNV   K——AFE (026N) +LPG /2P

L——AYF (050B) +LPG /QJ   M——AYJ (06BC) +LPG /2P

车型系列：上海帕萨特轿车 PASSAT

A——ANQ (06BH) /DWB(FSN)   B——ANQ (06BH) /DMU(EPT)

C——ANL (06BA) /EZS   D——AWL (06BA) /EMG

E——BBG(078.2) /EZY   L——BGC (06BM) /EZS

M——BGC (06BM)/EMG

车型系列：上海波罗轿车 POLO

A——BCC (036) /GET(FCU)   B——BCC (036P) /GCU(ESK)

C——BCD (06A6) /GEV(FXP)

车型系列：上海高尔轿车 GOL

A——BHJ (.50.C) /GPJ

第 6 位 装备标志代码（乘员保护系统代码）。

0——安全带

1——安全气囊（驾驶员）

2——安全气囊（驾驶员和副驾驶员，前座侧面）

3——安全气囊（驾驶员和副驾驶员，前后座侧面）

4——安全气囊（驾驶员和副驾驶员）

5——安全气囊（驾驶员和副驾驶员，前后座侧面，头部）

6——安全气囊（驾驶员和副驾驶员，前座侧面，头部）

第 7～8 位 车辆等级代码。

33——上海桑塔纳轿车，上海桑塔纳旅行轿车，上海桑塔纳 2000 轿车

9F——上海帕萨特轿车

9J——上海波罗轿车

5X——上海高尔轿车

第 9 位 校验代码。

制造厂家内部编码

第 10 位 车辆年度型（年款）代码。

V——1997   W——1998   X——1999

Y——2000   1——2001   2——2002

3——2003   4——2004   5——2005

6——2006   7——2007   8——2008

9——2009   A——2010

第 11 位 装配工厂代码。

2——上海大众汽车有限公司

第 12～17 位 出厂顺序代码。

四、汽车总体构造

汽车由发动机、底盘、车身和电气设备 4 大部分组成，如图 0.2 所示。

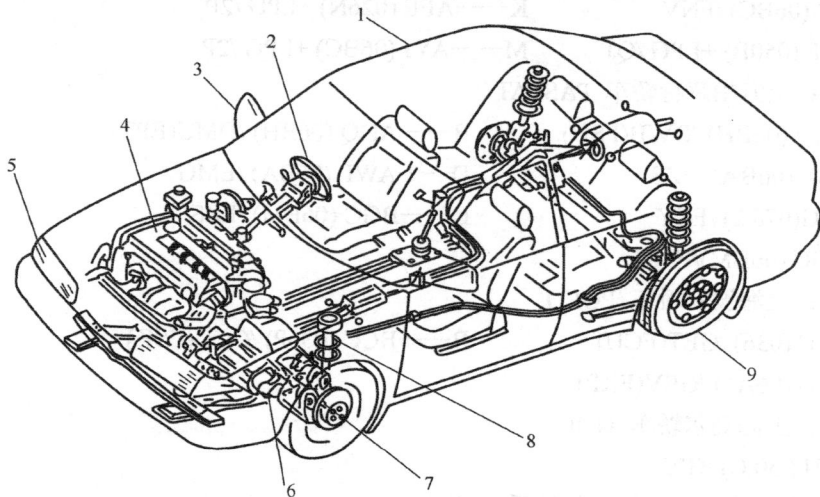

图 0.2 汽车总体构造图

1—车身；2—转向盘；3—反光镜；4—发动机；5—大灯；6—前桥；7—变速器；8—制动系；9—车轮

1．发动机

发动机是汽车的心脏，其作用是将供给的燃料燃烧产生动力。目前多数汽车都采用往复活塞式汽油机，它由机体、曲柄连杆机构、配气机构、燃料供给系、冷却系、润滑系、点火系、起动系等组成。

2．汽车底盘

汽车底盘的作用是接受发动机的动力，使汽车产生运动，并能按驾驶员的意志操纵正常行驶。汽车底盘由传动系、行驶系、转向系和制动系组成。传动系通常通过离合器、变速器、传动轴、驱动桥等部件将动力传给驱动轮；行驶系将汽车各总成及部件连成一个整体并对全车起支撑作用，它包括车架、悬架、车桥和车轮；转向系保证汽车按驾驶员的意志操纵行驶，由转向操纵机构、转向器、转向传动机构等构成；制动系使汽车减速或停车，并保证原地可靠地停驻，汽车制动装置包括若干相互独立的系统，而每个系统都由供能装置、控制装置、传动装置、制动器等组成。

3．车身

车身是驾驶员工作的场所，也是装载乘客和货物的场所。车身应为驾驶员提供方便舒适的操作条件，同时也为乘客提供舒适安全的环境并保证货物的完好性。

4．电气设备

电气设备由电源、汽油发动机点火系、起动系、汽车照明、信号装置等组成。另外，在现代汽车上还越来越多地装备各种电子设备，如电控单元（ECU）、中央计算机、各种人工智能装置等，极大地提高了汽车的性能。

为使汽车满足不同的使用要求，其总体构造及布置形式又有所不同。按发动机和各总成相对位置的不同，现代汽车的布置形式有发动机前置后轮驱动（FR 型）、发动机前置前轮驱动（FF 型）、发动机后置后轮驱动（RR 型）、发动机中置后轮驱动（MR 型）和全轮驱动（nWD 型）。其中 FR 型是传统的形式，在卡车及中高级以上轿车上广泛采用。FF 型在中低档轿车中广泛被采用。

课题小结

（1）汽车是指由动力装置驱动，具有 4 个或 4 个以上车轮的非轨道无架线的车辆。现代汽车的类型很多，为便于管理，国产汽车产品分为载货汽车、越野汽车、自卸汽车、牵引汽车、专用汽车、客车、轿车和半挂车及专用半挂车 8 类。

（2）国标《汽车产品型号编制规则》（GB 9417—88）规定，国产汽车的产品型号由企业名称代号、车辆类别代号、主参数代号、产品序号和企业自定代号组成。

（3）车辆识别代码（VIN）也称 17 位编码，是国际上通行的标识机动车的代码，是制造厂给每一辆车指定的一组数据，可谓一车一码。

（4）汽车由发动机、底盘、电气设备和车身及附属设备 4 大部分组成。

作业测评

（1）汽车有哪些类型？

（2）CA7220、TJ7130、EQ1090 代表什么车？

（3）试分析以下 17 位码：L S V A F 0 3 3 2 3 2 2 2 9 6 3 4。

课题二 汽车维修基础

基础知识

一、汽车维修常用工具及量具

1．常用工具

常用工具包括螺丝刀、钳子、扳手和手锤。

（1）螺丝刀（又名螺丝起子）。它是一种用来旋松或紧固带有槽口螺钉的工具，刀杆一般是用工具钢制造，头部锻后再经过淬火处理。根据用途，可分为标准螺丝刀、重级螺丝刀和十字形螺丝刀 3 种，其种类、特点和用途见表 0.2，外形结构如图 0.3 所示。它们的规格通常以其杆的长度来表示，一般为 50～350mm。

表 0.2　　　　　　　　　　　　　螺丝刀的种类、特点和用途

序号	种　类	特　　点	用　　途
1	标准螺丝刀	良好的绝缘性能，适用于带电场合	最常用的一种螺丝刀
2	重级螺丝刀	杆既短又粗，能承受较大扭力，并可在尾部作适当锤击	拆装较大螺钉或锁紧保险垫片
3	十字形螺丝刀	拆装螺钉时不易滑脱，也不易损坏螺钉槽口	拆装有十字形槽口的螺钉

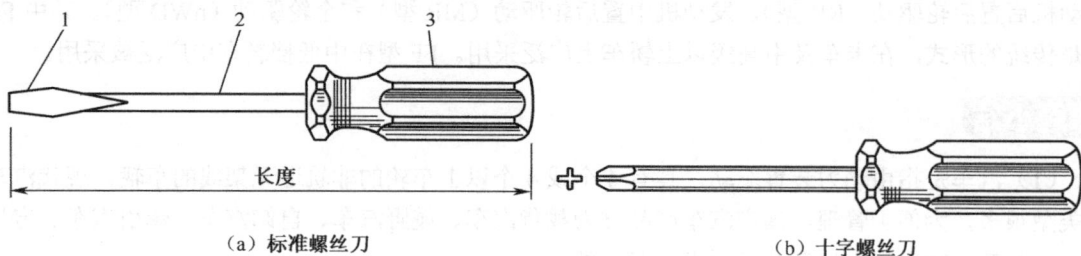

（a）标准螺丝刀　　　　　　　　　　　　　　（b）十字螺丝刀

图 0.3　螺丝刀

1—刀口；2—刀杆；3—手柄

螺丝刀的使用方法及注意事项如下。

① 根据螺钉头槽口的宽度选择合适的螺丝刀，一般选择的尺寸是：螺钉头槽宽 3mm 以下，用规格为 100mm 的螺丝刀；槽宽 6～10mm，用规格为 150～200mm 的螺丝刀；槽宽 12mm 以上，用规格为 250～300mm 的螺丝刀。

② 刀口与螺钉槽应清洁干净。使用时螺丝刀应垂直对正螺钉头的开口槽，刀口插入槽后，要用手心抵住螺丝刀柄端，然后再转动。当开始旋松或最后旋紧螺钉时，应用力将螺丝刀压紧，再用手腕转动。当螺钉松动后即可使手心轻压螺丝刀柄，用拇指、中指和食指快速转动。使用较长螺丝刀时，可用右手压紧和转动手柄，左手握住螺丝刀杆中间，以免滑脱，如图 0.4 所示。

③ 禁止将工作物拿在手上拆装螺钉，以防螺丝刀滑出伤手。

④ 螺丝刀使用日久刀口往往会被磨钝，拆装螺钉时容易滑出，因此对磨钝的螺丝刀应按标准式样在砂轮上磨好。

⑤ 禁止将螺丝刀当撬棒或凿子使用，也不准用扳手或钳子来增加扭力，以防扭断或扭弯螺丝刀，如图 0.5 所示。

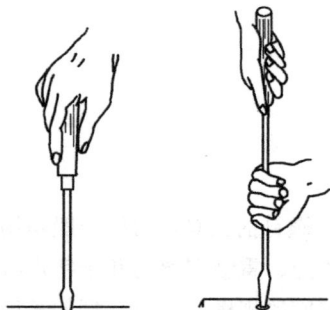

图 0.4　螺丝刀的使用方法　　　　　　　　　图 0.5　螺丝刀的错误使用

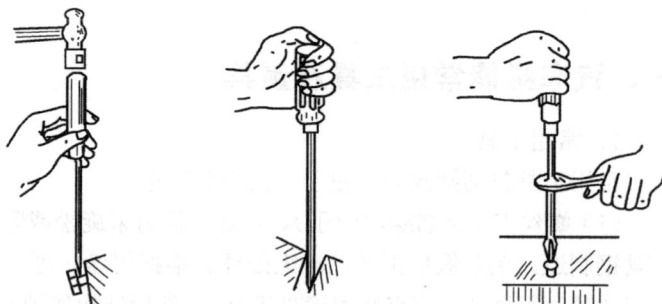

（2）钳子。它是用来夹持、扭弯及切断工件的工具。钳子的种类很多，汽车上常用的有钢丝钳、鲤鱼钳和尖嘴钳 3 种，其种类、规格和用途见表 0.3，外形结构如图 0.6 所示。

表 0.3　　　　　　　　　　　　　钳子的种类、规格和用途

序号	种　类	规　格	用　途
1	钢丝钳	150、175 和 200	夹持或折断金属路板及切断金属丝
2	鲤鱼钳	165 和 200	夹持扁形或圆柱形工作物
3	尖嘴钳	130、160、180、200	狭小的工作环境夹捏细小工件

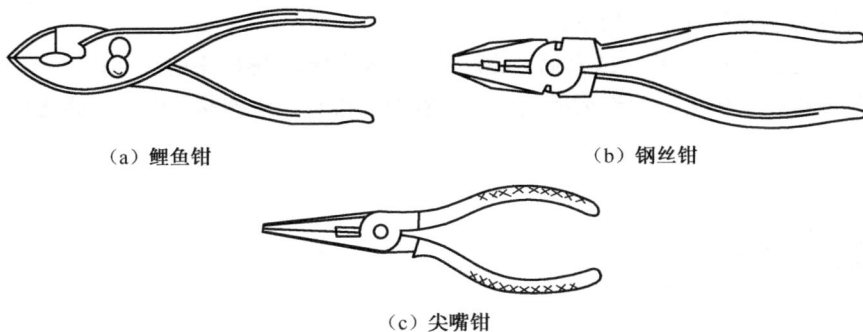

（a）鲤鱼钳　　　　　　　　　　　　（b）钢丝钳

（c）尖嘴钳

图 0.6　钳子

钳子的使用方法及注意事项如下。

① 使用前（后）应擦净钳子上的油污，以免工作时歪扭滑脱。

② 弯断或扭弯小的工作物时，应先将其夹牢。

③ 不能用钳子代替扳手松紧螺母、螺栓，以免损坏其棱角和平面。

④ 不能用钳子当锤子用或用钳柄代替锤棒（见图 0.7）。此外，也不可用钳子夹持过热的物件以免损坏或退火。

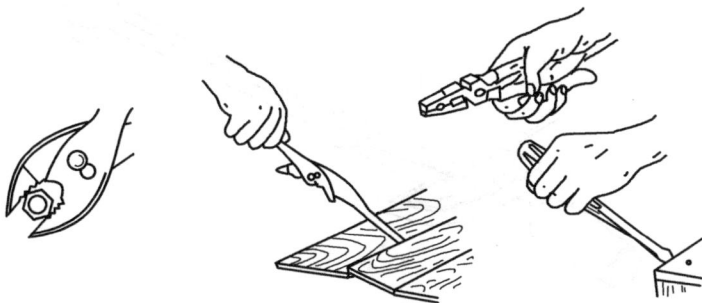

图 0.7　钳子的错误使用

（3）扳手。它是一种用来拆装螺母、螺栓的工具。常用的有开口扳手、梅花扳手、套筒扳手、活动扳手和扭力扳手。活动扳手和扭力扳手是以其全长（mm）来定规格的；开口扳手、梅花扳手和套筒扳手是以被扳动螺母、螺栓的对边尺寸（mm）来标其规格的。表 0.4 所示为各种常用扳手规格、特点与用途，图 0.8、图 0.9、图 0.10 所示为各种扳手外形图。

表 0.4　　　　　　　　　各种常用扳手规格、特点与用途

序号	种　类	规　格	特点与用途
1	开口扳手	6～24mm 或 6～32mm	拆卸一般标准规格的螺母和螺栓
2	梅花扳手	5～27mm 或 6～32mm	两端为花环状，可将螺母和螺栓头部套住，其扭转力大，工作可靠不易滑脱，适用于螺栓或螺母周围空间狭小的场合
3	套筒扳手	10～24mm 或 10～32mm	用于开口扳手或梅花扳手不便于拆装的螺母、螺柱，使用方便，效率更高
4	活动扳手		开口宽度可以调节，可拆卸不规则的螺母或螺栓
5	扭力扳手		扳转金属管子或其他圆形工件，开口宽度可以调节，开口上有齿槽

扳手的使用方法及注意事项如下。

① 选用各种扳手时，开口（或套筒）的规格必须同螺母、螺栓头的尺寸相符合，否则容易损坏扳手和螺母或螺栓的棱角，而造成拆装困难，若扳手松旷，还容易发生滑出碰伤事故。

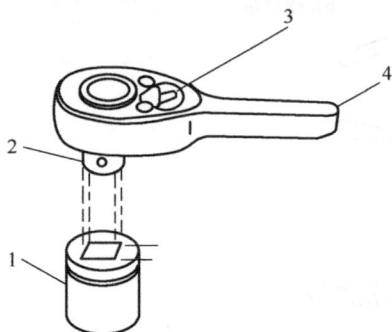

图 0.8　套筒扳手

1—套筒；2—套筒头；3—棘轮开关；4—手柄

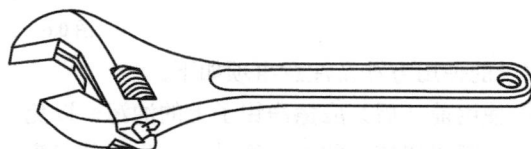

图 0.9　活动扳手

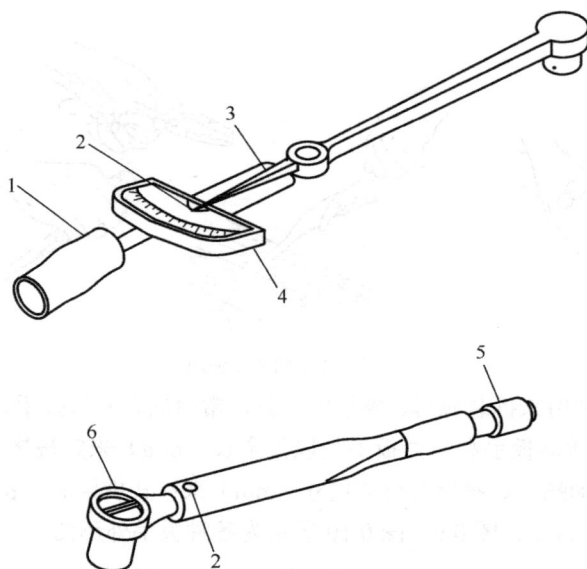

图 0.10　扭力扳手

1—手柄；2—刻度；3—指针；4—刻度盘；5—旋钮；6—锁止套筒

② 使用扳手前应将手和扳手上的油污擦净，以免工作中滑脱。

③ 使用扳手时，最好是拉动，而不要推动；若开始旋松必须推动时，也只能用手掌推动，以免螺母或螺栓突然松动而碰伤手指，使用方法如图 0.11 所示。拉的方向同扳手成直角，才能获得最大的扳力。

④ 不准任意接长扳手的手柄长度（如套管子等），以免折断扳手或损坏工件。

⑤ 不准将扳手当手锤、撬棒使用。

⑥ 使用开口扳手，开始旋松或最后旋紧螺母及螺栓时，应让较厚的扳口承受拉力。使用活动扳手时，要将活动扳口调到卡在螺母或螺栓上不会松动，拉动时必须使力吃在固定扳口上，如

图 0.11 所示，否则，容易滑出或使活动扳口断裂。使用管子扳手时，要让扳口咬紧工作物后，再用力拉动，否则会滑脱。

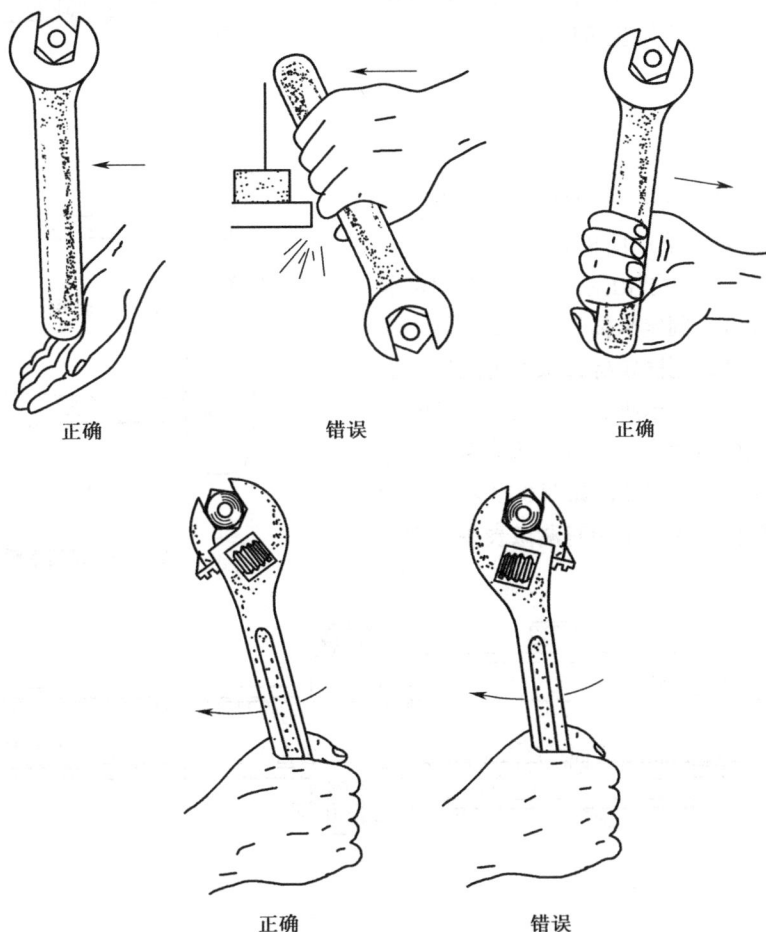

正确　　　　　　　　错误　　　　　　　　正确

正确　　　　　　　　错误

图 0.11　扳手的使用

⑦ 扳手用完后，应妥善保管，防止生锈和被酸碱腐蚀及丢失。

（4）手锤（又名榔头）。它是凿切、矫正、铆接相装配等工作的敲击工具，由锤头和锤柄两部分组成。手锤的规格是根据锤头的重量（kg）来标定的，球头手锤规格一般有 0.25kg、0.50kg、0.75kg、1.00kg、1.25kg 和 1.50kg 共 6 种。手锤分为硬手锤和软手锤两类，硬手锤的锤头由碳钢淬火制成，常用的有圆头和矩形头两种，如图 0.12（a）所示。硬手锤一般用于凿切、拆装工件用。软手锤的锤头用铝、铜、硬橡胶或硬木制成，凡工作物经不起钢锤敲击（易敲毛、敲伤）的均应选用软手锤。手柄一般多用坚韧的木料（檀木、华木和杨木等）制成椭圆形，其锤柄长为 300～350mm，如图 0.12（b）所示。

以右手握住锤柄的后端（以柄尾伸出 15～30mm 为宜），锤击时，锤头不可东倒西歪，锤面应与工作物平行接触，眼睛应注视工作物。

挥锤方法有手挥、肘挥和臂挥 3 种。手挥是手腕的前后弯曲运动，锤击力较小，适用于铲凿开始和结尾；肘挥是手腕和肘的运动，这种挥锤法击力较大，又比较省力，适用于各种作业；臂挥是肘和上臂一起运动，需要重击时才这样挥锤。
手锤的使用方法与注意事项如下。

① 使用前，必须检查锤柄有无松动或破裂现
象，以免工作中锤头飞出发生危险。

② 使用时，应将手上和手锤上的油污擦净，
以防止工作中滑出损物伤人。

2．常用量具

常用量具包括游标卡尺、厚薄规、千分尺、
百分表、轮胎气压表、千斤顶和油脂枪。

（1）游标卡尺。它主要由主尺、副尺、固定卡
脚、活动卡脚等组成。固定卡脚和主尺是一体，活
动卡脚和副尺是一体，用固定螺钉来固定副尺。上
卡脚用于测量内表面，下卡脚测量外表面。有的游
标卡尺，在其主尺的背面有一个可与活动卡脚一起
移动的深度尺，用于测量深度，如图 0.13 所示。为
了读数方便，有的游标卡尺上装有测微表头，称为
带表卡尺。

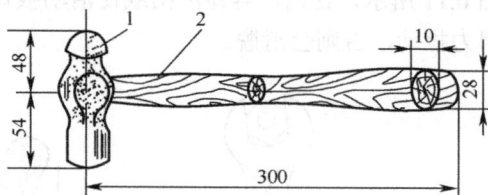

（a）硬手锤

（b）软手锤

图 0.12　常用手锤

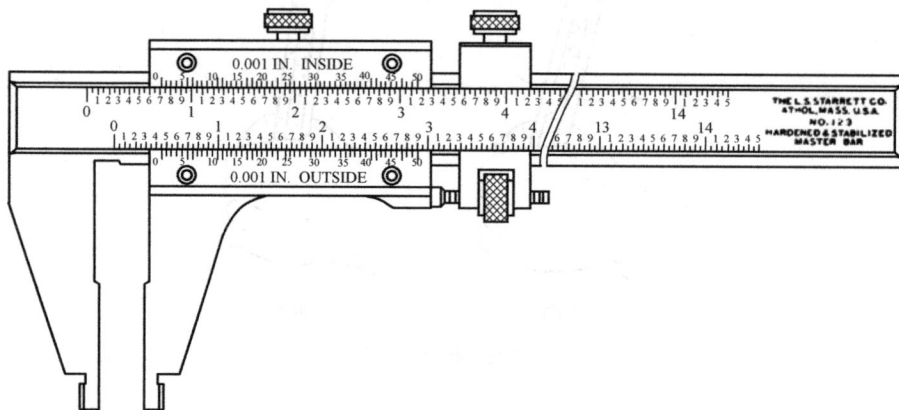

图 0.13　游标卡尺图

游标卡尺可直接测量出工件的内外尺寸、宽度、长度、孔距等，若带有深度尺的还可测出孔
或槽的深度，其精度有 0.10mm、0.05mm 和 0.02mm。这 3 种精度的游标卡尺，主尺每格示值均
为 1mm，副尺每格示值分别为 0.1mm、0.05mm 和 0.02mm。

游标卡尺的读数方法是：副尺零线与主尺零线最近的一条刻线即为所量尺寸的毫米整数；在
副尺上找出与主尺刻线对齐的刻线，其倍数与卡尺精度的乘积即为所测尺寸的小数部分；将上述
两值相加，即为所测尺寸数，如图 0.14 所示。

游标卡尺的使用方法：使用前，应先将卡脚接触面和被测工件表面擦拭干净，以免影响测量
精度；测量时应先将卡脚张开大于被测工件外部尺寸（若测量内部尺寸则卡脚间距要小于所测尺
寸）。待工件卡入其中后，再慢慢推动副尺，使两脚与工件接触，松紧适度，进行读数。严禁测量
转动的工件及表面粗糙的工件。游标卡尺用完后应擦拭干净，合拢卡脚，将其放在盒内。

（2）厚薄规（塞尺、间隙规）。它是用来检验两个接合平面之间的间隙大小的量具，如图 0.15 所示。它也可与检验平台或检验棒配合使用检查零件的平面度，如气缸体上平面、气缸盖下平面的平面度。厚薄规具有两个平行的测量平面，是由一片标准的钢片（又称塞片），或为一组具有各种不同厚度的钢片组成，每片上标有它有厚度，如 0.02mm、0.05mm、0.10mm 等。厚薄规的使用方法如下。

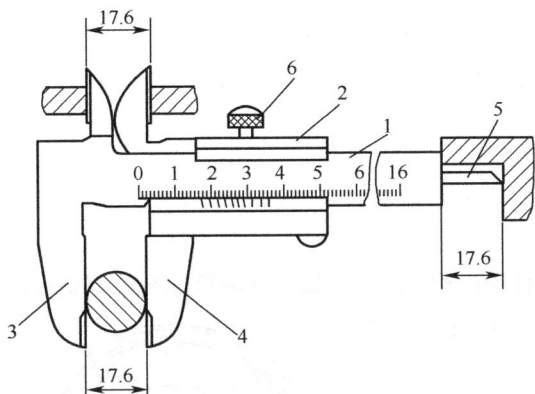

图 0.14　游标卡尺的读数方法

1—主尺；2—副尺；3—固定卡脚；4—活动卡脚；
5—深度尺；6—固定螺钉

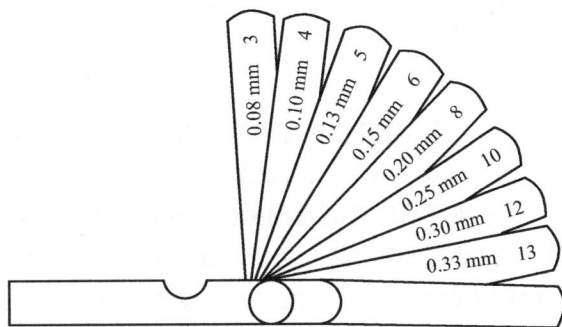

图 0.15　厚薄规

① 根据被测间隙的大小选择合适的塞片，将塞片轻轻插入被测零件的间隙内，如过松或过紧则更换，如此反复试插，直至松紧适度为止。此时该塞片的厚度为被测间隙的大小。

> **提示** 不允许将塞片作剧烈的弯曲，也不允许将塞片用很大力塞入间隙，以免折断或折成死折，影响测量精度。

② 测量时，塞片不允许有污垢、金属等杂物；被测工件表面也必须洁净，否则将影响测量精度。

③ 使用完毕后，应清洁塞片表面，收回保护板内。

（3）千分尺。它按用途可分为外径千分尺、内径千分尺和深度千分尺。这里主要介绍外径千分尺，如图 0.16 所示。外径千分尺（又名外径百分尺、外径分厘卡）是一种精密量具，主要用来测零件的外尺寸。它比游标卡尺精度高，使用方便、准确，看尺寸时比较清晰。

外径千分尺的规格以测量范围划分，有 0～25mm、25～50mm、50～75mm、75～100mm、100～125mm、125～150mm 等。千分尺是较精密的量具，它们的测量精度通常都是 0.01mm，所以实际上是百分尺，但一般习惯都称做千分尺。

图 0.16　外径千分尺

外径千分尺的读法如下。

① 先读整数：看活动套管左边固定套管上露出的刻线是多少。特别要注意的是看 0.5mm 的

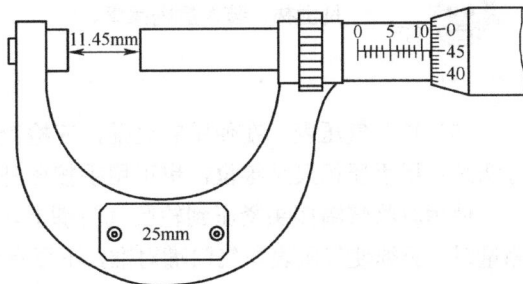

刻线是否露出来，否则就会少读或多读 0.5mm。

②　读小数：看活动套管的哪条刻线与固定套管上的轴向刻线对齐。如果 0.5mm 的刻线没露出来，那么活动套管与固定套管轴向刻线对齐的线，即读的是毫米小数；如果 0.5mm 的刻线露出来，那么还要加上 0.5mm 才是真正的得数。

想一想　为什么 0.5mm 的刻线露出来，就要加上 0.5mm 才是真正的得数?

③　两次读数相加：把测得的两个读数相加即为千分尺的读数。

外径千分尺的使用方法如下。

①　使用前应将测量面擦净，并检查零位，转动棘轮机构，使两测量面或测量面与校正量杆接触，直到听到棘轮发出响声，这时活动套管的零线应与固定套管的纵向中线对齐，若不能对齐，则用专用扳手调整。

②　测量时，螺杆轴线要与工件中心线垂直或平行，接触工件表面时棘轮发出"咔、咔"的响声，这时的读数就是工件的尺寸。

③　外径千分尺不可用来测量粗糙的工件和运转中的工件。

④　使用后应将外径千分尺擦拭干净，涂油后放入盒内。

（4）百分表（又名千分表）。它是一种测量精度较高的量具，常用来测量零件的平面度、圆度、同轴度、平行度等。它的测量精度为 0.01mm，其规格以测量范围分，一般有 0～3mm、0～5mm、0～10mm 等几种。百分表外形如图 0.17 所示，使用百分表测量时，应将百分表固装在支架上，以测杆端的量头垂直抵住被测量面，并使被测量物在一定要求下移动，即可从表盘上读出被测零件中的间隙或其尺寸偏差。

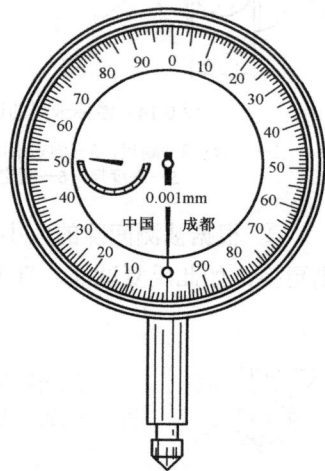

图 0.17　百分表

提示　百分表使用完毕后，应解除所有的负荷，将其擦拭干净，在金属表面上涂一层工业用凡士林，装入盒内保管。

（5）轮胎气压表。在使用它之前，应检查标尺或表针是否在零位，若不在零位，应使其回零。方法是：用手压标尺至零位，也可用手按压外壳上的回零按钮。

使用时将气嘴接头紧压到轮胎气门嘴上，使气门芯被压进，指示器的读数即为轮胎气压。在测量时，必须使气压表与气门嘴对准，不要有漏气现象，否则测出的值不准。若取下气压表读数，应避免碰撞，以防示值变化。

（6）汽车上通常使用的千斤顶有液压式和机械式两种。使用液压千斤顶时应把油压开关关紧，将千斤顶放好并对准要顶起的部位，随即压动手柄，工作物便会逐渐升起；当落下千斤顶时，将油压开关慢慢松开即可。使用千斤顶时应注意以下几点。

①　在顶起之前应用三角木将汽车车轮塞好。

② 如果是在松软的路面或场地上，应在千斤顶底座下加垫板以减少其对地面的单位压力。

③ 顶起时要确实与工作物垂直对正，以防止滑脱，造成事故。

④ 在千斤顶升起和下降时，严禁在车底下工作。

⑤ 千斤顶缺油时，应加注规定油液，不能以其他油代替。

（7）汽车维修作业中的滑脂枪。它是向装有滑脂嘴的润滑部位加注润滑脂（黄油）的工具。在使用滑脂枪时应注意以下几点。

① 装润滑脂时应一小团一小团地装，以便排出空气；加进的润滑脂间应相互贴紧，不能有空隙；所有润滑脂必须干净，不得含有杂质。

② 枪头出油必须对正滑脂嘴顺利进入。

③ 发现不进油时，应停止注油，检查滑脂枪或滑脂嘴是否有故障。

二、汽车维修设备

1. 汽车维修通用设备

在汽车维修中，汽车维修设备是不可忽视的。它包括维修工作地沟、汽车举升设备、总成拆装运送设备与工作台架等。

据统计表明，汽车下部维修作业约占维修工作总量的 50%，例如，由工人躺在车下检修底盘机件，不仅因车下能见度差，不易接触机件，操作困难，难以保证质量，而且工作效率低，增长了维修的停歇时间。而汽车举升器与搬运设备的广泛应用，不仅为汽车维修机械化流水作业提供了基础，而且给提高维修质量和效率，减轻工人的劳动强度也创造了条件。

（1）地沟。它是汽车维修企业广泛采用的设备，它在汽车维修中使用的历史较长。从地沟的结构形式可分为独立式和堑壕式，堑壕式又分为尽头式与直通式。由于地沟建造费用低，安全可靠，不需要专门进行维护，故在小型汽车修理厂中使用较多。目前在现代化汽车特约维修站很少采用。

为什么地沟在维修企业应用逐渐减少？

（2）根据举升设备的传动方式，可分为液压传动、气压传动、机械传动和液压—气压传动 4 种。

液压传动举升器是应用液压油（主要是矿物油）作介质，通过油缸传递动力和运动。它的优点是工作比较平稳，容易控制，结构简单。其缺点是当需要较大的举升高度和举升力时，则举升设备往往制成固定式，这不但增加了设备安装费，而且增加了设备保养维护工作。目前此种举升设备应用较多。

气压传动举升器是用压缩空气作介质，通过气缸传递动力和运动。它的优点类似液压传动。其缺点是传动不平稳，举升能力有限，一般不超过 500kg，目前这种举升设备应用较少。

机械传动举升器的动力装置是电动机或其他动力转换装置，如电动—液压转换装置，它通过机械组件（丝杆螺母、钢丝绳绞盘、链条齿轮等）传递动力和运动。它的优点是安全可靠，其缺点是结构复杂，控制困难，机械摩擦损失大，需要较大功率的电动机驱动。

根据举升器的结构特点，可分为固定式和移动式两种。

固定式液压和气压—液压举升器都有单柱塞和双柱塞式。单柱塞举升器能保证汽车平稳举起，并可绕柱塞轴线回转，使汽车出入和进行维修作业方便灵活，占用面积也小。双柱塞举升器用于举升大型汽车，柱塞的间距为适用不同车型而采用可调节的结构。

固定式举升器在维修作业的接近性与灵活性方面比维修地沟式有较多优点，同时也改善了工人的作业条件。

移动式举升器的举升高度一般都较小，仅为了使车轮离地。它常与维修地沟配合起来使用。

（3）修理工艺设备。汽车修理工艺设备主要有镗缸机、磨缸机、磨气门机、磨气门座机、制动鼓搪鼓机、气门座铰刀等。

（4）检查调整设备。汽车检查调整设备主要有发动机功率测试仪、气门密封试验仪、汽油泵与喷油器试验台、机油泵修试台、弹簧试验仪、磁力探伤器、万能电气试验台、仪表与灯具修试台、制动阀与气室修试台、前轮定位测试仪、转向盘转动量与转矩检验仪、前灯光束检验仪、制动试验仪等。

（5）拆装紧固设备。汽车拆装紧固设备主要有轮胎螺母拆装机、钢板弹簧骑马螺栓螺母拆装机、各种风动扳手、扒胎机、手提式液压拉压器等。

2．维修机具

维修工具包括台虎钳、压力机、砂轮机和钻削设备。

在汽车维修作业中，涉及许多维修机具的使用，尤其是常用维修机具，了解、掌握它们的用途和使用方法十分重要。

（1）台虎钳（又名老虎钳、平行虎钳）。它装置在工作台上，是一种夹持工件的工具，一般用生铁、铸钢制成。其规格按钳口的长度分为75mm、100mm、125mm、150mm、200mm等几种。常作为锯割、攻丝、套丝、刮内表面、弯曲等多种操作中夹持工件用。常用的台虎钳有回转式和固定式两种，如图0.18所示，钳口的合拢和张开，只需将手柄按顺时针或逆时针方向旋转即可。夹持笨重工件时一定要夹稳、夹紧，以免脱落。夹持特殊工件时，要设法加衬垫，使钳口均匀受力。工件过长时，要用支架支持悬空部分。对形状不规则的工件，要慎重考虑夹持方法，钳口一定要夹持在坚稳均衡的面上。

台虎钳丝杆、螺母及其他活动表面上都要注意经常加油，保持清洁。

（2）压力机。它是在拆装工作中，用来压入或压出衬套、轴承、齿轮、校正连杆弯曲等所必用工具。手动压力机外型，如图0.19所示。使用手动式压力机时，先将零件固定在压轴下部的4个大小不同缺口的圆盘上，然后将零件对准压轴，并转动手柄使压轴往下压动零件，直至零件被压入或压出为止。

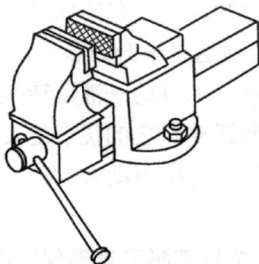

图 0.18　台虎钳　　　　　　　　　　图 0.19　手动压力机

对较软的工件，要轻轻夹持，以免工件损伤或变形。夹持加工过的表面、精密工件时，应用软钳口（铅或紫铜护口）或在钳口间垫铜片，也可垫一层布或软木片等。

（3）砂轮机。它是在维修工作中用来手磨工件的电动工具。也可用来磨去工件或材料的毛刺、锐边等。

砂轮机主要由砂轮、电动机机体等组成，如图0.20所示。砂轮机通常装有中号及细号两个砂轮，供工作中选用。

砂轮的质地较脆，转速较高，使用时应遵守安全操作规程，严防砂轮破裂造成人身事故。使用前应确认紧固砂轮的螺帽是否紧固，如果松动应旋紧，但不宜过紧，以免砂轮碎裂。同时，应装好防护罩，以防意外伤害。

安装砂轮应注意其平衡，应无震动和其他不良现象。砂轮的旋转方向应正确，使磨屑向下方飞离砂轮。砂轮机启动后，待转速正常时再进行

图0.20 砂轮机

磨削。磨削时要防止刀具或工件对砂轮发生剧烈的撞击或施加过大径向压力。操作者尽量不要站在砂轮的对面，而应站在砂轮机侧面或斜侧位置。

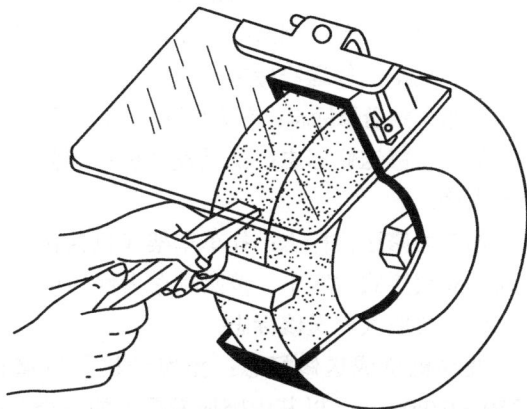

（4）钻削设备。根据需要可选用不同的钻削设备，如台钻、立式钻床、手摇钻、手电钻等。

三、汽车维护制度

1. 汽车维护制度分为日常维护、一级维护和二级维护

日常维护：日常维护是日常性作业，由驾驶员负责执行。其作业内容是清洁、补给和安全检视。具体为空气滤清器的维护、刮水器和玻璃清洗装置的维护、蓄电池的维护、熔断丝的维护、轮胎的维护等。

一级维护：一级维护由专业维修工负责执行。其作业中心内容除日常维护作业外，以清洁、润滑、紧固为主，并检查有关制动、操纵等安全机件。

二级维护：二级维护由专业维修工负责执行。其作业中心内容除一级维护外，以检查调整为主，并拆检轮胎，进行轮胎换位。

车辆二级维护前，应进行检测诊断和技术评定，根据结果，确定附加作业或小修项目，结合二级维护一并进行。

由于冬夏季气温相差较大，为保证汽车在冬季和夏季合理使用，在季节转换之前，应结合定期维护进行换季作业。

2. 汽车修理

我国汽车修理是贯彻视情修理的原则，即根据车辆检测诊断和技术鉴定的结果，视情按不同作业范围和深度进行修理，既可防止拖延修理造成车况恶化，又可避免提前送修造成浪费。

（1）汽车修理分类。汽车修理按作业范围分为汽车大修、总成大修、汽车小修和零件修理。

汽车大修：是指新车或经过大修后的车辆，在行驶一定里程（或时间）后，经过检测诊断和技术鉴定，用修理或更换车辆任何零部件的方法，恢复车辆的完好技术状况，使之完全或接近完全恢复车辆技术性能和使用性能的恢复性修理。

总成大修：是指车辆的主要总成经过一定使用里程（或时间）后，用修理或更换总成任何零部件（包括基础件）的方法，使之恢复其完好技术状况的恢复性修理。

汽车小修：是指用修理或更换个别零件的方法，保证或恢复车辆工作能力的运行性修理，主要是消除车辆在运行过程或维修作业过程中发生或发现的故障或隐患。

零件修理：是对因磨损、变形、损伤等而不能继续使用的零件进行修理。

（2）汽车大修送修标志。

客车大修送修标志：是以车厢为主，结合发动机总成或其他两个总成符合大修条件的，应送大修。

货车大修送修标志：是以发动机总成为主，结合车架总成或其他两个总成符合大修条件的，应送大修。

挂车大修送修标志：挂车车架（包括转盘）和货厢符合大修条件，应送大修；牵引车牵引的半挂车和铰接式大客车，按照汽车大修的标志与牵引车同时进厂大修。

（3）总成大修送修标志。

发动机总成送修标志：指发动机气缸磨损，圆柱度达到 0.175～0.250mm 或圆度已达到 0.050～0.063mm（以其中磨损量最大的一个气缸为准）；最大功率或气缸压力较标准降低 25% 以上；燃料和润滑油消耗量显著增加时。

车架总成送修标志：车架断裂、锈蚀、弯曲、扭曲变形逾限。大部分铆钉松动或铆钉孔磨损，必须拆卸其他总成后才能进行校正、修理或重铆者。

变速器（分动器）总成送修标志：壳体变形、破裂。轴承孔磨损逾限，变速齿轮及轴恶性磨损、损坏，需要彻底修复的。

后桥（驱动桥、中桥）总成送修标志：桥壳破裂、变形，半袖套管的承孔磨损逾限，减速器齿轮恶性磨损，需要校正或彻底修复的。

前桥总成送修标志：前轴裂纹、变形，主销承孔磨损逾限，需要校正或彻底修复的。

客车车身总成送修标志：车厢骨架断裂、锈蚀、变形严重，蒙皮破损面积较大，需要彻底修复的。

货车车身总成送修标志：驾驶室锈蚀、变形严重、破裂，或货厢纵、横梁腐朽，底板、栏板破损面积较大的。

四、汽车维修基本方法

汽车修理就其基本方法来说，可分为就车修理法和总成互换修理法两种。

1．就车修理法

就车修理法是指汽车在修理过程中，对车上的零件、组合件及总成不互换，除更换报废的零件外，原车的零件、组合件及总成经修复后，仍装回原车。采用这种修理法，由于零件、组合件及总成在修配过程中所需的时间不同，经常影响汽车总装的连续性，不能及时完成总装工作，拖延汽车出厂时间。但对修理量不大、承修车型种类较多和送修单位不一的修理厂来说，采用这种修理方法还是较为适宜的。

2．总成互换修理法

总成互换修理法是指汽车在修理过程中，除对车架（或带车身）进行修复外，其余需修的零件、组合件和总成，都可用备品库中预先修好的或新件换装。而替换下来的零件、组合件和总成，另行安排修理，以备下次换用。这种修理方法由于利用了备用件，保证了汽车修理装配的连续性，从而大大缩短了汽车的在厂修车日。同时，由于用此法修理进厂的汽车，主要是进行换装、调整、检查和试车工作，所以可以组织适当的流水作业。至于备用的零件、组合件及总成，可视其结构形式、修理工艺适当定型，即可用较细的专业分工，以达到优质、高效、低耗的目的。这种修理方法适用于修理规模较大，承修车型较单一，并具有一定备件周转能力的修理厂。

课题小结

（1）汽车维修常用工具包括螺丝刀、钳子、扳手、手锤等，常用量具有千分尺、游标卡尺、百分表、厚薄规等。
（2）汽车维修设备包括通用设备和专用设备。
（3）汽车维护制度规定汽车维护分为日常维护、一级维护和二级维护。
（4）汽车维修方法分为就车修理法和总成互换修理法。

作业测评

（1）使用扳手时应注意哪些问题？
（2）汽车一级维护与二级维护有什么区别？
（3）汽车维修方法有哪些？

学习目标

知识目标

◎ 能叙述汽车传动系的组成和作用、布置形式及动力传递路线。

◎ 能正确描述离合器的分类、组成、结构特点和工作原理。

◎ 能正确描述三轴式和两轴式变速器的构造、工作原理及特点。

◎ 能正确描述万向传动装置的类型和结构特点。

◎ 能正确描述驱动桥的组成、结构特点和工作原理。

◎ 能简单叙述自动变速器的组成和工作原理。

能力目标

◎ 会进行离合器的拆装、检修及调整。

◎ 会进行变速器的拆装和检修。

◎ 会进行驱动桥的拆装、检查与维护。

汽车传动系的基本作用是将发动机的动力传递给驱动车轮，使汽车行驶。按结构和传动介质不同，汽车传动系的形式分为机械式、液力机械式、静液式、电动式等，目前汽车上广泛应用机械式和液力机械式传动系。

图 1.1 所示为机械式传动系，它由离合器、变速器、万向节、传动轴、驱动桥等总成构成。发动机发出的动力依次经过离合器、变速器、万向传动装置、主减速器、差速器和半轴传给驱动轮。

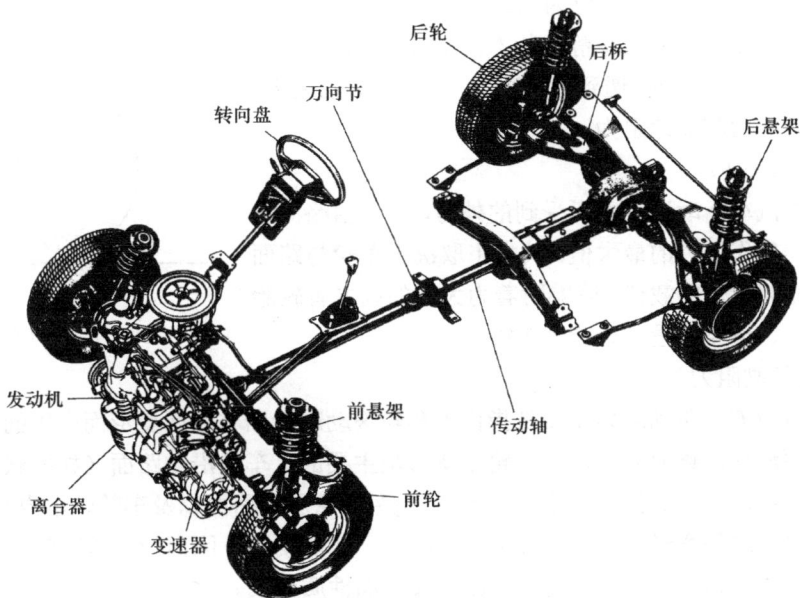

图 1.1　机械式传动系示意图

液力机械式传动系是以液体作为介质，利用液体在主动组件和从动组件之间循环流动过程中的动能变化传递动力，并能根据道路阻力的变化，自动地在若干个车速范围内分别实现无级变速，而且其中的有级式机械变速器还可以实现自动或半自动操纵，因而可使驾驶员的操作大为简化。液力机械式传动系除由液力变矩器和自动变速器取代离合器与变速器外，其他组成部件及布置形式均与机械式传动系相同。

课题一　认识汽车传动系

汽车传动系位于发动机与驱动轮之间，可使发动机输出的动力特性适合于在各种工况下行驶的需要，以保证汽车能正常行驶。

基础知识

一、汽车行驶原理

1. 汽车驱动力 F_t

汽车行驶必须由外界对汽车施加一个推动力，这个力称为汽车驱动力。如图 1.1.1 所示，当汽车行驶时，发动机的输出转矩 M_e，通过传动系传给驱动车轮，此时作用于驱动车轮上的转矩 M_t

便产生一个对地面的圆周力 F_e，根据作用力与反作用力原理，地面也对驱动轮产生一个反作用力 F_t，F_t 即是驱动汽车的驱动力。其大小为

$$F_t = \frac{M_t}{r} \text{N}$$

式中：M_t——作用于驱动轮上的转矩，单位为 N·m；

   r ——车轮半径，单位为 m。

当驱动力增大到能克服汽车静止状态的最大阻力时，汽车便开始起步。汽车在行驶中会遇到各种阻力，主要有滚动阻力、空气阻力、上坡阻力和加速阻力。

2. 汽车附着力 F_ϕ

附着力不是汽车运动过程中所受到的外力，是指由路面给汽车提供的切向反作用力的最大值。其大小取决于车轮与路面的附着系数和轮胎所受的载荷。影响附着力大小的因素有轮胎气压、轮胎花纹、道路质量、载荷大小等。

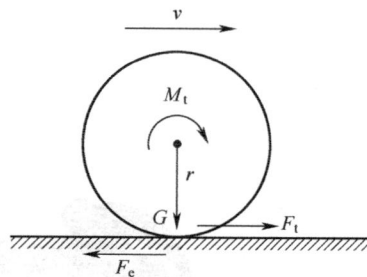

图 1.1.1 汽车驱动力产生

3. 汽车的行驶阻力

（1）滚动阻力 F_f。滚动阻力主要是指由于车轮滚动时轮胎与路面变形而产生的能量损失。弹性车轮沿硬路面滚动，路面变形很小，轮胎变形是主要的；车轮沿软路面（如松软土路、沙地、雪地等）滚动，轮胎变形较小，路面变形较大。此外，轮胎与路面以及车轮轴承内都存在着摩擦。车轮滚动时产生的这些变形与摩擦都要消耗发动机一定的动力，因而形成滚动阻力，以 F_f 表示，其数值与汽车的总重力、轮胎的结构和气压以及路面性质有关。

（2）空气阻力 F_w。汽车行驶时，需挤开其周围的空气，汽车前面受气流压力并且后面形成真空，产生压力差，此外还存在着各层空气之间以及空气与汽车表面的摩擦，再加上冷却发动机、室内通风以及汽车表面外凸零件引起的气流干扰等，就形成空气阻力，以 F_w 表示。空气阻力与汽车的形状、汽车的正面投影面积有关，特别是与汽车行驶车速的平方成正比。当汽车高速行驶时，空气阻力的数值将显着增加。

想一想 为什么说汽车高速行驶时，开车窗可能比开空调油耗更高？

（3）上坡阻力 F_i。汽车上坡时，其总重力沿路面方向的分力形成的阻力称为上坡阻力，以 F_i 表示，其数值取决于汽车的总重力和路面的纵向坡度。上坡阻力只是在汽车上坡时才存在，但汽车克服坡度所做的功并未白白地耗掉，而是以位能的形式被贮存。当汽车下坡时，所贮存的位能又转变为汽车的动能，促使汽车行驶。

（4）加速阻力 F_j。汽车在加速行驶时，需要克服其质量加速运动时的惯性力，就是加速阻力 F_j。它既包括平移质量引起的惯性力，也包括旋转质量引起的惯性力矩。

4. 汽车行驶驱动与附着条件

汽车在行驶过程中，受到各种行驶阻力的作用，因此，为保证汽车的正常行驶，必须有一定的驱动力，以克服各种行驶阻力。当阻力增加时，汽车的驱动力也必须跟着增加，与阻力达到一定范围内的平衡。我们知道，驱动力的最大值与发动机最大的转矩和传动系的传动比有关，但实

际发出的驱动力还受到轮胎与路面之间附着性能（即包括各种条件的路面情况）的限制。汽车只有在这些综合条件的限制中与各个因素达到平衡，才能够顺利地运动起来，成为我们所需要的工具。

由此得出：汽车行驶驱动条件为 $\Sigma F_t \geqslant F_f + F_w + F_i$

汽车行驶附着条件为 $\Sigma F_t \leqslant F_\phi$

> **想一想** 如果在汽车行驶中不满足附着条件，会有什么现象出现？

二、汽车传动系功用

1. 实现汽车的减速增扭和变速

发动机输出的功率直接作用在驱动轮上往往不足以克服其行驶阻力；另一方面，高转速的发动机如果直接带动驱动轮转动，汽车的行驶车速将会很高，也是不现实的，而且汽车的行驶车速应根据道路情况、装载质量等行驶工况的变化而变化。所以汽车传动系应具有减速增扭及变速功能。这一功能一般由变速器和主减速器来实现。

2. 实现汽车的倒车

从发动机工作原理可知：发动机的旋转方向是不能改变的。但汽车在行驶中却免不了要倒车，因此，汽车传动系必须具有能使驱动轮反向旋转的功能。这一功能是由变速器的倒挡完成的。

3. 必要时中断动力传递

发动机只能在无载荷的条件下起动，起动后对发动机加载也必须要逐渐进行，否则发动机会熄火。另外，在变速器换挡或进行制动之前，应先切断动力传递。所以，传动系应具备在必要时能中断动力传递功能。机械式传动系中的离合器能实现使发动机的动力与传动装置平稳地结合或暂时地分离，以便于驾驶员进行汽车的起步、停车、换挡等功能。

在汽车行驶中，有时需要短暂停车（如等红灯）或长距离滑行，此时，发动机怠速运转，中断动力传递，这一功能是由变速器的空挡完成的。

4. 差速作用

汽车在转向行驶时，由于左右车轮在同一时间内通过的距离不相等，左右车轮的转速也应不相等，才能保证汽车转向时车轮不发生滑转。所以在汽车传动系中必须要有差速器，以保证在汽车转向行驶时，左右车轮具有不同的转速。

三、汽车传动系布置形式

为满足不同的使用要求，汽车的总体构造和布置形式可以是不同的。按发动机和各个总成相对位置的不同，现代汽车的布置形式通常有如下几种。

1. 发动机前置后轮驱动（FR）

这是发动机传统的布置形式，如图1.1.2所示。国内外的大多数货车、部分轿车和部分客车都采用这种形式。其特点是：前后轮轴荷分配比较均衡，汽车动力性能得到充分地发挥，但动力传递路线比较长，影响了传动系的工作效率。

2. 发动机前置前轮驱动（FF）

这是发动机在轿车上普遍采用的布置形式，如图1.1.3所示。该形式具有结构紧凑、减小轿车的质量、降低地板高度、驾驶室内宽敞等优点。缺点是：加速时，由于前轮轴荷减小，从而使驱动力不能增大；制动时，由于发动机在前轴，使前轴载荷比较大，不利于前、后轮制动力的平衡。

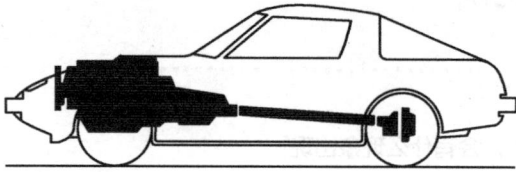

图 1.1.2 发动机前置后轮驱动   图 1.1.3 发动机前置前轮驱动

3．发动机后置后轮驱动（RR）

这是发动机目前在大、中型客车中盛行的布置形式，如图 1.1.4 所示。该形式具有降低室内噪声、有利于车身内部布置等优点。特别是与发动机前置前轮驱动布置形式相比，在汽车加速时，驱动力可不受附着力制约而增大。

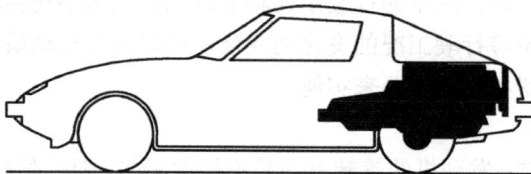

图 1.1.4 发动机后置后轮驱动

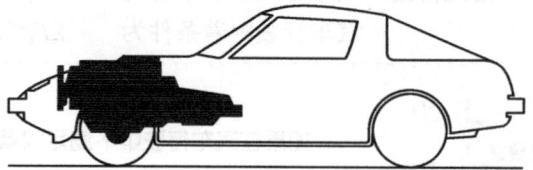

4．发动机中置后轮驱动（MR）

这是发动机目前在大多数运动型轿车和方程式赛车中所采用的布置形式。由于这些车型都采用功率和尺寸很大的发动机，将发动机布置在驾驶员座椅之后和后桥之前有利于获得最佳轴荷分配和提高汽车的性能，如图 1.1.5 所示。

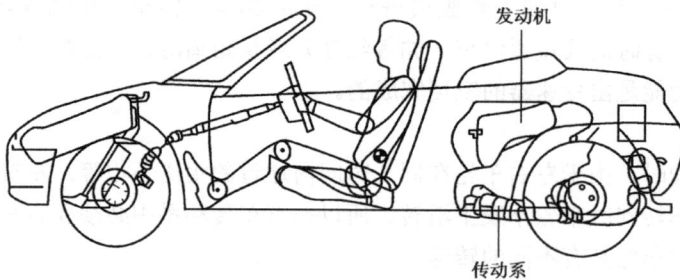

图 1.1.5 中置后驱传动系示意图

发动机后置后驱和发动机中置后驱的区别是什么？

此外，某些大、中型客车也采用这种布置形式，把配备的卧式发动机装在地板下面。

5．全轮驱动（nWD）

这是发动机在越野汽车中特有的布置形式，通常发动机前置，在变速器后装有分动器以便将动力分别传递到全部车轮上，如图 1.1.6 所示。

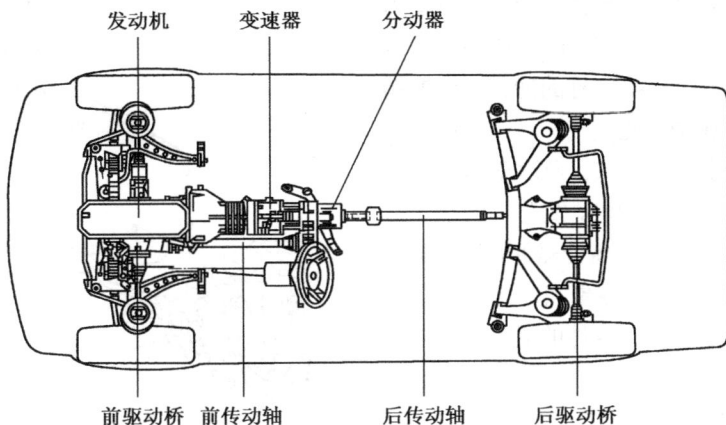

图 1.1.6　四轮驱动传动系示意图

课题小结

（1）汽车传动系的基本作用是将发动机的动力传递给驱动车轮，使汽车行驶。

（2）汽车行驶的驱动与附着条件是：驱动力大于等于行驶阻力，小于等于附着力。

（3）汽车传动系布置形式：发动机前置前驱、发动机前置后驱、发动机中置后驱、发动机后置后驱和全轮驱动。

作业测评

（1）根据发动机与驱动桥布置关系，汽车传动系布置有几种类型？

（2）汽车以稳定车速在水平路上行驶受到几个行驶阻力作用？

（3）汽车附着力的大小与哪些因素有关？

课题二　检修汽车离合器

离合器是汽车传动系中的重要总成，是通过操纵机构，依靠主、从动部件之间的摩擦，使发动机与变速器暂时分离和逐渐接合，以切断或传递发动机给变速器的动力，保证传动系换挡工作平顺。

基础知识

一、离合器的功用与类型

1. 离合器的功用

汽车机械式传动系中广泛采用摩擦式离合器，图 1.2.1 所示为汽车离合器示意图。离合器布置在发动机与变速器之间，其功用主要有 3 个方面。

（1）保证汽车平稳起步。发动机起动时将分离离合器，发动机起动后，待转速稳定挂入变速器起步挡，慢慢接合离合器，使发动机与传动系逐渐接合，保证使汽车平稳起步。

（2）保证汽车传动系换挡时工作平顺。汽车行驶中为了适应不断变化的行驶路况，需要频繁地换挡，换挡时必须踩下离合器踏板，切断动力传递，使不同转速的齿轮（或结合齿圈），在啮合前接近同步，减少齿轮啮合时的冲击，使换挡轻便，减小噪声并保护齿轮。

（3）防止传动系零件超载。当汽车紧急制动或汽车受到地面很大冲击力时，发动机的动力或惯性力与汽车外力之间通过离合器摩擦副，可起到一定的缓冲作用，即由摩擦副间产生一定量的滑移，而大大减轻了传动系零件的受力，以保护零件不受损坏。

2. 离合器的类型

摩擦式离合器的类型很多，可根据以下方法划分。

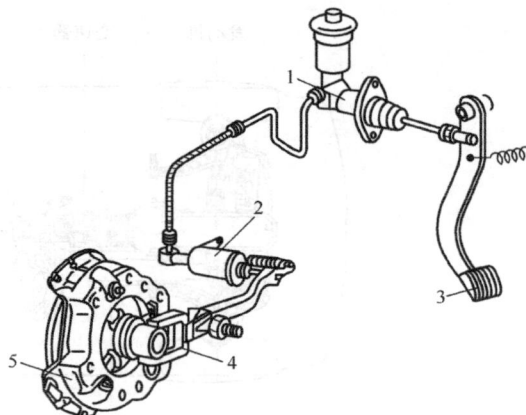

图 1.2.1　汽车离合器示意图
1—离合器主缸；2—离合器工作缸；3—离合器踏板；
4—分离叉；5—离合器总成

（1）按从动盘数目不同分为单片、双片和多片式。中型以下货车及轿车的发动机最大转矩一般不很大，故采用一个从动盘；对于中型以上货车而言，需要传递的转矩较大，在压紧力、摩擦面结构尺寸及摩擦衬片材料性能受限的情况下，采用两个从动盘；而多片式因轴向尺寸较大，汽车上很少采用。

（2）按压紧弹簧的形式分为螺旋弹簧式和膜片弹簧式。螺旋弹簧式又根据弹簧在压盘上的布置分为中央弹簧式和周布弹簧式。

（3）按操纵机构的不同分为机械式（杆式和绳式）、液压式、气压式、空气助力式等。

二、摩擦式离合器基本组成及工作原理

摩擦式离合器由主动部分、从动部分、压紧机构和操纵机构 4 部分组成，如图 1.2.2 所示。飞轮和离合器压盘是离合器的主动部分，离合器片在飞轮与压盘之间是从动件，也称为从动盘。飞轮与发动机曲轴相连，离合器压盘通过传动片与离合器壳连接后固定在飞轮上，从动盘由摩擦衬片和从动盘毂组成，变速器输入轴插入从动盘毂中。当驾驶员踩下离合器踏板时，离合器分离，主动件的转动与从动件无关，发动机与变速器断开。当离合器接合时，压盘沿图中箭头方向移动，从动盘被压紧在两个旋转的主动件之间，被迫以相同的转速旋转，通过离合器片毂带动变速器输入轴旋转，实现动力的传递。

> 想一想　摩擦式离合器所能传递的最大扭矩受哪些因素影响？

三、从动盘与扭转减震器

从动盘有不带扭转减震器和带扭转减震器两种。不带扭转减震器的多用在双片离合器中，而带扭转减震器的则多用在单片离合器中，特别是轿车离合器中。无论从动盘是否带

扭转减震器，其组成件主要包括从动盘毂、从动盘本体及摩擦衬片，如图 1.2.3 所示。从动盘本体 3 直接铆接在从动盘毂 5 上，为了减小从动盘的转动惯量，加强散热和防止受热后产生拱曲变形，从动盘本体通常用薄弹簧钢板制成，并在其外缘部分开有径向窄切槽。为了提高接合的柔和性，在从动盘本体 3 与摩擦片 6 之间加铆波形片 4，使从动盘轴向有一定弹性。为了获得足够的摩擦力矩，在从动盘本体（或波形片）上铆接前、后两片摩擦片 1 和 6。摩擦片常用石棉合成物制成，具有较大的摩擦系数，良好的耐磨性、耐热性和适当的弹性。

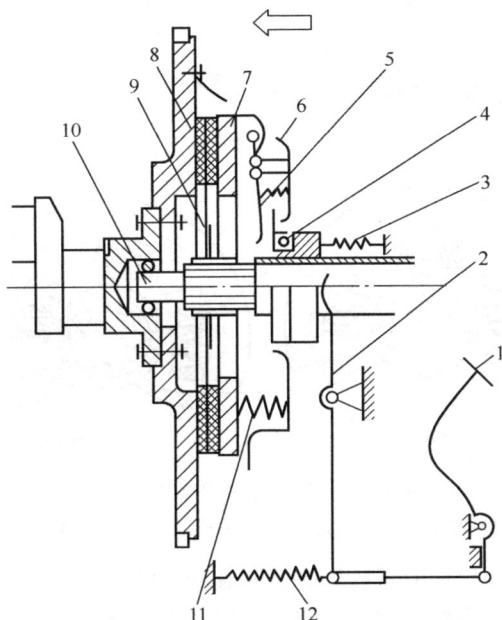

图 1.2.2　摩擦式离合器组成

1—离合器踏板；2—分离叉；3，12—回位弹簧；4—分离轴承；5—分离杠杆；6—离合器壳；
7—压盘；8—飞轮；9—从动盘；10—变速器输入轴；11—压紧弹簧

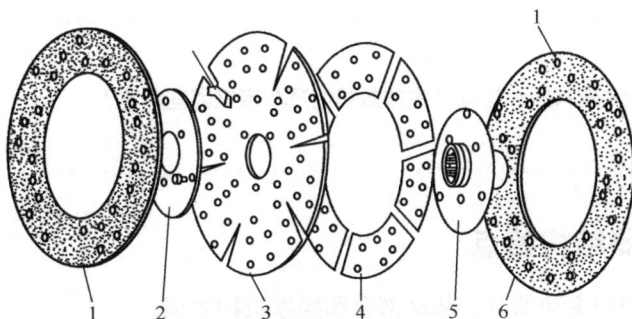

图 1.2.3　不带扭转减震器的从动盘

1，6—摩擦片；2—压片；3—从动盘本体；4—波形片；5—从动盘毂

为了消除扭转震动和避免共振，防止传动系超载，多数离合器从动盘中装有扭转减震器。带扭转减震器的从动盘结构与工作原理如图 1.2.4 所示。

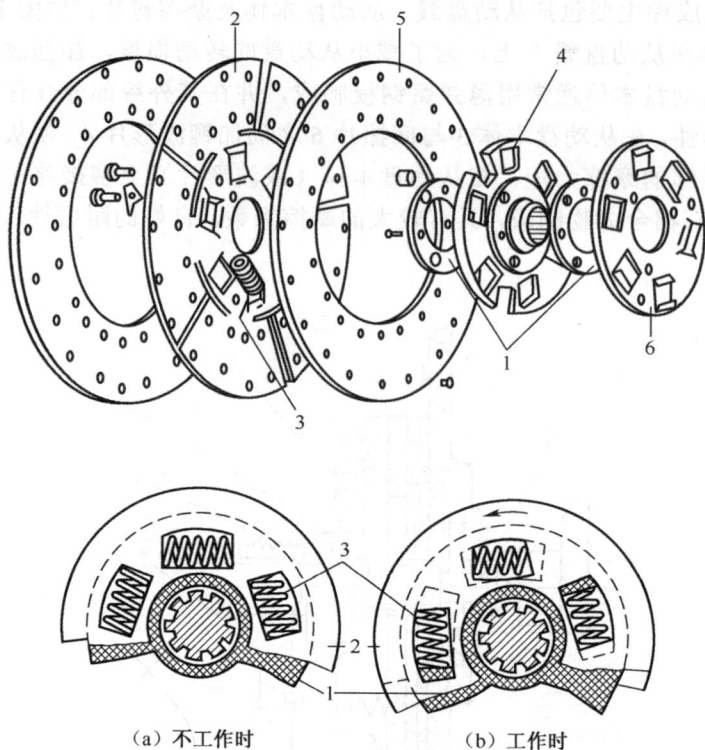

图 1.2.4　带扭转减震器的从动盘

1—阻尼盘；2—从动盘本体；3—减震器弹簧；4—从动盘毂；5—摩擦片；6—减震器盘

扭转减震器主要由起缓冲作用的减震器弹簧和衰减震动的阻尼盘组成。在结构上从动盘本体、从动盘毂和减震器盘都开有 6 个矩形窗口，每个窗口中沿圆周方向安装有减震器弹簧，从动盘体本体和减震器盖的窗口都有翻边，使弹簧不致脱出。减震器盖与从动盘本体通过铆钉连为一体，并将从动盘毂及其两侧的阻尼盘夹在中间，当从动盘本体和从动盘之间出现往复旋转振荡时，借助阻尼盘消耗吸收震动能量，达到减震的目的。

什么是共振？如果产生共振将给汽车带来哪些危害？

四、膜片式离合器结构特点

膜片式离合器结构由主动部分、从动部分和操纵机构组成。

主动部分由飞轮、压盘、离合器盖等组成，如图 1.2.5 所示。离合器盖和压盘之间是通过 3 组传动钢片来传递发动机动力的，传动钢片用弹簧钢片制成，每组两片迭制而成，两端分别用铆钉铆接在压盘和离合器盖上。离合器盖用固定螺栓固定在飞轮上。为使离合器分离时不破坏压盘的对中和离合器的平衡，3 组传动钢片是沿圆周切向均匀分布的。在离合器分离时，弹性的传动钢片产生弯曲变形。

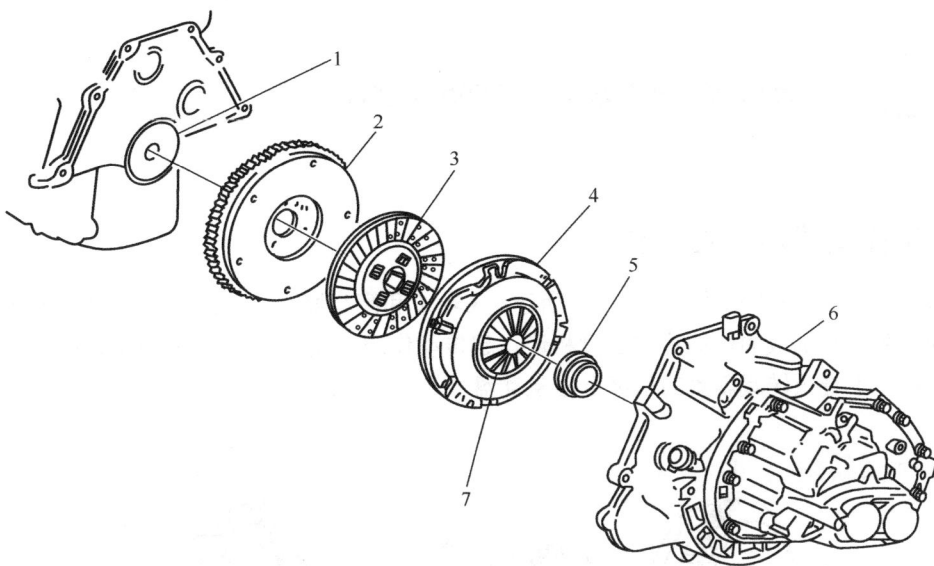

图 1.2.5　膜片式离合器总成图

1—发动机曲轴后端；2—飞轮；3—离合器从动盘；4—离合器压盘；
5—分离轴承；6—离合器壳体；7—膜片弹簧

　　膜片弹簧离合器是利用一个薄弹簧钢板制成的带有锥度的膜片弹簧作为离合器的压紧弹簧（见图 1.2.5 中件 7），膜片弹簧中心部分沿圆周均匀地开有若干条径向切口，余下的指状部分成为弹性的分离杠杆，膜片弹簧两侧借钢丝支撑圈和铆钉安装在离合器盖上，当离合器盖与飞轮相联时，弹簧受迫压缩，将压盘紧紧压向飞轮，离合器处于接合状态。分离离合器时，分离叉向内推动分离轴承和膜片弹簧内侧指状部分，使膜片弹簧以钢丝支撑圈为支点转动（弹簧趋向于呈反锥形），膜片弹簧外端通过分离钩带动压盘远离飞轮，使离合器分离。

延伸阅读

　　膜片式离合器结构可分为推式和拉式两种，如图 1.2.6 所示。当分离离合器时，分离指内端受力方向指向压盘时，称为推式膜片弹簧离合器；当分离指内端受力方向离开压盘时，称为拉式膜片弹簧离合器。拉式膜片弹簧离合器中拉膜片弹簧的安装方向与推式相反，在接合位置时，膜片弹簧的大端支撑在离合器盖上，其中部压在压盘上。

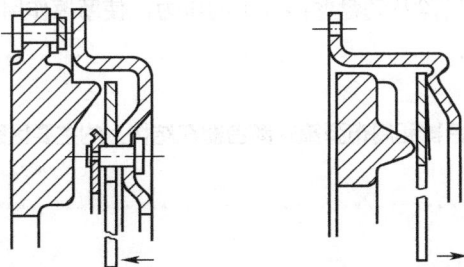

（a）推式膜片弹簧离合器　　　　（b）拉式膜片弹簧离合器
图 1.2.6　推式与拉式膜片弹簧离合器比较示意图

五、周布弹簧式离合器结构

周布弹簧式离合器的结构如图 1.2.7 所示。飞轮 1 和离合器压盘 2 是离合器主动部分，离合器壳体 3 通过薄钢片制成的传动片与压盘相连，起传动作用，使压盘与飞轮一起旋转。在飞轮与压盘之间装有一个带扭转减震器的从离合器从动盘 5。

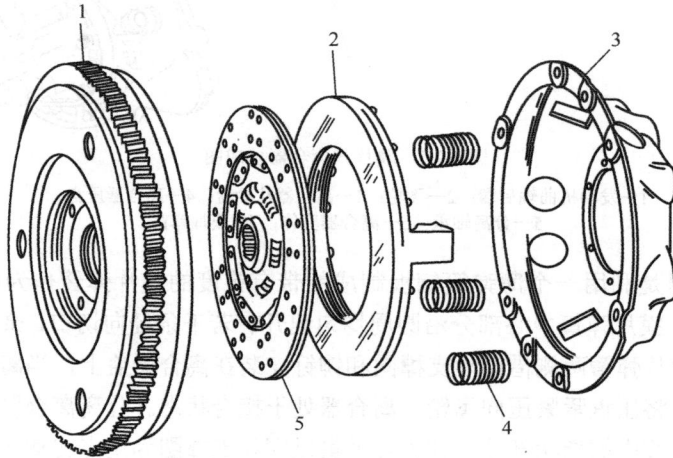

图 1.2.7　周向布置螺旋弹簧式离合器

1—飞轮；2—离合器压盘；3—离合器壳体；4—周布压紧弹簧；5—离合器从动盘

离合器内的分离机构主要由分离轴承、分离套筒、分离叉和若干根沿圆周均匀布置的分离杠杆组成（见图 1.2.2）。分离轴承用来消除旋转的分离杠杆与不旋转的分离套筒之间存在的直接摩擦，分离叉两端轴颈从离合器壳的孔中穿过，在回位弹簧的作用下，分离套筒两侧凸台平面抵靠在分离叉两分离指上，当离合器踏板上的作用力经传动机构传到分离叉上，逆时针转动的分离指推动分离套筒和分离轴承向左移动，将分离杠杆内侧压向左边，分离杠杆绕支撑（浮动）销旋转，带动分离杠杆外端向右移动，从而推动压盘右移，解除从动盘摩擦片上的压力，使摩擦作用消失，离合器转为分离状态。

六、离合器操纵机构

离合器操纵机构是驾驶员藉以使离合器分离，而后又使之柔和接合的一套机构。它起始于离合器踏板，终止于离合器壳体内的分离轴承。

按照离合器的作用形式分，离合器操纵机构有机械式、液压式和气压式 3 类。

1．机械式离合器操纵机构

机械式离合器操纵机构有杆系传动和绳系传动，如图 1.2.8 所示。

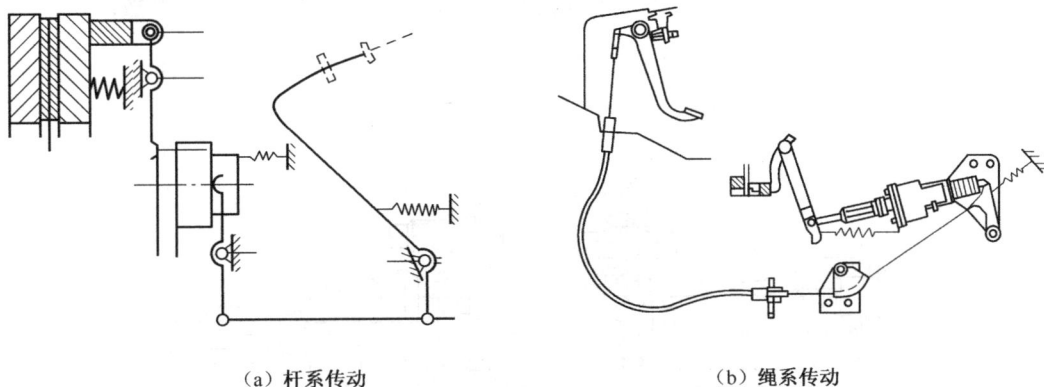

（a）杆系传动　　　　　　　　　（b）绳系传动

图 1.2.8　机械式离合器操纵机构

杆系结构简单，工作可靠，但由于杆系传动中杆件铰接多，摩擦损失大，车架或车身变形以及发动机位移时会影响其正常工作。绳系传动可以克服杆系传动中的一些缺点，并能采用便于驾驶员操纵的吊挂式踏板，但操纵索寿命较短，拉伸刚度较小，故只适用于轻型和微型汽车。

2．液压式离合器操纵机构

液压式离合器操纵机构主要由主缸、工作缸以及管路系统组成，如图 1.2.9 所示。

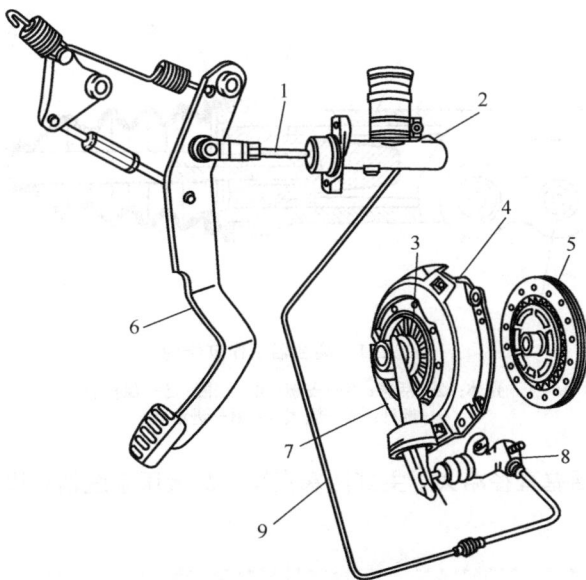

图 1.2.9　液压式离合器操纵机构

1—推杆；2—主缸；3—分离轴承；4—离合器壳；5—从动盘；
6—离合器踏板；7—分离叉；8—工作缸；9—油管

液压式离合器操纵机构具有摩擦阻力小、传动效率高、质量轻、接合柔和、布置方便等优点。

尤其在需要远距离操纵离合器时，与机械式操纵机构相比，更有其突出的优越性。

（1）离合器主缸结构如图 1.2.10 所示，主缸体借补偿孔 A、进油孔 B 通过进油软管与储液罐相通。主缸内装有活塞，活塞中部较细，且为"十"字形断面，使活塞右方的主缸内腔形成油室。活塞两端装有皮碗，活塞左端中部装有单向阀，经小孔与活塞右方主缸内腔的油室相通。当离合器踏板处于初始位置时，活塞左端皮碗位于补偿孔 A 与进油孔 B 之间，两孔均开放。

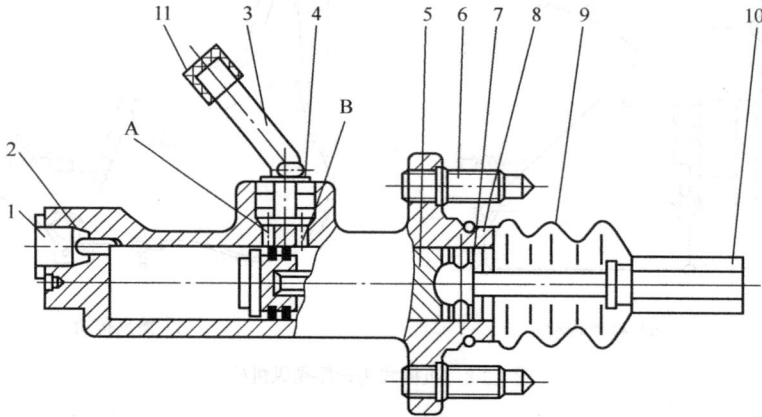

图 1.2.10　离合器主缸结构

1—保护塞；2—壳体；3—管接头；4—皮碗；5—阀芯；6—固定螺栓；
7—卡簧；8—挡圈；9—护套；10—推杆；11—保护套；A—补偿孔；B—进油孔

（2）离合器工作缸结构如图 1.2.11 所示，工作缸内装有活塞、皮碗、推杆等，缸体上还设有放气螺塞。当管路内有空气存在而影响操纵时，可拧出放气螺塞进行放气。

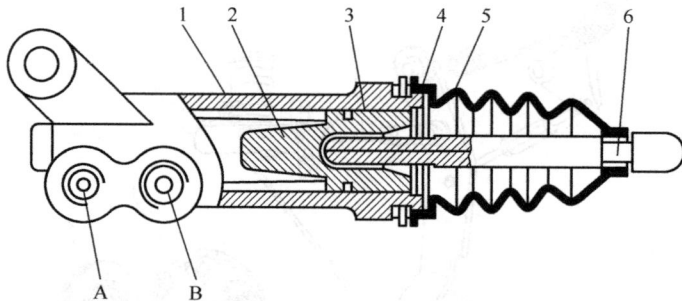

图 1.2.11　离合器工作缸结构

1—壳体；2—活塞；3—皮碗；4—挡圈；5—保护套；
6—推杆；A—放气孔；B—进油孔

一般离合器工作缸活塞直径略大于主缸活塞直径，故液压系统稍有增力作用，以补偿液流通道的压力损失。

想
一
想

为什么工作缸直径大于主缸直径就具有增力作用？

3．离合器自由间隙和踏板自由行程

由离合器的工作原理可知，当从动盘摩擦片磨损变薄后，为了保证离合器能处于接合状态，传递发动机转矩，则压盘必须向前移动。由图 1.2.12 所示可看出，此时分离杠杆外端和压盘一起向前移，其内端向后移。如果分离杠杆与分离轴承之间没有间隙，则由于机械式操纵机构的干涉作用，压盘最终无法前移，即导致离合器不能接合，出现打滑现象。为此，在离合器分离杠杆内端与分离轴承之间预留一定的间隙，称为离合器的自由间隙。离合器分离过程中，为消除离合器自由间隙和分离机构、操纵机构零件的弹性变形所需要踩下的踏板行程称为离合器踏板自由行程。

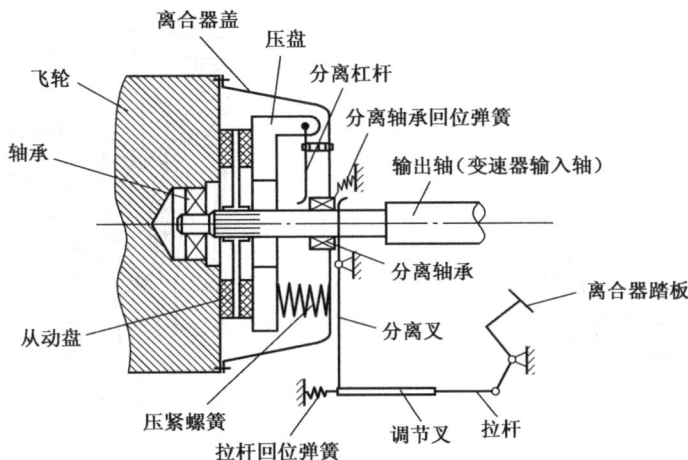

图 1.2.12　离合器接合状态

课题实施 **检修桑塔纳 GLS 轿车离合器**

桑塔纳 GLS 轿车离合器结构如图 1.2.13 所示。

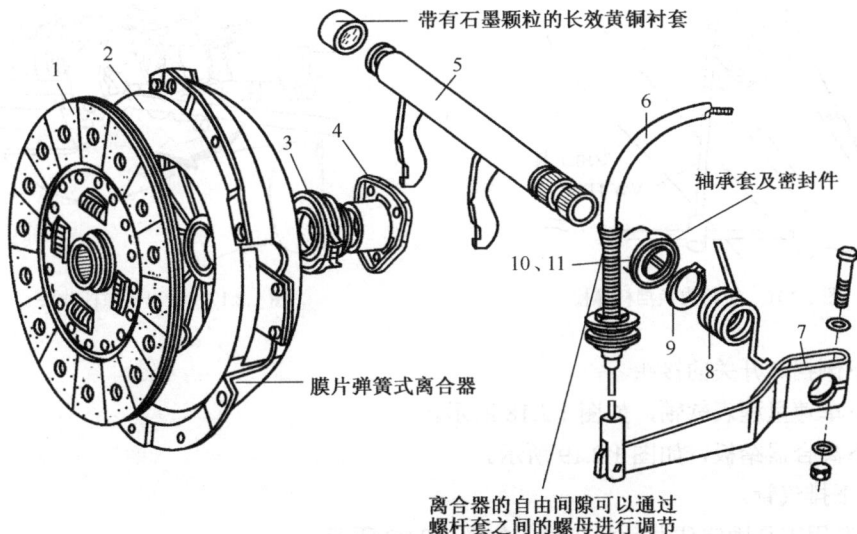

图 1.2.13　离合器结构图

1—离合器从动盘；2—膜片弹簧与压盘；3—分离轴承；4—分离套筒；5—分离叉轴；6—离合器拉索；
7—分离叉轴传动杆；8—回位弹簧；9—卡簧；10—橡胶防尘套；11—轴承衬套

步骤一 拆卸离合器。

（1）拆下蓄电池搭铁线。

（2）拆下离合器拉索，如图1.2.14所示。

（3）举升起汽车。

（4）将传动轴（半轴）从变速器上拆下来，并支撑好，如图1.2.15所示。

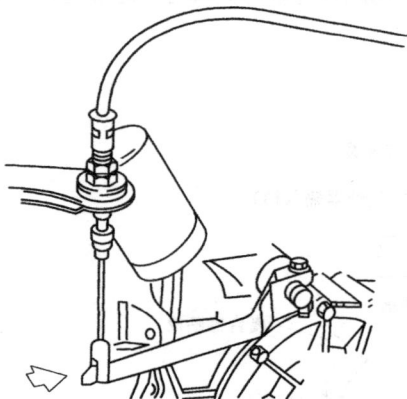

图1.2.14 拆下离合器拉索

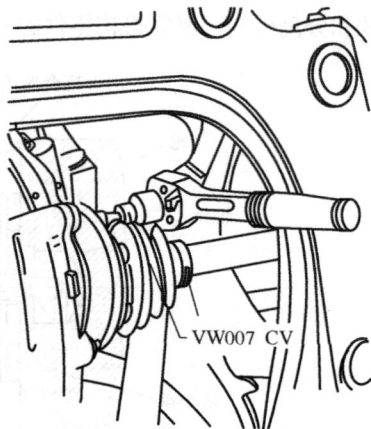

VW007 CV

图1.2.15 拆下传动轴

（5）旋松变速器操纵机构的内换挡杆螺栓，如图1.2.16所示。

（6）压出支撑杆球头并将内换挡杆与离合块分离，如图1.2.17所示。

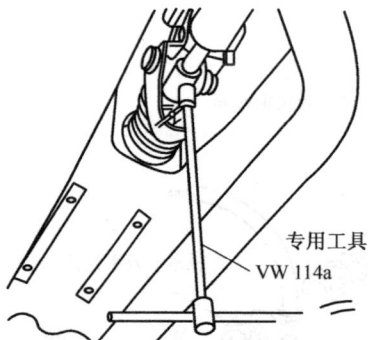

专用工具
VW 114a

图1.2.16 旋松内换挡杆螺栓

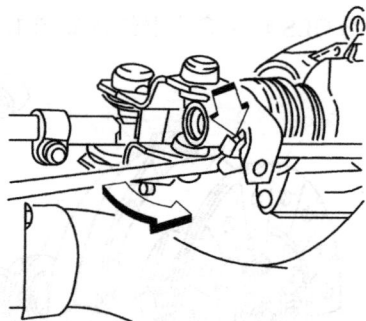

图1.2.17 压出支撑杆球头

（7）拆下倒挡灯开关的接头。

（8）拆下车速里程表软轴，如图1.2.18所示。

（9）卸下离合器踏板，如图1.2.19所示。

（10）拆下排气管。

（11）用专用工具固定住发动机飞轮，如图1.2.20所示。

（12）在离合器盖与飞轮之间做好标记，以保证原位安装。

（13）然后逐渐将离合器压盘的固定螺栓对角拧松，取下离合器盖及压盘总成。

（14）在变速器前壳体上拧出驱动臂紧固螺栓，取下驱动臂，依次拆下分离轴承回位弹簧、分离轴承，拧出分离轴承导向套螺栓，拆下分离套筒、橡胶防尘套、分离叉轴和驱动臂回位弹簧，用尖嘴钳取出卡簧以及衬套，最后取出分离叉轴。

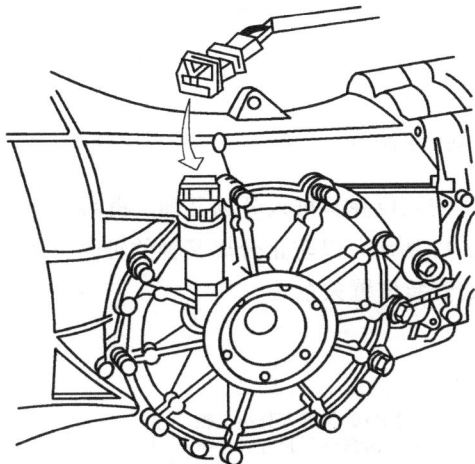

图 1.2.18　拆下车速里程表软轴

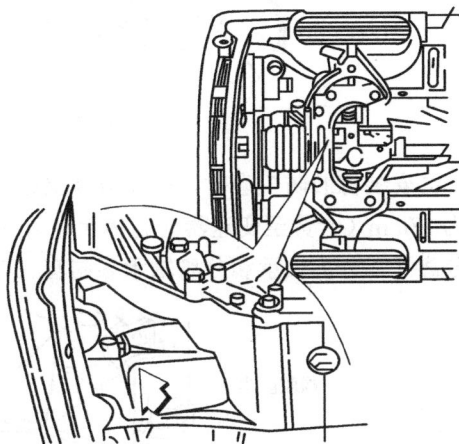

图 1.2.19　卸下离合器盖板

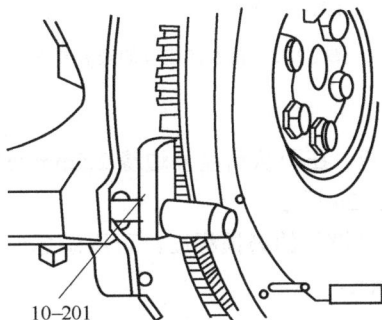

图 1.2.20　用专用工具固定发动机飞轮

步骤二　安装离合器。

离合器的安装过程与拆卸相反，但要注意以下问题。

（1）分离叉轴两端衬套材料和结构是不同的。驱动臂一侧是塑料制造的，结构为分开式；另一侧由黄铜制造，结构为整体式。安装时要保证其同轴度。

（2）安装压盘总成时，需用导向定位器或变速器输入轴定中心，如图 1.2.21 所示，以保证压盘总成、从动盘和飞轮同轴度，便于安装变速器。

（3）从动盘有减震弹簧保持架（盖板）的一面应朝向压盘，用导向定位器定位从动盘安装。

（4）分离叉轴驱动臂的安装位置必须与钢索架距离保持在 200mm±5mm，如图 1.2.22 所示。

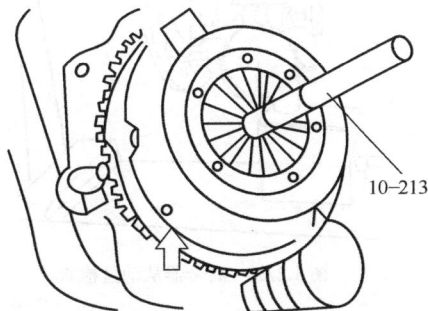

图 1.2.21　用导向定位器定位从动盘

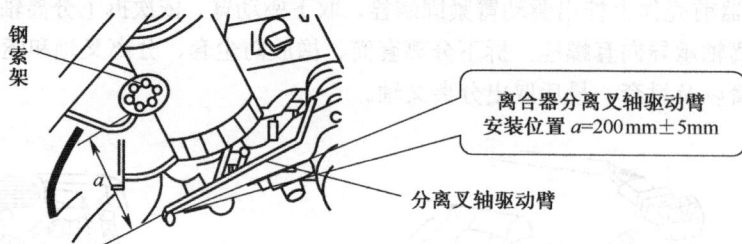

图1.2.22 分离叉轴驱动臂安装位置

（5）安装橡胶防尘套时，先将分离叉轴和驱动臂的回位弹簧推入分离叉轴，再将卡簧预压至尺寸为18mm（卡簧至变速器前壳体尺寸），如图1.2.23所示，以防止分离叉轴的轴向窜动，同时保证分离叉、分离轴承和分离轴承导向套三者正确的安装位置关系。

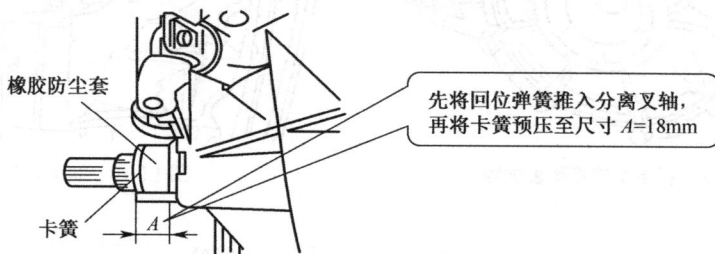

图1.2.23 橡胶防尘套的安装要求

步骤三 检修离合器。

（1）从动盘径向圆跳动的检查。在距从动盘外边缘2.5mm处测量，离台器从动盘最大径向圆跳动为0.4mm，测量方法如图1.2.24所示。

（2）摩擦片磨损程度检查。摩擦片的磨损程度，可用游标卡尺进行测量，如图1.2.25所示，铆钉头埋入深度A应不小于0.2mm。

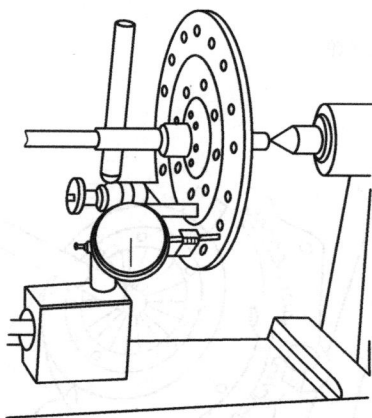

图1.2.24 离合器从动盘检查

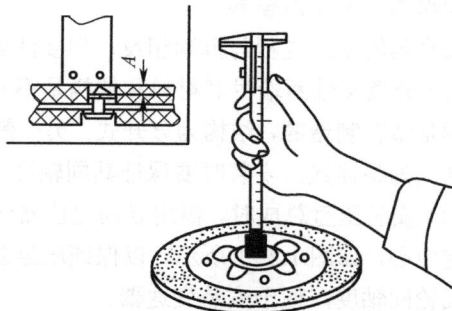

图1.2.25 摩擦片磨损程度检查

（3）压盘平面度检查。离合器压盘平面度不应超过0.2mm，检查时可用平尺搁平后，再用薄厚规测量，如图1.2.26所示。

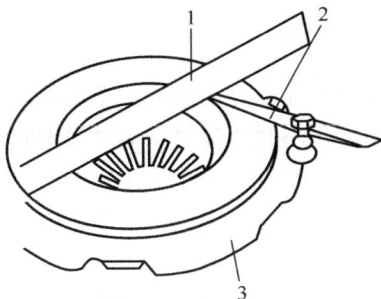

图 1.2.26　压盘平面度检查

1—平尺；2—薄厚规；3—压盘

拓展训练

训练一　离合器调整

由于桑塔纳轿车采用的是膜片弹簧式离合器，因此调整的内容有两项：离合器踏板总行程和自由行程。

步骤一　检查离合器踏板自由行程和总行程。

如图 1.2.27 所示，用直尺沿踏板踩下的方向测量。用手按下踏板至感到阻力明显增大时，踏板移动的距离为自由行程，踩到底时的距离为总行程。

先测量踏板完全放松时的高度，再用手轻轻压下踏板，直至刚刚感觉阻力有较大增加时，记下此处踏板的高度，则两测量值之差即为该离合器踏板自由行程；用力将踏板推到底，记下踏板高度，放松时高度与此高度的差值即为总行程

将刻度尺抵在驾驶室地板上，刻度尺和踏板移动方向平行并置于踏板内侧

图 1.2.27　离合器踏板自由行程和总行程的检查

步骤二　调整离合器踏板总行程。

离合器踏板总行程为 150mm±5mm，由分离叉轴驱动臂与拉索架（变速器壳体上）之间的距离（200mm±5mm）来保证，通过改变驱动臂的安装位置来实现（注：不可以通过架上的调整螺母来实现）。驱动臂紧固螺栓拧紧力矩为 25N·m。

步骤三　调整离合器踏板自由行程。

离合器踏板自由行程指分离轴承与膜片内端分离之间的间隙在踏板上反映的移动量，其正常值为 20mm±5mm，通过钢索架上的调整螺母进行调整，如图 1.2.28 中箭头所示。调整前应先保证驱动臂与拉索架之间的距离为 200mm±5mm。

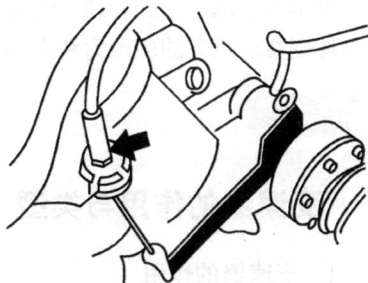

图 1.2.28　离合器自由行程调整

训练二　离合器液压传动系统放气

（1）用千斤顶顶起汽车，将离合器储油杯内油液加至规定高度。

（2）旋出工作缸推杆，使分离轴承与膜片弹簧指端之间无间隙。

（3）在工作缸的放气阀上安装一个软管，另一端接到一个容器内。

（4）排空气需要两个人配合工作，一人慢慢地踏离合器踏板数次，感到有阻力时，另一人拧松放气阀直至液体开始流出，然后再拧紧放气阀。

（5）连续按上述方法操作几次，直到流出的液体中没有气泡为止。

（6）空气排除干净后，需要再次检查及调整踏板自由行程。

课题小结

（1）离合器位于变速器与发动机之间，在发动机飞轮与变速器输入轴之间提供机械连接。所有手动变速器都需要离合器。

（2）离合器从动盘接收来自发动机飞轮和压盘的驱动运动，并将该运动传递到变速器输入轴。

（3）压紧弹簧的作用是将离合器从动盘挤压在飞轮上。压紧弹簧有两种结构形式：螺旋弹簧式和膜片弹簧式。

（4）在离合器分离与接合过程中，分离轴承平顺移动压盘分离杠杆或膜片弹簧。

（5）离合器操纵机构有机械式和液压式两种。机械式又可分为杆式和绳索式，其中绳索式应用比较广泛。液压式操纵机构具有阻力小、质量小、布置方便、接合柔和且具有增力作用。

作业测评

（1）汽车传动系中为什么要装离合器？

（2）简述摩擦式离合器的工作原理。

（3）周向布置螺旋弹簧式离合器由哪几部分组成？

（4）装配膜片弹簧式离合器从动盘总成时，应注意哪些事项？

（5）膜片弹簧做压紧弹簧有哪些优点？

课题三　检修汽车手动变速器

汽车上普遍采用高转速、低转矩的活塞式发动机，其转矩和转速的变化范围较小，而复杂的使用条件则要求汽车的驱动力和车速在相当大的范围内变化。为此，在汽车的传动系中装有变速器。

基础知识

一、变速器的作用与类型

1．变速器的作用

（1）扩大发动机传到驱动轮上的转矩和转速变化范围，以适应经常变化的行驶条件。

（2）在不改变发动机旋转方向的条件下，实现汽车倒向行驶。

（3）利用空挡中断发动机向驱动轮传递动力，以便发动机起动、怠速、动力对外输出或汽车滑行、暂时停车。

2．变速器分类

现代汽车传动系中的变速器有多种类型。按工作原理的不同可分为有级变速器和无级变速器；按操纵方式不同可分为手动变速器和自动变速器。本课题讲述手动变速器，也称机械变速器。

二、变速器工作原理

1．变速原理

由齿轮传动的原理可知，一对齿数不同的齿轮啮合传动时可以变速，而且两齿轮的转速与其齿数成反比。设主动齿轮转速为 n_1，齿数为 z_1；从动齿轮转速为 n_2，齿数为 z_2。主动齿轮（即输入轴）的转速与从动齿轮（即输出轴）的转速之比值称为传动比，用 i_{12} 表示，即

$$i_{12} = n_1/n_2 = z_2/z_1$$

> 想一想 主动小齿轮齿数是 12，从动大齿轮齿数是 24（见图 1.3.1），则这对齿轮的传动比（速比）是多少？如果此时主动齿轮转速是 1000r/min，从动齿轮转速是多少？

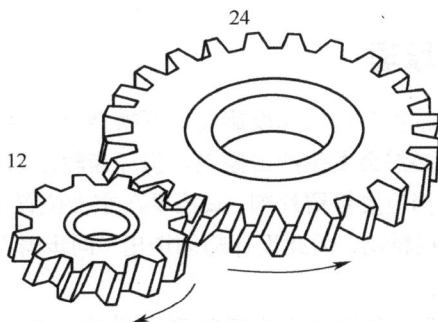

图 1.3.1 一对啮合齿轮

2．变矩原理

如果忽略传动损失，一对啮合齿轮的输入轴（主动齿轮的）输入功率 P_1 应等于输出轴（从动齿轮的）的输出功率 P_2，即 $P_1 = P_2$。

设主动齿轮转速为 n_1、转矩为 M_1，从动齿轮转速为 n_2、转矩为 M_2。

由 $P_1 = M_1 n_1/9550$；$P_2 = M_2 n_2/9550$，得

$$n_1 / n_2 = M_2 / M_1$$

由上面公式可看出：齿轮传动的转速与变矩成反比，即当一对啮合齿轮的主动齿轮是小齿轮，从动齿轮是大齿轮时，输出的转速下降，转矩增加。

想一想

主动齿轮转速是 1000r/min，输入转矩 100N·m，从动齿轮转速是 500r/min，则从动齿轮输出转矩是多少？

3. 变向传动

一对齿轮旋向相反，每经过一个传动副，其轴改变一次转向。如图 1.3.2（a）所示，两对齿轮传动，其输出轴与输入轴的转向相同，这是普通三轴式变速器前进挡的传动情况。如图 1.3.2（b）所示，齿轮 4 装在中间轴与输出轴之间的倒挡轴上，三对齿轮副传递动力，输出轴与输入轴的转向相反，这是三轴式变速器倒挡的传动情况。齿轮 4 称为倒挡轮或惰轮。

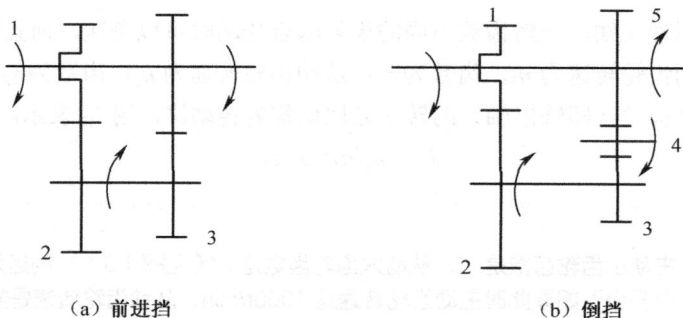

（a）前进挡　　　　　　　　　　　　（b）倒挡

图 1.3.2　齿轮传动的转向关系

1—输入轴齿轮；2—中间轴常啮合齿轮；3—传动齿轮；4—倒挡齿轮；5—输出轴齿轮

三、同步器结构与工作原理

由于变速器输入轴与输出轴以各自的速度旋转，变换挡位时存在一个"同步"问题。两个旋转速度不一样的齿轮强行啮合必然会发生冲击碰撞，损坏齿轮。因此，旧式变速器的换挡要采用"两脚离合"的方式，升挡在空挡位置停留片刻，减挡要在空挡位置加油门，以减少齿轮的转速差。但这个操作比较复杂，难以掌握精确，因此设计师创造出"同步器"，通过同步器使将要啮合的齿轮达到一致的转速而顺利啮合。

同步器有常压式、惯性式、自行增力式等类型。目前，全同步式变速器上多采用的是惯性同步器，它主要由接合套、同步锁环等组成，其特点是依靠摩擦作用实现同步。接合套、同步锁环和待接合齿轮的齿圈上均有倒角（锁止角），同步锁环的内锥面与待接合齿轮齿圈外锥面接触产生摩擦。锁止角与锥面在设计时已做了适当选择，锥面摩擦使得待啮合的齿套与齿圈迅速同步，同时又会产生一种锁止作用，防止齿轮在同步前进行啮合。当同步锁环内锥面与待接合齿轮齿圈外锥面接触后，在摩擦力矩的作用下齿轮转速迅速降低（或升高）到与同步锁环转速相等，两者同步旋转，齿轮相对于同步锁环的转速为零，因而惯性力矩也同时消失，这时在作用力的推动下，接合套不受阻碍地与同步锁环齿圈接合，并进一步与待接合齿轮的齿圈接合而完成换挡过程。

惯性同步器按结构又分为锁环式和锁销式两种。轿车和轻、中型货车的变速器广泛采用锁环式惯性同步器，其结构如图 1.3.3 所示。

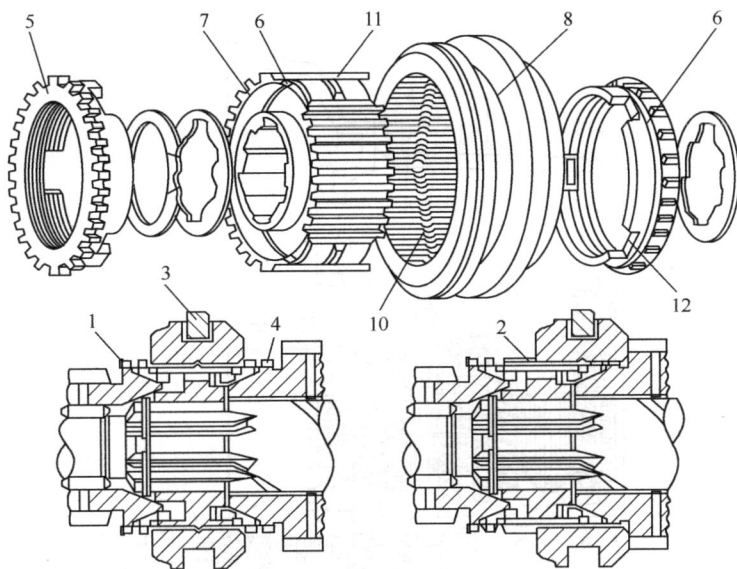

图 1.3.3　锁环式惯性同步器

1—4 挡齿轮；2—滑块；3—操纵杆；4—3 挡齿轮；5、9—锁环；6—弹簧圈；
7—花键毂；8—接合套；10—凹槽；11—花键毂轴向槽；12—锁环缺口

延伸阅读

锁环式惯性同步器工作原理

图 1.3.3 所示为 3 挡、4 挡同步器，花键毂 7 与二轴用花键连接，并用垫片和卡环作轴向定位。在花键毂两端与齿轮 1 和 4 之间，各有一个青铜制成的锁环（也称同步环）9 和 5。锁环上有短花键齿圈，花键齿的断面轮廓尺寸与齿轮 1、4 及花键毂 7 上的外花键齿均相同。在两个锁环上，花键齿对着接合套 8 的一端都有倒角（称锁止角），且与接合套齿端的倒角相同。锁环具有与齿轮 1 和 4 上的摩擦面锥度相同的内锥面，内锥面上制出细牙的螺旋槽，以便两锥面接触后破坏油膜，增加锥面间的摩擦。3 个滑块 2 分别嵌合在花键毂的 3 个轴向槽 11 内，并可沿槽轴向滑动。在两个弹簧圈 6 的作用下，滑块压向接合套，使滑块中部的凸起部分正好嵌在接合套中部的凹槽 10 中，起到空挡定位作用。滑块 2 的两端伸入锁环 9 和 5 的 3 个缺口 12 中。只有当滑块位于缺口 12 的中央时，接合套与锁环的齿方可能接合。

四、两轴式变速器结构

1. 两轴式变速器结构特点

两轴式变速器结构紧凑、简单，容易布置，因此在发动机前置前驱动或发动机后置后驱动的汽车中，常采用此种结构的变速器，如桑塔纳、捷达轿车都是采用的两轴变速器。

两轴变速器在结构上只有相平行的输入轴和输出轴。输入轴上的各挡齿轮与通过轴承空套在输出轴上相应挡位齿轮常啮合。各挡同步器多装在输出轴上，主要是由于输入轴上的主动齿轮尺寸比较小，布置同步器有困难，但也有的两轴变速器的高挡位同步器装在输入轴上。倒挡用滑动齿轮。主减速器的主动齿轮与输出轴做成一体，如果发动机是横置可用圆柱齿轮，如图 1.3.4 所示，如果发动机纵置则用螺旋锥齿轮。图 1.3.5 所示为桑塔纳轿车发动机纵置 5 挡变速器结构图，图 1.3.6 所示为桑塔纳轿车 5 挡变速器传动示意图。

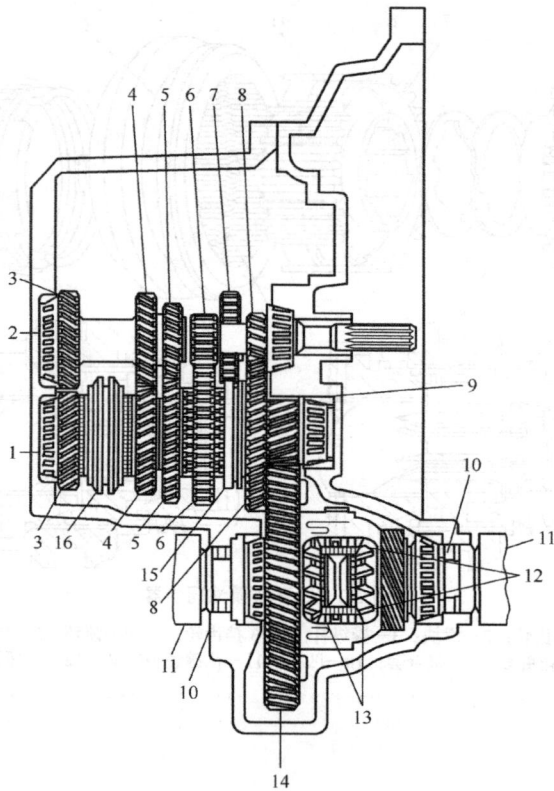

图 1.3.4 两轴发动机横置变速器结构图

1—输出轴；2—输入齿轮轴；3—4 挡齿轮；4—3 挡齿轮；5—2 挡齿轮；6—倒挡齿轮；
7—倒挡惰轮；8—1 挡齿轮；9—输出轴小齿轮；10—差速器油封；11—等速万向节；
12—差速器小齿轮；13—半轴齿轮；14—大齿圈；15—1 挡/2 挡同步器；16—3 挡/4 挡同步器

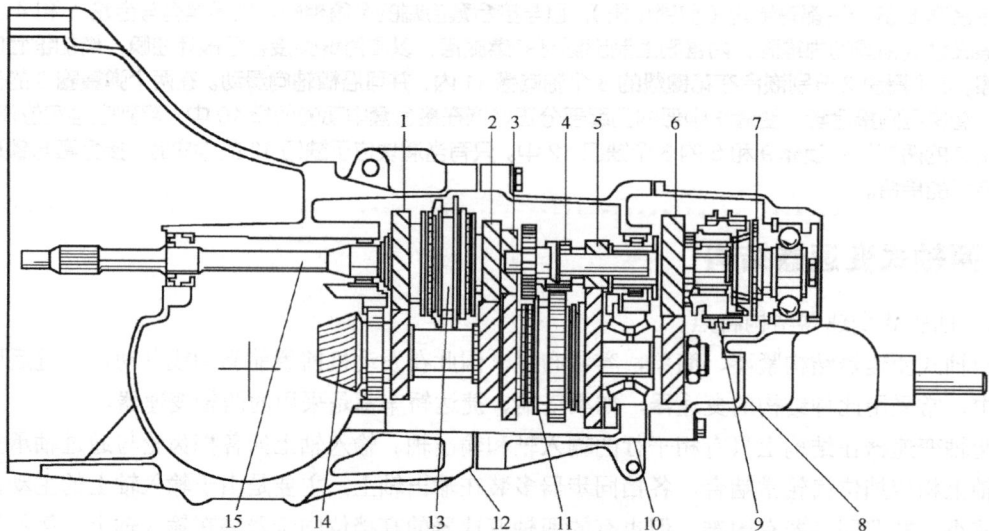

图 1.3.5 桑塔纳轿车发动机纵置 5 挡变速器结构图

1—4 挡齿轮；2—3 挡齿轮；3—2 挡齿轮；4—倒挡齿轮；5—1 挡齿轮；6—5 挡齿轮；
7—5 挡锁环；8—换挡机构壳体；9—5 挡同步器；10—齿轮箱体；11—1 挡/2 挡同步器；
12—变速器壳体；13—3 挡/4 挡同步器；14—输出轴；15—差速器总成

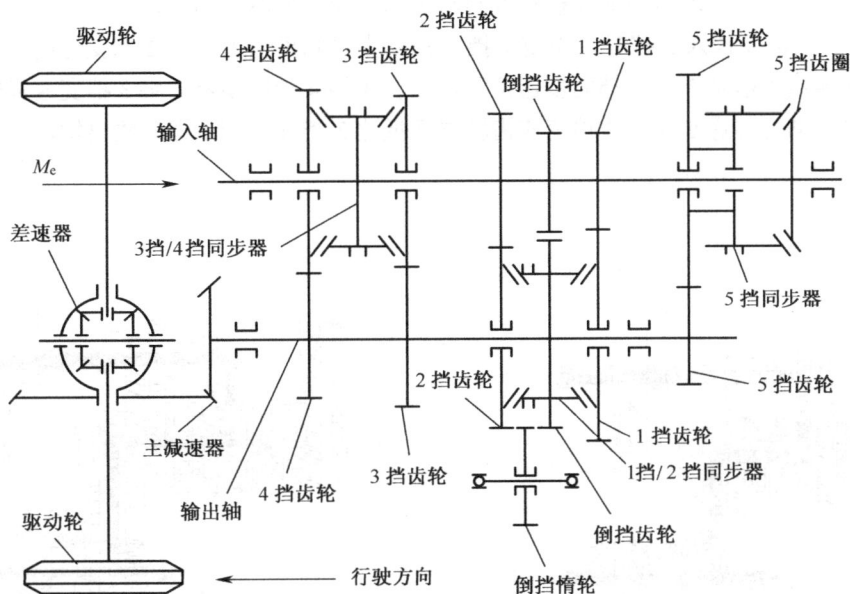

图 1.3.6　桑塔纳轿车 5 挡变速器传动示意图

2．两轴 4 挡变速器工作过程

（1）1 挡。变速器挂入 1 挡时，使换挡手柄与 1 挡/2 挡同步器接合，移动换挡手柄使换挡拨叉拉动 1 挡/2 挡同步器接合套，将 1 挡变速齿轮锁定在输出轴上，如图 1.3.7 所示。输入轴的 1 挡齿轮顺时针转动，驱动 1 挡变速齿轮及输出轴逆时针转动，输出轴上的主减速器主动齿轮驱动差速器齿圈、差速器齿轮装置、驱动轴和车轮顺时针转动，变速器以 1 挡工作。

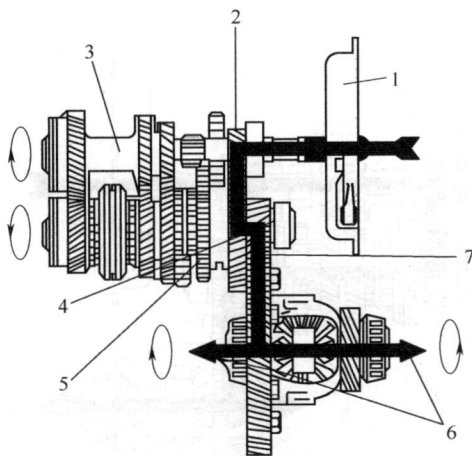

图 1.3.7　两轴变速器 1 挡动力传递图

1—离合器总成；2—1 挡主动齿轮；3—输入轴；4—输出轴小齿轮；
5—1 挡/2 挡同步器；6—至驱动轮；7—1 挡齿轮

（2）2 挡。从 1 挡换入 2 挡，1 挡/2 挡同步器先将输出轴上 1 挡变速齿轮分离，然后接合 2 挡变速齿轮，使 2 挡变速齿轮锁定在输出轴上，动力传递则是除了通过 2 挡变速齿轮和同步器传递到输出轴上以外，其他动力传递过程和方向与 1 挡相同，如图 1.3.8 所示。

（3）3 挡。当需要挂入 3 挡时，先使 1 挡/2 挡同步器脱离输出轴上 2 挡变速齿轮，返回到空挡位置。移动换挡手柄到 3 挡/4 挡同步器位置，接合 3 挡/4 挡同步器，将 3 挡变速齿轮锁定在输出轴上，此时，动力传递是通过 3 挡变速齿轮先后抵达 3 挡/4 挡同步器及输出轴、差速器、驱动桥和车轮，如图 1.3.9 所示。

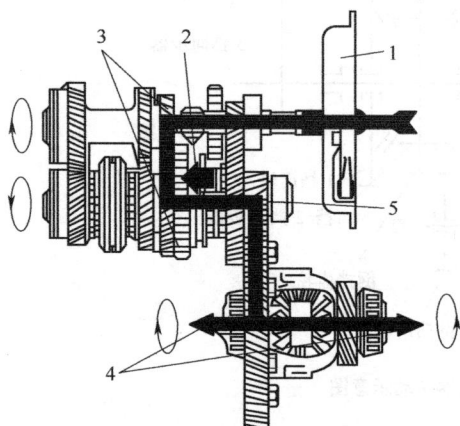

图 1.3.8　两轴变速器 2 挡动力传递图

1—离合器总成；2—2 挡同步器；3—2 挡齿轮；
4—至驱动轮；5—输出轴小齿轮

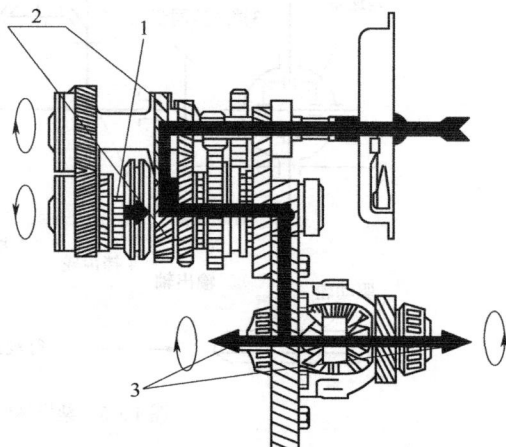

图 1.3.9　两轴变速器 3 挡动力传递图

1—3 挡/4 挡同步器；2—3 挡齿轮；
3—至驱动轮

（4）4 挡。当需要挂入 4 挡时，使 3 挡/4 挡同步器先脱离 3 挡变速齿轮，然后将 4 挡变速齿轮锁定在输出轴上，动力传递过程通过 4 挡变速齿轮完成，如图 1.3.10 所示。

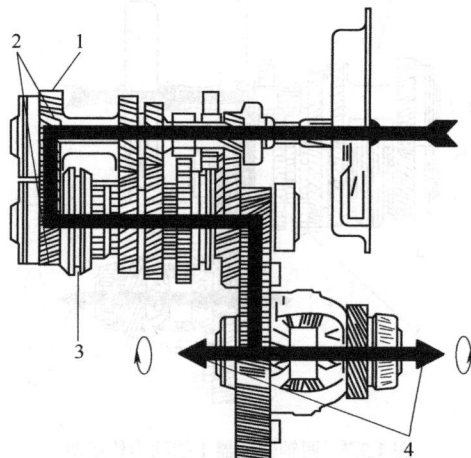

图 1.3.10　两轴变速器 4 挡动力传递图

1—4 挡主动齿轮；2—4 挡齿轮；3—3 挡/4 挡同步器；4—至驱动轮

（5）倒挡。当需要挂入倒挡时，使换挡手柄处于倒挡位置，换挡拨叉移动倒挡惰轮，使其与输入轴倒挡齿轮和输出轴倒挡变速齿轮相啮合，如图 1.3.11 所示。输出轴倒挡变速齿轮实际就是 1 挡/2 挡同步器套，即在其同步器套上带有沿其外缘加工的直齿。倒挡惰轮改变了输出轴的旋向，从而使汽车可倒车。

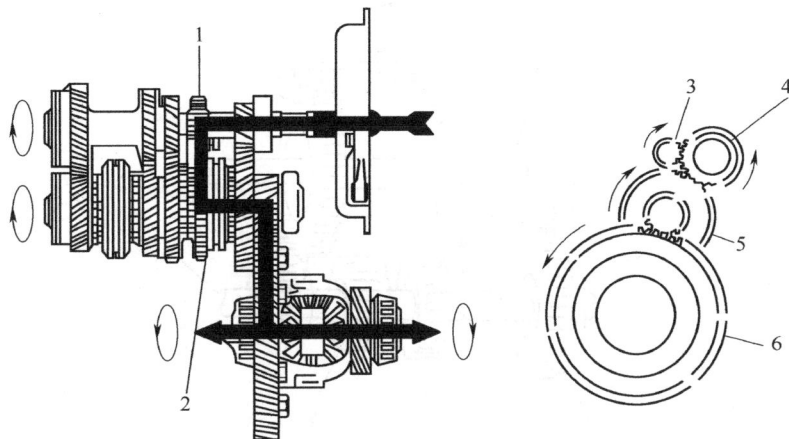

图 1.3.11　两轴变速器倒挡动力传递图

1，3—倒挡主动齿轮；2—1 挡/2 挡同步器；4—倒挡惰轮；5—倒挡齿轮和同步器套；6—差速器

想一想　各挡动力传递简图应该怎样画？

（6）空挡。变速器位于空挡时，输出轴上的 1 挡/2 挡同步器和 3 挡/4 挡同步器均处于中间位置。输出轴上各挡齿轮绕输出轴空转，没有动力输出，变速器在空挡工作。

五、三轴式变速器结构

三轴机械变速器的三轴就是指变速器的输入轴、输出轴和中间轴，它们构成了变速器的主体，当然还有一根倒挡轴。手动变速器又称手动齿轮式变速器，含有可以在轴向滑动的齿轮，通过不同齿轮的啮合达到变速变扭目的。典型的手动变速器结构及原理介绍如下。

如图 1.3.12 所示，输入轴也称第 1 轴，它的前端花键直接与离合器从动盘的花键套配合，从而传递由发动机过来的扭矩。第 1 轴上的齿轮与中间轴齿轮常啮合，中间轴也称副轴，轴上固连多个大小不等的齿轮。只要输入轴转动，中间轴及其上的齿轮也随之转动。输出轴又称第 2 轴，轴上空套有各前进挡齿轮，与中间轴上的对应各挡齿轮常啮合，可随时在操纵装置的作用下，改变本身的转速及扭矩。输出轴的尾端有花键与传动轴相连，通过传动轴将扭矩传送到驱动桥减速器。

由此可知，变速器前进挡位的驱动路径是：输入轴常啮合齿轮→中间轴常合啮齿轮→中间轴对应齿轮→第 2 轴对应齿轮。倒车轴上的齿轮也可以由操纵装置拨动，在轴上移动，与中间轴齿轮和输出轴齿轮啮合，以相反的旋转方向输出。

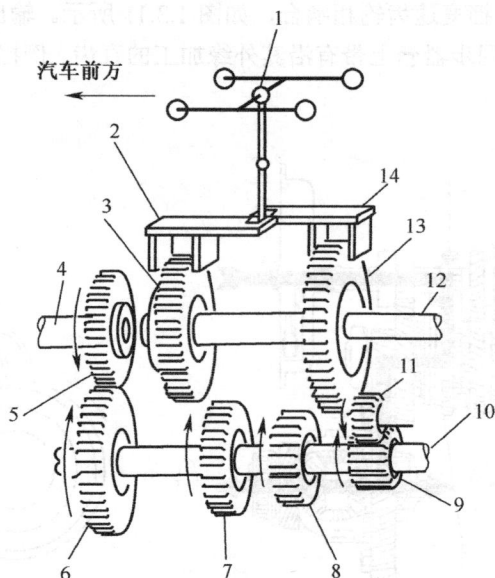

图 1.3.12 换挡示意图

1—换挡操纵杆；2—2 挡换挡拨叉；3—2 挡齿轮；4—输入轴；5—输入齿轮；
6—常啮合齿轮；7—中间轴 2 挡齿轮；8—中间轴 1 挡齿轮；9—中间轴倒挡齿轮；
10—中间轴；11—倒挡齿轮轴；12—输出轴；13—1 挡和倒挡齿轮；14—1 挡拨叉

延伸阅读

4 挡变速器工作过程

1. 空挡

空挡时，如图 1.3.13 所示，离合器结合，一轴主动齿轮以发动机的转速旋转，从而通过一轴齿轮与中间轴的常啮合齿轮，使中间轴旋转。中间轴上固连有各挡齿轮，因此也随中间轴一起旋转。空套在输出轴上的各挡齿轮与中间轴上相应齿轮啮合，但由于 1 挡/2 挡、3 挡/4 挡同步器的接合套都在中间位置，所以输出轴（第 2 轴）并不旋转，即此时没有动力输出，变速器处于空挡。

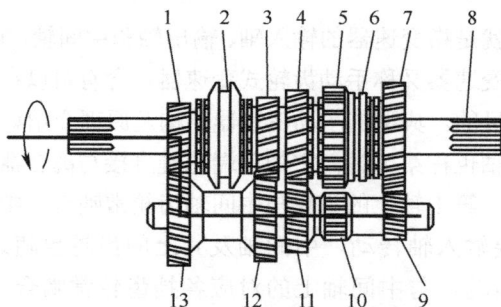

图 1.3.13 4 挡变速器空挡动力传递过程

1—第 1 轴主动齿轮；2—3 挡/4 挡同步器；3—3 挡齿轮；4—2 挡齿轮；5—1 挡/2 挡同步器套；
6—1 挡/2 挡同步器；7—1 挡齿轮；8—输出轴；9—中间轴 1 挡齿轮；10—中间轴倒挡齿轮；
11—中间轴 2 挡齿轮；12—中间轴 3 挡齿轮；13—中间轴常啮合齿轮

2. 1挡

变速器挂入1挡时，就是通过换挡拨叉使1挡/2挡同步器接合套向后移动，使输出轴上的1挡齿轮锁定在输出轴上，如图1.3.14所示。离合器接合，第1轴主动常啮合齿轮以发动机的转速旋转，中间轴在常啮合齿轮带动下旋转，在中间轴上固连的各挡齿轮随中间轴一起旋转。空套在输出轴上的各挡齿轮与中间轴上相应齿轮啮合，但由于输出轴1挡齿轮被接合套锁定在输出轴上，所以输出轴以1挡齿轮旋转速度旋转，即变速器以1挡传动比工作。由于1挡齿轮相对其他齿轮最大，因此1挡减速增扭效果最大，即此时汽车车速最低，输出转矩最大。

3. 2挡

从1挡换到2挡时，换挡拨叉将1挡/2挡同步器的接合套与1挡变速齿轮分离，并移动到2挡变速齿轮上，使2挡齿轮锁定在输出轴上。如图1.3.15所示，动力传递仍然通过输入轴到中间轴齿轮，中间轴上2挡齿轮将动力传递到被锁定在输出轴上的2挡齿轮上，输出轴以2挡齿轮转速旋转，变速器在2挡工作。

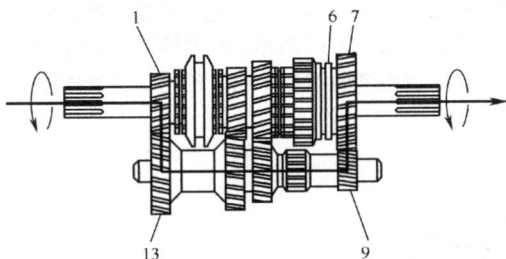

图1.3.14　4挡变速器1挡动力传递过程

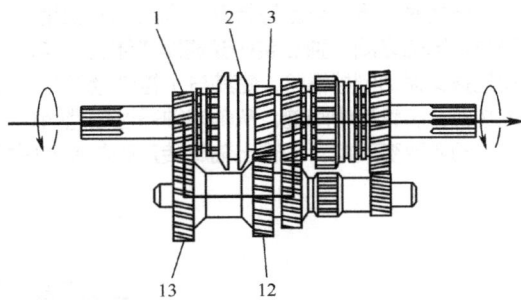

图1.3.15　4挡变速器2挡动力传递过程

4. 3挡

从2挡换到3挡时，换挡拨叉使1挡/2挡同步器接合套返回到中间（空挡）位置。换挡手柄横向移动，结合3挡/4挡换挡拨叉，换挡拨叉拨动3挡/4挡同步器接合套向后移动，直到它将3挡变速齿轮锁定在输出轴上，如图1.3.16所示。这时，动力传递通过中间齿轮的3挡齿轮到达3挡变速齿轮，输出轴以3挡齿轮转速旋转，即变速器以3挡工作。

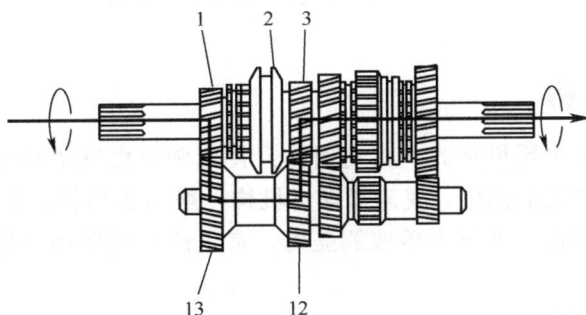

图1.3.16　4挡变速器3挡动力传递过程

5. 4挡（直接挡）

从3挡换入4挡时，换挡拨叉将3挡/4挡同步器接合套与3挡变速齿轮分离，向前移动3挡/4挡同步器接合套，将输入轴（第1轴）齿轮锁定在输出轴上，如图1.3.17所示。这意味着输入轴动力直接传递给输出轴，输出轴以输入轴转速旋转，传动比是1，没有减速增扭的效果，所以，通常将4挡称为直接挡。

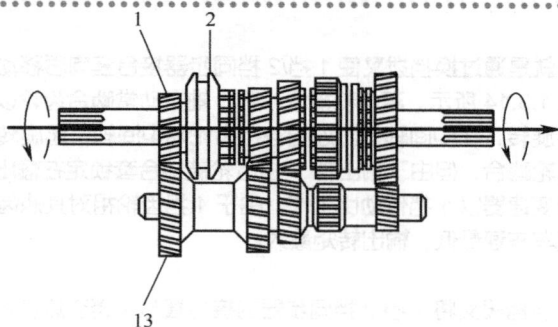

图 1.3.17　4 挡变速器 4 挡动力传递过程

6. 倒挡

倒挡时，需要输出轴转动方向与输入轴相反。在结构上，一般通过倒挡惰轮实现。惰轮轴在中间轴与输出轴之间，独立装在变速器壳体上。挂入倒挡时，先横向移动换挡手柄，结合倒挡换挡拨叉，换挡拨叉拨动倒挡惰轮，使其与 1 挡/2 挡同步器接合套啮合，如图 1.3.18 所示。动力传递是通过输入轴常啮合齿轮到中间轴，从中间轴通过倒挡惰轮改变旋向；然后通过惰轮与 1 挡/2 挡同步器接合套啮合，再次改变旋向，使输出轴旋转方向与输入轴相反。

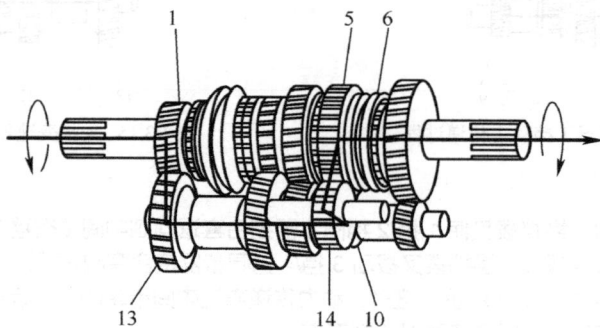

图 1.3.18　4 挡变速器倒挡动力传递过程

六、变速器操纵机构

变速器操纵机构多采用机械式，其功用是：使驾驶员根据道路情况能准确可靠地将变速器挂入或摘离所需的某个挡位。变速器操纵机构一般由变速杆、定位块、拨叉轴、拨叉、安全装置等组成，安装在变速器上盖或侧盖内。常见的变速器操纵机构有三轴式和单轴式两种类型。

1. 三轴式变速器操纵机构

图 1.3.19 所示为三轴式 4 挡变速器操纵机构。所谓三轴是指操纵机构有 3 根换挡拨叉轴，每个拨叉轴上有一个换挡拨叉。当驾驶员选择一个特定挡位时，要先选择换挡拨叉轴，即换挡杆带钩的端头插入换挡定位块的缺口中，定位块和换挡拨叉用销子固定在换挡拨叉轴上。换挡时就是轴向移动装有换挡拨叉的拨叉轴，换挡拨叉带动同步器接合套移动，换入相应挡位。

变速器操纵机构内的安全装置主要有互锁、自锁和倒挡锁。

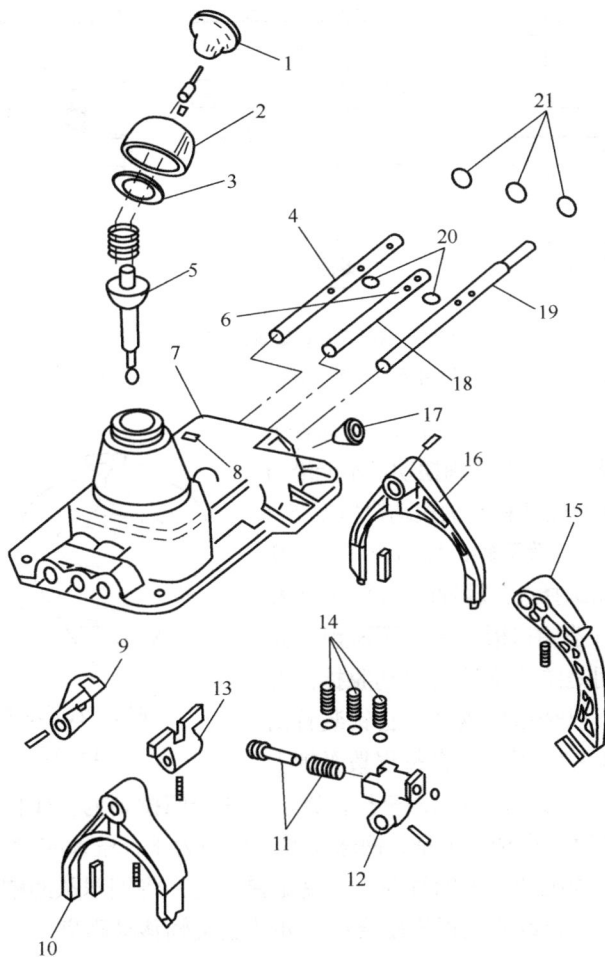

图 1.3.19　三轴式操纵机构示意图

1—换挡杆球；2—盖；3—弹簧座；4—1 挡/2 挡拨叉轴；5—换挡杆；6—联锁销；
7—壳体组件；8—销；9—2 挡定位块；10—3 挡/4 挡拨叉；11—倒挡锁；
12—倒挡定位块；13—3 挡/4 挡定位块；14—自锁钢球及弹簧；15—倒挡拨叉；16—1 挡/2 挡拨叉；
17—倒车灯开关；18—3 挡/4 挡拨叉轴；19—倒挡拨叉轴；20—互锁钢球；21—拨叉轴堵

（1）互锁装置是为了保证换挡拨叉轴到位并防止其他拨叉轴移动，采用专门的锁止装置。互锁装置有多种类型，常见的有两种结构：钢球式和转动钳口式。

钢球式互锁装置：如图 1.3.20 所示，钢球式互锁装置主要由互锁钢球和互锁销组成。每根拨叉轴上朝向互锁钢球的一面都有一个深度相等的凹槽，中间拨叉轴上有相对应的两个凹槽，并且是通孔相通，在通孔中有一个互锁销，其长度正好等于拨叉轴直径减去一个凹槽深度。凹槽深度、钢球直径和拨叉轴直径的尺寸也是经过严格计算的。当变速器处于空挡时，由于 3 根拨叉轴的凹槽、互锁销和钢球都在同一直在线，正好有一个凹槽深度的富余空间，所以在空挡时，我们晃动变速手柄时，感觉有一定的旷量。当需要挂挡时，任意移动一根拨叉轴，使该拨叉轴上钢球被挤出凹槽，挤占了空挡时富余的那个凹槽空间，使得另两根拨叉轴被锁定在空挡位置，互锁销的作用是帮助钢球移出凹槽，所以挂挡时，必须要先到空挡位置，然后挂入想挂的挡位。

49

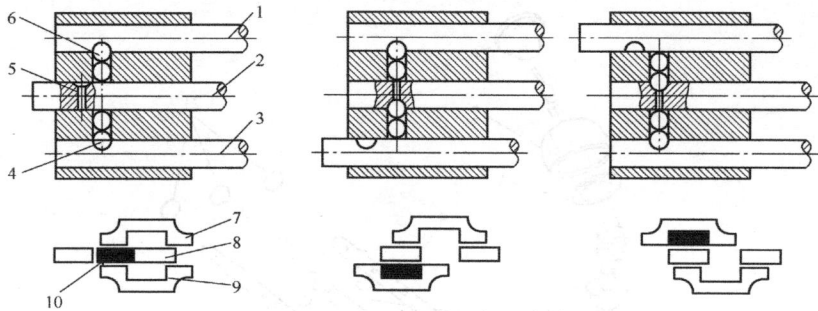

图 1.3.20　钢球式互锁装置工作示意图

1，2，3—拨叉轴；4，6—互锁钢球；5—互锁销；7，8，9—拨叉；10—变速杆下端球头

转动钳口式互锁装置：如图 1.3.21 所示，变速杆下端球头置于钳口中，钳口板只能绕 A 轴摆动，不能沿 A 轴轴向移动。换挡时，先通过变速杆球头拨动钳口板绕 A 轴转动，选择要挂挡位所用的拨叉轴，然后拉（推）变速杆，则变速杆球头带动所选择拨叉轴轴向移动，挂上相应挡位。另两根拨叉轴由于有钳口板挡住，而不能移动。

（2）自锁装置的作用是防止变速器自动脱挡，并保证齿轮（或接合齿圈）以全齿宽啮合。自锁装置由钢球和弹簧组成，如图 1.3.22 所示。在每根拨叉轴上

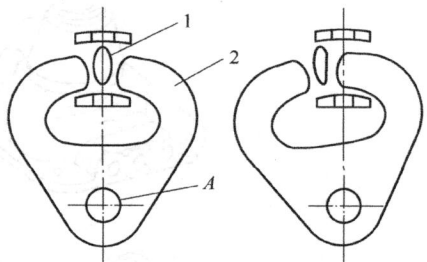

图 1.3.21　转动钳口式互锁装置

1—变速杆；2—钳口板

沿轴向分布有 3 个凹槽，中间凹槽对应为空挡位置，另两个凹槽则为工作挡位。当移动任意一根拨叉轴时，必有一个凹槽对准钢球，于是，钢球在弹簧作用力下，压入凹槽，拨叉轴被轴向锁定。当需要换挡时，驾驶员必须施加一定的轴向力，克服弹簧力，将钢球从凹槽中挤出，推回孔中。凹槽之间的距离等于全齿啮合或完全退出啮合所需的拨叉轴移动距离。

（3）倒挡锁装置的作用是防止驾驶员误挂倒挡。图 1.3.23 所示为弹簧锁销式倒挡锁装置。从结构中可以看出，当需要挂入倒挡时，必须要用较大的力摆动变速杆，使倒挡锁销压缩弹簧后才能挂入倒挡。

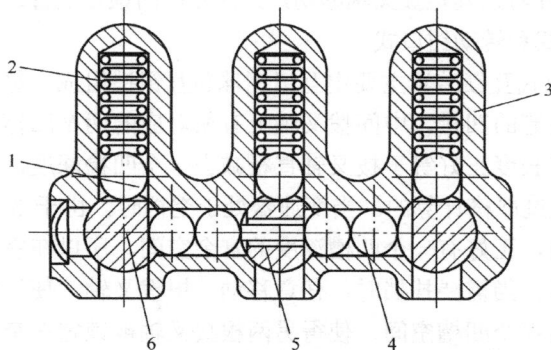

图 1.3.22　自锁装置示意图

1—自锁钢球；2—自锁弹簧；3—变速器盖；
4—互锁钢球；5—互锁销；6—拨叉轴

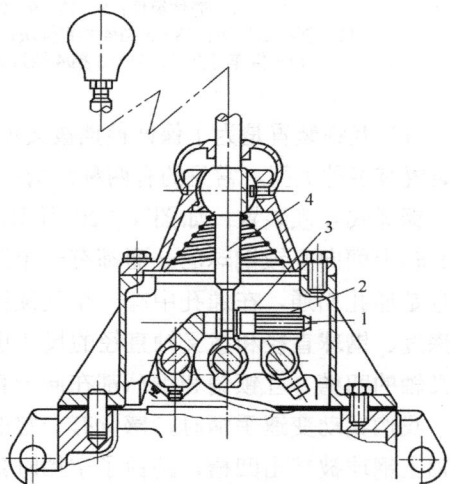

图 1.3.23　倒挡锁装置

1—倒挡锁销；2—倒挡锁弹簧；
3—倒挡拨块；4—变速杆

2. 单轴式变速器操纵机构

在有些变速器的操纵机构中采用单轴式，如图 1.3.24 所示。单轴式操纵机构的结构特点是所有的换挡拨叉都安装在同一根拨叉轴上。

延伸阅读

捷达轿车的变速器操纵机构选挡、换挡及安全锁止的工作过程

如图 1.3.24 所示，单轴式变速器操纵机构主要由换挡拨叉轴、换挡拨叉、选挡换挡轴、卡槽组件、换挡指及安全锁止装置组成。

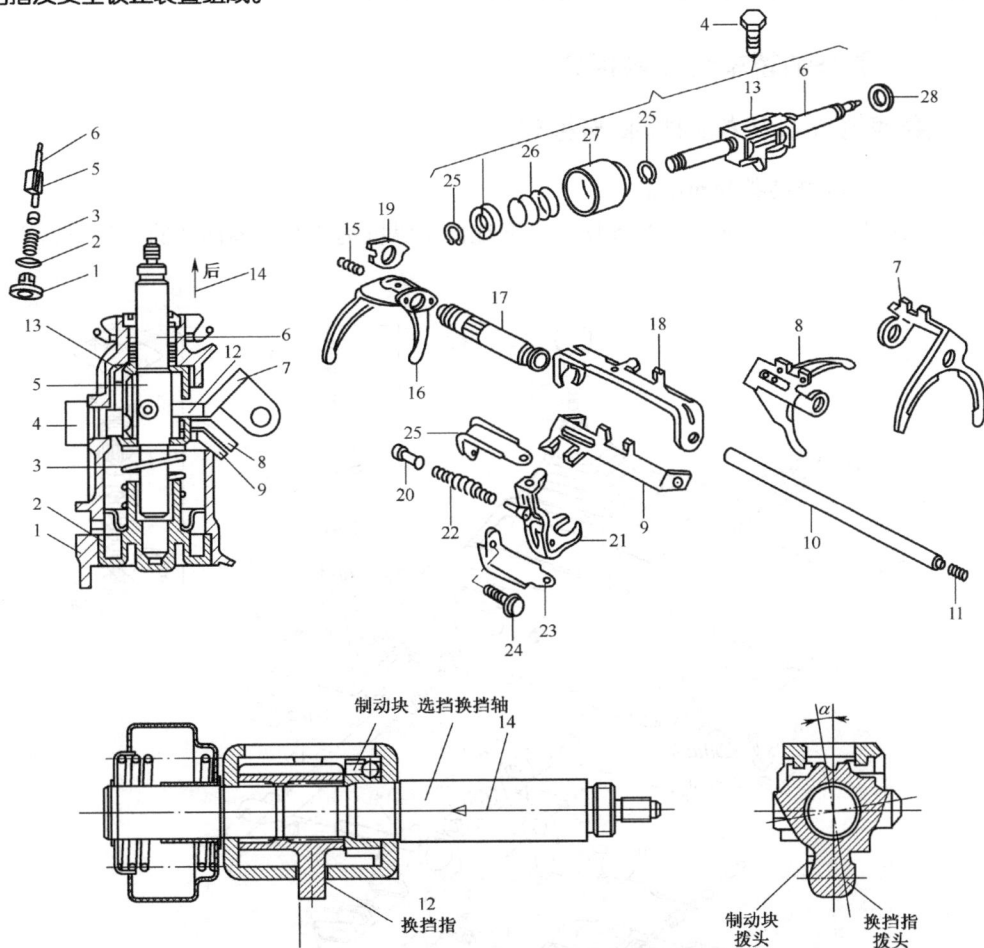

图 1.3.24　捷达轿车的变速器操纵机构

1—端盖；2—挡油板；3—弹簧；4—止动螺栓；5—卡槽组件；6—选挡换挡轴；
7—3 挡/4 挡换挡拨叉；8—1 挡/2 挡换挡拨叉；9—倒挡换挡拨叉；10—拨叉导杆；
11—弹簧；12—换挡指；13—定位架；14—前后箭头；15—弹簧；16—5 挡拨叉；
17—5 挡连接套；18—5 挡拨板；19—止动垫板；20—滑块；21—继动杆；22—压簧；
23—继动杆支架；24—螺栓；25—挡圈；26—弹簧；27—止动冒；28—垫圈

选挡时，按图示箭头方向轴向移动选挡换挡轴 6，卡槽元件 5 上的换挡指同时移动，换挡指与那个换挡拨叉上凹槽啮合，就可以选那个拨叉所能挂入的挡位。例如，换挡指与 3 挡/4 挡拨叉啮合，则可以换入 3 挡或 4 挡。

换挡时，旋转选挡换挡轴6，卡槽组件5上的换挡指12便拨动与其啮合的拨叉沿拨叉轴轴向移动。例如，当换挡指与3挡/4挡拨叉啮合时，向左拨动3挡/4挡拨叉为4挡，向右拨动为3挡。

选挡换挡轴6上的定位架13起互锁作用，当换挡指选定拨动某一个拨叉时，定位架13则同时限制另外两个拨叉移动，以避免同时挂两个挡。止动螺栓4也卡在定位架上，使换挡指稳定在已选定的挡位上，弹簧3的作用是将选挡换挡轴6及换挡操纵杆压在所选定挡位的选挡平面内，以防止变速器自动脱挡。

挂倒挡时，选挡换挡轴向前移动，由于制动块锁止齿形与换挡指锁止齿形形成一个角度 α，所以当换挡指位于倒挡拨板槽口时，制动块正好偏转一个角度 α，制动块下端的拨头此时正好位于5挡拨板槽口处，并通过5挡连接套使5挡拨叉移动一微小距离，使5挡同步环摩擦锥面与5挡齿轮摩擦锥面接触，摩擦力使输入轴转速迅速减为零，从而实现平滑换挡。

课题实施　桑塔纳轿车变速器拆装

操作一　变速器操纵机构的拆装与检查

步骤一　上换挡杆的拆卸和安装。

变速器操纵机构的分解如图1.3.25所示。变速器操纵机构的有关零部件的拆装与调整均可参见此图。

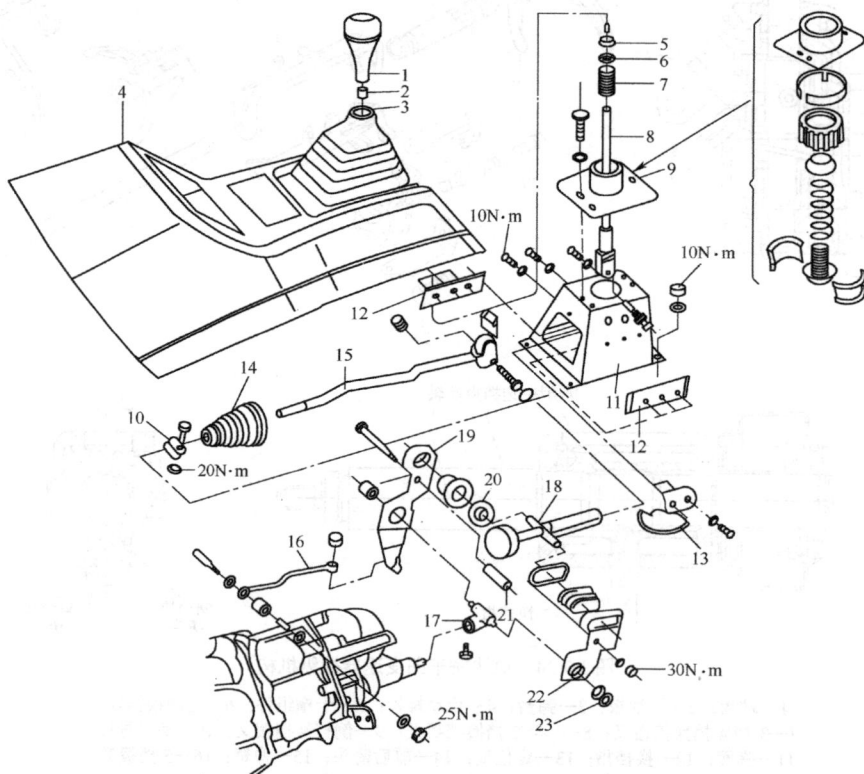

图1.3.25　变速器操纵机构分解图

1—换挡手柄；2—防尘罩衬套；3—防尘罩；4—仪表板；5—锁环；6—挡圈；7—弹簧；
8—上换挡杆；9—换挡支架；10—夹箍；11—变速杆罩壳；12—缓冲垫；13—倒挡缓冲垫；
14—密封罩；15—下换挡杆；16—支撑杆；17—离合块；18—换挡连接套；
19—轴承右侧压板；20—罩盖；21—支撑轴；22—轴承左侧压板；23—塑料衬套

（1）上换挡杆的拆卸。拆下换挡手柄，取下防尘罩、仪表板，拆下固定在上换挡杆上的弹簧锁环（注意锁环一经拆卸，就要更换），取下挡圈和弹簧。拆下换挡杆支架、变速器罩壳，使上、下换挡杆脱离。

（2）上换挡杆的安装。上换挡杆的安装按照与拆卸相反的顺序进行，但应注意以下事项。

① 检查所有零件的完好情况，更换已经损坏的零件。

② 润滑衬套和挡圈。

③ 调整上换挡杆。

④ 使用快干胶固定换挡手柄。

步骤二　换挡杆支架总成的拆卸和安装。

（1）换挡杆支架总成的拆卸。换挡杆支架及其零件分解如图 1.3.26 所示。取下换挡手柄和防尘罩，拆下锁环、挡圈和弹簧。拆下换挡杆支架的固定螺栓，取下换挡杆支架。

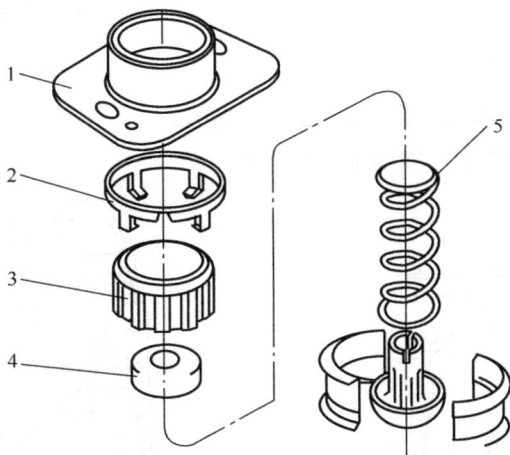

图 1.3.26　换挡杆支架总成零件分解图
1—支架；2—锁环；3—毂；4—球碗；5—弹簧

提示　　换挡杆支架只有在加注润滑脂时才可进行分解，一旦发现任何零件损坏，就要全部更换。锁环一经拆卸，就要更换。

（2）换挡杆支架总成的安装。用润滑脂润滑换挡杆支架内部件，装上换挡杆支架，将换挡杆支架上的孔与变速操纵机构罩壳上的孔对准，用 10N·m 力矩拧紧螺栓。装上弹簧、挡圈和新的锁环。检查各挡的啮合情况，如有必要，可通过移动换挡杆支架上的椭圆形孔来调整。装上防尘罩和手柄，使用快干胶固定换挡手柄。

操作二　变速器壳体的更换

步骤一　变速箱壳体的拆卸。

（1）拆卸变速器，将其固定在支架上，如图 1.3.27 所示。

（2）将变速器的油全部放干净。

（3）拆下变速器的后盖和轴承支座。

（4）拆下离合器分离叉轴。

（5）拧下加油螺塞，拆下差速器。

（6）拆下输入轴的密封圈，如图 1.3.28 所示。密封圈一经拆卸就必须更换。

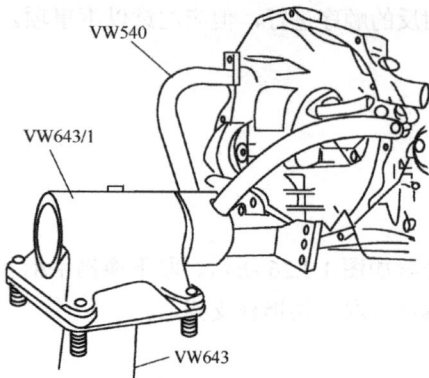

图 1.3.27　将变速器固定在支架上

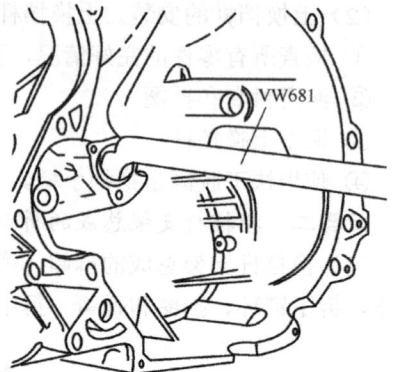

图 1.3.28　拆下输入轴密封圈

（7）小心地取下输入轴的挡油圈，如图 1.3.29 所示。

（8）取下输入轴的滚针轴承，如图 1.3.30 所示。

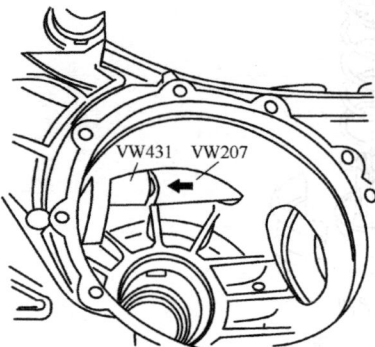

图 1.3.29　取下输入轴挡油圈

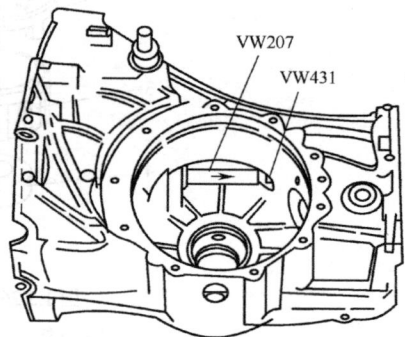

图 1.3.30　取下输入轴滚针轴承

（9）取下输出轴前轴承的外圈，如图 1.3.31 所示。

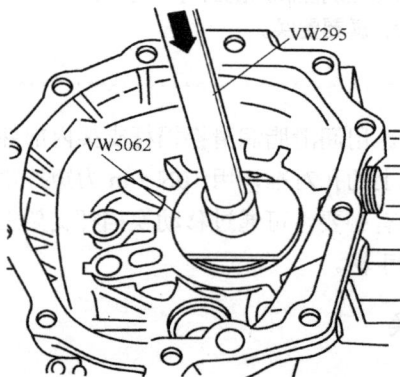

图 1.3.31　取下输出轴前轴承外圈

步骤二　变速箱壳体的装复。

（1）装上输入轴的滚针轴承，如图 1.3.32 所示。

（2）装上输入轴的挡油圈。

（3）用润滑脂润滑衬套，装上离合器分离叉轴、左衬套、橡胶衬套和销环。

（4）装上输入轴的密封圈，如图 1.3.33 所示。装上分离套筒和分离轴承。

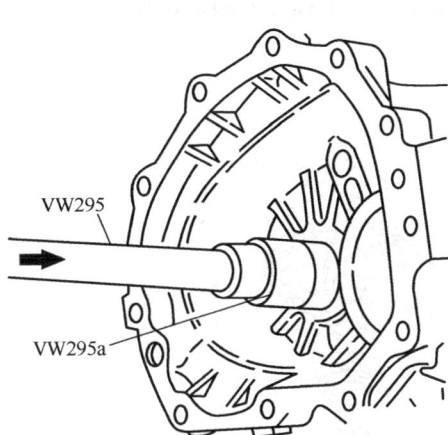

图 1.3.32 装上输入轴的滚针轴承

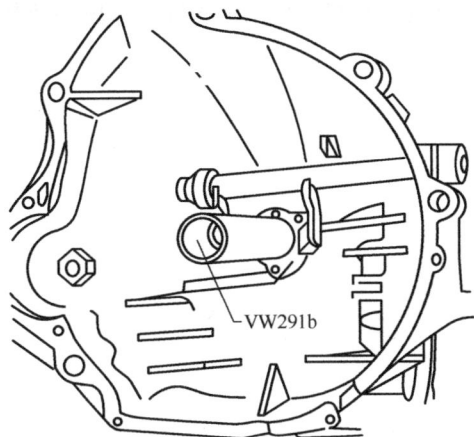

图 1.3.33 装上输入轴密封圈

（5）装上输出轴前轴承的外圈，如图 1.3.34 所示。在装输出轴前轴承外圈时，注意要将外圈上的小孔与壳体上的小孔对准。

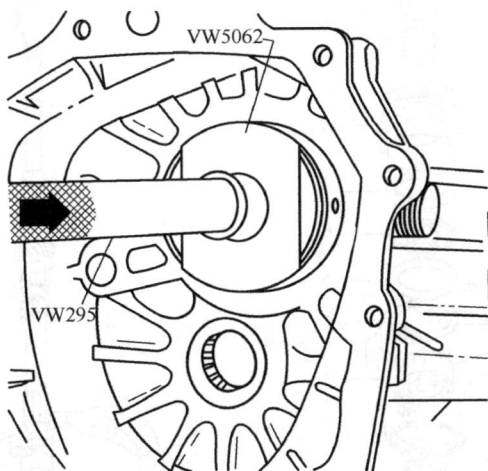

图 1.3.34 装上输出轴前轴承外圈

（6）装上输出轴前轴承外圈的固定圆柱销并封住。圆柱销不应全部插入，头部应突出壳体大约 3.0mm。

（7）计算出输出轴调整垫片的厚度 S_3。

（8）计算出主减速器主动齿轮调整垫片的厚度 S_1、S_2（S_1、S_2、S_3 的位置及调整参见桑塔纳主减速器相关内容）。

（9）装上有成套齿轮的变速器轴承支座及变速器后盖。

（10）装上放油螺塞，给变速器加油。装上注油螺塞，用 25N·m 力矩拧紧。

操作三　变速传动机构的拆装与检修

变速传动机构包括输入轴、输出轴及其上的齿轮。输入轴和输出轴的分解分别如图 1.3.35 和图 1.3.36 所示。

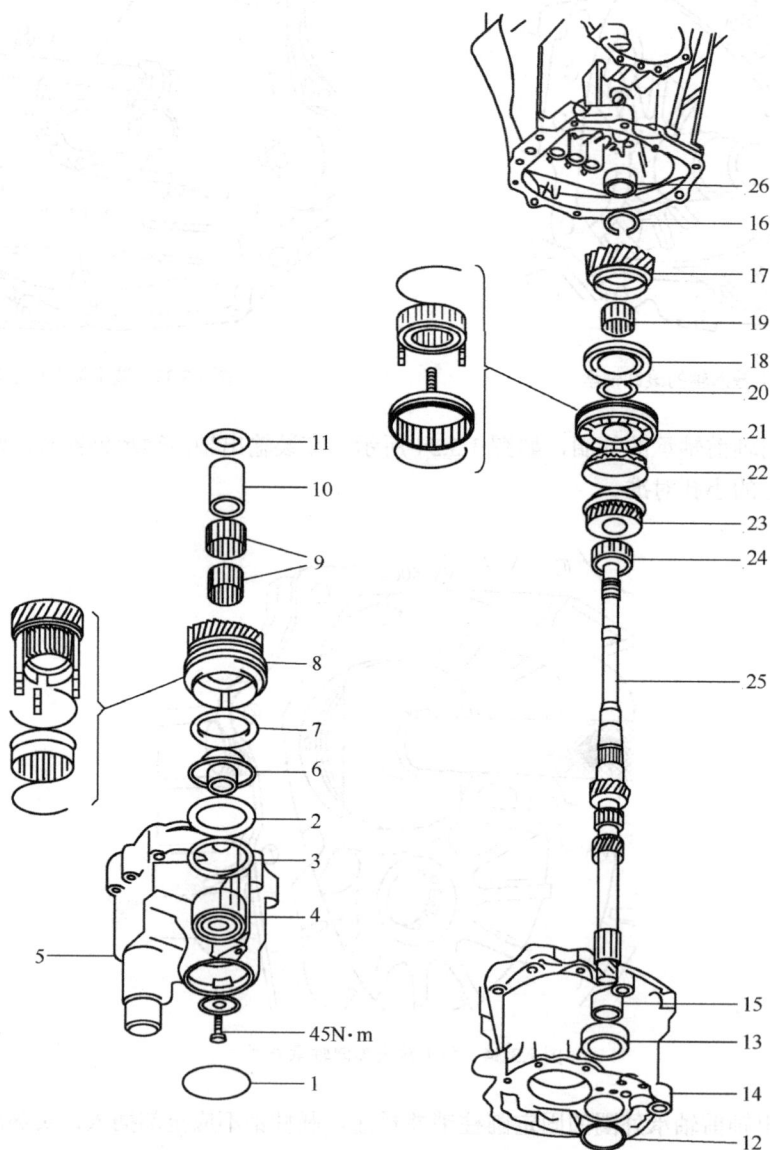

图 1.3.35　输入轴分解图

1—后轴承罩盖；2—挡油圈；3—锁环；4—输入轴后轴承；5—变速器后盖；6—5 挡同步器套管；
7—5 挡同步环；8—5 挡同步器和齿轮；9—5 挡齿轮滚针轴承；10—5 挡齿轮滚针轴承内圈；
11—固定垫圈；12—锁环；13—中间轴承；14—轴承支座；15—中间轴承内圈；16—有齿锁环；
17—4 挡齿轮；18—4 挡同步环；19—4 挡齿轮滚针轴承；20—锁环；21—3 挡和 4 挡同步器；
22—3 挡同步环；23—3 挡齿轮；24—3 挡齿轮滚针轴承；25—输入轴；26—输入轴滚针轴承

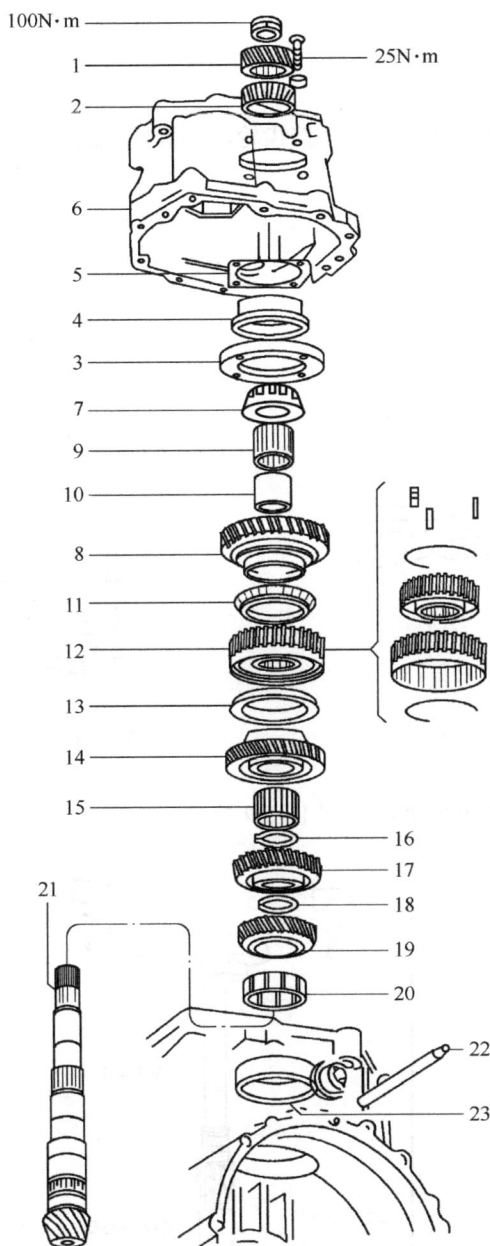

图 1.3.36　输出轴分解图

1—5 挡齿轮；2—输出轴外后轴承；3—轴承保持架；4—后轴承外圈；5—调整垫片 S；6—轴承支座；
7—输出轴内后轴承；8—1 挡齿轮；9—1 挡齿轮滚针轴承；10—1 挡齿轮滚针轴承内圈；
11—1 挡同步环；12—1 挡和 2 挡同步器；13—2 挡同步环；14—2 挡齿轮；
15—2 挡齿轮滚针轴承；16—挡环；17—3 挡齿轮；18—挡环；19—4 挡齿轮；
20—输出轴前轴承；21—输出轴；22—圆柱销；23—输出轴前轴承外圈

步骤一　整套齿轮的拆卸。

（1）拆卸变速器。

（2）拆下变速器后盖。

（3）拆下轴承支座。

（4）拆下整套齿轮。

步骤二 输入轴的拆卸。

（1）拆下 4 挡齿轮的有齿锁环，取下 4 挡齿轮、同步环和滚针轴承。

（2）拆下同步器锁环，如图 1.3.37 所示。

（3）取下 3 挡和 4 挡同步器、3 挡同步环及齿轮，如图 1.3.38 所示。取下 3 挡齿轮的滚针轴承。

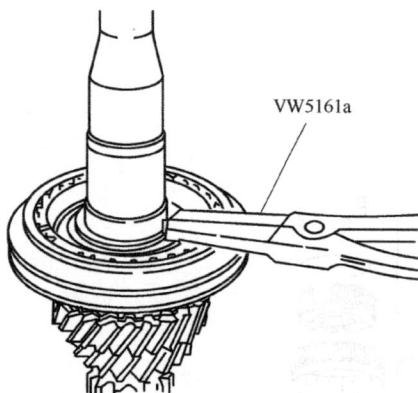

图 1.3.37 拆下同步器锁环

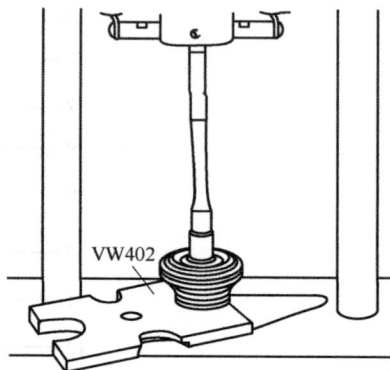

图 1.3.38 取下 3、4 挡同步器及 3 挡同步环和齿轮

（4）取下输入轴的中间轴承内圈，如图 1.3.39 所示。

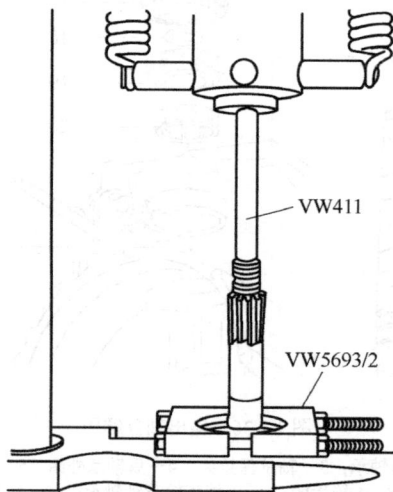

图 1.3.39 取下输入轴的中间轴承内圈

步骤三 输出轴的拆卸。

（1）拆下输出轴内后轴承和 1 挡齿轮，如图 1.3.40 所示。取下滚针轴承和 1 挡同步环。

（2）取下滚针轴承的内圈、同步器和 2 挡齿轮，如图 1.3.41 所示。取下 2 挡齿轮的滚针轴承。

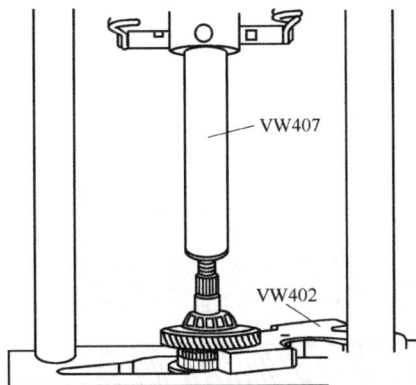

图 1.3.40 拆下输入轴内后轴承和 1 挡齿轮

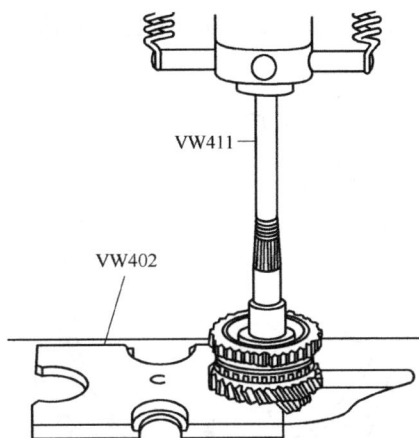

图 1.3.41 拆下滚针轴承内圈、同步器和 2 挡齿轮

（3）拆下 3 挡齿轮的锁环、3 挡齿轮，如图 1.3.42 所示。

（4）拆下 4 挡齿轮的锁环、4 挡齿轮，如图 1.3.43 所示。

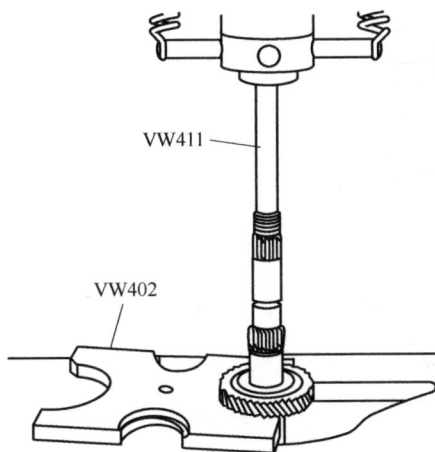

图 1.3.42 拆下 3 挡齿轮

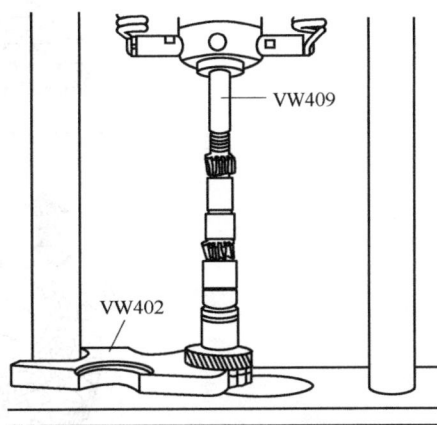

图 1.3.43 拆下 4 挡齿轮

（5）拆下输出轴的前轴承。

　　步骤四　输入轴、输出轴的安装。

（1）检查主减速器主动锥齿轮的情况。如果已经损坏，同主减速器从动锥齿轮一起更换，并计算从动锥齿轮和主动锥齿轮调整垫片的厚度。

（2）检查所有齿轮和轴承的损坏情况。如果需要更换，除更换所损坏的外，还需将其他轴上的相应齿轮更换。

（3）用钢丝刷清洗同步环的内锥面，如图 1.3.44 所示。

（4）在更换 1 挡齿轮滚针轴承的内圈或输出轴的后轴承时，计算输出轴的调整垫片厚度。

（5）将同步环压在各自齿轮的锥面上，检查间隙 A 值，如图 1.3.45 所示。间隙 A 的规定值如表 1.1 所示。将同步环贴在极其平滑的表面上（平板、玻璃等）对其扭曲进行分析。

用轻度的压力将同步环装在各自齿轮的锥面上，移动齿轮的锥环，对过度的侧面间隙（成椭圆形）进行分析，如图 1.3.46 所示。如果上述检查出现任何一种不正常现象，都应更换同步环。

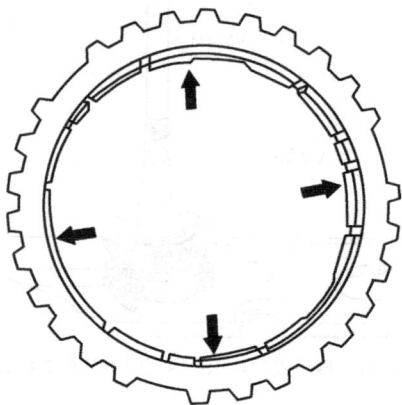

图 1.3.44　清洗同步环内锥面

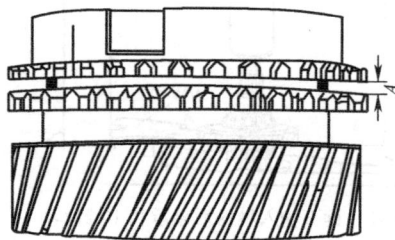

图 1.3.45　检查间隙

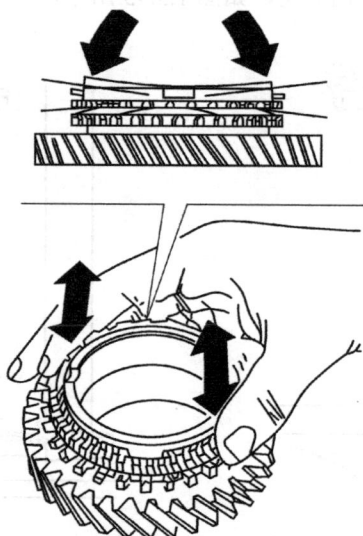

图 1.3.46　检查同步环

表 1.1　　　　　　　　　　　　　　　间隙 A 值

同　步　环	间隙 A 值/mm	
	新　　件	磨　损　极　限
1 挡、2 挡同步环	1.10～1.17	0.05
3 挡、4 挡同步环	1.35～1.90	0.05
5 挡同步环	1.10～1.7	0.05

（6）装上中间轴承的内圈，如图 1.3.47 所示。将预先润滑过的 3 挡齿轮滚针轴承装上，把油槽转向 2 挡齿轮。

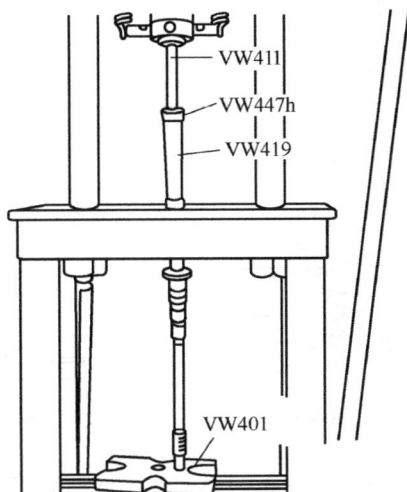

图 1.3.47　安装中间轴承内圈

（7）如图 1.3.48 所示，组装 3 挡和 4 挡同步器。

（8）如图 1.3.49 所示，装上 3 挡齿轮及 3 挡和 4 挡同步器，装上锁环。

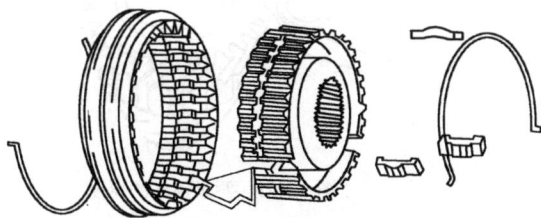

图 1.3.48　组装 3 挡和 4 挡同步器

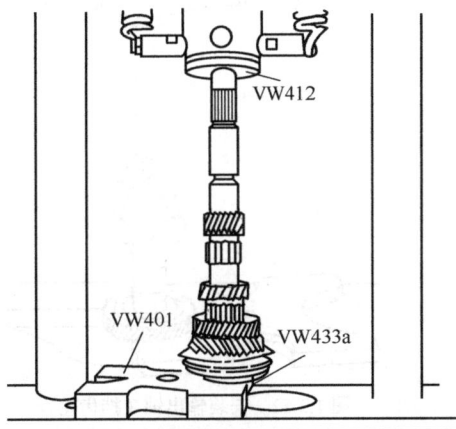

图 1.3.49　安装 3 挡齿轮及 3 挡和 4 挡同步器

（9）装上同步器环、滚针轴承和 4 挡齿轮，再装上带齿的锁环。

（10）如图 1.3.50 所示，用 2kN 力将输入轴 3 挡齿轮、同步器和输入轴 4 挡齿轮紧紧压在带齿的锁环上，把总成固定好。

（11）将前轴承装在输出轴上。

（12）如图 1.3.51 所示，装上输出轴 4 挡齿轮，用手扶住前轴承，齿轮有凸缘的一边应朝向轴承。

（13）选用尽可能厚的锁环将 4 挡齿轮固定好。锁环厚度有 2.35mm、2.38mm、2.41mm、2.44mm 和 2.47mm 5 种规格。

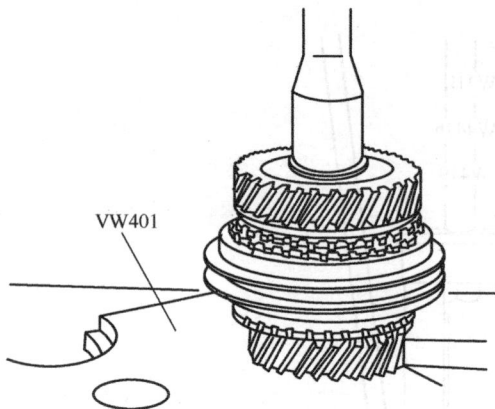

图 1.3.50　安装输入轴 3 挡齿轮、同步器和输入轴 4 挡齿轮

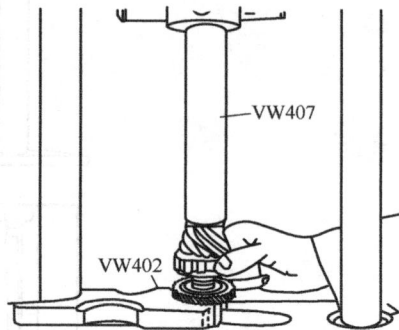

图 1.3.51　安装输出轴 4 挡齿轮

（14）如图 1.3.52 所示，安装输出轴 3 挡齿轮，凸缘应朝向 4 挡齿轮。

（15）利用厚薄规测量锁环的厚度，如图 1.3.53 所示。根据测得的尺寸，选择适当的锁环装上。锁环厚度的选择如表 1.2 所示。

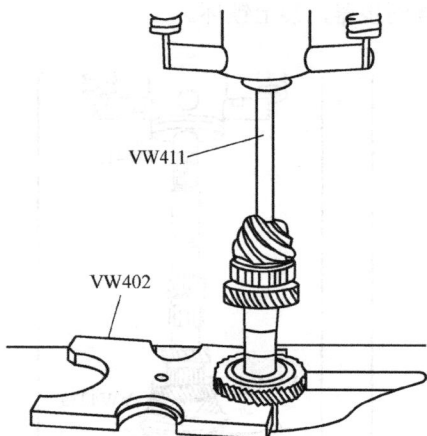

图 1.3.52　安装输出轴 3 挡齿轮

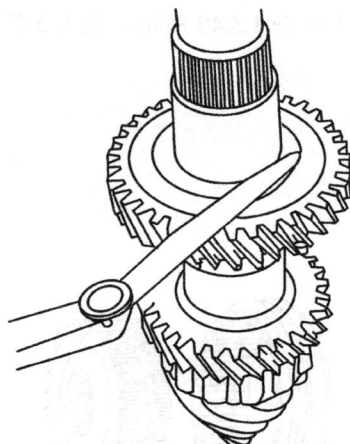

图 1.3.53　测量锁环的厚度

表 1.2　　　　　　　　　　　　　　　　　锁环厚度的选择

测　得　尺　寸	锁环厚度/mm
<1.6	1.5
≥1.6	1.6

（16）安装滚针轴承、齿轮和 2 挡同步锁环。

（17）装配 1 挡和 2 挡同步器，如图 1.3.54 所示。同步器凹槽中的细槽应朝向装拨叉槽的对面一边，如图 1.3.55 所示。同步器壳体上有 3 个凹口，凹口上有 3 个凹陷的内齿。在安装时 3 个凹口和槽应吻合，这样可以安装滑块。然后，装止动弹簧。两止动弹簧的缺口在圆周方向上应错开 120°，且止动弹簧弯的一端应嵌入滑块中的一个槽内，如图 1.3.56、图 1.3.57 和图 1.3.58 所示。

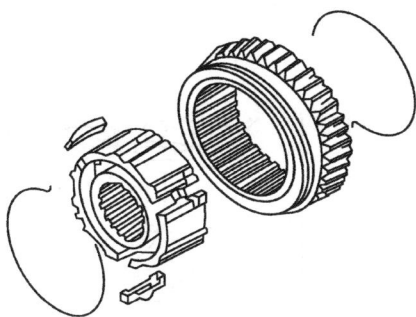

图 1.3.54　装配 1 挡和 2 挡同步器

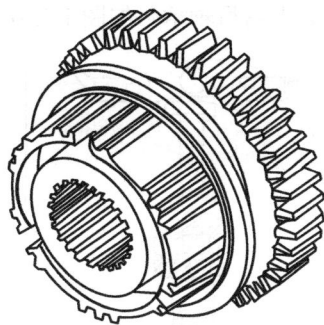

图 1.3.55　安装同步器步骤 1

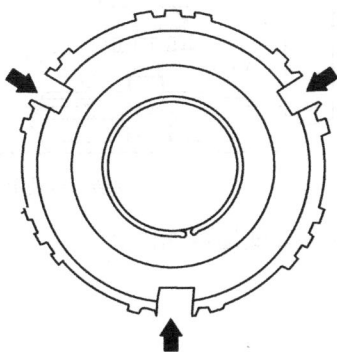

图 1.3.56　安装同步器步骤 2

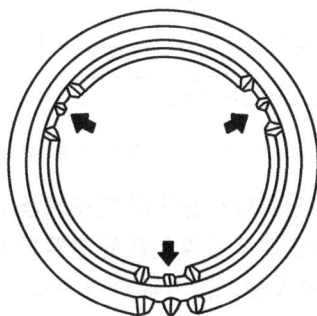

图 1.3.57　安装同步器步骤 3

（18）装上 1 挡和 2 挡同步器，如图 1.3.59 所示。同步器壳体的槽应朝 1 挡齿轮。

（19）装上 1 挡齿轮滚针轴承的内圈，如图 1.3.60 所示。装上 1 挡同步环、1 挡齿轮和 1 挡齿轮滚针轴承。

> 提示　只要更换了轴承支座、输出轴后轴承、1 挡齿轮的滚针轴承内圈、主减速器从动锥齿轮和主动锥齿轮总成中的任何一个零件，就要计算调整垫片厚度 S_3。

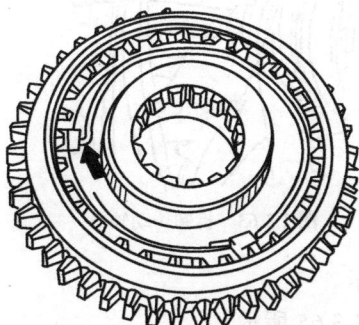

图 1.3.58　安装同步器步骤 4

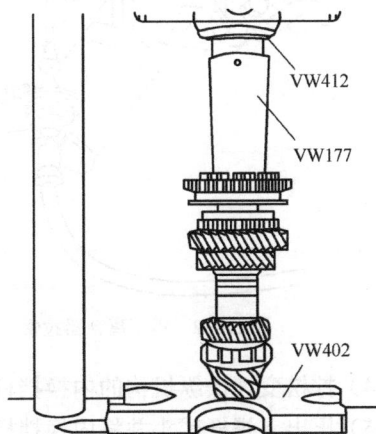

图 1.3.59　安装 1 挡和 2 挡同步器

VW412

VW177

VW402

（20）装上内后轴承，如图 1.3.61 所示。

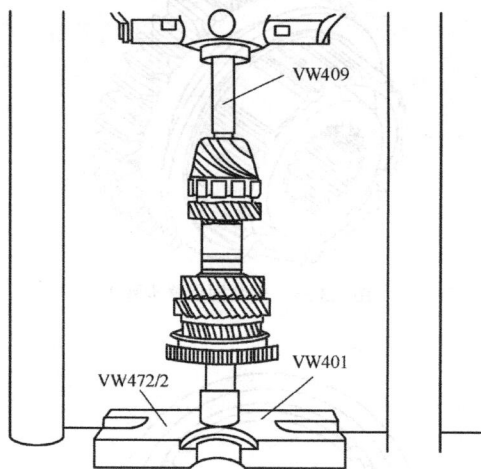

图 1.3.60 安装 1 挡齿轮滚针轴承内圈

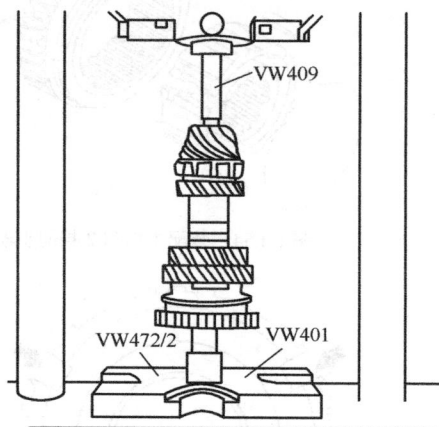

图 1.3.61 安装内后轴承

（21）将输入轴和输出轴装在轴承支座上，将轴承支座装在变速器壳体上。

（22）将变速器后盖装在变速器轴承支座上。

至此，输入轴、输出轴安装完毕。

拓展训练 从轿车上拆卸、安装变速器

训练一 从轿车上拆卸变速器

（1）拆下蓄电池的搭铁线。

（2）拆下离合器拉索，如图 1.3.62 所示。

（3）举升起汽车，将传动轴从变速器上拆下来并支撑好，如图 1.3.63 所示。

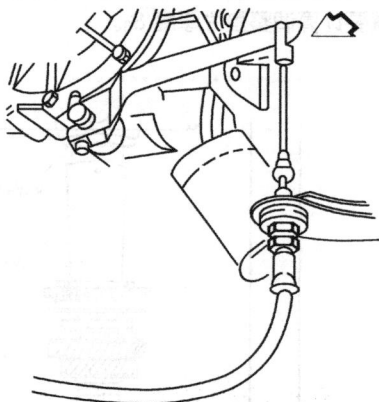

图 1.3.62 拆下离合器拉索

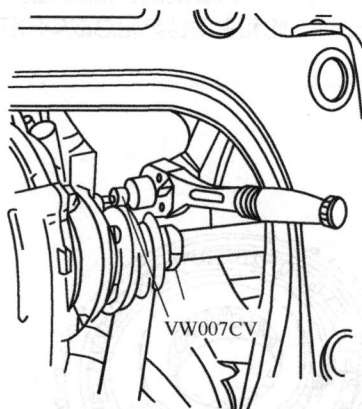

图 1.3.63 拆卸传动轴

（4）拧松变速操纵机构的内换挡杆螺栓，如图 1.3.64 所示。

（5）压出支撑杆球头并将内换挡杆与离合块分离，如图 1.3.65 所示。

（6）拆下倒车灯开关的接头。

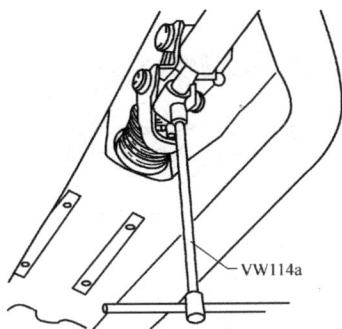

图 1.3.64　拧松内换挡杆螺栓

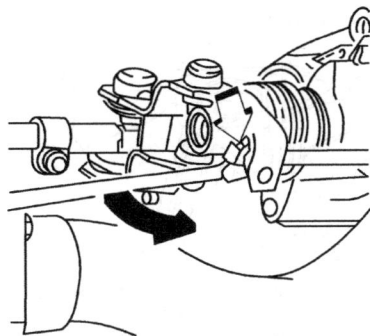

图 1.3.65　压出支撑杆球头

（7）拆下车速里程表软轴，如图 1.3.66 所示。

（8）卸下离合器盖板，如图 1.3.67 所示。

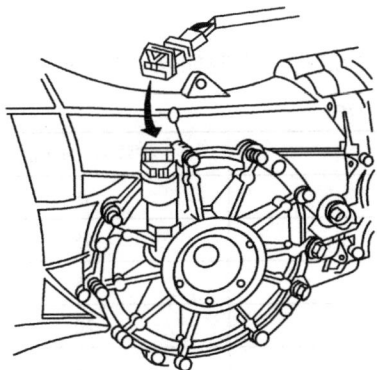

图 1.3.66　拆下车速里程表软轴

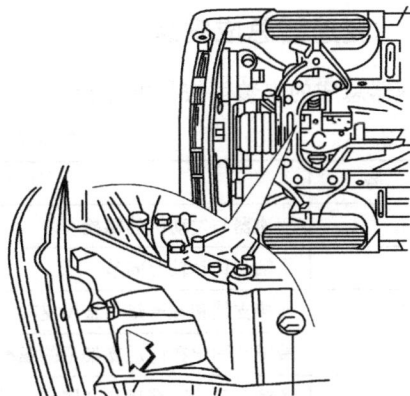

图 1.3.67　卸下离合器踏板

（9）拆下排气管。必要时将化油器上的滤清器取下，有利于拆下排气管的螺母。

（10）放下汽车并将发动机固定好，按图 1.3.68 所示拆下发动机与变速器上部的连接螺栓。

（11）举升起汽车，拆下发动机的紧固螺栓。

（12）拆下发动机中间支架，如图 1.3.69 所示。

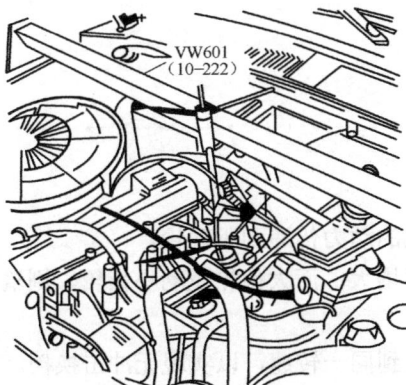

图 1.3.68　固定发动机

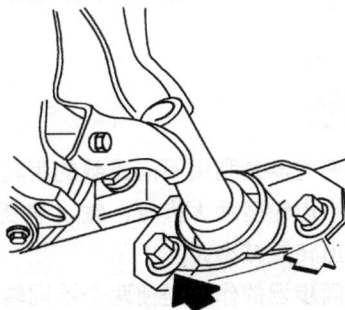

图 1.3.69　拆下发动机中间支架

（13）拆下螺栓 1，并拧松螺栓 2，如图 1.3.70 所示。拆下变速器减震垫和减震垫前支架。

（14）拆下发动机与变速器下部的连接螺栓，用杠杆或者撬棒使变速器与发动机分离，卸下变速器，如图 1.3.71 所示。

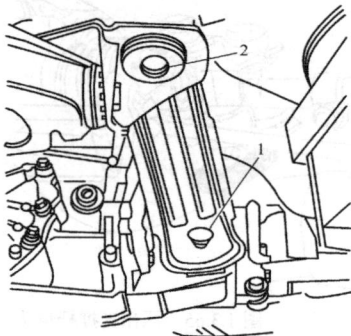

图 1.3.70　拆下螺栓 1

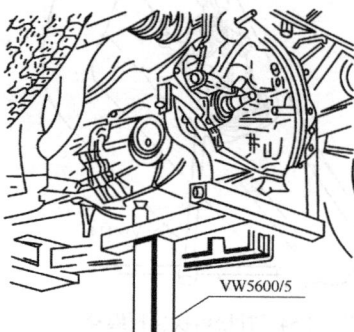

1，2—螺栓

图 1.3.71　拆下变速器

训练二　变速器总成安装

变速器总成的安装可按与拆卸相反的顺序进行，有关螺栓的拧紧力矩如表 1.3 所示。

表 1.3　　　　　　　　　　　　变速器总成有关螺栓的拧紧力矩

序　号	部 件 名 称	拧紧力/(N·m)
1	变速器与发动机的螺栓	55
2	半轴与传动轴万向节	45
3	连接支架和减震垫与金属支架螺栓	25
4	减震垫固定在前后支架上的螺栓	20
5	连接车身的减震垫与金属支架螺栓	110
6	变速器支架与车身的螺栓	70
7	发动机中间支架与车身螺栓	30
8	传动轴固定在变速器上的螺栓	40
9	内变速杆固定螺栓	30

提示

需要时调整离合器踏板自由行程。

课题小结

（1）变速器是利用不同齿数的齿轮啮合，将发动机的动力传递到驱动轮。

（2）小齿轮驱动大齿轮，输出速度下降，输出转矩增大；而大齿轮驱动小齿轮，则输出转速增大，输出转矩减小。

（3）同步器的作用是使两个不同转速的齿轮尽快达到同一转速，以实现无冲击换挡。

（4）典型的 5 挡变速器有 3 个换挡拨叉轴，每个拨叉轴控制一个同步器。

（5）变速器操纵机构中的安全装置有自锁装置、互锁装置和倒挡锁装置。

（6）拆装变速器时，要按照维修手册推荐的方法，尽可能使用专用工具。

（1）三轴变速器和两轴变速器在结构上有何区别？各有什么特点？

（2）同步器的作用是什么？常用的同步器有哪几种？

（3）变速器安全锁止装置有哪些？各自的作用是什么？

（4）变速器拆装中应注意哪些问题？

课题四 检修自动变速器

自动变速器就是在不中断动力传动条件下，根据发动机负荷和车速等工况自动变换传动比，以使汽车获得良好的动力性和经济性，提高乘座舒适性，减轻驾驶员的疲劳，提高行车安全。但自动变速器结构复杂，成本高，传动效率比较低。

基础知识

一、自动变速器的类型

汽车自动变速器常见的有3种形式，分别是液力自动变速器（AT）、机械无级自动变速器（CVT）和电控机械自动变速器（AMT）。目前轿车普遍使用的是 AT，AT 几乎成为自动变速器的代名词。

1. 液力自动变速器（AT）

与手动变速器相比，AT 在结构和使用上有很大的不同。手动变速器主要由齿轮和轴组成，通过不同的齿轮组合产生变速变矩；而 AT 是由液力变矩器、变速齿轮和液控（电控）操纵系统组成，通过液力传递和齿轮组合的方式来达到变速变矩。换句话说就是液力自动变速器是有级变速自动控制。液力变矩器是 AT 最具特点的部件，它由泵轮、涡轮和导轮等构件组成，可直接输入发动机动力传递扭矩和离合作用。图 1.4.1 所示为行星齿轮式自动变速器。

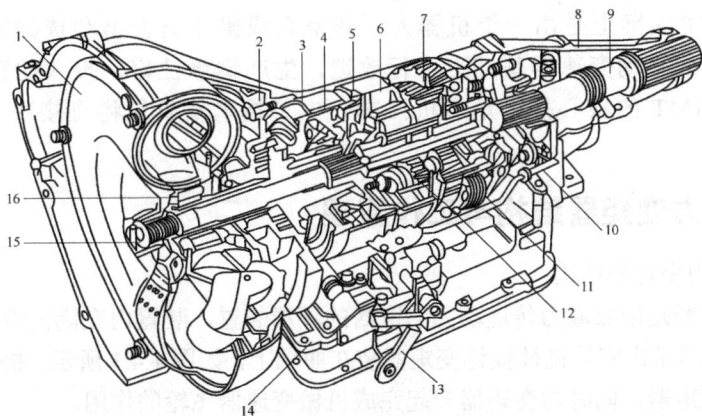

图 1.4.1 行星齿轮式自动变速器

1—液力变矩器；2—油泵；3—中间挡制动带；4—倒挡、高挡离合器；5—传力毂；
6—前进挡离合器；7—低挡、倒挡离合器；8—壳体；9—输出轴；10—驻车挡棘爪推杆；
11—后行星齿轮排；12—前行星齿轮排；13—手动选挡杠杆；
14—控制阀体；15—输入轴；16—变矩器离合器

2．无级自动变速器（CVT）

CVT 采用传动带和可变槽宽的带轮进行动力传递，如图 1.4.2 所示。无级自动变速器可变槽宽的主动带轮 1 与从动带轮 5 均由两个圆锥盘组合而成，每对圆锥盘中各有一个与变速器主动轴或从动轴相连接的固定圆锥盘 2 和另一个可以在液压活塞控制下轴向滑动的滑动圆锥盘 4，通过滑动圆锥盘可以改变带轮的工作半径。当 V 形传动钢带 3 嵌套在这两带轮上时，由于传动带长度不可改变，故当两带轮之一的滑动圆锥盘向内靠近，直径变大，另一带轮的滑动盘向外移动，带轮直径相应减小时，该结构便可以提供连续变化的速比，因此说 CVT 是真正的无级变速。它的优点是重量轻、体积小、零件少，与 AT 比较具有较高的运行效率，油耗较低。但 CVT 的缺点也是明显的，就是它的传动带很容易损坏，不能承受较大的载荷，在大排量汽车中很少采用。

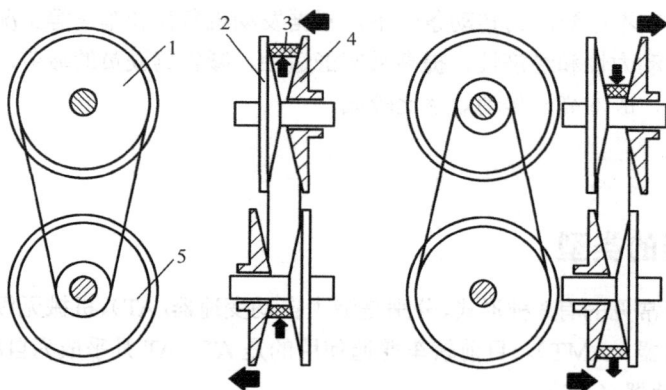

图 1.4.2　无级自动变速器

1—主动带轮；2—固定圆锥盘；3—V 形传动钢带；4—滑动圆锥盘；5—从动带轮

3．电控机械自动变速器（AMT）

AMT 在机械变速器（手动变速器）原有的基础上进行改造，主要改变手动换挡操纵部分，即在总体传动结构不变的情况下，通过加装微机控制的自动操纵系统来实现换挡的自动化。因此，AMT 实际上是由一个机器人系统来完成操作离合器和选挡的两个动作。由于 AMT 能在现生产的手动变速器基础上进行改造，生产继承性好，投入的费用也较低，容易被生产厂接受。AMT 的核心技术是微机控制，电子技术及质量将直接决定 AMT 的性能与运行质量。

二、综合式液力变矩器结构与工作原理

1．综合式液力变矩器结构

普通液力变矩器是依靠液力传递动力的密封的环形装置，装置内充满油液，位于发动机与变速器之间。用特殊的带齿圈的挠性板将变矩器装在曲轴上，如图 1.4.3 所示。挠性板的作用是将曲轴的旋转传递给变矩器，同时与变矩器一起完成机械变速器飞轮的作用。

变矩器内部主要由 3 个组件组成，即由发动机驱动旋转的泵轮、与变速器输入轴连接的涡轮和装有单向离合器的导轮，每个轮上装有弯曲的叶片，如图 1.4.4 所示。

单向离合器与其他离合器的区别是，只能单方向接合旋转传递动力；反向时分离空转不传递动力。自动变速器中常采用滚柱形和楔块形单向离合器。

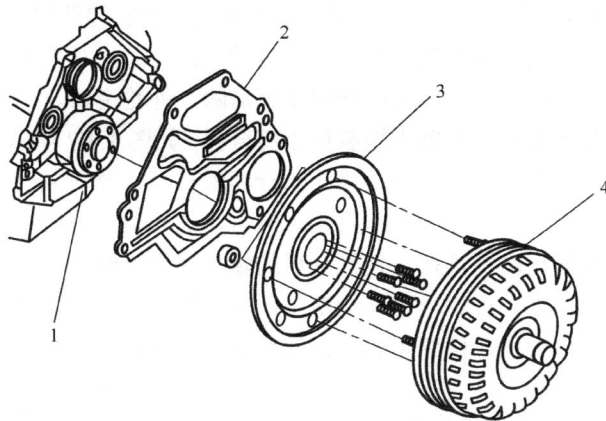

图 1.4.3 液力变矩器安装示意图

1—发动机曲轴后端；2—发动机后盖板；3—挠性板；4—液力变矩器

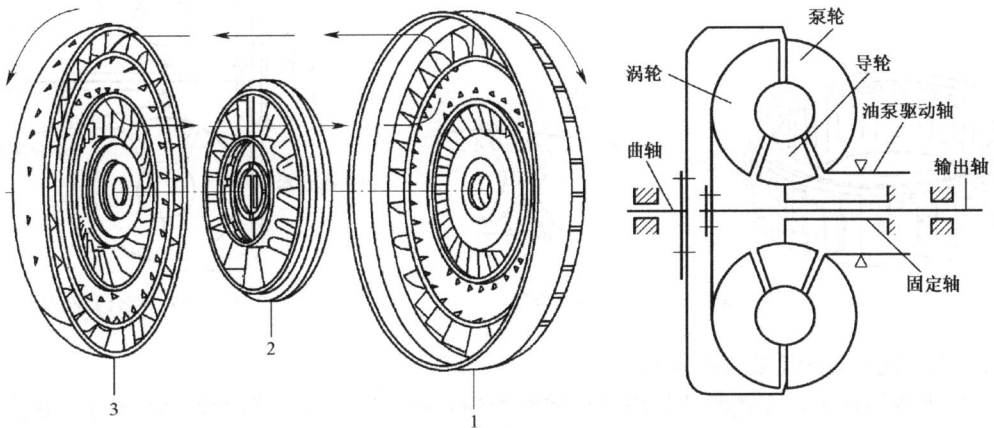

图 1.4.4 液力变矩器

1—泵轮；2—导轮；3—涡轮

图 1.4.5 所示为滚柱形单向离合器，滚子咬入外轮与内轮间的楔型面后传递动力。外轮沿顺时针方向为驱动方向（接合），反之空转（分离）。

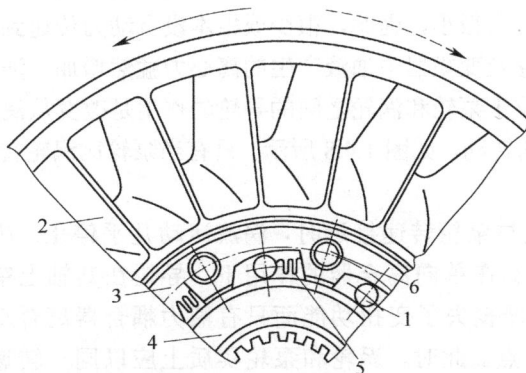

图 1.4.5 滚柱形单向离合器

1—滚柱；2—导轮；3—单向离合器外圈；4—单向离合器内圈；5—盘片弹簧；6—铆钉

图 1.4.6 所示为楔块形单向离合器，楔块借助于保持架和片状弹簧等布置于内、外轮之间，如外轮沿顺时针转动，借助弹簧力和摩擦力使楔块长对角圆弧立起，从而产生斜楔作用，驱动内轮传递力矩；如外轮逆时针转动，楔块倾倒，斜楔作用消除，外轮空转。

综合式液力变矩器是在普通变矩器内加装锁止离合器，如图 1.4.7 所示。锁止离合器盘相当于液压活塞，在液压系统压力的控制下，推动锁止离合器毂在变速器输入轴上沿轴向左右移动，使得离合器摩擦片与变矩器壳接合或分离，从而实现离合器的功能。当汽车行驶到一定车速时，锁止离合器接合，将泵轮与涡轮刚性连接，使发动机的输出转矩不经变矩器可直接传至变速器，减少液力损失，提高了传动效率、行驶车速和经济性。目前的变矩器锁止离合器采用电子控制，在变速的各挡位均可实现离合动作，使变矩器的传递效率进一步提高。

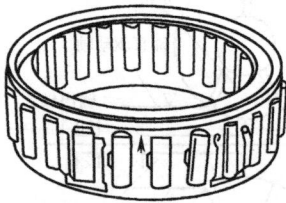

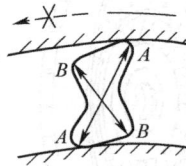

图 1.4.6 楔块形单向离合器

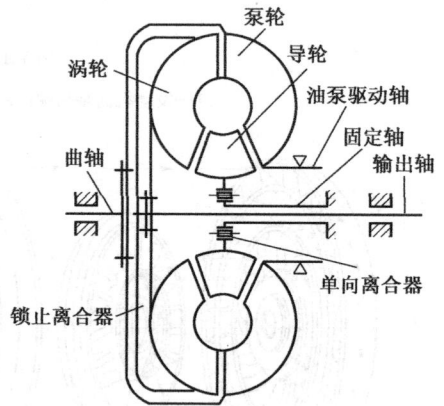

图 1.4.7 综合式液力变矩器

2. 综合式液力变矩器工作原理

在液力变矩器中，变速器油是用作传递能量的介质。当发动机带动泵轮运转时，液体随泵轮叶片做圆周运动，在离心力作用下，液体运动到泵轮外边缘时同时具有动能和压力能。具有能量的液体作用于相对的涡轮叶片上，产生作用力推动涡轮转动，此种油液运动也称为环流。由于液体被甩向边缘，中间形成低压区，进入涡轮的液体冲出叶片后又流到低压区回到泵轮，这种油液运动称为涡流。也就是说，在液力变矩器工作时，油液具有两种运动。当变速器挂着挡而发动机怠速时，汽车通过制动可保持静止，这是由于发动机怠速转速较低，泵轮由发动机驱动也转得很慢，在变矩器中产生的离心力很小，因此，很少或根本没有动力传递到变速器。当加大油门时，发动机转速增加，泵轮转速及变矩器中油液产生的离心力猛然增加。油液冲向涡轮叶片，将动力传递到涡轮轴和变速器。位于泵轮和涡轮之间的导轮的作用是改变从涡轮流出回到泵轮的油液的方向，以帮助泵轮更有效的转动，如图 1.4.8 所示。只有当泵轮比涡轮转速快时，导轮才能起增矩作用。

当涡轮转速逐渐加快与泵轮转速接近时，涡流运动几乎停止，从涡轮流出的油液方向发生改变，冲击导轮的反面。在单向离合器的作用下，导轮在其轴上空转，导轮空转点称为耦合点。导轮空转后，变矩器丧失了变扭功能而只有液力耦合器离合动力的功能。耦合点实际是转变变矩器功能的转折点。此时，涡轮和泵轮实质上应以同一转速工作，但由于它们之间存在滑动，转速不可能完全相同。为提高传动效率，采用锁止离合器使涡轮与泵轮机械连在一起。

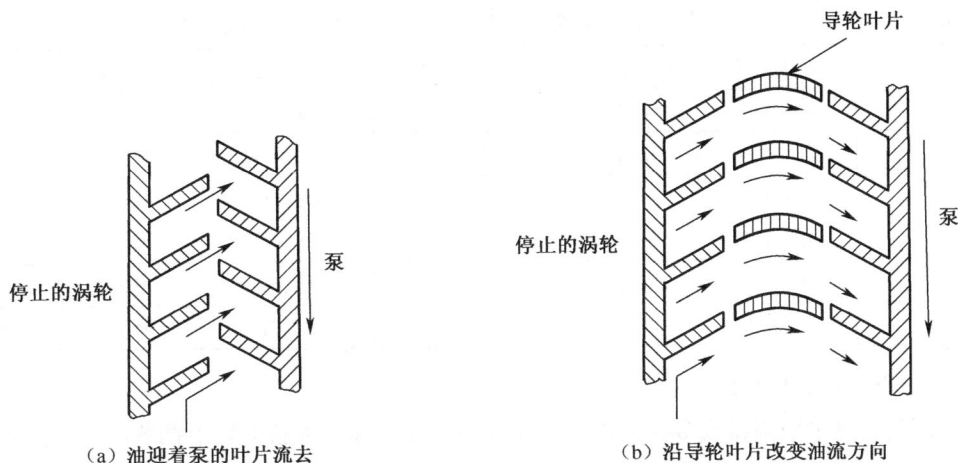

（a）油迎着泵的叶片流去　　　　　（b）沿导轮叶片改变油流方向

图 1.4.8　变矩器工作原理

想一想　为什么将涡轮与泵轮机械连接能提高传动效率？

三、液力机械变速器

液力变矩器虽能传递和增大发动机扭矩，但变扭比不大，变速范围不宽，远不能满足汽车使用工况的需要，为此在液力变矩器后面又装一个辅助变速装置——齿轮变速系统。多数的齿轮变速系统是行星齿轮传动，也可以是平行轴式（固定轴线式）齿轮传动，用以进一步增大扭矩，扩大其变速范围，提高汽车的适应能力。行星齿轮变速系统是一种常啮合传动，其传动比变换可通过分离与结合离合器或制动器而方便地实现，特别有利于动力换挡或自动换挡。

1. 简单行星齿轮传动

简单的行星齿轮传动由 3 个组件组成：太阳轮、装着行星齿轮的行星轮架以及内部带齿的齿圈，如图 1.4.9 所示。太阳轮位于行星齿轮传动的中心，它可以是直齿轮，也可以是斜齿轮，与行星齿轮啮合。行星齿轮既能绕太阳轮轴线沿齿圈旋转，同时又能绕自身轴线旋转。

行星齿轮传动的每个组件都可以转动或静止，只有当某一个组件保持静止或与另一个组件锁在一起时，行星齿轮传动才能传递动力。否则，没有动力输出，变速器处于空挡。行星齿轮传动的 3 个组件中任何一个都可以是输入组件，同时另一个是保持固定组件，第 3 个组件就是输出组件了。在传动中，哪个组件是输入组件，哪个是固定组件，哪个是输出组件决定了行星齿轮传动是减速增扭还是增速减扭。当任意两个组件锁定在一起时，输出轴转速与输入轴相同，即变速器处于直接挡。

简单行星齿轮传动 3 个组件的不同组合工作表如表 1.4 所示。

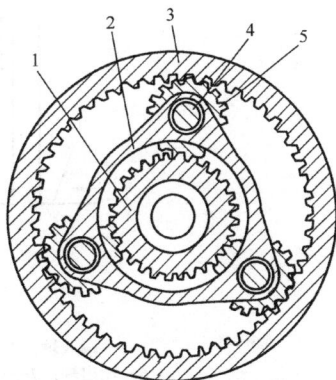

图 1.4.9　行星齿轮传动

1—太阳轮；2—行星轮架；3—齿圈；
4—行星轮轴；5—行星轮

表 1.4 简单行星齿轮传动 3 个组件的不同组合工作表

序 号	太 阳 轮	行星轮架	齿 圈	转 速	扭 矩	旋 转 方 向
1	输入组件	输出组件	固定组件	低挡	增大	同输入轴
2	固定组件	输出组件	输入组件	高挡	增大	同输入轴
3	输出组件	输入组件	固定组件	超速高挡	降低	同输入轴
4	固定组件	输入组件	输出组件	超速低挡	降低	同输入轴
5	输入组件	固定组件	输出组件	低倒挡	增大	与输入轴相反
6	输出组件	固定组件	输入组件	快倒挡	降低	与输入轴相反

2．复合行星齿轮传动

自动变速器采用两排或多排简单行星齿轮组连在一起，以获得较多挡数，一般具有三四个前进挡的自动变速器至少需要两排行星齿轮组。现代汽车自动变速器中，广泛采用两种典型的复合式行星齿轮传动机构，即辛普森式和拉威娜式。

（1）辛普森式齿轮传动机构的结构特点是：两排行星齿轮组共享一个太阳轮，即太阳轮将两个行星齿轮组连在一起，让一个行星齿轮组的输出成为另一个行星齿轮组的输入，如图 1.4.10 所示。它是一个三速行星齿轮传动系统，能提供 3 个前进挡和 1 个倒挡。

（2）拉威娜式齿轮传动机构的结构特点是：两排行星齿轮组共享一个齿圈和行星齿轮架，如图 1.4.11 所示。行星齿轮架上的长行星齿轮与前排行星齿轮组的大太阳轮相

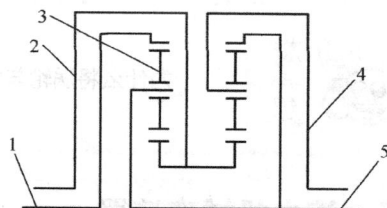

图 1.4.10 辛普森式齿轮传动

1—前齿圈；2—太阳轮组件；3—行星齿轮；
4—后行星架；5—前行星架后齿圈组件

啮合，同时还与后排行星齿轮组短行星齿轮啮合，短行星齿轮与后排小太阳轮啮合，可以组合 3 个前进挡和 1 个倒挡。桑塔纳、捷达轿车采用的自动变速器都是拉威娜式。

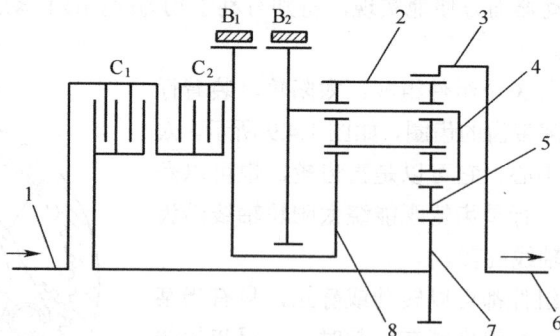

图 1.4.11 拉威娜式齿轮传动

1—输入轴；2—长行星齿轮；3—齿圈；4—行星齿轮架；5—短行星齿轮；
6—输出轴；7—小太阳轮；8—大太阳轮；C_1、C_2—离合器；B_1、B_2—制动器

3．换挡执行器

行星齿轮变速器中所有的齿轮都是常啮合齿轮，而挡位的变换必须通过以不同方式对行星齿轮机构的组件进行锁止或连接某两个组件来实现的。能对这些基本组件进行锁止或连接的机构称为换挡执行机构。行星齿轮变速器的换挡执行机构包括换挡离合器、换挡制动器和单向离合器。

（1）换挡离合器的作用是将变速器的输入轴和行星齿轮系的某个组件连接，或将某两个基本组件连接在一起，使之成为一个整体。换挡离合器多为湿式多片离合器，通常由若干交错排列的主从动离合器片组成，如图1.4.12所示，由液压来控制其结合与分离。

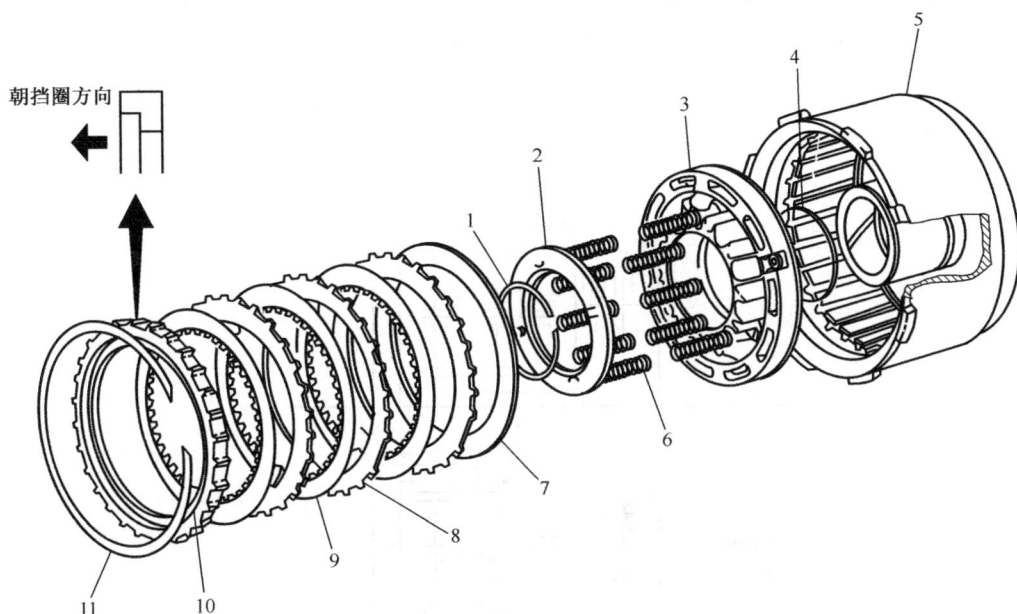

朝挡圈方向

图1.4.12　换挡离合器组件

1，11—挡圈；2—弹簧座；3—活塞；4—O形圈；5—离合器毂组件；
6—回位弹簧；7—碟形弹簧；8—从动片；9—主动片；10—压盘

（2）换挡制动器是将行星齿轮变速器中某一组件（太阳轮、行星轮架或齿圈）固定，使其不能转动，构成新的动力传递路线，换上新的挡位，得到新的传动比。它和换挡离合器一样由液压操纵。换挡制动器通常有两种形式：一种是湿式多片制动器，其结构与上述湿式多片离合器相同，不同点是离合器连接两个转动构件并传递动力，而制动器连接的一个是转动机件；另一个是固定不动的变速器壳体，作用是刹住转动机件，使其不能传动。

换挡制动器的另一形式是带式制动器，由制动带和伺服装置（控制油缸）组成。制动带是内表面有镀层的开口式环形钢带，开口的一端支撑在与变速器壳体连接的支座上，另一端与控制油缸相连，需要制动时，液压油进入控制油缸，制动带以固定支座为支点收紧，行星齿轮机构某个组件将被锁止。油压撤除，制动解除。

（3）单向离合器的作用是使行星齿轮变速器中的某个基本组件只能向一个方向旋转，另一个方向锁止，提高换挡时机的准确性，能确保平顺、无冲击换挡。单向离合器有两种类型：滚柱式和楔块式，其结构与液力变矩器中的单向离合器相同，这里不再重复。

4．典型事例

下面以辛普森式行星齿轮传动为例，说明复合行星齿轮机构动力传递过程。

辛普森式行星齿轮传动的换挡执行机构有5个组件：两个换挡离合器、两个制动器和一个单向离合器。其动力传递过程如下。

（1）1挡：如图1.4.13所示，前进换挡离合器 C_1 被接合，前排齿圈为输入组件，单向离合

器 F_W 使后行星轮架无法逆时针旋转,动力传递路线是输入轴→前排齿圈→太阳轮→后排齿圈→输出轴。

（2）2 挡:如图 1.4.13 所示,前进换挡离合器 C_1 被接合,齿圈为输入组件,2 挡制动器 B_1 将太阳轮固定,动力传递路线是输入轴→前排齿圈→行星轮架→输出轴。

（3）3（直接）挡:如图 1.4.13 所示,前进换挡离合器 C_1 直接挡离合器 C_2 接合,前排太阳轮和齿圈均与输入轴相连,因此,行星轮架也与它们同速转动,形成直接挡,即将输入轴直接传给输出轴。

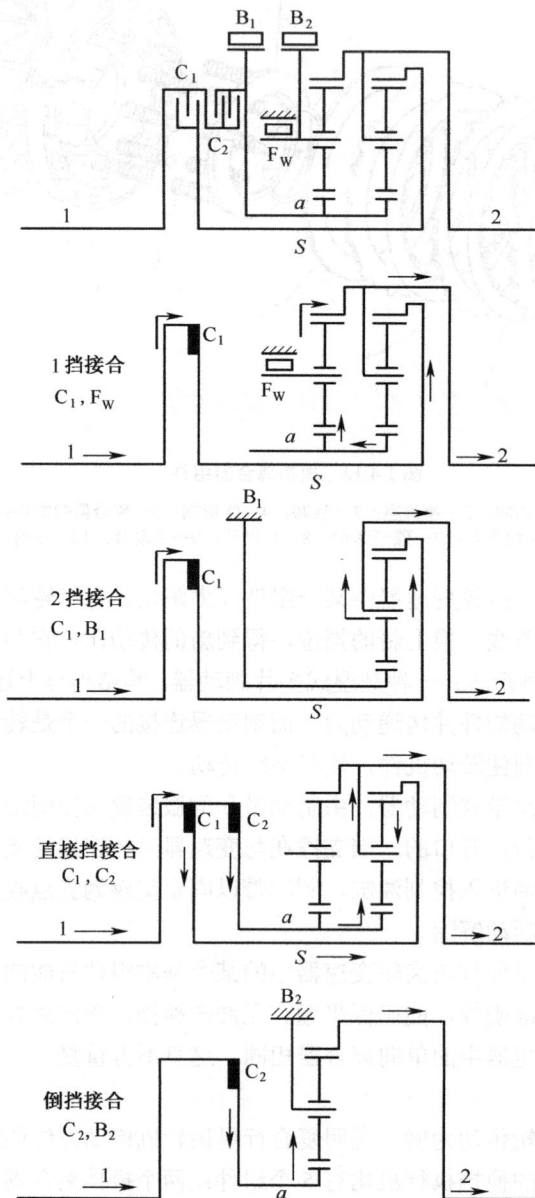

图 1.4.13 辛普森式行星齿轮传动动力传递

（4）倒挡：如图 1.4.13 所示，直接挡离合器 C_2 接合，前排太阳轮为输入组件，制动器 B_2 固定后排行星轮架，动力传递路线是输入轴→太阳轮→后排行星齿轮→后排行星齿圈→输出轴。由于后排行星轮架是固定组件，使输出轴的旋转方向与输入轴相反，变速器挂入倒挡。

辛普森式行星齿轮传动各挡执行机构工作情况表如表 1.5 所示。

表 1.5 　　　　　　　　辛普森式行星齿轮传动各挡执行机构工作情况表

挡位符号	挡位名称	前离合器	后离合器	制动带	低、倒挡离合器	单向离合器
P	停车挡	×	×	×	○	×
R	倒挡	○	×	×	○	×
N	空挡	×	×	×	×	×
D（1）	驱动 1 挡	×	○	×	×	○
D（2）	驱动 2 挡	×	○	○	×	×
D（3）	驱动 3 挡	○	○	×	×	×

四、液压自动操纵系统

液压控制系统是用来根据汽车速度等运转条件自动或手动切换油路和压力，使换挡执行组件对行星齿轮进行控制，从而实现变速器速比的变换。主要作用如下：

① 使换挡执行组件在适当的时候工作；

② 检测车速与负荷的变化，决定升挡或降挡的时机；

③ 保证变矩器用油和向各部分提供润滑。

液压自动操纵系统通常由动力源（液压泵）、换挡执行机构、换挡控制机构等几部分组成。换挡执行机构在前面已有介绍，换挡控制机构通常都集中在自动变速器阀体内。下面主要介绍液压泵和控制机构的类型、功用及简单工作原理。

（1）液压泵的作用是向控制机构、执行机构提供压力以实现换挡；为液力变矩器提供冷却补偿油；为行星齿轮变速器提供润滑油。液压泵一般在液力变矩器和行星齿轮系统之间，由液力变矩器的泵轮驱动。常见的液压泵有齿轮泵、转子泵和叶片泵，如图 1.4.14 所示。

（2）主油路调压阀的作用是将液压泵输出的压力精确调节到所需的压力后，输入到主油路，以满足汽车在不同工况、不同挡位时对油压的要求。如图 1.4.15 所示，主油路调压阀是一种滑阀结构，阀芯将阀腔分为几个油腔，在滑阀的上部受到来自液压泵的液压作用力，下端受到来自节气门油压和弹簧的作用力，3 个力共同作用决定滑阀在阀腔中所处的位置。当液压泵油压增高时，滑阀向下移动，出油口打开，使工作油压下降，达到需要油压值；当汽车加速时，发动机转速增高，液压泵的泵油压力也增加，但由于踏节气门的作用力也同时增大，节气门油压也增加。于是，滑阀在上、下两个作用力的作用下，保持在一个平衡位置，满足了发动机功率增大时主油路油压增大的要求。挂倒挡时，要求主油路有较高的油压，这是用减小调压阀下端油压作用面积的方法实现的。如图 1.4.15（b）所示，挂倒挡时，手动阀打开另一油道，使油液进入滑阀下端面，由液压原理可知，由于下端面面积小，作用力增大，滑阀上移，出油口被减小，油压增大，以满足倒挡时需要较高油压，防止倒挡执行机构打滑。

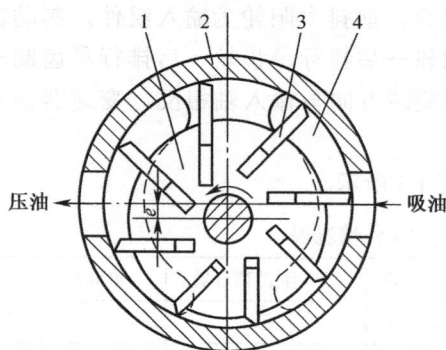

（a）叶片泵

1—转子；2—定子；3—叶片；4—配油盘

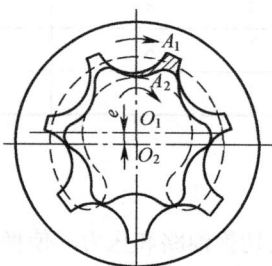

（b）摆线转子泵

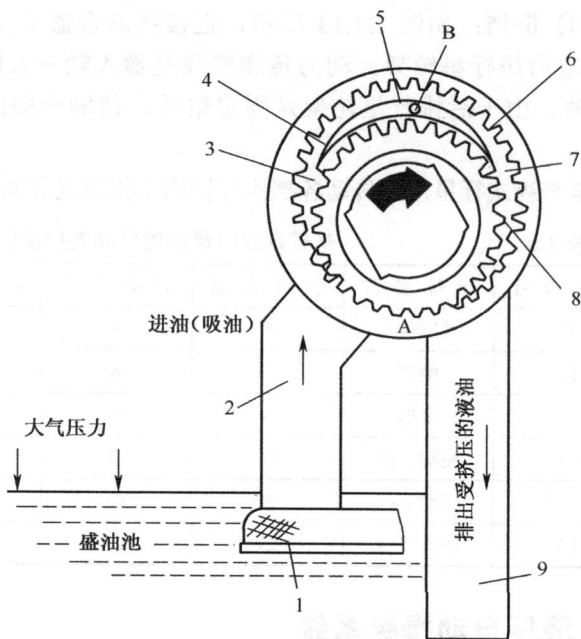

（c）内啮合齿轮泵

1—盛油器滤网；2—吸油管；3—吸油腔；4—主动齿轮；
5—月牙形隔板；6—从动齿轮；7—压油腔；8—输出压力油

图 1.4.14 各种液压泵

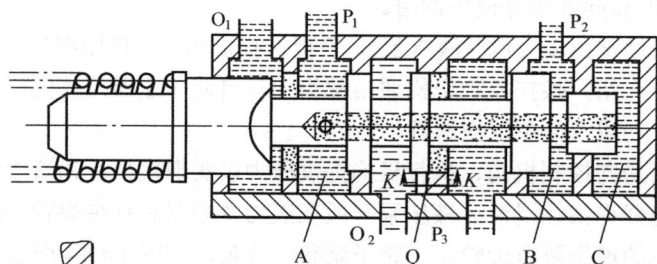

（a）倒挡以外的各挡

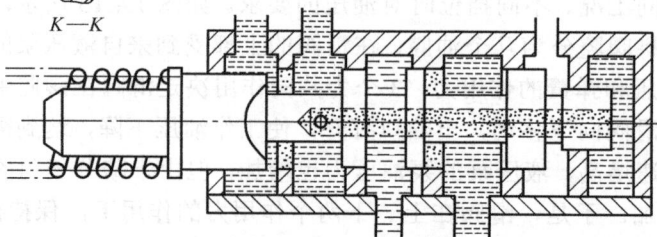

（b）倒挡

高压腔　　　　　低压腔

图 1.4.15 主油路调压阀

（3）手动阀由换挡杆操纵，作用是利用滑阀的移动，实现控制油路的转换，即根据换挡杆所置排挡位置将液压油转换到"P""R""N""D""2"或"L"的油路，如图1.4.16所示。

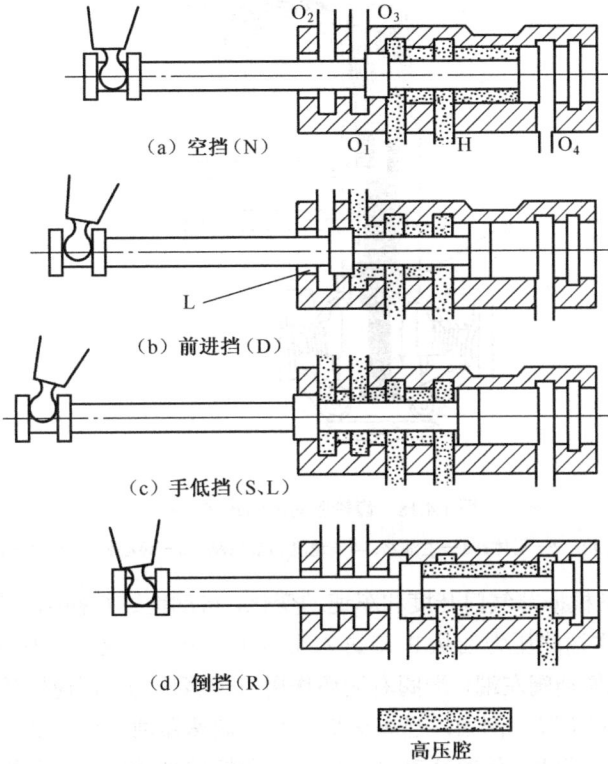

（a）空挡（N）

（b）前进挡（D）

（c）手低挡（S、L）

（d）倒挡（R）

高压腔

图 1.4.16　手动阀

（4）如图1.4.17所示，节气门压力调节阀（简称节气门阀）的作用是将节气门开度变换成液压信号，并将此控制油压加在1挡/2挡、2挡/3挡、3挡/4挡3个换挡阀（变速阀）的一端，当节气门开度变大时，控制油压升高。

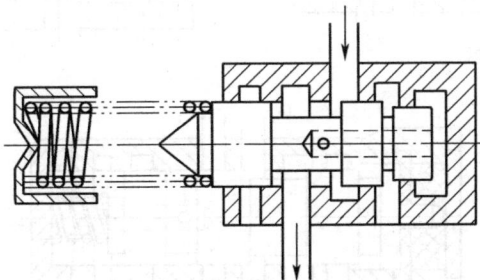

图 1.4.17　节气门阀

（5）调速器的作用是根据车速产生由车速控制的油压，并将此速控油压加在各换挡阀的另一端。调速器位于变速器的输出轴上，车速增大时，速控油压增大，如图1.4.18所示。

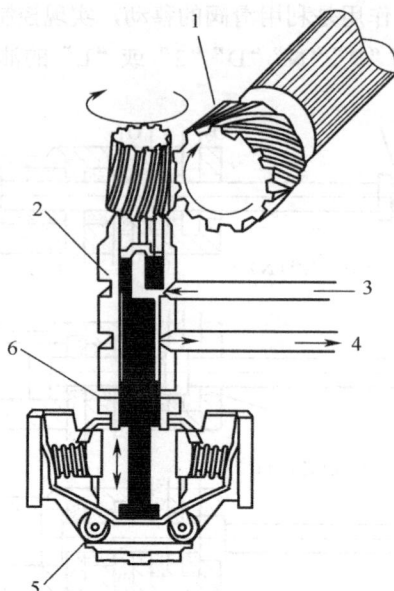

图 1.4.18　齿轮驱动滑阀式速度阀

1—驱动齿轮；2—阀体；3—主油路；4—速度调节油路；5—离心杆支点；6—泄油口

（6）换挡阀的作用是根据节气门开度和车速的变化，自动地进行换挡。换挡阀结构如图 1.4.19 所示，其工作过程是：主油路压力油从 P_1 口进入换挡阀，节气门阀油压从 P_2 口进入换挡阀右端，调速器油压从 P_3 口进入换挡阀左端，滑阀右端还作用有弹簧压力。调速器油压与节气门油压和弹簧压力相平衡决定滑阀的位置。例如，当车速提高时，调速器油压增大到足以克服节气门油压和弹簧作用力时，滑阀向右移动，使通往直接挡离合器和低挡制动器的油路接通，即挂上直接挡。如果汽车在低挡行驶中，驾驶员松抬加速踏板，使节气门油压降低。

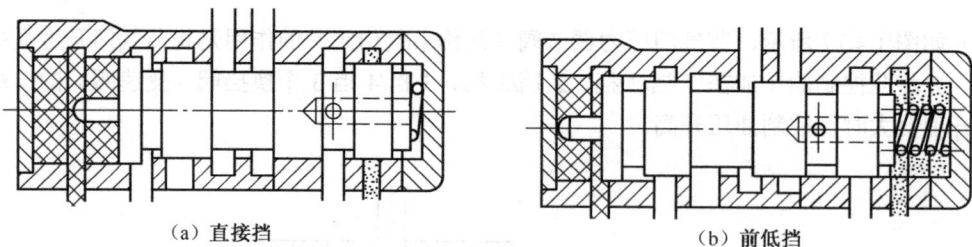

（a）直接挡　　　　　　　　　　　　　（b）前低挡

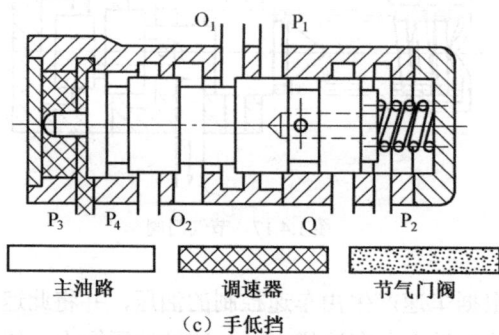

（c）手低挡

图 1.4.19　换挡阀

（7）换挡质量控制机构的作用是控制换挡过程，使升降挡更加平稳、柔和、无冲击，防止产生大的动载荷。一般是在液压通道上增加蓄能减震器、缓冲阀、定时阀、执行力调节阀等，这里就不一一介绍了。

在上述介绍的这些组件、组件中，除了液压泵、主油路调压阀、调速器以外，都集中装在一个控制阀体内，如图 1.4.20 所示。可以说阀体是自动变速器的控制中心。阀体由铸铝加工而成，一般由上阀体、下阀体、隔板等组成。手动阀、换挡阀、节气门阀等都安装在上阀体里。

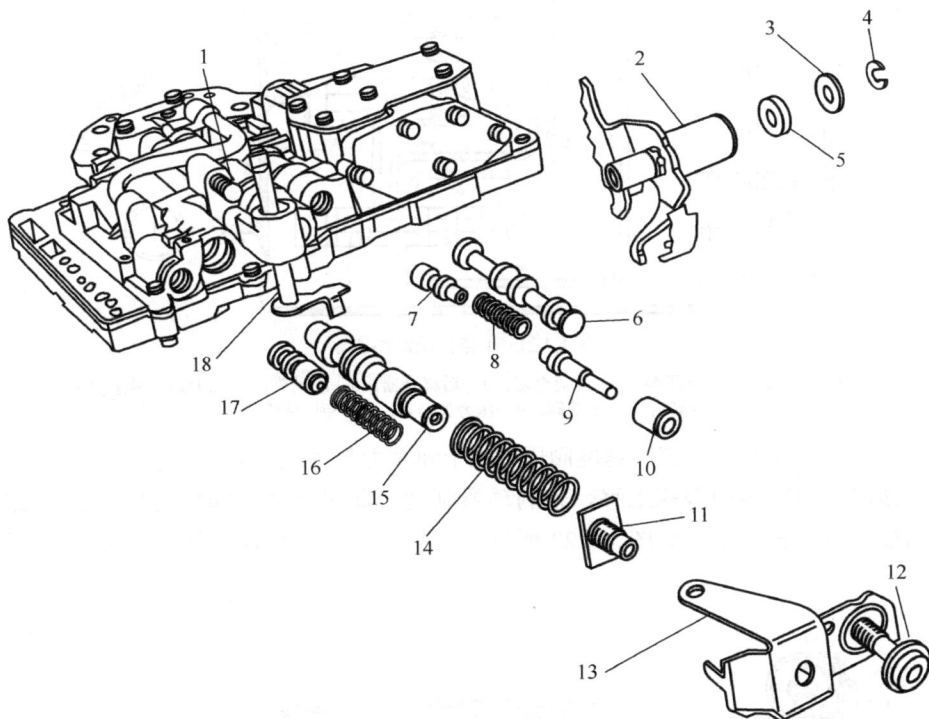

图 1.4.20　阀体

1—锁止球；2—手动杆组件；3—垫圈；4—卡圈；5—油封；6—手动阀；7—节气门阀；
8—节气门阀弹簧；9—强制降挡阀；10—强制降挡锁止套；11—主油压力调整螺钉；
12—节气门阀压力调整螺钉；13—弹簧座；14—主油路调压阀；15—主油路压力调整弹簧；
16—开关阀弹簧；17—开关阀；18—节气门杆组件

（8）3 挡自动变速器液压系统换挡原理。图 1.4.21 至图 1.4.23 所示为 3 挡自动变速器液压系统油路简图，其执行组件工作关系如表 1.5 所示。该系统采用带锁止离合器变矩器，图中脚及加速踏板用来表示节气门阀压力，转速表用来表示速度阀压力。

① 1 挡。当选挡杆放在驱动位置（D），主油路压力由手动选挡阀经 3 条油路到达后离合器、经 1 挡/2 挡换挡阀至制动带伺服阀、经 2 挡/3 挡换挡阀至前离合器等。此时汽车处于起步状态，车速低，速度阀产生的压力低，1 挡/2 挡阀在弹簧力和系统压力作用下推动阀芯右移，切断通往制动带油路；由于节气门阀产生的压力大于速度阀压力，2 挡/3 挡阀在节气门压力作用下推动阀芯右移，其输出油路也被阻断，如图 1.4.21 所示。此状态下，只有后离合器接合，汽车以 1 挡运行。

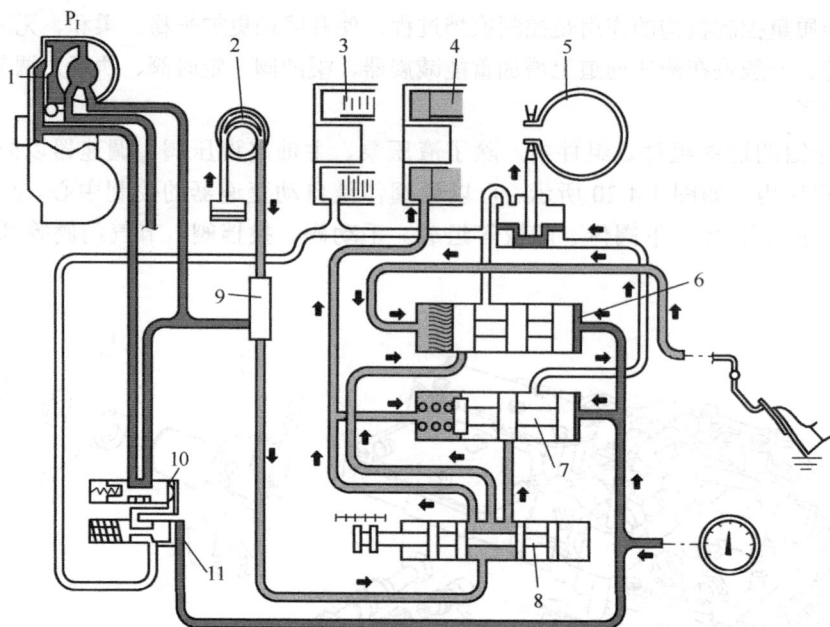

图 1.4.21　1 挡液压油路图

1—锁止离合器；2—液压泵；3—前离合器；4—后离合器；5—制动带；6—2 挡/3 挡换挡阀；
7—1 挡/2 挡换挡阀；8—手动阀；9—压力调节器；10—锁止控制阀；11—速度阀

② 2 挡。当车速达到一定值，速度阀压力大于弹簧力与系统压力，推动 1 挡/2 挡阀芯左移，接通制动带油路，制动器伺服阀上移，使制动器制动；此时节气门阀压力仍大于速度阀压力，2 挡/3 挡阀维持原位置不变，如图 1.4.22 所示。此状态下，后离合器与制动带工作，汽车以 2 挡运行。

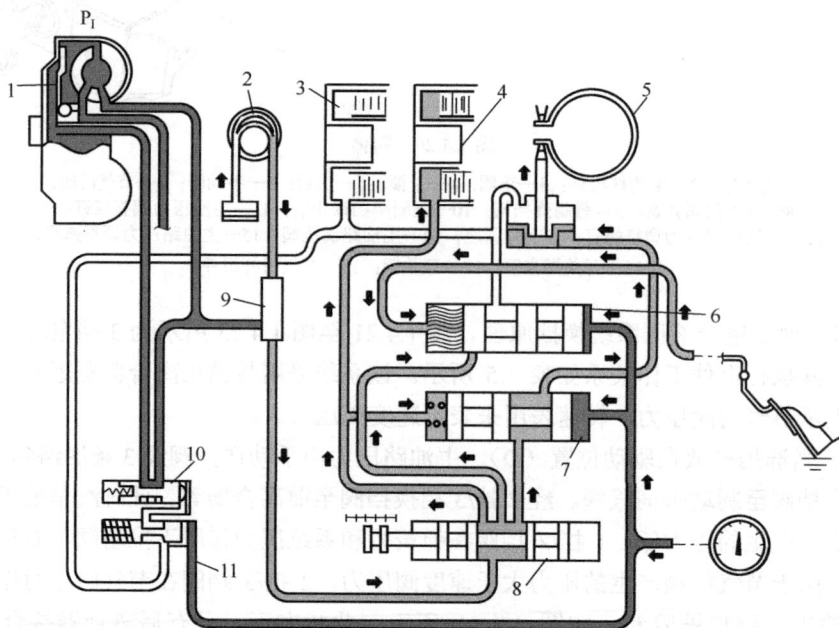

图 1.4.22　2 挡液压油路（零件标号见图 1.4.21）

③ 3 挡。当汽车运行速度进一步提高到某一值，速度阀压力大于节气门阀压力，1 挡/2 挡阀芯被进一步左移切断制动带油路；2 挡/3 挡的阀芯被推向左侧，主油路到前离合器油路被接通，使制动器释放、前离合器接合，如图 1.4.23 所示。在此状态下，前、后离合器工作，汽车以 3 挡运行。

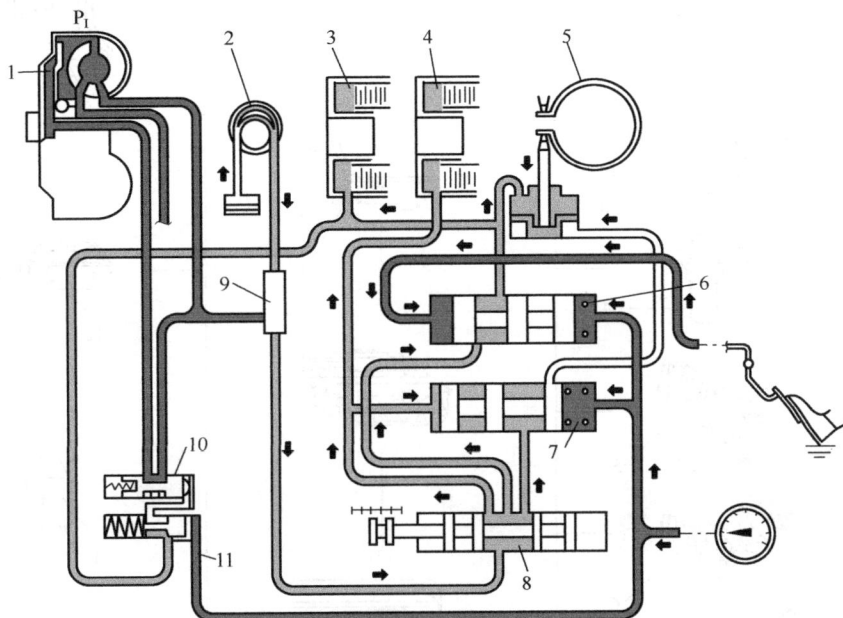

图 1.4.23　3 挡液压油路（零件标号见图 1.4.21）

五、电子—液压控制自动变速器

随着计算机技术、传感器技术和控制技术的发展，为实现多因素变速器控制提供了便利条件。目前，大部分自动变速器是在液压控制基础上增加计算机控制技术，提高了自动变速器的各项性能。这种用计算机控制的自动变速器又被称为电子—液压控制自动变速器，简称为电控自动变速器。它的最大特点是利用计算机运算速度快、具有多种数据分析处理能力，对影响变速换挡的各种因素进行采集、比较，选择最佳控制方案，实现实时控制。与液压控制自动变速器的区别在于，电子—液压控制自动变速使用计算机控制系统对原有的液压控制系统进行控制，将原有的节气门开度、汽车速度两个参量扩展为多个参量输入计算机，提高自动变速器控制的功能、精度，进一步改善自动变速器的性能。

自动变速器的电子控制装置由传感器、控制开关、电磁液压执行组件和控制单元组成。系统组成如图 1.4.24 所示。控制单元是控制系统的核心，它根据发动机和变速器上的各种传感器所提供的节气门开度、发动机转速、汽车速度、变速器油温等运行参数，以及各种控制开关传来的当前状态信号，进行运算比较和分析，然后调用其内设定的控制程序，向各个执行组件发出指令，以使各液压控制阀动作，从而实现对自动变速器的控制。

下面以 01M 自动变速器为例介绍控制原理。

1. 01M 自动变速器控制内容

01M 自动变速器有 4 个前进挡和 1 个倒车挡，通过排挡杆在挡位选择区换挡，可供选择的位置有 P、R、N、D、3、2、1。各位置的名称及和所涉及的控制内容如下。

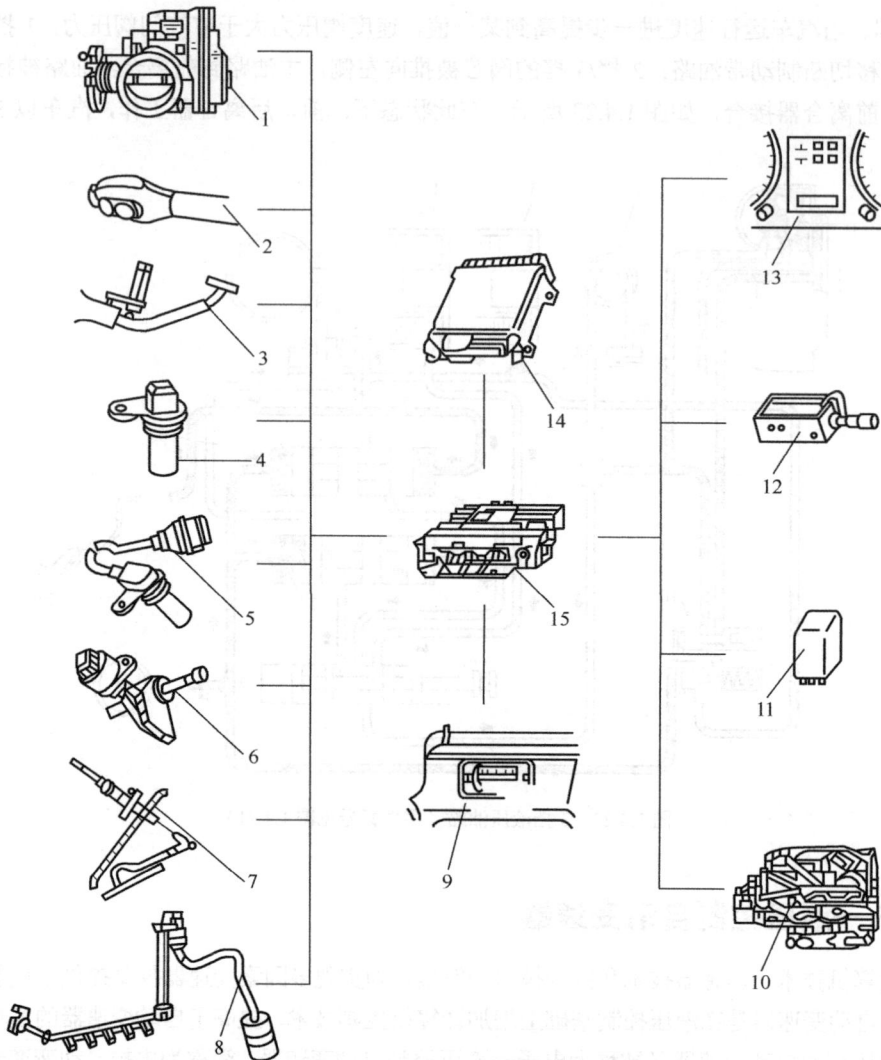

图 1.4.24　01M 自动变速器电子控制系统组成

1—节气门电位计；2—巡航控制；3—制动开关；4—车速传感器；5—转速传感器
6—选挡位置传感器；7—强制降挡传感器；8—油温传感器；9—故障诊断接口；
10—电磁液压阀组件及阀体；11—继电器；12，13—仪表显示面板；
14—发动机电子控制装置；15—自动变速器电子控制装置

（1）P 挡：停车挡，只有在车辆完全停稳时才可挂入该挡，挂入该挡后，驱动车轮被机械装置锁止而使车轮无法转动。若想将排挡杆移出该位置，须踏下制动踏板并按下排挡杆手柄上的锁止按钮。

（2）R 挡：倒车挡，只有当车辆静止且发动机怠速运转时才可挂入倒车挡，按下排挡杆手柄按钮，即可将排挡杆移入或移出倒车挡。在车辆前行时，不要误将排挡杆挂入 R 挡。

（3）N 挡：空挡，在点火开关打开状态下，车辆静止或车速低于 5km/h 时，挂入该挡后，排挡杆会被锁止电磁铁锁止。若想移出该挡，需踏下制动踏板，同时按下手柄按钮方可移出。在车速高于 5km/h 时，只需按下手柄按钮即可将排挡杆移入或移出 N 挡。

（4）D 挡：驱动挡，一般情况下可选用此挡。在 D 挡位置，变速器控制单元根据车速及发动机负荷等参数，控制变速器在 1~4 挡中自由切换。

（5）3 挡：坡路挡，在有坡度的路面上行驶时可挂入该挡，此时变速器会在 1~3 挡中自动换挡，但不会换入 4 挡，这样，在下坡时提高了发动机的制动效果。

（6）2 挡：长坡挡，遇到较长距离的坡路时选用此挡，控制单元根据行驶速度及节气门开度变化，控制车辆在 1、2 挡中自动换挡，这样一方面避免了挂入不必要的高速挡，另一方面在下坡时可更好地利用发动机的制动效果。

（7）1 挡：陡坡挡，在上、下非常陡峭的坡路时选用此挡。挂入 1 挡后，汽车总处于 1 挡行驶状态，而不会换入其他 3 个前进挡位，这样一方面可以保证在爬坡时有足够的动力，另一方面在下坡时可以最大限度地利用发动机制动效果。

在 01M 自动变速器的控制单元内有两个换挡程序，一个是与行车阻力有关的换挡程序，另一个是与驾驶和行车状况有关的换挡程序。与行车阻力有关的换挡程序可识别出诸如上坡、下坡、带挂车及顶风等情况。控制单元按车速、节气门位置、发动机转速和加速的情况，计算出行车阻力，然后确定换挡时刻。与驾驶和行车状况有关换挡时刻的确定是按模糊逻辑原理工作的。驾驶员踏下加速踏板，就产生一个运动系数，模糊逻辑识别出该系数，借助于运动系数在动力（SPORT）模式和经济（ECON）模式之间形成一个滑动的换挡时刻确定线。因此，在两个换挡特性曲线之间存在许多随意的换挡时刻，因而对不同的行驶情况反应更灵敏。

2. 控制系统的传感器

（1）节气门电位计 G69。节气门位置电位计位于节气门体内，其结构如图 1.4.25 所示。节气门动作时将节气门开度和节气门变化的速率信号传递给发动机控制单元，再由发动机控制单元传递给自动变速器。

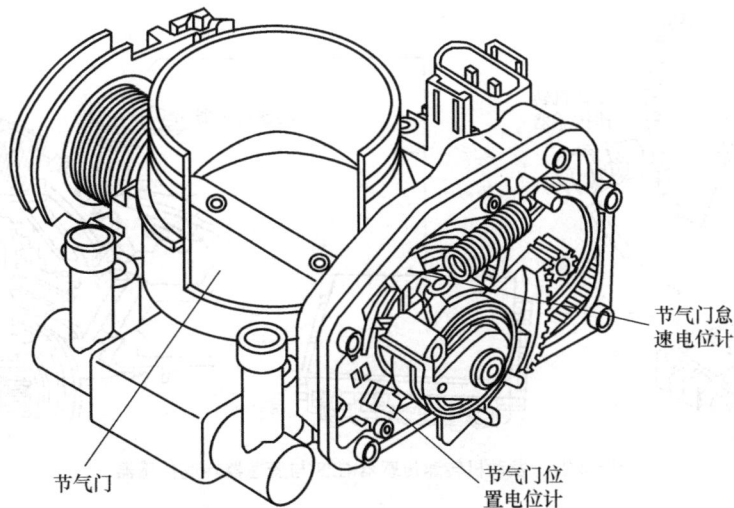

节气门怠速电位计

节气门

节气门位置电位计

图 1.4.25 节气门阀体总成与节气门位置电位计

（2）变速器转速传感器 G38。变速传感器 G38 是电磁感应式传感器，位于变速器箱体内，用于指示行星齿轮系中大太阳轮的转速，如图 1.4.26 所示。利用大太阳轮转速，控制单元可准确识别换挡时刻，控制多片离合器。换挡过程中，通过减小点火提前角来减小发动机转矩。该信号中断后，控制单元会进入应急状态。

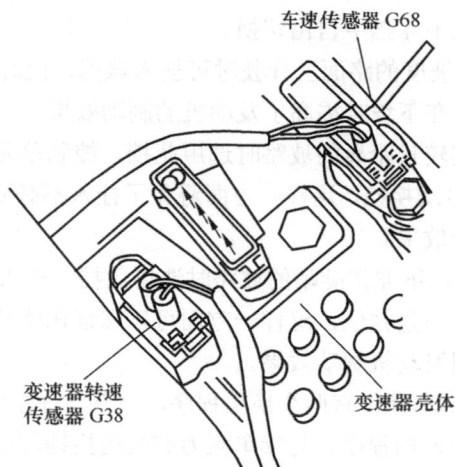

图 1.4.26　车速传感器 G68 与转速传感器

（3）车速传感器 G68。车速传感器 G68 安装在变速器箱体内，位置如图 1.4.27 所示。车速传感器通过主动齿轮上的脉冲轮，由感应式传感器产生车速信息。其信号的作用如下。

- 决定应换入某一挡位。
- 进行变矩器锁止控制。
- 控制单元使用发动机转速作为代用信号。
- 锁止离合器失去锁止功能。

（4）发动机转速传感器 G28。自动变速器控制单元使用发动机管理系统的曲轴转速信号，如图 1.4.27 所示。其信号的作用如下。

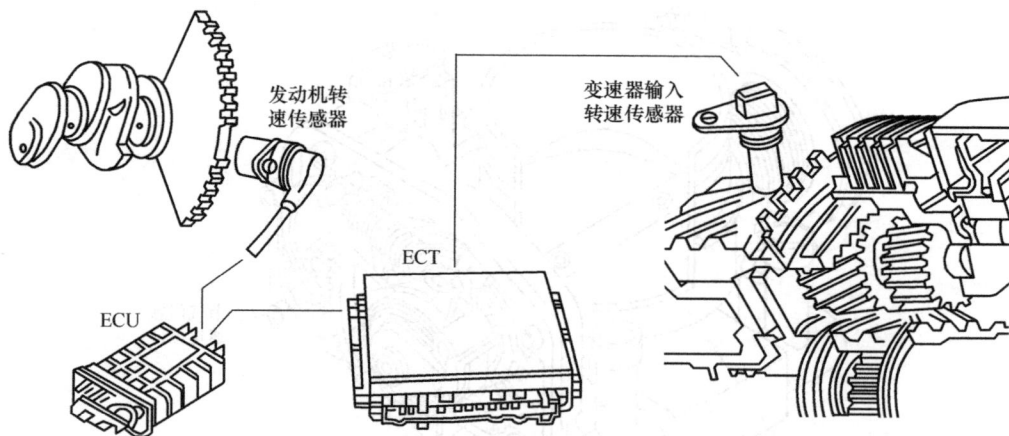

图 1.4.27　发动机转速传感器 G28 与变速器转速传感器

- 控制单元将发动机转速信号与车速信号比较，依据转速差识别锁止离合器打滑状况。如果滑动过大，即转速差过大，控制单元会增大锁止离合器压力，减小打滑发生。
- 发动机转速信号可作为车速传感器信号的替代值。
- 信号一旦中断，控制单元立即进入应急状态。

（5）多功能开关 F125。多功能开关 F125 位于变速器箱体内，如图 1.4.28 所示，它由选择杆拉索控制。其作用如下。

- 将选挡位置的信息传递给变速器控制单元。
- 负责倒车灯的开启。
- 制动起动机在行驶状态啮合，并在未进入正确挡位时，阻止发动机起动。

（6）制动灯开关 F。制动灯开关安装在驾驶室脚踏板支架上，如图 1.4.29 所示。控制单元通过该开关判断汽车是否制动。其信号的作用如下。

- 在未踩下制动踏板时锁止选挡杆。
- 静止的车辆只有在踩下制动踏板，变速器选挡杆才能由 P 位或 N 位换入其他行车位置。

该信号一旦中断，选挡杆锁止功能解除。

图 1.4.28 多功能开关 F125

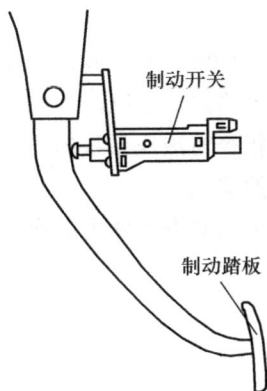

（7）强制降挡开关 F8。强制降挡开关与油门拉索成一体，油门踏板踏到底并超过油门全开点时，此开关工作，如图 1.4.30 所示。其信号的作用如下。

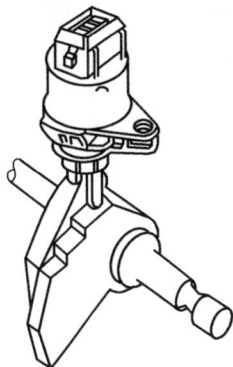

图 1.4.29 制动灯开关 F

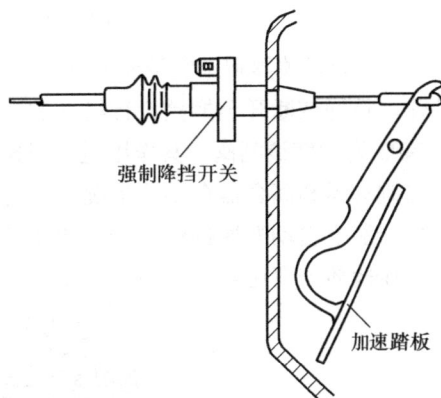

图 1.4.30 强制降挡开关 F8

- 压下此开关，变速器马上强制换入相邻低挡（从 4 挡到 3 挡）；升挡需在发动机转速较高时才进行。
- 如果压下此开关后，为加大输出功率，空调装置切断 8s。信号中断的影响：当油门踏板踏到行程的 95% 时，控制单元设定该开关启动。

（8）变速器油液温度传感器 G93。变速器油液温度传感器位于浸在自动变速器油内的滑阀箱上的传输在线。该传感器用于感知变速器机油温度。

变速器油液温度传感器 G93 是一个负温度系数电阻。随机油温度升高，其电阻降低。机油温度达到最高值 150℃时，锁止离合器接合。液力变矩器卸荷，自动变速器油开始冷却。如果机油温度还不下降，控制单元使变速器降一挡。该信号中断后，无替代功能。

3．控制系统执行组件

（1）启动锁和倒车灯继电器 J226。启动锁和倒车灯继电器 J226 是一组合继电器，装在中央继电器盘上，接收多功能开关 F125 的信号。该继电器的作用如下。

- 防止车在挂挡后起动机启动。
- 挂上倒挡可接通倒车灯。

（2）选挡杆锁止电磁阀 N110。选挡杆锁止电磁阀 N110 安置装在选挡杆附近的换挡机构中，用于防止制动踏板未踏下时选挡杆将"P"或"N"挡换入其他挡位。

（3）电磁液压阀组。电磁阀组指用于进行电液控制转换的电磁液压阀，01M 自动变速器使用 7 个电磁液压阀，组件标号分别为 N88~N94，都装于液压阀体上，如图 1.4.31 所示，由控制单元控制。

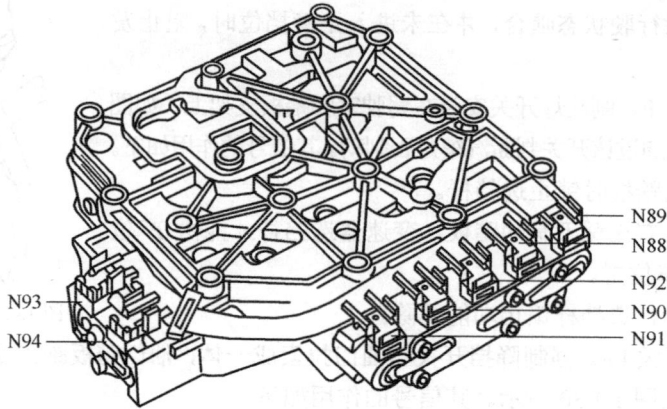

图 1.4.31 液压阀体与电磁液压阀

7 个电磁阀分为开关阀和脉宽调制阀两种。其中，N88、N89、N90 为开关阀，其作用是：控制换挡阀动作，接通或断开至换挡执行组件的油路，使变速器换入确定的挡位。

N91 和 N93 为脉宽调制阀，其作用是：根据电子控制装置的指令对液压系统的油压高低进行调节，以满足制动器和离合器在不同工况下传递转矩对作用压力的需求。

液压阀体安装于自动变速器油底壳内的变速器箱体上，通过油路对变速器内的换挡执行组件进行控制。液压阀体与变速器箱体的关系如图 1.4.32 所示。

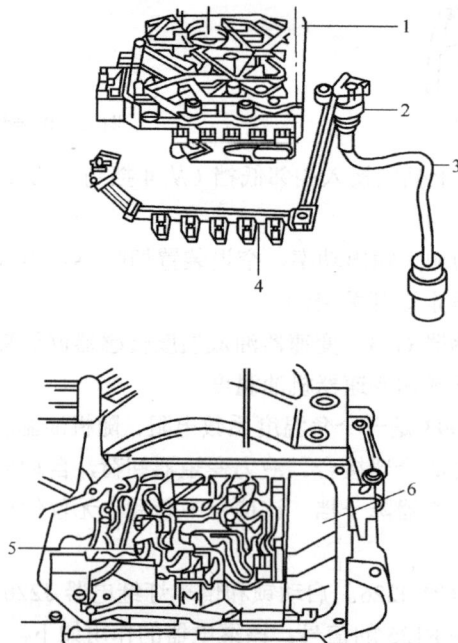

图 1.4.32 液压阀体与变速器箱体的关系

1—液压阀体；2—密封圈；3—线束；4—电磁阀接线端子；5—箱体油路；6—自动变速器箱体

4．自动变速器控制单元 J217

自动变速器控制单元 J217 是控制系统的中枢，用以实现所有控制功能。控制功能包括以下几项。

- 储存与行驶有关的所有工作程序，根据不同条件按模糊控制原理，确定最佳换挡时机。
- 自动识别道路的上坡、下坡和加速状况等行驶阻力。
- 应急状态：如果控制单元出现故障，可通过选挡杆改变滑阀位置，使1挡、3挡和倒挡的液压系统仍有效。选挡杆在D位时，汽车可以起动，换挡需要采用手动方法进行换挡操作。

5.01M自动变速器液压系统构成与工作原理

01M自动变速器液压系统是执行计算机控制指令，并将控制指令转换为换挡执行组件动作的重要装置。电子控制装置发出正确的控制指令要由液压系统实现正确的能量转换，将电子信号转换为适当的油压或油压脉动等传递到液压换挡执行组件，从而获得与传动要求相符的动力接合、断开和缓和冲击等换挡过程。

01M自动变速器电控系统的液压控制部分集中安装在液压阀体中。由自动变速器机械结构可知，液压换挡执行组件主要为离合器和制动器，其位置多在机械变速器内，所以液压阀体主要由电磁换挡阀、调压阀、协调液压阀和油路组成，控制油压通过变速器箱体的油路进入机械变速器的液压换挡组件，如图1.4.33所示。

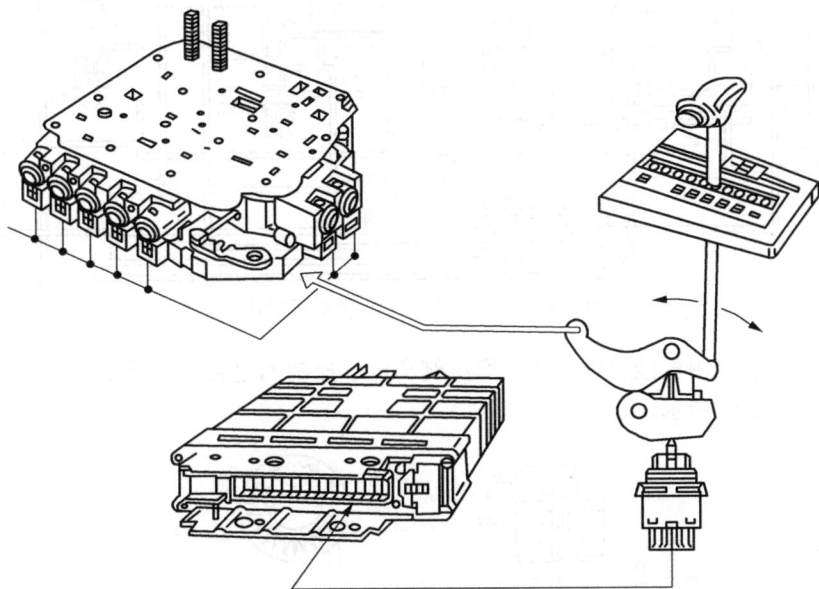

图1.4.33 自动变速器控制单元J217与手动操作

01M自动变速器电控系统的液压控制油路如图1.4.34所示。

（1）计算机控制压力调节。01M自动变速器液压系统内存在不同的工作压力，以针对不同的控制液压组件和完成不同的动作任务。压力调节装置根据工作任务不同分别采用电控压力调节或机械压力调节等方式。

① 主油压力调节。01M自动变速器系统主油压力的任务是：作为液压执行组件的动力源，产生系统的最高压力，液压系统中其他压力则在这个压力下进行进一步调节。为了满足液压执行组件的传动要求，系统主油压力要根据汽车的负荷状态和驱动力矩的要求主动变化，既可防止轻载时液压系统油压过高造成能量消耗，又可在负荷大时，及时提高系统压力，以增加液压执行组件的作用力，防止离合器和制动器打滑。

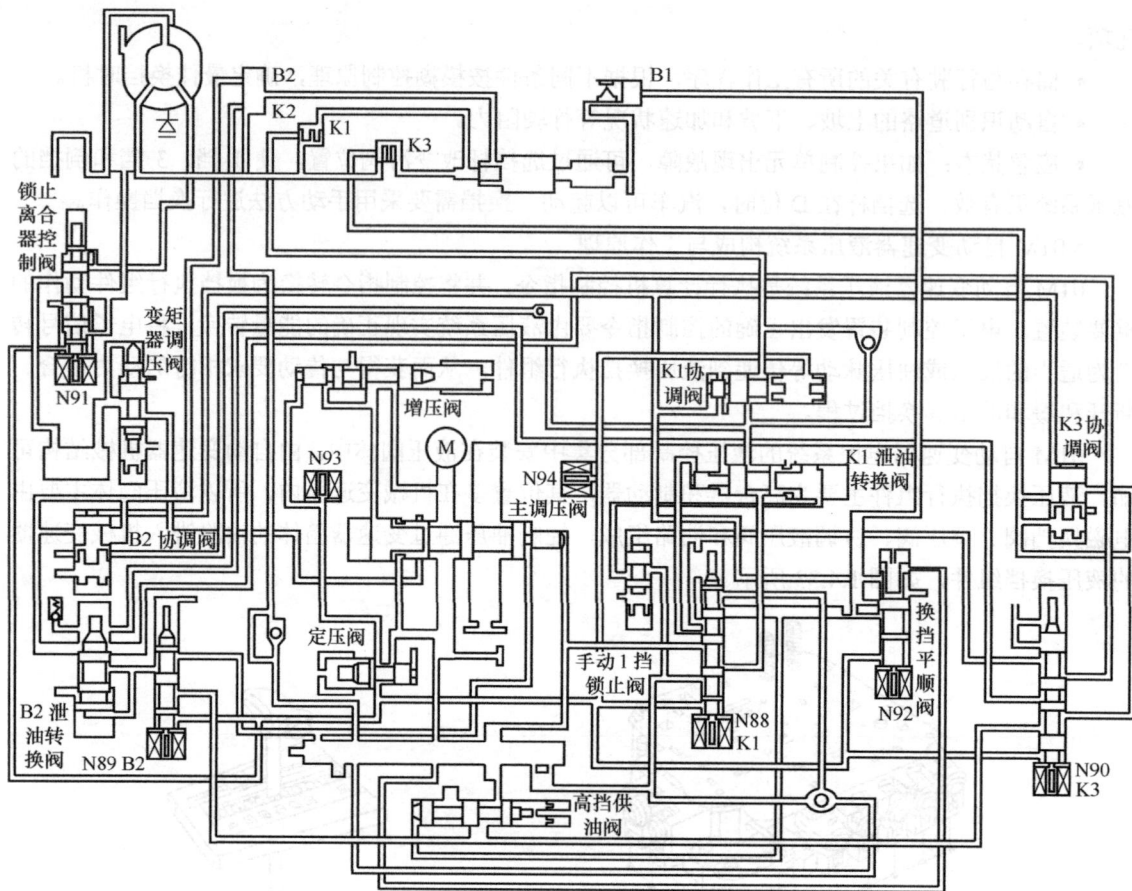

图 1.4.34　01M 自动变速器液压油路图

　　主油压力调节装置由机械主调压阀、增压阀和电子控制的电磁液压调节阀 N93 组成。其结构和调压原理如图 1.4.35 所示。

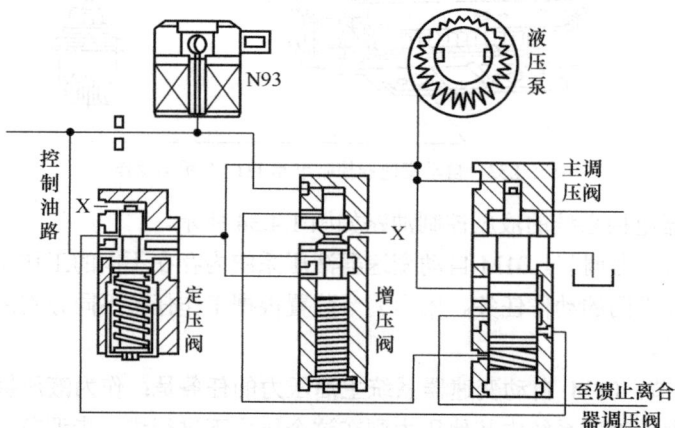

图 1.4.35　主油压调节元件与原理

　　调节步骤分为基本调压和增压调节两个过程。

　　基本调压是由主调压阀通过油路压力作用于滑阀上端的力与下侧弹簧力平衡，通过滑阀的移动，实现保压和泄压，将油路压力控制在规定的范围。

增压调压通过两个油压进行调节，一个是利用主油压进行的稳定的压力调节，另一个是由电磁阀 N93 调节的控制油压进行的调节。增压阀调节的油压进入主调压阀的弹簧室内，从而改变弹簧作用力，可以使主油压随增压阀压力调节。

由增压阀结构可以看出，在增压阀上端作用一控制油压，其压力由电磁阀 N93 进行调节。电磁阀不通电时，阀内的球阀将泄油口打开，增压控制油压为零，此时没有增压调节作用，主调压阀和增压阀都通过弹簧力控制压力。

当电磁阀 N93 接收到计算机发来的一定的占空比指令，球阀关小泄油口，在增压滑阀上端形成额外压力，向下迭加的作用力大于弹簧力时，滑阀下移将泄油口打开，结果使输出油压下降。占空比越小，作用在增压阀上端的压力也越低，输出的压力随之升高。其结果使主调压阀下端的作用力提升，将节流口关闭。液压泵必须以更高的压力进行调压器的调节，使系统的压力整体提高。

控制油压由定压阀调节，其作用是为控制油压提供不随主油压力变化的稳定的压力，以保证电控系统液压油压的相对稳定，才能使电磁阀控制的油压满足设计特性。关于油压控制油路，参看图 1.4.34 主调压阀油路部分。

② 液力变矩器油压调节和控制。液力变矩器在自己的油压下工作，液力变矩器调压器的作用是：保持一定压力，减小油液内产生气泡；促使工作液的冷却循环运动，并为锁止离合器提供工作压力。变矩器调压和锁止离合器调压控制原理如图 1.4.36 所示。变矩器调压阀将主油压经再调节后为变矩器的工作油压。锁止离合器阀由机械滑阀和电磁阀 N91 组成，电磁阀 N91 的作用是接收电子控制系统指令，调节控制油压，改变锁止离合器阀的位置，改变液压方向，实现离合器断开与接合任务。电子控制系统还发出脉宽调制指令，通过电磁阀瞬时调节节流口的压力变化，对控制油压进行调节，以在滑阀右侧获得不同的作用力，实现锁止离合器缓冲接合，以减小震动冲击。

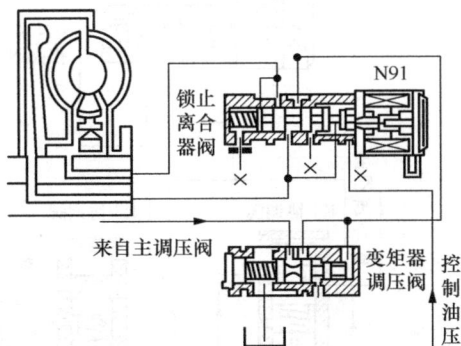

图 1.4.36 变矩器调压和锁止离合器控制原理

③ 缓冲压力调节。换挡过程中由于液压压力急剧升高，造成离合器、制动器接合过快，会引起汽车换挡时的冲击和震动，所以在自动变速器液压系统中采取不同的缓解措施以减小换挡冲击。换挡执行组件的压力变化需要满足如图 1.4.37 所示的压力控制特性。离合器 C1 脱离接合过程与离合器 C2 接合过程同步进行，必须严格控制各自的动作时间和顺序，才能保证不出现重迭"接合"和动作衔接时间过长。在离合器 C1 即将接合时，一个"抖动"的压力可以起到减缓接合冲击的作用。

01M 电子控制系统利用换挡电磁阀解决两挡交换时结合和断开的时间和顺序问题。另外，用一个电磁阀 N92 接收电控装置发出的脉宽调制信号控制离合器接合时的压力特性，在换挡油路的升压过程中，使换挡压力"逐步"提高，液压力缓慢作用到执行组件，可以缓和接合过猛，避免转矩急剧变化所引起的冲击震动。

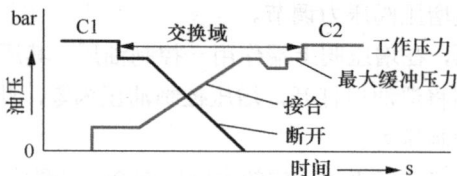

图 1.4.37 电控换挡时离合器交换压力控制特性图

01M 电液控制压力缓冲调节油路与调节原理如图 1.4.38 所示。该调节油路采用节流孔限制压力变化速率和电磁液压阀控制压力高低的液—电组合方式，在换挡阀与换挡执行器之间设置液压协调阀，协调阀上端接由电磁液压阀 N92 调节的缓控制油路。N92 为滑阀式电磁液压阀。

节流作用仍是采用节流孔使换挡油压缓慢增加的方式，如图 1.4.38 中的 K1 协调阀。进行换挡时，计算机在发出换挡指令的同时，向 N92 发出一串脉冲信号，使其动作。N92 滑阀先向右运动，将主油压作用在协调阀上端，协调阀在该油压下向下移动，将 K1 协调阀油路阻断，来自换挡阀 N88 的油压只能通过节流孔去 K1 离合器，压力缓慢上升。随后电磁阀 N92 根据脉动信号变化，其控制的协调压力随之下降，K1 协调阀将关闭的节流孔逐步打开，完成压力高低变化的调节。电磁阀 N92 根据脉动信号指令产生的压力波动抑制了离合器或制动器的"猛烈"接合，减少了换挡的冲击。由于该电磁阀的工作特点，又被称为平顺阀。油路使用一个电磁滑阀控制离合器 K1、K3 和制动器 B2 这 3 个协调阀，它们分别协调 K1、K3、B2 换挡执行油路，参看油路图 1.4.34。

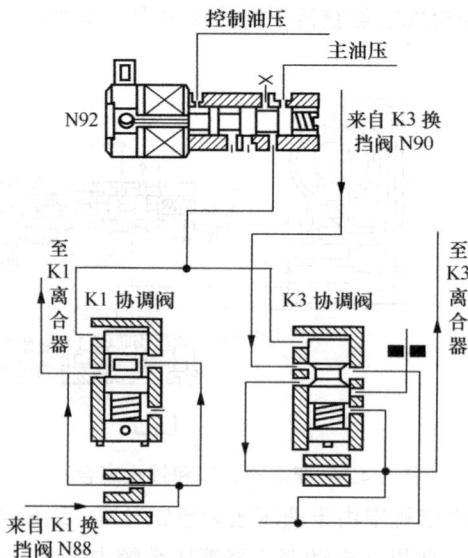

图 1.4.38 缓冲压力调节原理

（2）计算机控制换挡油路。计算机控制换挡是利用液压电磁阀接收电子控制装置发出的指令改变油路，将主油压力送达指定的换挡执行组件，实现离合器动力传递或对机件制动。01M 自动变速器前进 2 挡的换挡油路构成如图 1.4.39 所示。实现前进换挡操作由 3 个开关型换挡电磁液压阀 N88、N89、N90，3 个协调阀 K1、K3、B2，平顺阀 N92、控制液压阀 K1 和 2 挡/3 挡电磁正时阀 N94 等组成。

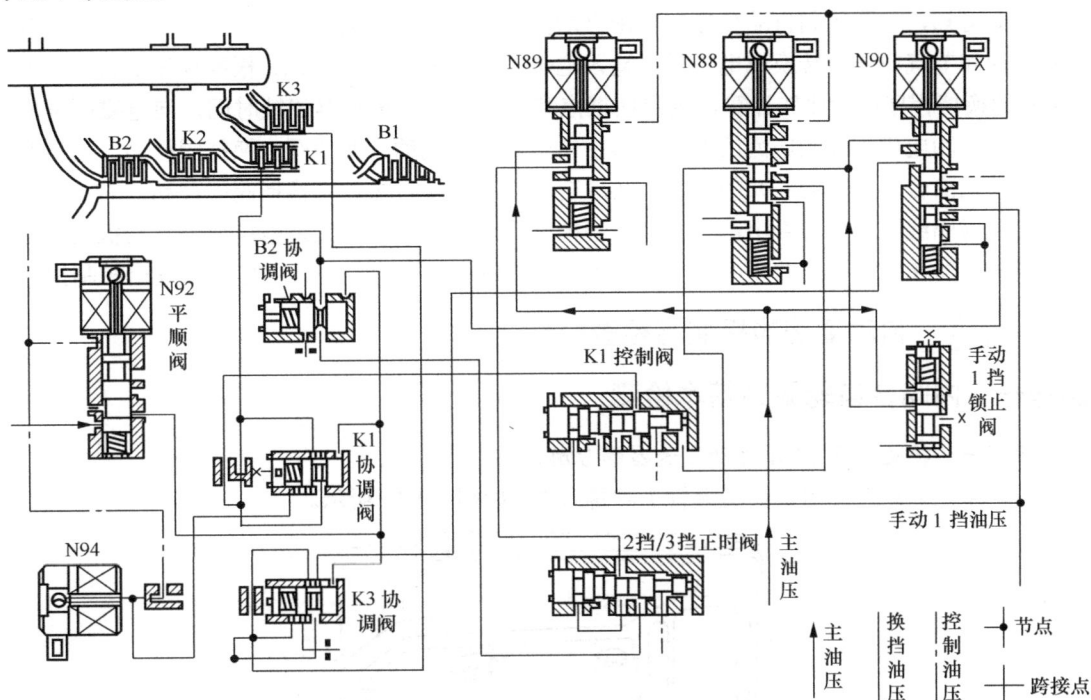

图 1.4.39　D2 挡换挡油路构成和原理

3 个开关型换挡电磁液压阀 N88、N89、N90 按照设计好的逻辑关系动作，实现主油路和换挡油路的切换，并完成不同换挡油路的互锁功能，其逻辑关系如表 1-6 所示。平顺阀 N92 和正时阀 N94 的作用是按照控制要求实现换挡执行元件的升压和泄压切换。

表 1-6　　　　　　　　　　　罗辑关系表

选挡位置	换挡执行元件					电磁液压阀			
	K1	K2	K3	B1	B2	N88	N89	N90	N94
D1	○					0	0	1	0
D2	○				○	0	1	1	0
D3	○		○			0	0	0	1
D4			○		○	1	1	0	0

以 2 挡换 3 挡为例：当接到计算机 2 挡指令时，N89、N90 通电，N88 断电。此时，N89 控制主油压经 2-3 挡正时阀、B2 协调阀进入 B2 离合器，N88 控制的主油压经 K1 控制阀、K1 协调阀进入 K1 离合器。由于 N88 控制 K1 离合器又被称为 K1 换挡阀，N89 控制 B2 离合器又称为换挡、换挡阀，N90 控制 K3 离合器被称为 K3 换挡阀。

当接到计算机 3 挡指令时，N89、N90、N88 均断电，N89 在弹簧作用下回位，B2 油路形成泄压，制动器释放。N88 状态不变，维持 K1 油路高压。N90 在弹簧作用下回位，主油压进入 K3 换挡油路，实现 K3 离合器接合传动。

电磁阀 N92 是换挡平顺阀，只在换挡开始时根据指令产生震动，通过协调阀可使换挡油路油压缓慢增加。N94 是开关阀，只在 3 挡时动作，产生的高压迫使 K1 协调阀不再"抖动"，缓冲功能由 K3 协调阀完成。

由此可知，电子控制自动变速器实施自动控制的特点是：采用速度传感器和节气门位置传感器将车速和节气门开度转换成电信号，输入电子控制器 ECU，由 ECU 根据预先编制并存入内存 ROM 的换挡程序进行比较计算，确定换挡点和变矩器闭锁离合器闭锁时间，向电磁阀发出控制信号，以控制电磁阀线圈电流的通断，再由电磁阀控制液动的换挡阀，换挡阀移动，切换换挡执行器（换挡离合器和制动器）的油路，实现自动换挡。换言之，各换挡阀的移动方向由电磁阀控制，而电磁阀线圈通电与否由电子控制系统控制，电子控制系统又是根据反映发动机负荷的节气门位置传感器和反映车速的速度传感器输入电子控制系统的电信号，向电磁阀发出控制指令的。

课题实施 **自动变速器拆装与检查**

操作一 内啮合齿轮泵的基本检测

步骤一 捷达轿车 01M 自动变速器的分解。

（1）装上自动变速器机油溢流管 1 和螺塞 2，如图 1.4.40 所示。

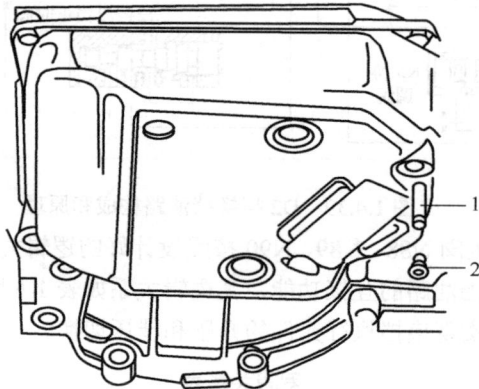

图 1.4.40 装上自动变速器机油溢流管和螺塞

1—溢流管；2—螺栓

（2）关闭自动变速器机油冷却器油口。拆下液力变矩器。

（3）用螺栓 1 和螺栓 2 将自动变速器固定到安装架上，如图 1.4.41 所示。

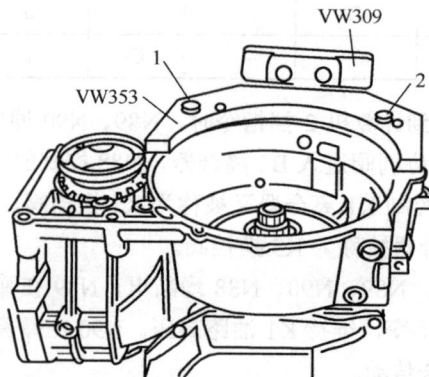

图 1.4.41 固定自动变速器

1，2—螺栓

（4）拆下变速器壳体上带密封垫的端盖，如图 1.4.42 箭头所示。

（5）拆下油底壳。拆下自动变速器油滤网。

（6）拆下带传输线的阀体，如图 1.4.43 所示。

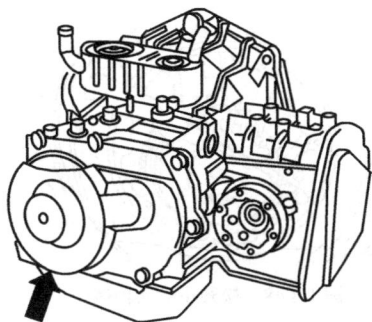

图 1.4.42　拆下带密封垫的端盖

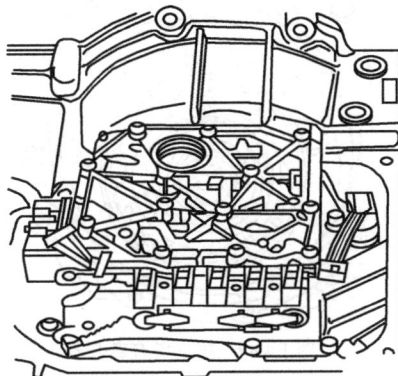

图 1.4.43　拆卸阀体

（7）拆下 B1 的密封圈，如图 1.4.44 箭头所示。

（8）拆下自动变速器油泵螺栓，如图 1.4.45 箭头所示。

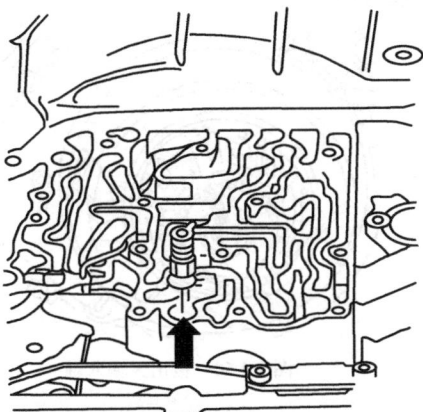

图 1.4.44　拆下 B1 的密封圈

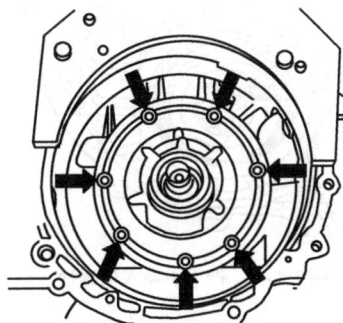

图 1.4.45　拆下自动变速器油泵螺栓

（9）将螺栓 A（M8）拧入自动变速器油泵螺栓孔内，如图 1.4.46 所示。

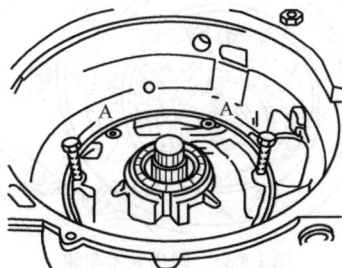

图 1.4.46　拧入螺栓到自动变速器油泵螺栓孔

（10）均匀拧入螺栓 A，可将自动变速器油泵从变速器壳体中压出。

（11）将带有隔离管、B2 制动片、弹簧和弹簧盖的所有离合器拔出，如图 1.4.47 所示。

（12）将螺丝刀插入大太阳轮的孔内以松开小输入轴螺栓，如图 1.4.48 所示。

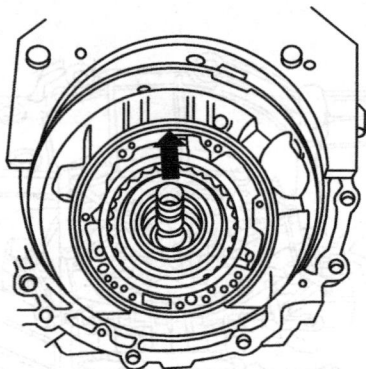

图 1.4.47　拔出所有离合器

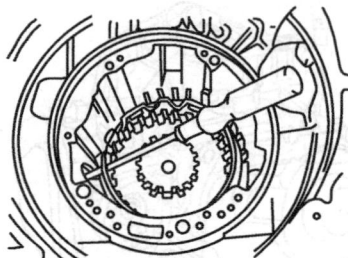

图 1.4.48　松开小输入轴螺栓

（13）拧下小输入轴螺栓，如图 1.4.49 箭头所示。

（14）拆下小输入轴上的螺栓和调整垫圈，行星齿轮支架的推力滚针轴承留在变速器/主动齿轮内。

（15）拔下小输入轴。拔出大输入轴，如图 1.4.50 箭头所示。

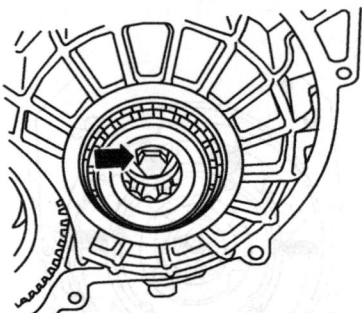

图 1.4.49　拧下小输入轴螺栓

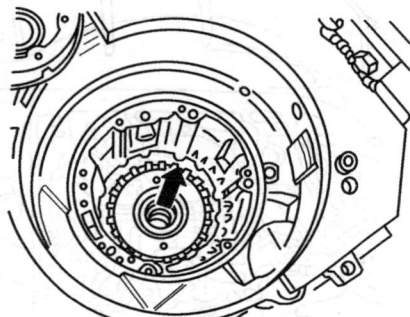

图 1.4.50　拔出大输入轴

（16）拔出大太阳轮，如图 1.4.51 箭头所示。

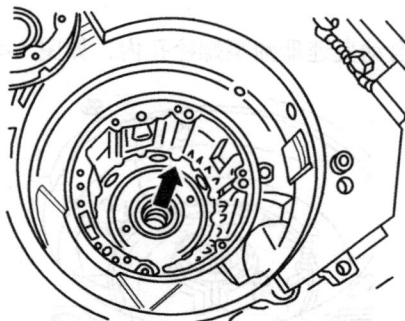

图 1.4.51　拔出大太阳轮

（17）拆卸单向离合器前，应先拆下变速器转速传感器 G38。

（18）拆下隔离管弹性挡圈 a 和单向离合器弹性挡圈 b，如图 1.4.52 所示。

（19）用钳子从变速器壳体上拔下在定位楔（见图 1.4.52 箭头所示）上的单向离合器。

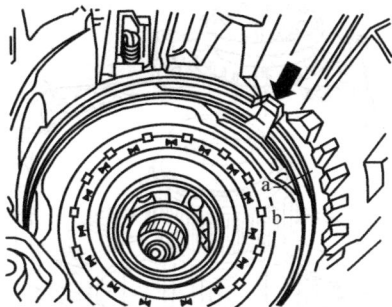

图 1.4.52 拆下管弹性挡圈

a—隔离管弹性挡圈；b—单向离合器弹性挡圈

（20）拔下带碟形弹簧的行星齿轮支架，如图 1.4.53 所示。

图 1.4.53 拔下带碟形弹簧的行星齿轮支架

（21）拆下倒挡制动器 B1 的摩擦片。

提示

分解行星齿轮系不需拆下主制动轮。

步骤二 捷达轿车 01M 自动变速器的组装。

（1）将 O 形密封圈子装入行星齿轮支架（见图 1.4.54）。更换行星齿轮支架时需要调整该支架。

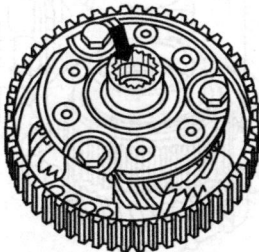

图 1.4.54 将 O 形密封圈子装入行星齿轮支架

（2）将带垫圈的推力滚针轴承和行星齿轮支架装入主动齿轮，如图1.4.55所示。

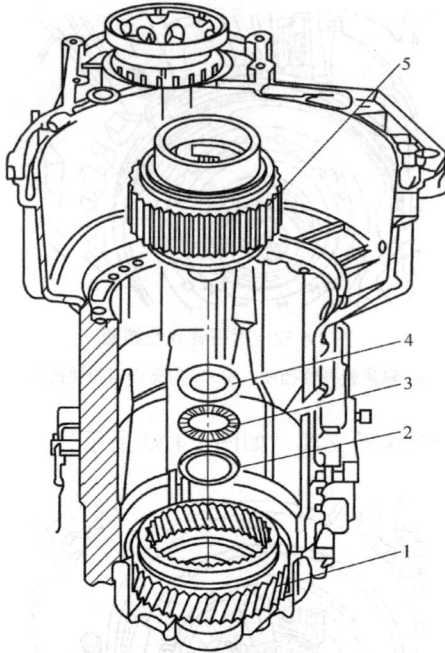

图 1.4.55　将推力滚针轴承和行星齿轮支架装入主动齿轮

1—主动齿轮（装在变速器壳体上）；2—推力滚针轴承垫圈；3—推力滚针轴承；
4—推力滚针轴承垫圈；5—装有O形密封圈子的行星齿轮支架

（3）将垫圈和推力滚针轴承装到行星齿轮支架的小太阳轮上，如图1.4.56所示。

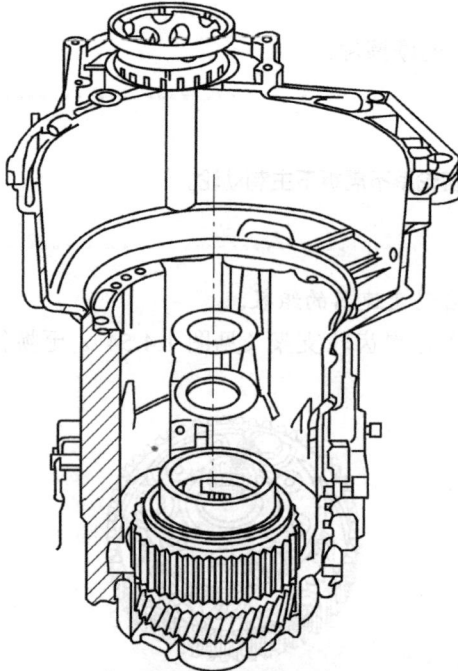

图 1.4.56　将垫圈和推力滚针轴承装到小太阳轮

（4）使垫圈和推力滚针轴承与小太阳轮中心对齐。装入倒制动器 B1 的内、外片。

（5）装入压板，扁平面朝向片组。压板厚度按制动片数量不同有所不同。装入碟形弹簧，凸起面朝向单向离合器。如果更换变速器壳体、单向离合器、倒挡制动器 B1 活塞和摩擦片，则需要调整倒挡制动器 B1。

（6）用专用工具 3276 张开单向离合器滚子并装上单向离合器，如图 1.4.57 所示。

（7）安装单向离合器弹性挡圈 b 和隔离管弹性挡圈 a（见图 1.4.52）。装弹性挡圈时开口装到定位楔上（见图 1.4.52 箭头所示）。

（8）安装变速器转速传感器 G38。

（9）测量制动器 B1。

（10）将大太阳轮到小输入轴部件装入变速器壳体，如图 1.4.58 所示。

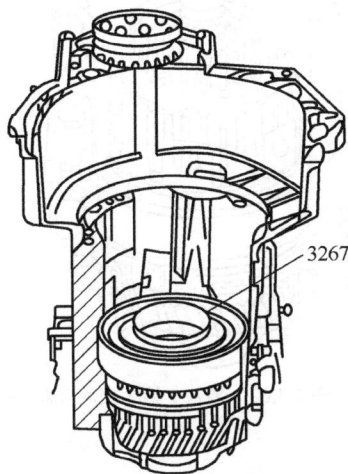

图 1.4.57 安装单向离合器

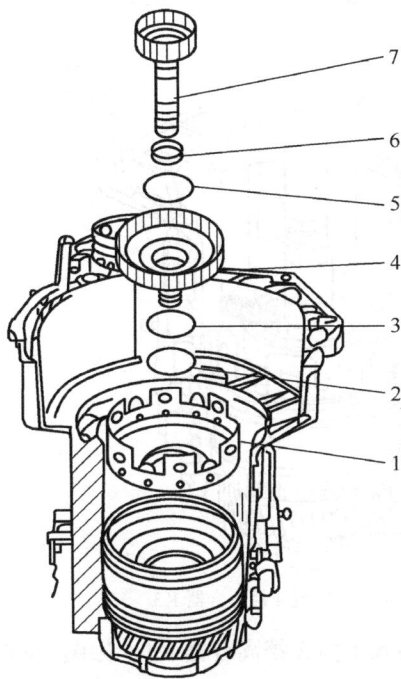

图 1.4.58 将大太阳轮到小输入轴部件装入变速器壳体

1—大太阳轮；2—推力滚针轴承垫圈（台肩朝向大太阳轮）；3—推力滚针轴承；
4—大输入轴；5—推力滚针轴承；6—滚针轴承；7—小输入轴

（11）如图 1.4.59 所示，安装带有垫圈 2 和调整垫圈 3 的小输入轴螺栓 1。螺栓的拧紧力矩为 30N·m。将调整垫圈 3 装到小输入轴台肩上（箭头所示），确定调整垫圈厚度，调整行星齿轮支架。

（12）测量行星齿轮支架。

（13）将带垫圈的推力滚针轴承到 4 挡离合器 K3 上，如图 1.4.60 所示。用自动变速器油沾湿推力滚针轴承垫圈，以便安装时轴承粘到 K3 上。

图 1.4.59　安装小输入轴螺栓

1—小输入轴螺栓；2—垫圈；3—调整垫圈

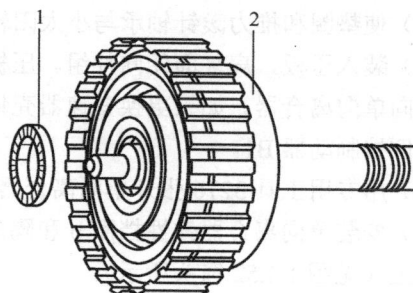

图 1.4.60　将推力滚针轴承装到 4 挡离合器 K3 上

1—带垫圈的推力滚针轴承；2—4 挡离合器 K3

（14）如图 1.4.61 所示，安装 4 挡离合器 K3。

（15）将 O 形密封圈子装入槽内，如图 1.4.62 箭头所示。注意活塞环的正确位置。

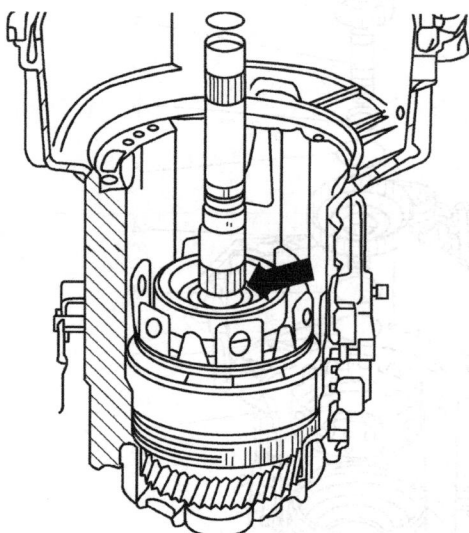

图 1.4.61　安装 4 挡离合器 K3

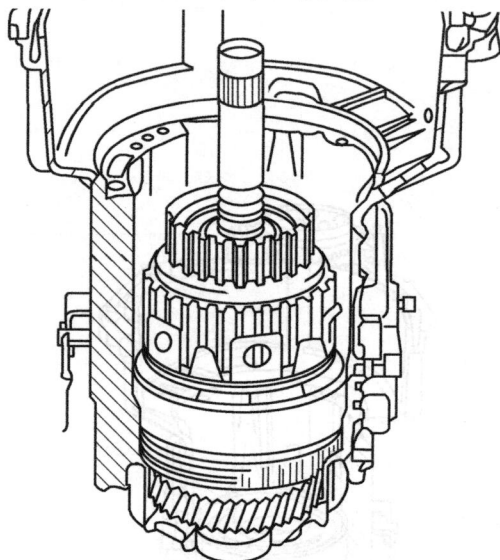

图 1.4.62　装入 1 挡/3 挡离合器 K1

（16）装入 1 挡/3 挡离合器 K1，如图 1.4.63 所示。

（17）将调整垫圈（见图 1.4.63 箭头所示）装入 K1。更换 K1、K2 或自动变速器油泵后，需重新测量调整垫片厚度，可用 1 个或 2 个调整垫圈。

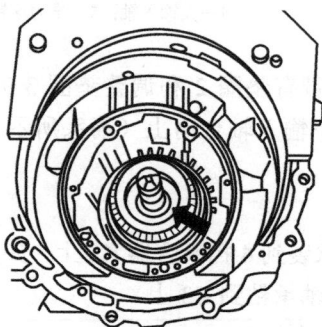

图 1.4.63　将调整垫圈装入 K1

（18）装入倒挡离合器 K2（参见图 1.4.62）。

（19）装入制动器 B2 片组的隔离管，安装时应使隔离管上的槽进入单向离合器的楔。

（20）安装 B2 的制动片（见图 1.4.64）。先装上一个 3mm 厚外片；将 3 个弹簧盖装入外片；插入压力弹簧（箭头所示）；直到把最后一个外片装上。安装最后一片已测量的外片前，应先把 3 个弹簧盖装到压力弹簧上，装上波形弹簧垫片。如果更换了隔离管、自动变速器油泵、制动片，则应调整 2 挡和 4 挡制动器 B2。

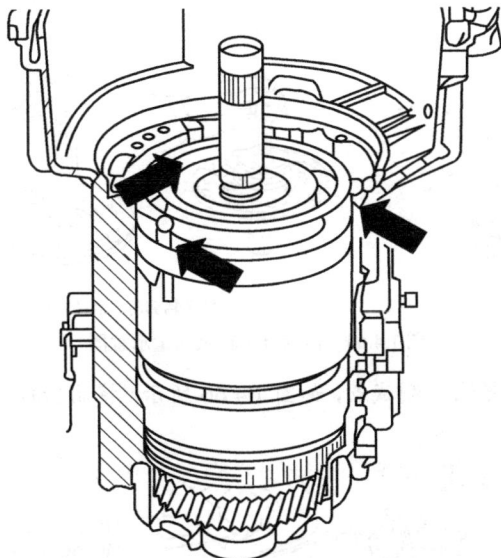

图 1.4.64　安装 2 挡和 4 挡制动器 B2 的制动片

（21）安装自动变速器油泵密封垫。

（22）将 O 形密封圈装到自动变速器油泵上。

（23）安装自动变速器油泵。

操作二　内啮合齿轮泵的基本检测

步骤一　分解自动变速器内啮合齿轮泵，观察内啮合齿轮泵的外观是否有损坏、裂纹、擦痕、漏油等，并记录零件名称，参考图 1.4.14（c）。

步骤二　测量内齿轮与壳体间隙，如图 1.4.65（a）所示。

步骤三　测量齿轮端隙，如图 1.4.65（b）所示。

步骤四　测量齿顶与月牙板间隙，如图 1.4.65（c）所示。

步骤五　测量壳体衬套内径，如图 1.4.65（d）所示。

步骤六　测量转子轴套前、后端直径，如图 1.4.65（e）所示。

操作三　自动变速器系统油压测量

步骤一　查看汽车维修数据，找到自动变速器测试点位置，并确定专用连接头。

步骤二　将汽车放到举升器上，将车轮用止动块止动后升起举升器。

（a）内齿轮与壳体间隙　　　　　　（b）齿轮端隙　　　　　　（c）齿顶与月牙板间隙

（d）壳体衬套内径　　　　　　　　　（e）转子轴套前、后端直径

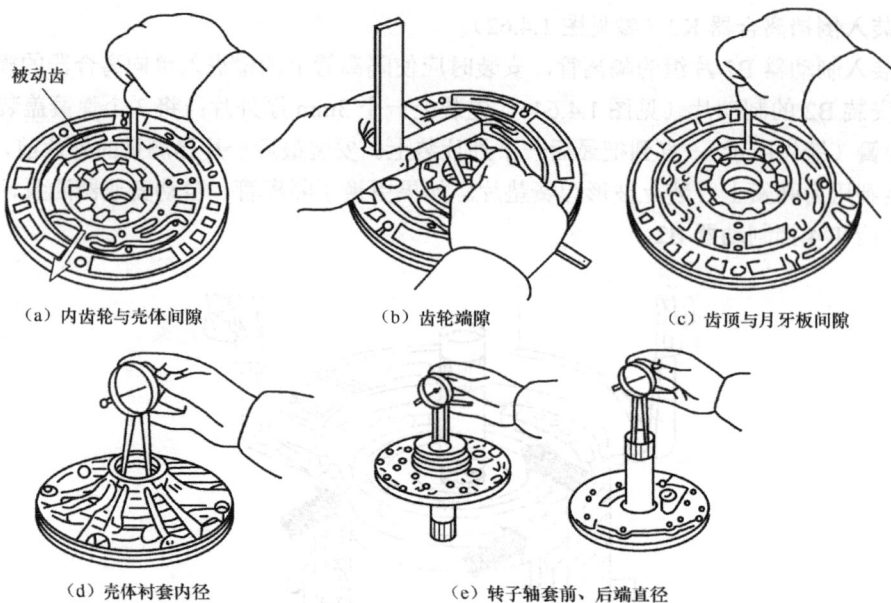

图 1.4.65　内啮合齿轮泵测量示意图

步骤三　找到自动变速器油压测试点，如图 1.4.66 所示；将油堵拧下，接上测压油管和测压表。

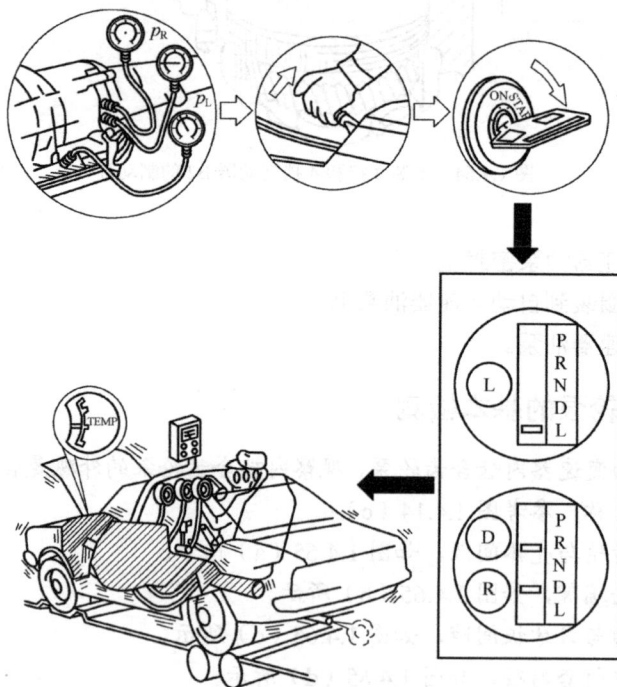

图 1.4.66　自动变速器油压测试点

提示

用容器置于工作点下面，以减少油流到地面，并将泄漏的油清理干净。

步骤四　拉紧手制动器并施加脚制动，启动发动机并稳定怠速运转，达到自动变速器工作液正常工作温度。

步骤五　将变速器挂到 D 挡，观察油压表显示的压力，并与维修数据数据对照。

步骤六　踩下加速踏板，观察主油压力变化，并记录数据。注意，每次开大节气门时间不要超过三四秒。

步骤七　将变速器挂到 R 挡，重复步骤五、步骤六。

课题小结

（1）变矩器是将发动机扭矩传递到变速器的液力离合器。它随发动机转速自动接合与分离从发动机到变速器的动力传递。它包括 3 个主要组件：蜗轮、泵轮、导轮。

（2）行星齿轮控制执行装置包括制动带、伺服装置和离合器。

（3）用于自动变速器中的最通用的齿轮传动系是辛普森式和拉威娜式。

（4）自动变速器电子控制系统包括传感器、控制开关、电磁液压执行元件和控制单元。

作业测评

（1）自动变速器和手动变速器最显着的差异是什么？

（2）锁止离合器的作用是什么？汽车在哪种工况下起作用？

（3）电控自动变速器与液压控制自动变速器有哪些区别与联系？

课题五　检修汽车万向传动装置

汽车的发动机、离合器和变速器是连成一体固装在车架上的，而驱动桥则通过悬架与车架连接，所以变速器输出轴与驱动桥输入轴的轴线不在同一平面上。当汽车行驶时，车轮的跳动会造成驱动桥与变速器的相对位置不断变化，变速器的输出轴与驱动桥输入轴不可能刚性连接，应装有万向传动装置。

基础知识

一、万向传动装置的作用

万向传动装置主要由传动轴和万向节组成。其作用是连接具有轴间夹角和相对位置经常发生变化的两旋转轴，并传递动力。在汽车传动系中万向传动装置主要用于发动机前置后驱汽车的变速器与驱动桥之间，如图 1.5.1 所示。在发动机前置前轮驱动的汽车传动系中，前轮既是驱动轮又是转向轮，作为转向轮，要求在转向时可以在规定范围内偏转一定角度；作为驱动轮，则要求半轴在车轮偏转过程不间断动力传递。因此，半轴不能制成整体而必须分段，中间用等角速万向节连接。万向传动装置除了用于汽车的传动系外，还可用于动力输出装置、转向操纵机构等。图 1.5.2 所示为万向传动装置在汽车中的应用。

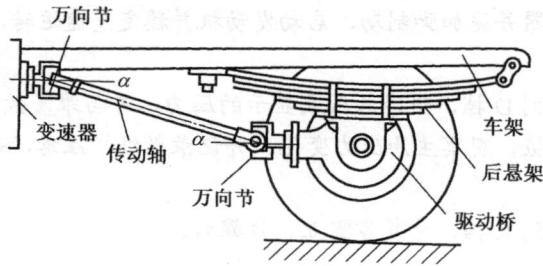

图 1.5.1　变速器与驱动桥之间连接

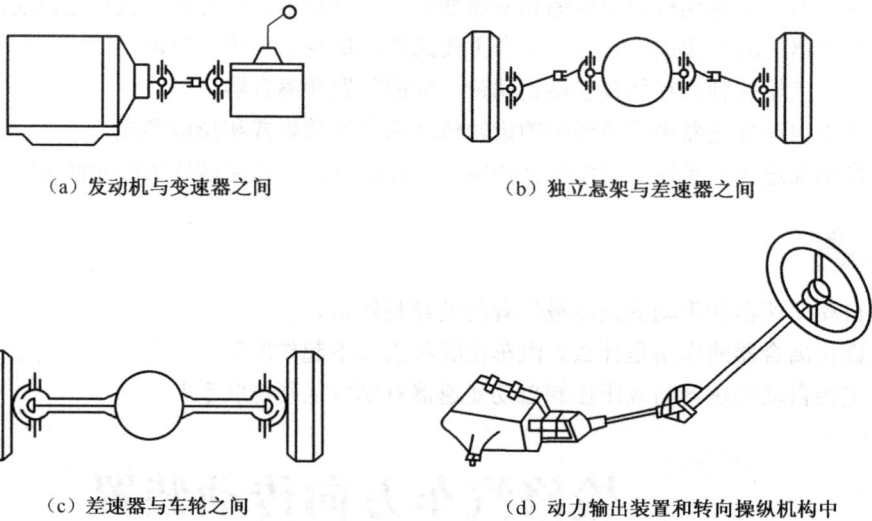

（a）发动机与变速器之间　　　　　　　（b）独立悬架与差速器之间

（c）差速器与车轮之间　　　　　　　（d）动力输出装置和转向操纵机构中

图 1.5.2　汽车万向传动装置应用

二、万向节类型与结构特点

万向节是一种用来连接两根具有一定夹角的转动轴并传递动力的组件。按万向节传递动力过程中输入、输出的转速特性不同，分为普通"十"字轴万向节、准等角速万向节和等角速万向节，其中等角速万向节又分为球叉式万向节和球笼式万向节；按万向节受力时零件的变形不同，分为刚性万向节和柔性万向节。

1. 普通"十"字轴万向节

普通"十"字轴万向节又称"十"字轴式刚性万向节，单个十字轴式刚性万向节在输入轴和输入轴之间有夹角的情况下，其两轴的角速度是不相等的，即具有不等角速度特性，其结构如图 1.5.3 所示。它允许被连接的两轴在运转时最大夹角 $\alpha=15°\sim20°$。

从图 1.5.3 中可以看出，十字轴万向节主要由十字轴、万向节叉、轴承等组成。其中两万向节叉上的孔分别套在十字轴的两对轴颈上，这样当主动轴转动时，从动轴既可以随之转动，又可以绕十字轴中心在任意方向摆动。在十字轴轴颈和万向节叉孔间装有滚针轴承，滚针轴承外圈靠卡环轴向定位，为了润滑轴承，十字轴上一般安有注油嘴，并有油路通向轴颈，润滑油可从注油嘴注到十字轴轴颈的滚针轴承处。

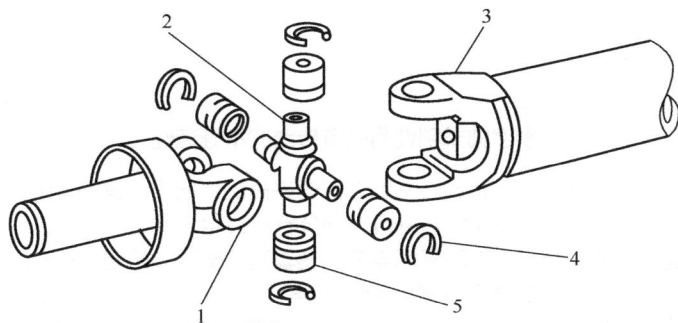

图 1.5.3 十字轴式万向节结构

1—套筒叉；2—十字轴；3—万向节叉；4—卡环；5—轴承外圈

所谓"传动的不等速性"，是指从动轴在一周内角速度不均而言。而主、从动轴的平均转速是相等的，即主动轴转过一周从动轴也转过一周。而两轴交角 α 越大，万向节传动的不等速性越严重。单万向节传动的不等速性，将使从动轴及与其相连的传动部件产生扭转震动，从而产生附加的交变载荷，影响部件寿命。

在两轴（如变速器的输出轴和驱动桥的输入轴）之间，若采用如图 1.5.4 所示的双十字轴万向节传动，则第 1 万向节的不等速效应就有可能被第 2 万向节的不等速效应所抵消，从而实现两轴间的等角速传动。根据运动学分析得知，要达到这一目的，必须满足以下两个条件。

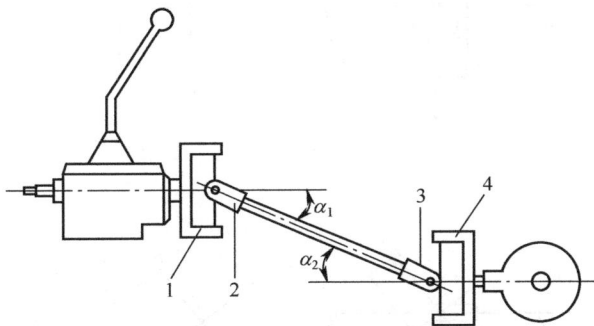

图 1.5.4 双十字轴万向节

1，3—主动叉；2，4—从动叉

（1）第 1 万向节两轴间夹角 α_1 与第 2 万向节两轴间夹角 α_2 相等。

（2）第 1 万向节的从动叉与第 2 万向节的主动叉处于同一平面内。

后一条件完全可以由传动轴和万向节叉的正确装配来保证。但是，前一条件 $\alpha_1=\alpha_2$ 只有在采用驱动轮独立悬架时，才有可能通过整车的总布置设计和总装配工艺的保证来实现，因为在此情况下，主减速器和变速器的相对位置是固定的。在驱动轮采用非独立悬架时，由于弹性悬架的震动，驱动桥输入轴与变速器输出轴的相对位置不断变化，不可能在任何时候都保证 $\alpha_1=\alpha_2$，因而此时这两部件之间的万向传动只能做到使传动的不等速性尽可能小。

延伸阅读

十字轴式刚性万向节传动的不等速性

单个十字轴式刚性万向节在输入轴和输入轴之间有夹角的情况下，其两轴的角速度是不相等的。下面就单万向节传动过程中的两个特殊位置进行运动分析，说明它传动的不等速性。

（1）主动叉在垂直位置，并且十字轴平面与主动叉垂直的情况，如图1.5.5（a）所示。

主动叉与十字轴连接点 a 的线速度 v_a 在十字轴平面内；从动叉与十字轴连接点 b 的线速度 v_b 在与主动叉平行的平面内，并且垂直于从动轴。点 b 的线速度 v_b 可分解为在十字轴平面内的速度 v_b' 和垂直于十字轴平面的速度 v_b''。由速度直角三角形可以看出，在数值上 $v_b > v_b'$。十字轴各股相等，即 $o_a = o_b$。当万向节传动时，十字轴是绕 o 点转动的，其上 a、b 两点与十字轴平面内的线速度在数值上应相等，即 $v_b' = v_{ao}$。因此，$v_b > v_{ao}$。由此可知，当主、从动叉转到所述位置时，从动轴的转速大于主动轴的转速。

（2）主动叉在水平位置，并且十字轴平面与从动轴垂直时的情况，如图1.5.5（b）所示。

此时主动叉与十字轴连接点 a 的线速度 v_a 在平行于从动叉的平面内，并且垂直于主动轴。线速度 v_a 可分解为在十字轴平面内的速度 v_a' 和垂直于十字轴平面的速度 v_a''。根据与上述同样的道理，在数值上，$v_a > v_a'$，而 $v_a' = v_b$。因此，$v_a > v_b$，即当从动叉转到所述位置时，从动轴转速小于主动轴转速。

由上述两个特殊情况的分析可以看出，十字轴式万向节在传动过程中，主、从动轴的转速是不相等的。

（a）

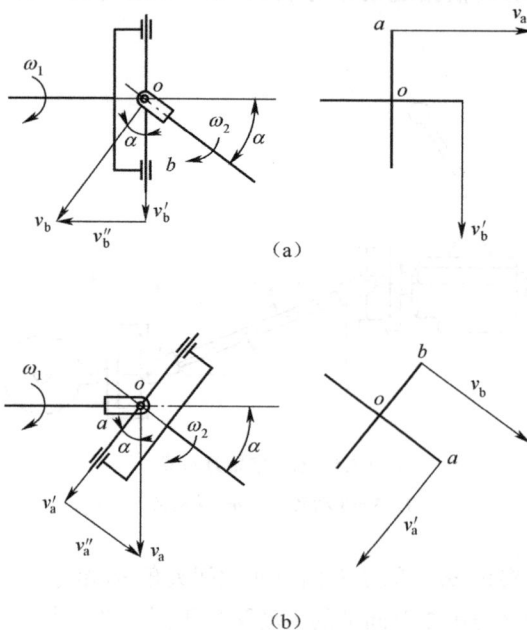

（b）

图 1.5.5　十字轴式刚性万向节传动的不等速性

2．球叉式万向节

图1.5.6所示为球叉式万向节的结构图。主动叉5与从动叉1分别与内、外半轴制成一体。在主、从动叉上，各有4个曲面凹槽，装合后形成两个相交的环形槽作为钢球滚道。4个传动钢球4放在槽中，中心钢球6放在两叉中心的凹槽内，以定中心。

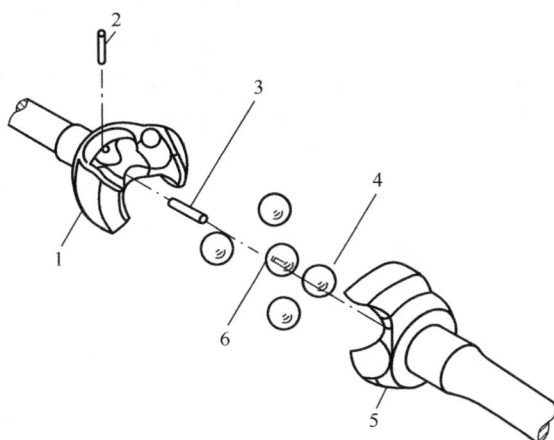

图 1.5.6　球叉式万向节

1—从动叉；2—锁止销；3—定位销；4—传动钢球；5—主动叉；6—中心钢球

　　为顺利地将钢球装入槽内，在中心钢球 6 上铣出一个凹面，凹面中央有一深孔。装合时，先将定位销 3 装入从动叉内，放入中心钢球，然后在两球叉槽中陆续装入 3 个传动钢球，再将中心钢球的凹面对向未放钢球的凹槽，以便装入第 4 个传动钢球。而后再将中心钢球 6 的孔对准从动叉孔，提起从动叉轴使定位销 3 插入球孔中。最后将锁止销 2 插入从动叉上与定位销垂直的孔中，以限制定位销轴向移动，保证中心钢球的正确位置。

　　这种结构的等角速传动原理可按图 1.5.7 所示来说明。主动叉和从动叉凹槽的中心线是以 O_1、O_2 为圆心的两个半径相等的圆，而圆心 O_1、O_2 与万向节中心 O 的距离相等。因此，在主动轴和从动轴以任何角度相交的情况下，传动钢球中心都位于两圆的交点上，亦即所有传动钢球都位于角平分面上，因而保证了等角速传动。球叉式万向节结构简单，允许最大交角为 32°～33°。

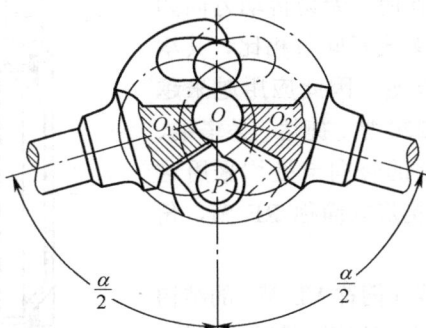

图 1.5.7　球叉式万向节等角速传动原理

3．球笼式万向节

　　图 1.5.8（a）所示为球笼式万向节的结构图。星形套 7 以内花键与主动轴 1 相连，其外表面有 6 条凹槽，形成内滚道。球形壳 8 的内表面有相应的 6 条凹槽，形成外滚道。6 个钢球 6 分别装在各条凹槽中，并由保持架 4 使之保持在一个平面内。动力由主动轴 1 经钢球 6、球形壳 8 输出。

球笼式万向节的等速传动原理，如图 1.5.8（b）所示。外滚道的中心 A 与内滚道的中心 B 分别位于万向节中心 O 的两边，且与 O 等距离。钢球中心 C 到 A、B 两点的距离也相等。保持架的内外球面、星形套的外球面和球形壳的内球面，均以万向节中心 O 为球心。因此，当两轴交角变化时，保持架可沿内、外球面滑动，以保持钢球在一定位置。

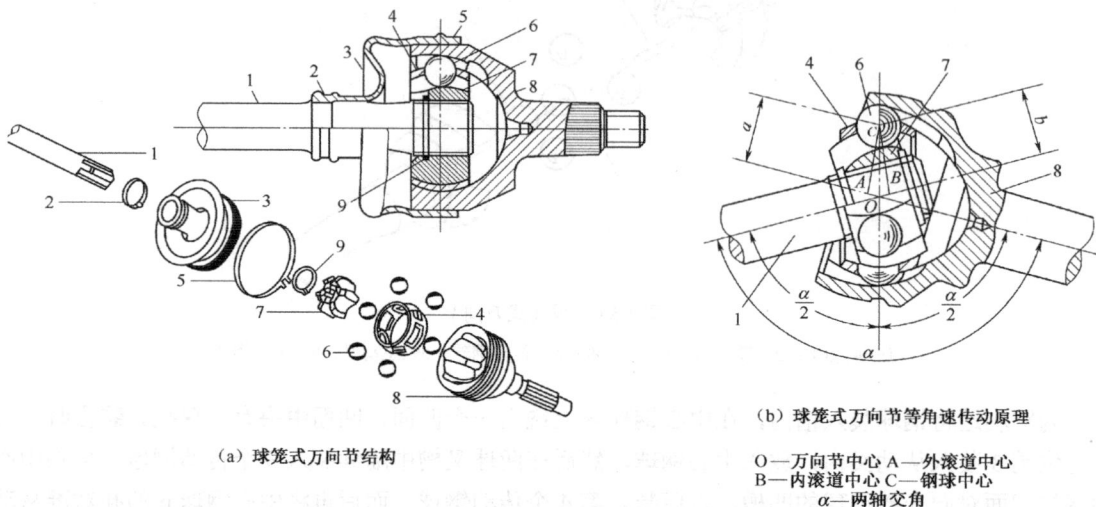

（a）球笼式万向节结构

（b）球笼式万向节等角速传动原理

O—万向节中心 A—外滚道中心
B—内滚道中心 C—钢球中心
α—两轴交角

图 1.5.8 球笼式等速万向节

1—主动轴；2，5—钢带箍；3—外罩；4—保持架（球笼）；6—钢球；
7—星形套（内滚道）；8—球形壳（外滚道）；9—卡环

由图 1.5.8（b）可见，由于 $OA=OB$，$CA=CB$，CO 是共边，则两个三角形 $\triangle COA$ 与 $\triangle COB$ 相似。因此，$\angle COA=\angle COB$，即两轴相交任意角 α 时，其传力钢球 C 都位于交角平分面上。此时，钢球到主动轴和从动轴的距离 a 和 b 相等，从而保证了从动轴与主动轴以相等的角速度旋转。

球笼式等角速万向节在两轴最大交角达 47° 的情况下，仍可传递转矩，且在工作时，无论传动方向如何，6 个钢球全部传力。与球叉式万向节相比，其承载能力强，结构紧凑，拆装方便，因此应用越来越广泛。例如，国产红旗牌 CA7220 型、捷达、桑塔纳、夏利等轿车，其前转向驱动桥的转向节处均采用这种球笼式等角速万向节。该结构形式简称 RF 节，角为 32°～33°。

另一种伸缩型球笼式万向节（简称 VL 节）的结构如图 1.5.9 所示。该结构形式的内、外滚道是圆筒形的，在传递转矩过程中，星形套 2 与筒形壳 4 可以沿轴向相对移动，故可省去其他传动装置中必须有的滑动花键。这不仅使结构简化，而且由于星形套 2 与筒形壳 4 之间的轴向相对移动是通过钢球 5 沿内、外滚道滚动来实现的，与滑动花键相比，其滑动阻力小，最适用于断开式驱动桥。

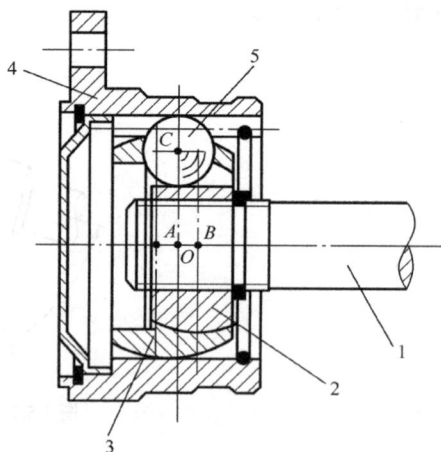

图 1.5.9 伸缩型球笼式万向节（VL 节）

1—主动轴；2—星形套（内滚道）；3—保持架（球笼）；
4—筒形壳（外滚道）；5—钢球

这种万向节保持架的内球面中心 B 与外球面中心 A 位于万向节中心 O 的两边，且与 O 等距离。钢球中心 C 到 A、B 距离相等，以保证万向节作等角速传动。

三、传动轴与中间支撑

传动轴是连接两个万向节传递转矩的刚性杆件。由于汽车在行驶过程中由万向传动装置连接的部件在位置上经常发生变化，为了避免运动干涉，往往在传动轴上设置有可以轴向伸缩滑动的花键，以适应传动轴改变长度的需要。花键由花键轴和滑动套配合而成，为了减小两者轴向滑动阻力和磨损，提高使用寿命，在结构上它还设有加注润滑脂的油嘴，以及密封用的油封、堵盖和防尘套。同时，也可以对花键进行磷化处理或喷涂尼龙层。还可以在花键槽内设置各种滚动组件，将花键中的滑动摩擦转化为滚动摩擦，如图 1.5.10 所示。

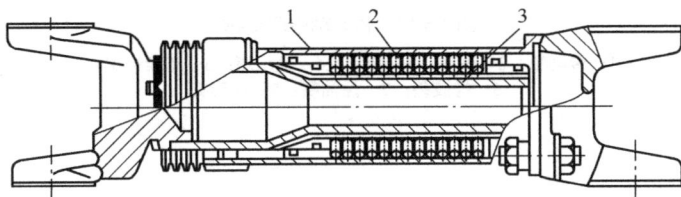

图 1.5.10　传动轴中滚动花键

1—传动轴外套管；2—滚柱；3—传动轴内套管

当传动轴高速旋转时，微小的质量偏心都有可能产生较大的离心力，从而导致剧烈地震动。因此，在传动轴与万向节装配完成后，需经过动平衡处理，如加焊平衡片，如图 1.5.11 所示的平衡片 4，校正传动轴上的不平衡量。为了防止使用中拆出花键后错误地安装破坏已有的平衡，在花键轴和滑动套上均刻有指明装配位置关系的记号。传动轴的结构如图 1.5.11 所示。

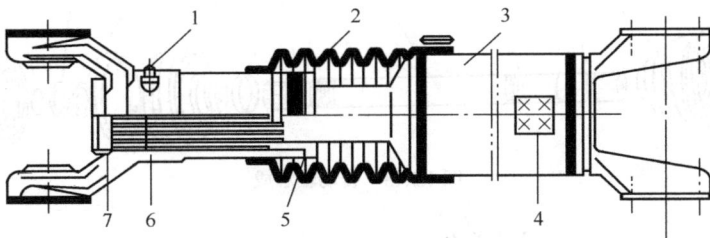

图 1.5.11　传动轴的结构

1—注油嘴；2—护套；3—主传动轴；4—平衡片；
5—油封；6—万向节滑动叉；7—堵盖

为了充分利用传动轴材料，保证其具有足够的强度和刚度，传动轴通常由 1.5～3mm 的钢板材料制成空心状。在转向驱功桥和断开式驱动桥上，为了节约空间，通常将传动轴制成实心轴。

随着传动轴长度增加，其自振频率降低，易导致传动轴产生共振，因此当实际使用中传动轴过长时，常将传动轴分成 2 段或 3 段，并且以中间支撑加以固定。通常，中间支撑安装在车架横梁上，如图 1.5.12 所示。它应能够补偿传动轴轴向和角度上的安装误差以及车架变形引起的干涉。

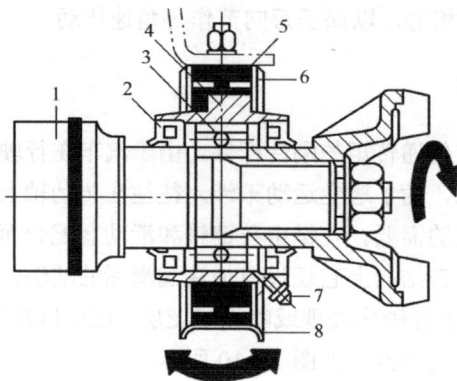

图 1.5.12　传动轴中间支撑

1—传动轴；2—油封；3—轴承；4—轴承座；5—车架横梁；
6—橡胶垫；7—注油嘴；8—U 形架

课题实施

上海桑塔纳 LX 型轿车球笼式等角速万向传动装置的拆装和检修。

操作一　等角速万向传动装置的分解

步骤一　拆下传动轴总成。

桑塔纳 LX 轿车传动轴总成如图 1.5.13 所示。旋松传动轴外万向节与轮毂间的紧固螺母，拆除传动轴内万向节与半轴凸缘的连接螺栓，拆下前轮，用压力装置 V.A.G1389 由外向内压出传动轴总成，如图 1.5.14 所示。

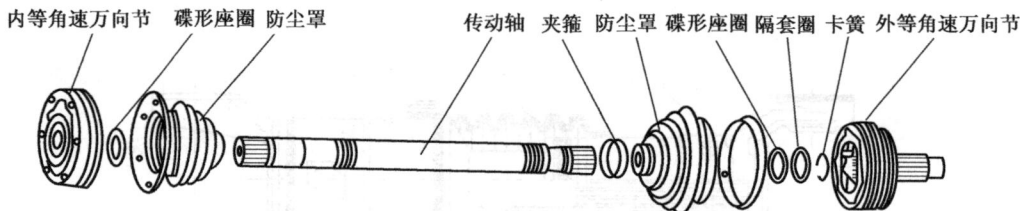

内等角速万向节　碟形座圈　防尘罩　　　传动轴　夹箍　防尘罩　碟形座圈　隔套圈　卡簧　外等角速万向节

图 1.5.13　传动轴总成

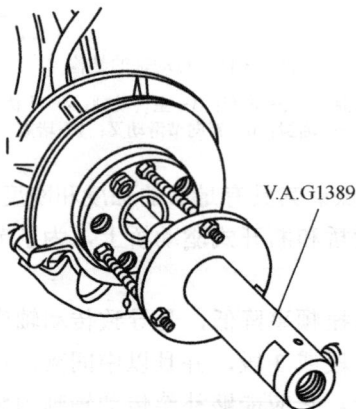

V.A.G1389

图 1.5.14　压出传动轴总成

步骤二　拆下防尘套。

用钢锯锯开防尘套夹箍，如图1.5.15中箭头所示，拆下防尘套。

步骤三　外万向节的拆卸。

用铜锤或木锤用力敲击外万向节，使之从传动轴上脱开，如图1.5.16所示。

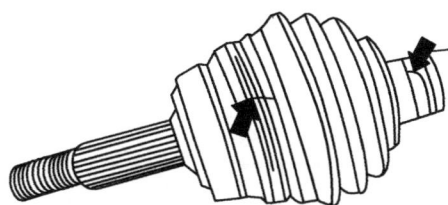

图1.5.15　锯开防尘罩

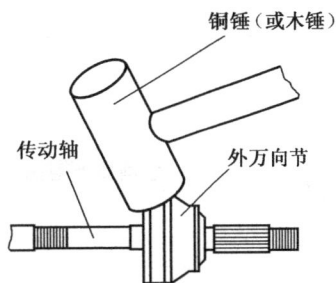

图1.5.16　外万向节的拆卸

步骤四　内万向节拆卸。

拆下卡簧后用专用工具从传动轴上压下内万向节，如图1.5.17所示。

步骤五　分解外万向节。

在外万向节球笼壳、球笼及球毂上做好相对位置标记，然后旋转球笼及球毂，取出钢球，如图1.5.18所示。用力转动球笼，使其两个方孔与球笼壳对正，从球笼壳内将球笼及球毂一起取出。将球毂的扇形齿旋至球笼的方孔内，从球笼中取出球毂，如图1.5.19所示。

步骤六　分解内万向节。

转动内万向节球毂和球笼，按图1.5.20中所示方向将其一起压出球笼壳。再压出球笼里的钢球，并从球笼中取出球毂。

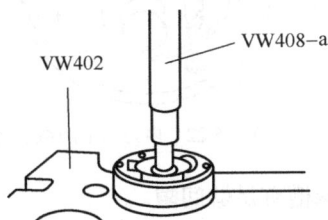

图1.5.17　压下内万向节

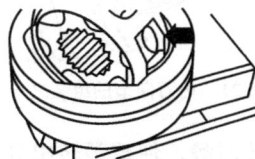

图1.5.18　取出球笼及球毂

图1.5.19　取出球毂

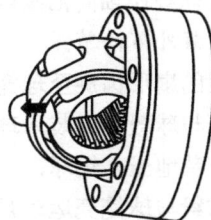

图1.5.20　内万向节的分解

操作二　等角速万向传动装置主要零件的检修

1．万向节的检修

内、外万向节球毂、球笼、球笼壳及钢球严重磨损，表面出现疲劳剥落或裂纹，出现转动卡滞现象，以及万向节球毂花键磨损松旷时，均应更换万向节总成。

2．传动轴的检修

用百分表检查时，传动轴中部的径向跳动应不大于 1.0mm，否则，应予校正或更换。传动轴出现裂纹，轴端花键磨损严重，均应更换新件。

3．防尘套的更换

防尘套老化破裂，应予更换，以防灰尘进入万向节，加剧其磨损。

提示

万向节不得拼凑使用及单件更换。

操作三 等角速万向传动装置的装配

步骤一 组装内万向节。

（1）对准凹槽将球毂嵌入球笼。

（2）将钢球压入球笼。

（3）将带钢球与球笼的球毂垂直装入壳体，如图 1.5.21 所示，并使球笼壳上的宽间隔 a 对准球毂上的窄间隔 b，如图 1.5.22 所示。

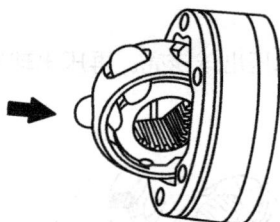

图 1.5.21 内万向节的组装之一

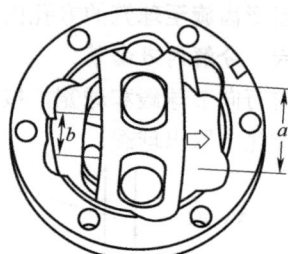

图 1.5.22 内万向节的组装之二

（4）扭转球毂，使球毂转出球笼，使钢球与壳体中的球槽有足够间隙。

（5）用力撬出球笼使装有钢球的球毂完全装入球笼壳内。

（6）用手将球毂在轴向范围内来回推动，若移动灵活，则说明该球笼组装正确。

步骤二 组装外万向节。

（1）将球毂的扇形齿旋至球笼的方孔内，将球毂装入球笼中。

（2）将球笼与球毂一起装入球笼壳内（使球笼的两个方孔与壳体对直）。

（3）对称交替地压入钢球，并确保球毂在球笼及球笼壳内原来位置。

（4）检查球毂与球笼壳运动是否灵活，若有卡滞，应查明原因，排除故障。

（5）将卡簧装入球毂。

步骤三 加注润滑脂。

分别向内、外万向节注入 90gG－b 润滑脂。

步骤四 组装蝶形座圈。

将蝶形座圈装于传动轴上，用专用工具压入内万向节，如图 1.5.23 所示，并装好卡簧。安装时，球毂花键齿有倒角的一端应朝向传动轴。

步骤五 装防尘套及卡箍。

将内、外万向节的防尘套及夹箍装到传动轴上，并安装好外万向节端蝶形座圈、隔套圈及卡簧，用塑料锤将外万向节敲入传动轴上。用专用工具夹紧防尘套夹箍，如图 1.5.24 所示。安装防尘套时，由于受到挤压防尘套内会产生一定的真空，使防尘套产生凹陷，使用中很容易损坏，因此，在紧固好小径端以后，应向防尘套内稍微充点气，然后再紧固好其大径端。

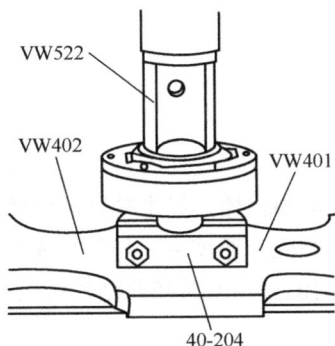

图 1.5.23 安装内万向节

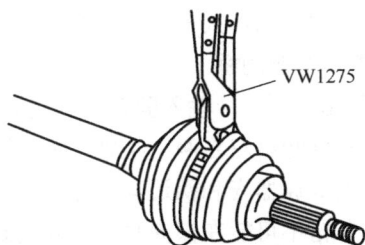

图 1.5.24 夹紧防尘套夹箍

步骤六 装传动轴。

向车上安装传动轴，先在外万向节球笼壳的花键上涂一圈 5mm 的 D6 防护剂，如图 1.5.25 中箭头所示。安装时，外万向节与轮毂间紧固螺母的拧紧力矩为 230N·m；内万向节与半轴凸缘间连接螺栓的拧紧力矩为 45N·m。

图 1.5.25 涂抹 D6 防护剂

课题小结

（1）十字轴刚性万向节等速传动的要求是：第 1 万向节两轴间夹角与第 2 万向节两轴间夹角相等；第 1 万向节从动叉与第 2 万向节主动叉在同一平面内。

（2）等速万向节是从结构上保证实现等速传动，即从结构上保证其传力点永远位于两轴交点的平分面上。常用的等速万向节有球叉式和球笼式两种。

（3）VL 型球笼式万向节的特点是内外滚道可轴向移动。

（4）RF 型球笼式万向节的特点是两轴交角可达 47°。

（5）在轿车转向驱动桥中常将伸缩型球笼式万向节（VL 节）布置在靠传动轴一侧（内侧），而轴向不能伸缩的球笼式万向节（RF 节）则布置在转向节处（外侧），

作业测评

（1）试述十字轴式万向节传动的不等速性。

（2）试述双十字轴万向节传动的等速条件。

（3）球叉式与球笼式等速万向节在应用上有什么差别？为什么？

课题六　检修汽车驱动桥

汽车驱动桥是传动系中的最终环节，它兼备继续放大发动机转矩、改变动力流向、实现两驱动轮间差速等作用。驱动桥一般由主减速器、差速器、半轴及桥壳组成。

基础知识

一、驱动桥的结构形式

驱动桥的结构形式一般可分为断开式和整体式两种。

1．整体式驱动桥

如图 1.6.1 所示，输入驱动桥的动力首先传到主减速器主动小齿轮，经主减速器减速增扭后，再经差速器分配给左右两个半轴，最后传至驱动轮。其中驱动桥壳是通过悬架与车身或车架相连，由中间的主减速器壳和两边与之刚性连接的半轴套管组成。两侧车轮安装在此刚性桥壳上，保证了半轴与车轮不可能在横向平面内相对运动。

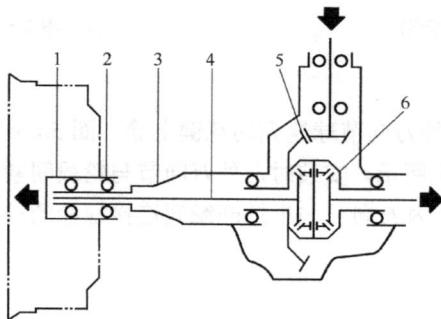

图 1.6.1　非断开式驱动桥结构简图

1—轮毂；2—轮毂轴承；3—驱动桥壳；4—半轴；5—主减速器；6—差速器

2．断开式驱动桥

如图 1.6.2 所示，主减速器壳固定在车架或车身上，为了与独立悬架相适应，驱动桥壳需要分为用铰链连接的几段。为适应驱动轮独立上、下跳动的需要，差速器与车轮之间的半轴也要分段，各段之间用万向节连接。

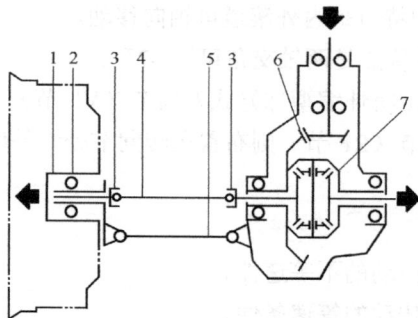

图 1.6.2　断开式驱动桥结构简图

1—轮毂；2—轮毂轴承；3—万向节；4—半轴；5—导向臂；6—主减速器；7—差速器

二、主减速器

主减速器的功用是将输入的转矩增大并相应降低转速，以及当发动机纵置时还具有改变转矩旋转方向的作用。

1. 主减速器类型

为满足不同的使用要求，主减速器的结构形式也有所不同。

（1）按参加减速传动的齿轮副数目分，有单级主减速器和双级主减速器。在双级主减速器中，若第2级减速器齿轮有两对，并分置于两侧齿轮附近，实际上成为独立部件，则称为轮边减速器。

（2）按主减速器传动比挡数分，有单速式和双速式。前者的传动比是固定的，后者有两个传动比供驾驶员选择，以适应不同行驶条件的需要。

（3）按齿轮副结构形式分，有圆柱齿轮式（又可分为轴线固定式和轴线旋转式即行星齿轮式）、圆锥齿轮式和准双曲面齿轮式。

2. 单级圆锥齿轮主减速器的结构

单级圆锥齿轮主减速器具有结构简单、体积小、重量轻和传动效率高等优点，其结构示意图如图1.6.3所示。单级准双曲面齿轮主减速器由于齿形为双曲面，与普通螺旋圆锥齿轮相比，不仅齿轮的工作平稳性更好，轮齿的弯曲强度和接触强度更高，还具有主动齿轮的轴线可相对从动齿轮轴线偏移的特点。当主动锥齿轮轴线向下偏移时，如图1.6.4所示，在保证一定离地间隙的情况下，可降低主动锥齿轮和传动轴的位置，因而使车身和整个重心降低，这有利于提高汽车行驶的稳定性。

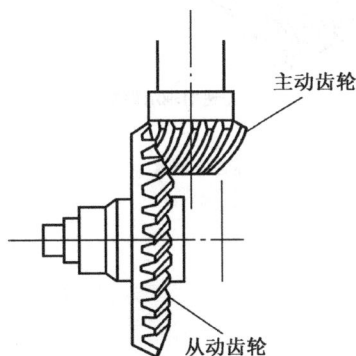

图1.6.3 单级主减速器示意图

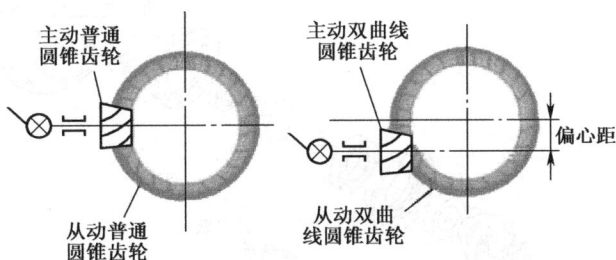

图1.6.4 两种不同齿形锥齿轮主减速器对比

如图1.6.5所示，在单级准双曲面锥齿轮主减速器中，主动锥齿轮与输入轴制成一体，用圆锥滚子轴承安装在主减速器壳的轴承孔中，并被台阶轴向定位，用来承受在主减速器工作时，对主动锥齿轮产生的轴向力和径向力。因为主动锥齿轮处于圆锥滚子轴承支撑点的外面，所以让两轴承的小端相对，这样能增大有效支撑点的距离，并使轴承有效支撑点距锥齿轮更近，有利于增加主动锥齿轮的支撑刚度。输入轴前端的固定螺母把垫圈、叉形突缘、轴承内圈、预紧调整垫片、隔离套管、轴承内圈、齿轮前后位置调整垫片等固定在车轮前端面上。

从动锥齿轮被螺栓固定在差速器壳上，差速器壳又被两个圆锥滚子轴承支撑在主减速器壳内。因为从动锥齿轮处于两个圆锥滚子轴承之间，所以让两轴承的大端相对，能够适当减小两轴承有效支撑点距离，对增加从动锥齿轮的支撑刚度是有利的。

> **提示** 准双曲面齿轮工作时，齿面存在较大的相对滑动，齿面间工作压力很大，齿面油膜易受到破坏，必须采用含有防刮伤添加剂的专用双曲面齿轮油。

3．主减速器调整

主减速器装配后的调整对于主减速器能否正常工作是非常重要的。主、从动锥齿轮之间必须有正确的相对位置，才能使两齿轮啮合传动时冲击噪声较轻，而且轮齿沿其长度方向磨损较均匀。主减速器主要调整 3 个内容。

（1）轴承预紧力调整。装配主减速器时，圆锥滚子轴承应有一定的装配预紧度，即在消除轴承间隙的基础上，再给予一定的压紧力。其目的是为了减小在锥齿轮传动过程中产生的轴向力所引起的齿轮轴的轴向位移，以提高轴的支撑刚度，保证锥齿轮副的正常啮合。但预紧度也不能过大，过大则传动效率低，且加速轴承磨损。为调整圆锥滚子轴承的预紧度，通常在两轴承内座圈之间隔离套的一端装有一组厚度不同的调整垫片，如图 1.6.5 所示。如发现预紧度过大，则增加垫片的总厚度；反之，减小垫片的总厚度。

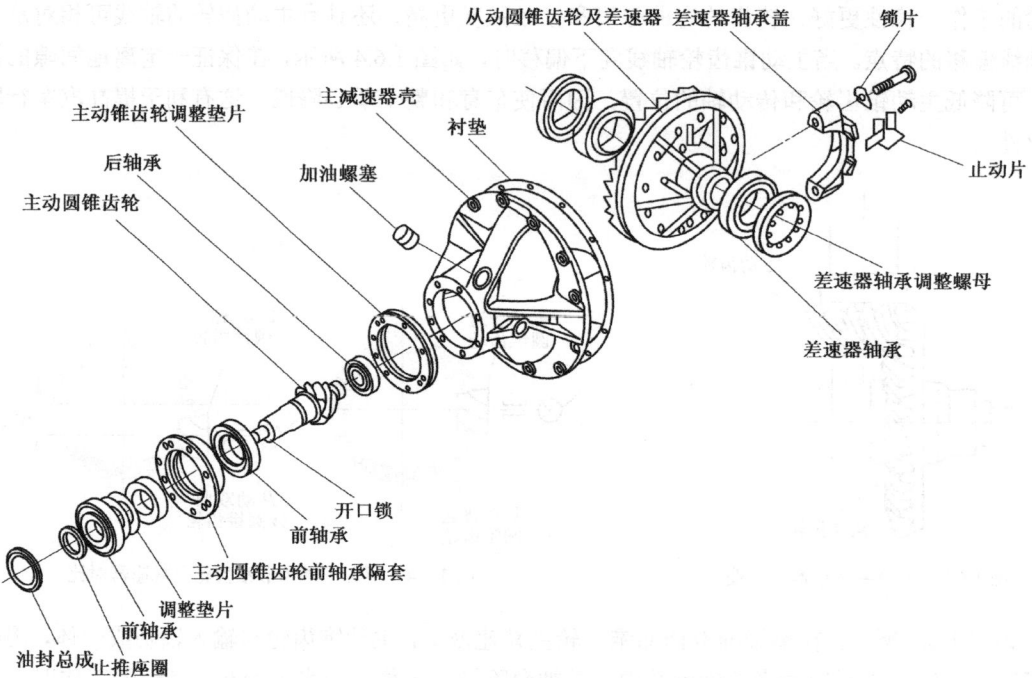

图 1.6.5 主减速器结构图

（2）齿轮啮合印痕调整。啮合印痕的调整必须在主减速器主、从动齿轮轴承预紧度调整合格后进行，正确的齿轮啮合印痕如图 1.6.6 所示，通常是通过主、从动锥齿轮轴向移位来调整的。常见不正确啮合印痕有偏齿顶、偏齿根、偏大端和偏小端。

如偏齿顶可向从动锥齿轮轴线方向移离主动齿轮，如图 1.6.7（a）所示；偏齿跟可向从动锥齿轮轴线方向移动主动

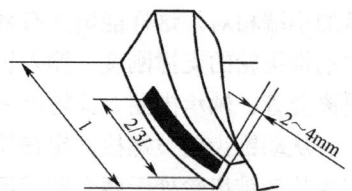

图 1.6.6 正确啮合印痕

齿轮,如图 1.6.7(b)所示;偏大端可向主动齿轮轴线方向移动从动锥齿轮,如图 1.6.7(c)所示;偏小端可向主动齿轮轴线方向移离从动锥齿轮,如图 1.6.7(d)所示。

(3)齿轮啮合间隙调整。齿轮啮合间隙应为 0.15~0.40mm。若间隙大于规定值,应使从动锥齿轮靠近主动锥齿轮,反之则离开。为保持已调好的差速器圆锥滚子轴承预紧度不变,一端调整螺母拧入的圈数应等于另一端调整螺母拧出的圈数。

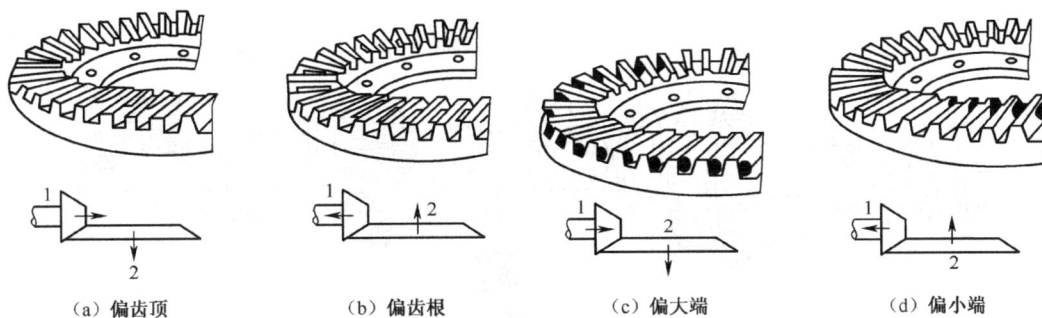

| (a)偏齿顶 | (b)偏齿根 | (c)偏大端 | (d)偏小端 |

图 1.6.7 啮合印痕调整方法

1—主动齿轮;2—从动齿轮

三、差速器

差速器的功用是当汽车转弯行驶或在不平路面上行驶时,使左右驱动车轮以不同的转速滚动,即保证两侧驱动车轮作纯滚动运动。

当汽车转弯行驶时,内、外两侧车轮中心在同一时间内移过的曲线距离显然不同,即外侧车轮移过的距离大于内侧车轮,如图 1.6.8 所示。若两侧车轮都固定在同一刚性转轴上,两轮角速度相等,则此时外轮必然是边滚动边滑移,内轮必然是边滚动边滑转。为此,在汽车结构上,必须保证各个车轮有可能以不同的角速度旋转,若主减速器从动齿轮通过一根整轴同时带动两驱动轮,则两轮角速度只能是相等的。因此,为了使两侧驱动轮可用不同角速度旋转,以保证其纯滚动状态,就必须将两侧车轮的驱动轴断开(称为半轴),而由主减速器从动齿轮通过一个差速齿轮系统——差速器分别驱动两侧半轴和驱动轮。

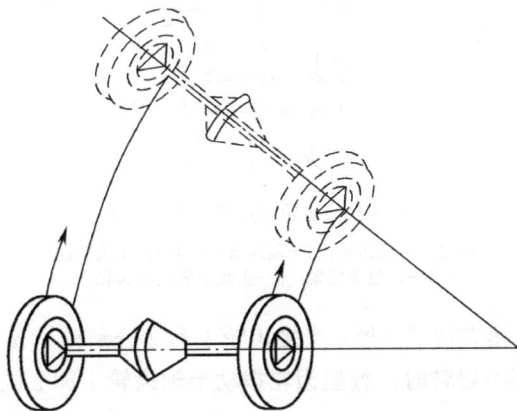

图 1.6.8 车轮转向时运动轨迹

1. 齿轮差速器结构

如图 1.6.9 所示,齿轮差速器主要由圆锥行星齿轮、半轴齿轮、十字轴、垫片、差速器壳等组成,其中行星齿轮套在十字轴轴颈上,半轴齿轮与行星齿轮相互啮合,并一起装在差速器壳内,两半壳用螺栓紧固。行星齿轮的背面和差速器壳相应位置的内表面,均做成球面,保证行星齿轮对正中心,以利于和两个半轴齿轮正确地啮合。

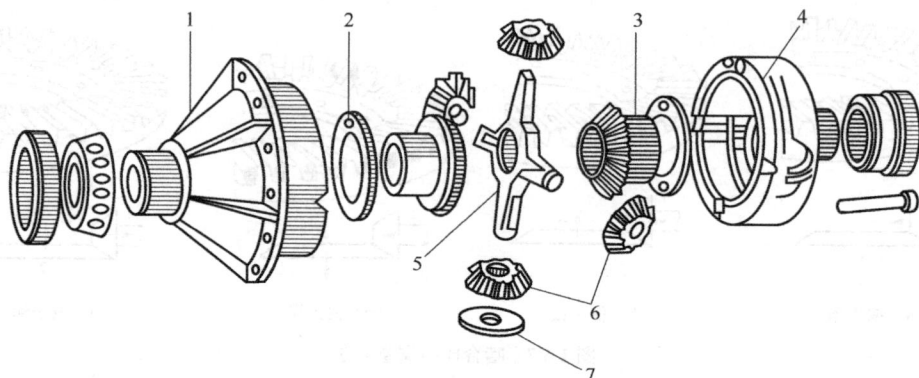

图 1.6.9 齿轮差速器结构

1,4—差速器壳;2—半轴齿轮垫片;3—半轴齿轮;
5—十字轴;6—圆锥行星齿轮;7—止推垫片

2. 齿轮差速器工作原理

如图 1.6.10 所示,差速器壳为主动件,与主减速器的从动齿轮和行星齿轮轴连成一体,半轴齿轮为从动件。行星齿轮既可随行星齿轮轴一起绕差速器旋转轴线公转,又可以绕行星齿轮轴轴线自转。

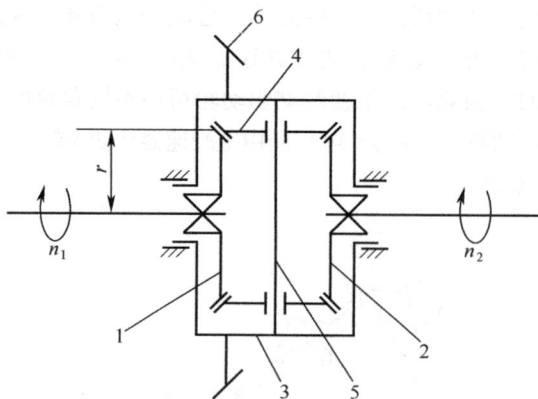

图 1.6.10 齿轮差速器工作原理图

1,2—半轴齿轮;3—差速器壳;4—行星齿轮;
5—行星齿轮轴;6—主减速器从动齿轮

设在一段时间内,差速器壳转了 n 圈,半轴齿轮 1 和 2 分别转了 n_1 圈和 n_2 圈,则当行星齿轮只绕差速器旋转轴线公转而不自转时,行星齿轮拨动半轴齿轮 1 和 2 同步转动,则有

$$n = n_1 = n_2$$

当行星齿轮在公转的同时,又绕行星齿轮轴轴线自转时,由于行星齿轮自转所引起一侧半轴

齿轮1比差速器壳多转的圈数 δ 必然等于另一侧半轴齿轮2比差速器壳少转的圈数，则有

$$n_1 = n + \delta \qquad n_2 = n - \delta$$

$$n_1 + n_2 = 2n$$

从上式可以看出：左右两侧半轴齿轮的转速之和等于差速器壳转速的两倍。

3. 齿轮差速器转矩分配

由主减速器传来的转矩 M_0，经差速器、行星齿轮轴和行星齿轮传给半轴齿轮。行星齿轮相当于一个等臂杠杆，而两个半轴齿轮的半径也是相等的。因此，当行星齿轮没有自转时，总是将转矩平均分配给左、右两半轴齿轮，即 $M_1 = M_2 = M_0/2$。

如图 1.6.11 所示，当两半轴齿轮以不同的转速朝相同方向转动时，设左半轴转速 n_1 大于右半轴转速 n_2，则行星齿轮将按图中实线箭头 n_4 的方向绕行星齿轮轴 5 自转，此时行星齿轮孔与行星齿轮轴轴颈间以及齿轮背部与差速器壳之间都产生摩擦。行星齿轮所受的摩擦力矩 M_r 方向与其转速 n_4 方向相反，如图中箭头所示。此摩擦力矩使行星齿轮分别对左、右半轴齿轮附加作用了大小相等而方向相反的两个圆周力 F_1 和 F_2。F_1 使传到转得快的左半轴上的转矩 M_1 减小，而 F_2 却使传到转得慢的右半轴上的转矩 M_2 增加。因此，当左、右驱动车轮存在转速差时，$M_1 = (M_0 - M_r)/2$，$M_2 = (M_0 + M_r)/2$。左、右车轮上的转矩之差，等于差速器的内摩擦力矩 M_r。

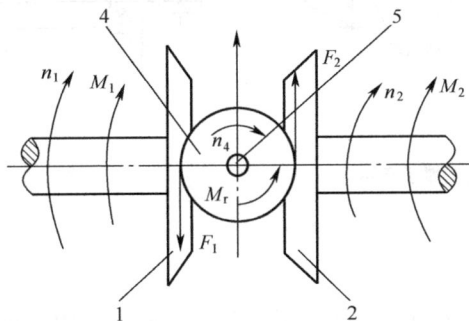

图 1.6.11 差速器转矩分配

1，2—半轴齿轮；3—差速器壳（图中未画出）；4—行星齿轮；5—行星齿轮轴

目前广泛使用的对称式锥齿轮差速器内摩擦力矩小，可以认为，无论左、右驱动轮转速是否相等，其转矩基本上总是平均分配的。这样的分配比例对于汽车在好路面上直线或转弯行驶时都是满意的。但当汽车在坏路面上行驶时，却严重影响了通过能力。

想一想　为什么汽车在坏路面上行驶，齿轮差速器转矩平均分配会影响通过能力？

四、半轴

1. 半轴的作用

半轴是差速器与驱动轮之间传递转矩的实心轴，其作用是将差速器传来的动力传给驱动轮。半轴内端一般通过花键与半轴齿轮连接，外端与轮毂连接。

2．半轴的种类

半轴与驱动轮的轮毂在桥壳上的支撑形式决定了半轴的受力状况，根据其支撑形式不同，常用的半轴有全浮式和半浮式两种。

（1）全浮式半轴。全浮式半轴结构如图 1.6.12 所示，其特点是易于拆装，只需拧下半轴突缘上的螺栓即可抽出半轴，而车轮与桥壳照样能支持汽车，从而给汽车的维护带来方便。全浮式半轴只传递转矩，不承受反力和弯矩，因而被广泛采用。

（2）半浮式半轴。半浮式半轴结构如图 1.6.13 所示，其特点是结构简单、成本低，但拆装不方便，且汽车在行驶中若半轴折断易造成车轮飞脱的危险。同时，该半轴即传递转矩要承受全部反力和弯矩。

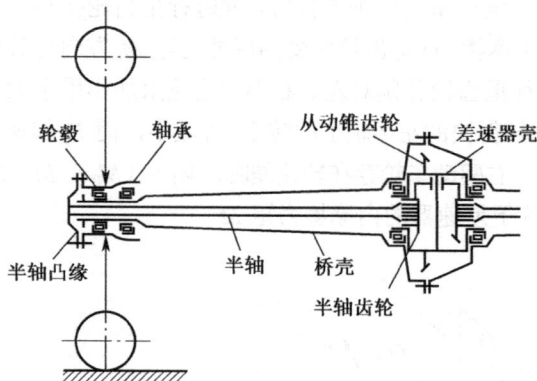

图 1.6.12　全浮式半轴支撑示意图　　　　图 1.6.13　半浮式半轴支撑示意图

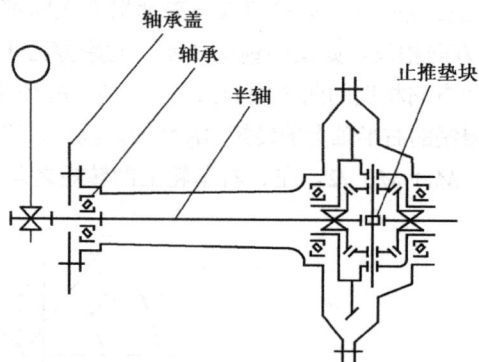

五、驱动桥壳

驱动桥壳是行驶系的主要组成件之一，其主要作用是：和驱动桥一起承受汽车质量；使左、右驱动轮的轴向相对位置固定；在汽车行驶时，承受驱动轮传来的各种反力和力矩，并通过悬架传给车架。

驱动桥壳可分为整体式和分段式两种。

（1）整体式桥壳与主减速器壳分开制造，用螺栓连接在一起。其结构特点是在检查主减速器和差速器的技术状况或拆装时，不用把整个驱动桥从车上拆下来，因而维修比较方便，普遍用于各类汽车。

（2）分段式桥壳是与主减速器壳铸成一体，且一般分为两段，由螺栓连成一体。这种桥壳易于铸造，但维护主减速器和差速器时必须把整个驱动桥拆下来，否则无法拆检主减速器和差速器，现在已很少使用。

六、变速驱动桥

随着轿车技术的不断发展和进步，发动机前置和前驱动形式得到了广泛应用。此时，发动机、变速器和差速器成为一体式传动，省去了传动轴，缩短了传动路线，提高了传动系效率。在这一体式传动中，驱动桥壳和变速器壳体合二为一，制成统一的整体，同时完成了变速、差速和驱动车轮的功能。这种结构称为变速驱动桥。变速驱动桥使结构紧凑，大大减轻了传动系质量，有利于汽车底盘的轻量化，其在轿车上的应用前景十分广阔。

如图 1.6.14 所示，变速器壳体和驱动桥壳制成一体，变速驱动桥中的第 1 轴和第 2 轴一般为上下平行布置，且第 1 轴通常位于上部。通过两轴上互相啮合的齿轮副不同的齿数比，实现变速器各挡的传动比。第 2 轴上的齿轮在未被同步器锁定在轴上的情况下绕第 2 轴空转，第 2 轴齿轮与第 1 轴上与其配对的齿轮保持常啮合，并随第 1 轴旋转。动力从发动机曲轴 4、飞轮 2 输入第 1 轴，通过一定挡位下的啮合齿轮反向驱动第 2 轴。第 2 轴上的齿轮输出的动力，经主减速器齿轮、差速器 7 及差速器中的行星齿轮轴、行星齿轮、半轴齿轮，传到两端的等角速万向节 6，驱动左、右输出轴 8 和 5，使左、右驱动轮旋转。

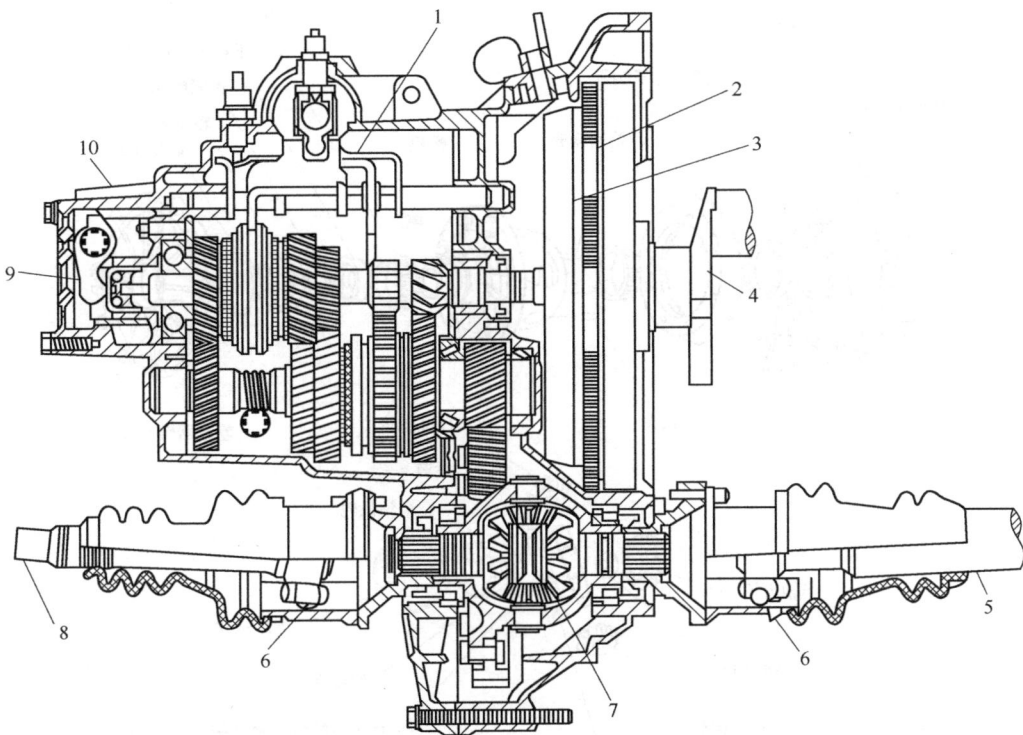

图 1.6.14 轿车变速驱动桥总成

1—变速杆；2—飞轮；3—离合器；4—发动机曲轴；5—右输出轴；6—等角速万向节；
7—差速器；8—左输出轴；9—离合器分离装置；10—变速器

为了结构紧凑，有些变速驱动桥在传递大动力时，还有第 3 根轴，用来分流第 2 根轴的动力，通过斜齿轮将动力从第 2 轴传至第 3 轴。

红旗 CA7220 型和奥迪 100 型轿车的变速驱动桥的结构和工作原理与上述相似，其不同之处是由于发动机纵置，飞轮旋转方向和车轮旋转方向呈 90°，主减速器需采用一对锥齿轮传动副，在降速、增大转矩的同时，改变动力传递方向。发动机横置时，主减速器只需一对圆柱斜齿轮即可。

课题实施

上海桑塔纳 LX 型轿车驱动桥主要零部件的拆装和调整。

操作一　主减速器及差速器的分解与检修

步骤一　分解前置驱动装置。

将从车上拆下的驱动桥总成固定在工作台架上，参考图1.6.15分解如下。

（1）拆下半轴及差速器轴承盖紧固螺栓，从变速器壳体上取下半轴、主减速器轴承盖及差速器总成。

（2）拆除行星齿轮轴锁销（或卡簧），取出行星齿轮轴，并转动半轴齿轮，将行星齿轮从差速器壳中取出，拆下半轴齿轮及复合式止推垫片。

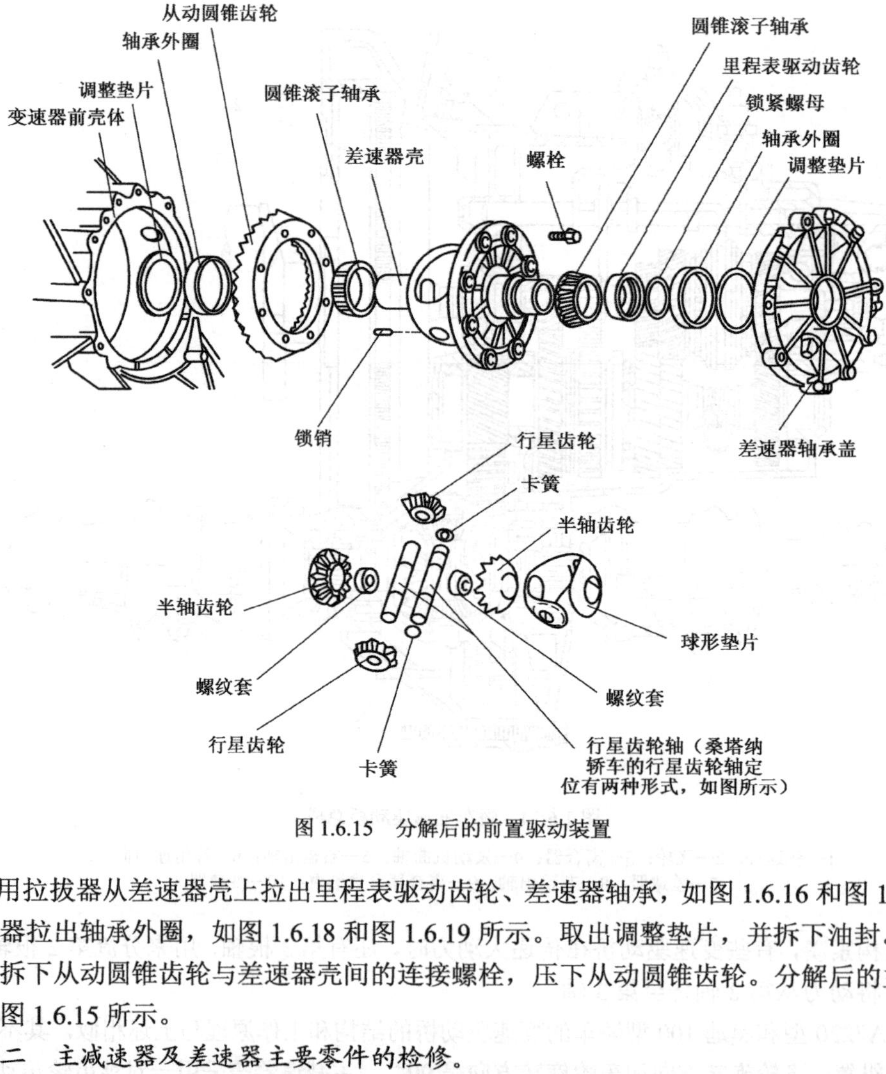

图1.6.15　分解后的前置驱动装置

（3）用拉拔器从差速器壳上拉出里程表驱动齿轮、差速器轴承，如图1.6.16和图1.6.17所示。用内拉拔器拉出轴承外圈，如图1.6.18和图1.6.19所示。取出调整垫片，并拆下油封。

（4）拆下从动圆锥齿轮与差速器壳间的连接螺栓，压下从动圆锥齿轮。分解后的主减速器、差速器如图1.6.15所示。

步骤二　主减速器及差速器主要零件的检修。

（1）主减速器主、从动圆锥齿轮轮齿应无裂纹及明显的剥落现象，齿端缺损不得超过齿长的1/10或齿高的1/5，否则，应成对更换主、从动圆锥齿轮。

（2）行星齿轮和半轴齿轮应无裂纹。齿面疲劳剥落面积应不大于15%，齿厚磨损量应不大于0.20mm，齿轮背面不得有明显的磨损沟槽，否则，应更换。

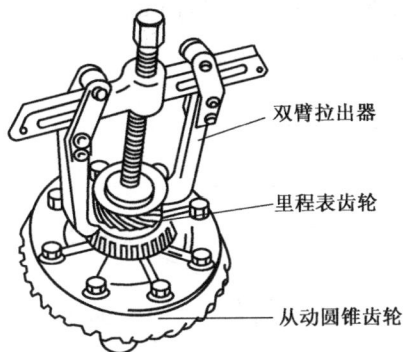

图 1.6.16 拉出里程表齿轮

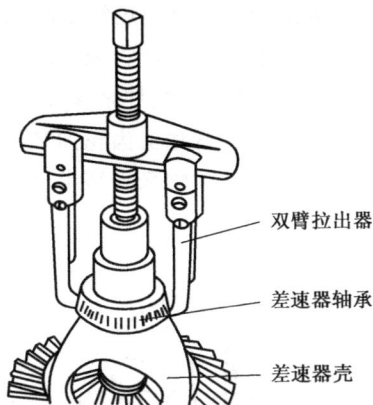

图 1.6.17 拉出差速器轴承

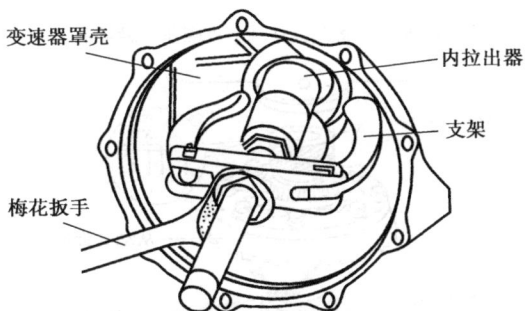

图 1.6.18 从变速器壳中拉出差速器轴承外圈

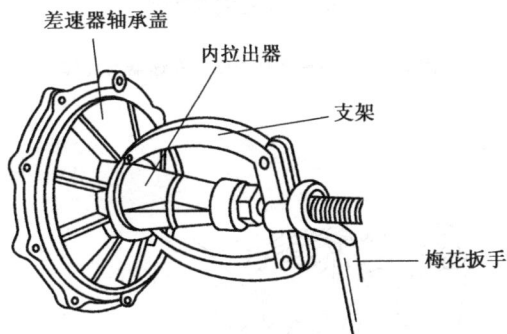

图 1.6.19 从差速器轴承盖中拉出差速器轴承外圈

（3）行星齿轮轴轴颈与行星齿轮内孔的配合间隙大于 0.40mm，或与差速器壳体承孔配合松动，应更换行星齿轮轴。

（4）行星齿轮与差速器壳的间隙应为 0.15～0.25mm，半轴齿轮与差速器壳的间隙应为 0.20～0.40mm，否则，应更换球形止推垫片。

（5）差速器支撑轴承出现疲劳剥落及烧蚀，轴承外圈与壳体配合松动，里程表驱动齿轮及从动圆锥齿轮磨损严重，锁紧套筒不能良好锁止等，均应换用新件。

（6）差速器壳体出现裂纹，差速器壳凸缘的端面跳动度大于 0.30mm，轴承轴颈磨损与轴承配合松动，均应换用新件。

操作二　主减速器及差速器的装配与调整

步骤一　差速器的装配。

（1）用专用工具 VW295 和 30－205 将轴承外圈和 1.2mm 厚的调整垫片一起压装到变速器前壳体的轴承孔中，将没有调整垫片的轴承外圈压装到差速器轴承盖上相应的承孔中，如图 1.6.20 和图 1.6.21 所示。差速器轴承盖上的里程表从动齿轮暂不安装。

（2）用专用工具 30－209 将半轴油封压入差速器轴承盖的承孔中，如图 1.6.22 所示。

（3）将从动圆锥齿轮加热到 100℃ 左右，并迅速安装到差速器壳上，用专用螺栓以 70N·m 的力矩对称紧固好（安装后检查从动圆锥齿轮的端面圆跳动应不大于 0.05mm）。

（4）将差速器支撑轴承加热到 100℃左右，然后用专用工具 VW519 等分别压装到差速器壳两端的支撑轴颈上，然后压入里程表驱动齿轮及其锁紧套筒（压入深度 x 为 1.4mm，压入时，可在 A 处放一 1.4～1.5mm 厚的垫片来保证其压入深度），如图 1.6.23 所示。

（5）将复合式止推片涂上齿轮油装入差速器壳内。

（6）通过螺纹套和半轴来安装半轴齿轮，并用专用螺栓紧固。

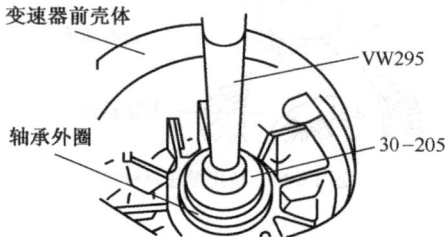

图 1.6.20 将轴承外圈压入变速器前壳体

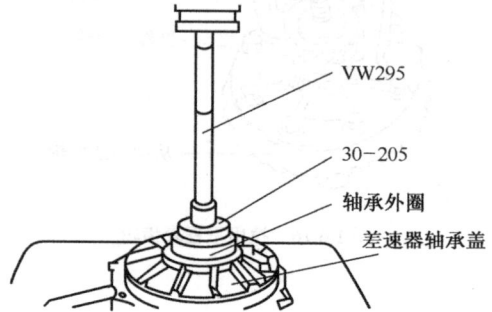

图 1.6.21 将差速器轴承外圈压入轴承盖

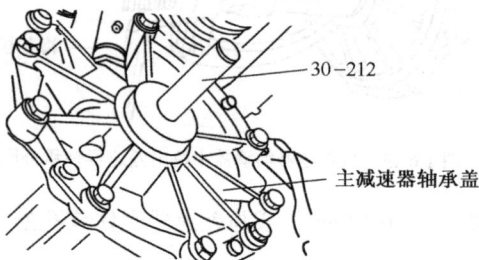

图 1.6.22 压入半轴油封

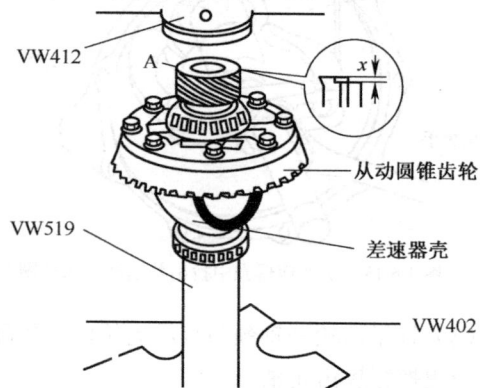

图 1.6.23 压入里程表驱动齿轮

（7）将两个行星齿轮错开 180° 装入差速器壳内与半轴齿轮相啮合，并转动半轴，使行星齿轮向内摆动，直至其轴孔与复合式止推垫片及差速器壳上的行星齿轮轴孔相互对正。推入行星齿轮轴，并用锁销（或锁环）锁止。

（8）将差速器总成装入变速器壳内，并将差速器轴承盖用专用螺栓紧固到变速器壳上，将里程表从动齿轮安装到差速器轴承盖上。

操作三 主减速器及差速器总成调整

主减速器及差速器的调整主要是通过改变调整垫片 S_1、S_2 和 S_3 的厚度，调整主减速器的啮合印痕、啮合间隙及差速器的轴承预紧度，如图 1.6.24 所示。

> 提示 在车辆维修过程中，应根据所更换机件的不同，对相应的部位进行调整。不同结构形式的主减速器差速器，调整部位略有不同，应在理解其结构特点的基础上进行。

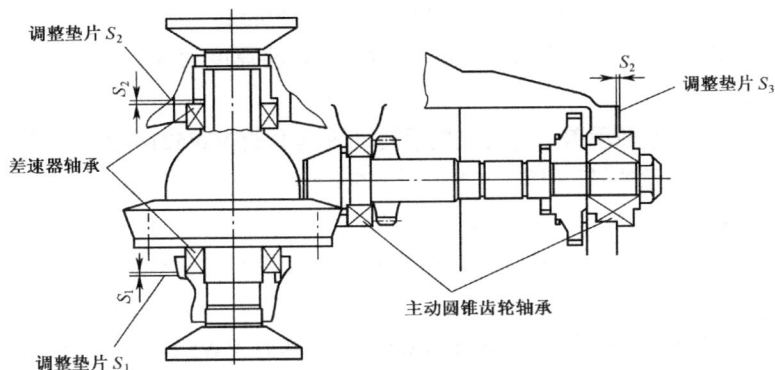

图 1.6.24　调整垫片的位置

1. 调整差速器轴承预紧度

差速器轴承预紧度的调整，应在拆除主动圆锥齿轮的情况下进行。其调整方法如下。

（1）将已装配好的差速器总成装入变速器壳体中，并以规定的力矩对称拧紧差速器轴承盖的紧固螺栓（注意差速器轴承盖上的里程表从动齿轮暂不安装，若已安装应拆除）。

（2）将专用夹紧套筒和套筒安装到差速器壳的下端孔中（差速器轴承盖端朝上），拧紧其紧固螺栓，并将百分表固定好，如图 1.6.25 所示。

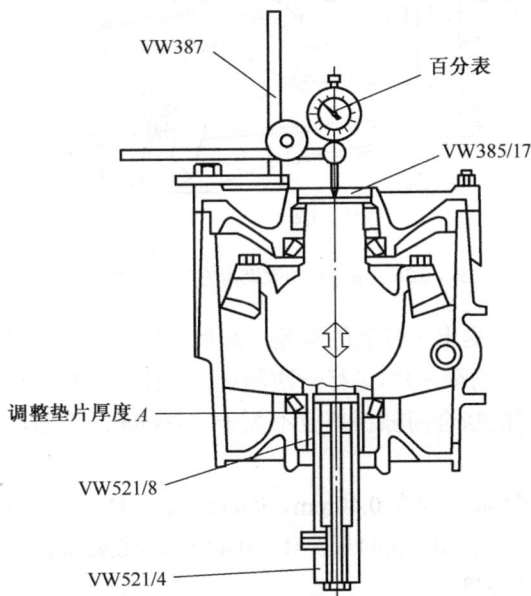

图 1.6.25　测量调整垫片厚度

（3）上下移动夹紧套筒，如图 1.6.25 中箭头所示，由百分表测出差速器壳的轴向间隙值，并计算出垫片的总厚度（S_1+S_2）：

$$S_总 = 测得值 + 预紧量（常数 = 0.40mm）+ 原垫片厚度（A）$$

例如：测得间隙值为 0.40mm，则

$$S_总 = 0.40 + 0.40 + 1.2 = 2.00mm$$

要使差速器轴承预紧度达到要求，需增加的垫片厚度为

$$S_{总} - A = 2.00 - 1.20 = 0.80\text{mm}$$

（4）拆下差速器轴承盖，压出轴承盖上的轴承外圈，将厚度为 $S_{总} - A = 0.80\text{mm}$ 的垫片装于轴承外圈与轴承盖之间。

（5）重新安装好差速器轴承盖，用扭力扳手转动夹紧套筒 VW521/4 检查，新轴承的转动力矩应不小于 3.5N·m，旧轴承的转动力矩应不少于 0.6N·m。

2．调整主、从动圆锥齿轮的啮合间隙

（1）将调整垫片 S_1、S_2 和 S_3 安装好后，把差速器总成装入变速器前壳体中，边转动边拧紧差速器轴承盖的紧固螺栓（以保证差速器轴承的正确位置），使主、从动圆锥齿轮相互啮合。

（2）安装好压板 VW381/11 及夹紧套筒 VW521/4、套筒 VW521/8、摆杆 VW388、千分表支架 VW387、千分表等，使千分表测头垂直触压到摆杆上，测头离摆杆根部的距离 a 应为 71mm，如图 1.6.26 所示。

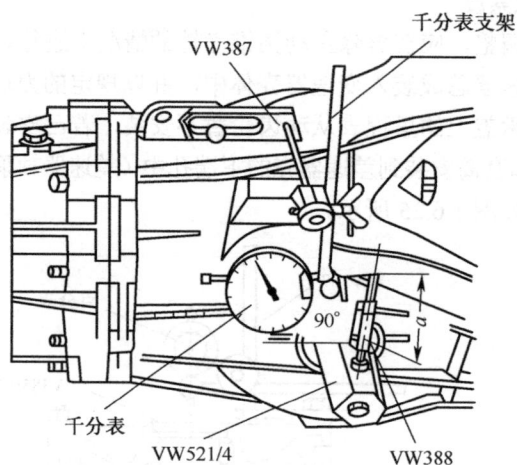

图 1.6.26　主、从动圆锥齿轮啮合间隙测量

（3）转动从动圆锥齿轮，测出千分表的摆差，此值即为主、从动圆锥齿轮的啮合间隙值。

（4）转动从动圆锥齿轮，每隔 90°进行一次测量，并计算出沿圆周均布的 4 处所测得的啮合间隙的平均值（各处所测得的啮合间隙相差应不大于 0.05mm，否则，复查装配是否正确，必要时更换主、从动圆锥齿轮）。

例如：4 次测得的啮合间隙分别为 0.40mm、0.44mm、0.41mm、0.43mm，则平均啮合间隙为

$$(0.40 + 0.44 + 0.41 + 0.43)/4 = 0.42\text{mm}$$

（5）计算调整垫片 S_2 的厚度。

$$S_2 = 现装垫片厚度 - 啮合间隙平均值 + 标准啮合间隙$$

标准啮合间隙常数为 0.15mm，即　$S_2 = 1.20 - 0.42 + 0.15 = 0.93\text{mm}$

由表 1.7 可知，取 $S_2 = 0.90\text{mm}$。

表 1.7　　　　　　　　　调整垫片 S_1、S_2 及 S_3 的规格（mm）

S_1、S_2	0.15、0.20、0.30、0.40、0.50、0.60、0.70、0.80、0.90、1.00、1.20
S_3	0.15、0.20、0.25、0.30、0.40、0.50、0.60、0.70、0.80、0.90、1.10、1.20

（6）计算调整垫片的厚度。

$$S_1 = S_总 - S_2 = 2.00 - 0.90 = 1.10\text{mm}$$

（7）按求出的厚度装入垫片 S_1、S_2，按步骤（1）重新安装好，并重新进行啮合间隙复查，其间隙值应为 0.10～0.20mm，不符合要求时，应重新进行调整。

（8）拆下压板 VW381/11、夹紧套筒 VW521/4、套筒 VW521/8、摆杆 VW388、千分表支架 VW387、千分表等。

（9）装上变速器后盖和相应的密封垫片及调整垫片。将里程表从动齿轮安装到差速器轴承盖上。

3．调整主、从齿轮啮合印痕

为减少主、从动齿轮在啮合中出现应力集中及严重磨损，在齿轮制造时，规定两齿轮的轮齿不允许全齿长接触，而是沿齿长方向接触 1/2～2/3，接触区域偏向小端。如果主、从动齿轮啮合位置不正确，则需要调整。调整方法是在从动齿轮的齿面上涂抹红铅油，然后双向转动齿轮，这样涂过的齿轮与主动小齿轮接触，在从动齿轮上留下清晰的痕迹，观察此痕迹，判断主、从动齿轮啮合位置是否正确。如果啮合印痕不正确，则通过调整两锥齿轮相互靠近或离开来调整啮合印痕，具体调整方法参考图 1.6.27。

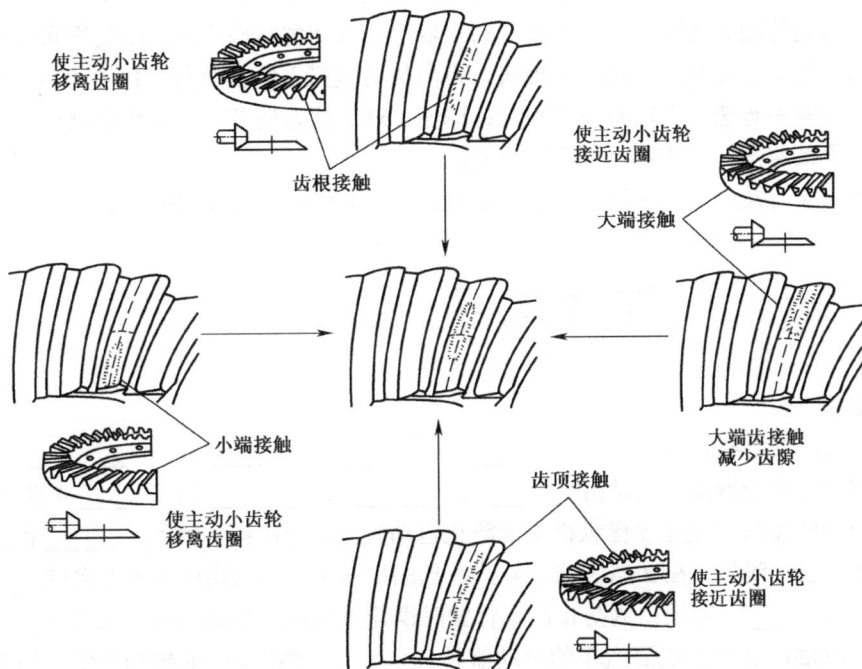

图 1.6.27　主、从动锥齿轮啮合印痕调整

课题小结

（1）驱动桥的功用是减速增扭、改变动力传递方向、通过半轴将动力传递到驱动轮。

（2）驱动桥由桥壳、主减速器、差速器和半轴组成。

（3）主减速器主动小齿轮根据发动机在汽车中布置形式的不同而不同。对于发动机横置前置前驱汽车主减速器小齿轮是圆柱齿轮，而对于发动机纵置前置前驱汽车主减速器小齿轮是圆锥齿轮。

（4）一般普通差速器只能使左右车轮以不同转速旋转，而其传递的转矩总是相等的。

（5）半轴轴承支撑汽车重量并减少滚动摩擦。

（6）主减速器差速器的主要调整项目有主、从动齿轮啮合间隙，啮合印痕，轴承预紧力。

作业测评

（1）试述主减速器的类型和特点。

（2）驱动桥中为什么设置差速器？对称式锥齿轮差速器中，为什么左右两侧半轴齿轮的转速之和等于差速器壳转速的两倍？

（3）试述变速驱动桥的结构、特点及应用。

（4）叙述上海桑塔纳LX轿车的主减速器及差速器的分解、装配与调整过程。

模块小结

本模块重点学习的知识：汽车传动系的功用、组成及基本工作原理。汽车传动系主要由离合器、变速器、万向传动装置和驱动桥组成。离合器主要有两种结构形式：螺旋周布弹簧式和膜片弹簧式。变速器结构主要有两轴式和三轴式。万向传动装置主要由万向节和传动轴组成，汽车中常采用的万向节有不等速十字轴万向节和等速球笼、球叉式万向节。驱动桥是汽车传动系的最终环节，主要由主减速器、差速器、桥壳等组成。

本模块重点学习技能：汽车传动系各总成的拆装、分解、检修及装配调整。

综合练习

一、填空题

（1）汽车传动系主要是由＿＿＿＿＿、＿＿＿＿＿、＿＿＿＿＿、＿＿＿＿＿、＿＿＿＿＿等装置组成。

（2）摩擦片式离合器基本上是由＿＿＿＿＿、＿＿＿＿＿、＿＿＿＿＿和＿＿＿＿＿4部分组成。

（3）EQ1090E型汽车变速器操纵机构为防止自动脱挡，变速器叉轴用＿＿＿＿＿和＿＿＿＿＿进行自锁；为防止自动跳挡，在2挡/3挡与4挡/5挡的齿座上，都采用中间带凸台的＿＿＿＿＿；轴间用＿＿＿＿＿与＿＿＿＿＿互锁；为防止汽车行驶时误挂入倒挡，在倒挡拨块上装有＿＿＿＿＿。

（4）东风EQ2080E三轴越野汽车的分动器具有＿＿＿＿＿挡位，挂前桥和挂低速挡之间的关系为：＿＿＿＿＿；摘前桥与摘低速挡之间的关系为：＿＿＿＿＿。

（5）万向传动装置一般由＿＿＿＿＿、＿＿＿＿＿、＿＿＿＿＿等组成。

（6）目前汽车传动系中应用得最多的是十字轴式刚性万向节，它允许相邻两轴的最大交角为＿＿＿＿＿。

（7）驱动桥主要是由＿＿＿＿＿、＿＿＿＿＿、＿＿＿＿＿、＿＿＿＿＿等组成。

（8）行星齿轮的自转是指＿＿＿＿＿；公转是指＿＿＿＿＿。

（9）主减速器在结构上可分为单级主减速器和双级主减速器。通常单级主减速器是由一对＿＿＿＿＿组成；双级主减速器由一对＿＿＿＿＿和一对＿＿＿＿＿组成。

（10）汽车在行驶过程中，发动机的动力经过离合器、变速器、万向传动装置传至主减速器，主减速器（单级）从动锥齿轮依次将动力经_____、_____、_____、_____传给驱动车轮。

（11）半轴的支撑形式分为_____和_____两种。半轴的一端与_____相连，另一端与_____相连。

（12）后桥壳是用来安装_____、_____、_____、_____、_____的基础件，一般可以分为_____和_____两种，绝大多数汽车采用的是_____。

二、选择题

（1）汽车在一般行驶状况下，滚动阻力是主要的，高速行驶时，（　　　　）是主要的。

    A．滚动阻力   B．加速阻力   C．空气阻力   D．上坡阻力

（2）汽车在水平路面上等速行驶时，所受到的阻力有（　　　　）。

    A．滚动阻力、空气阻力和上坡阻力   B．加速阻力、空气阻力和滚动阻力

    C．空气阻力和滚动阻力   D．上坡阻力和滚动阻力

（3）离合器最大传递扭矩与（　　　　）因素无关。

    A．从动盘直径   B．发动机扭矩   C．从动盘数目   D．摩擦片材料

（4）对离合器的主要要求之一是（　　　　）。

    A．接合柔和，分离彻底   B．接合柔和，分离柔和

    C．接合迅速，分离彻底   D．接合迅速，分离柔和

（5）桑塔纳 2000 型汽车离合器采用（　　　　）。

    A．双片式   B．多片式   C．中央弹簧式   D．膜片式

（6）摩擦片式离合器是依靠飞轮、压盘、摩擦片、压紧弹簧之间产生的（　　　　）来传递发动机扭矩的。

    A．正压力   B．摩擦力   C．附着力   D．圆周力

（7）离合器上安装扭转减震器是为了防止（　　　　）。

    A．曲轴共振   B．传动系共振   C．离合器共振   D．传动轴共振

（8）离合器压盘属于离合器的（　　　　）。

    A．主动部分   B．压紧装置   C．从动部分   D．操纵机构

（9）进行离合器调整时，需（　　　　）。

    A．测量离合器踏板的自由行程   B．润滑离合器杠杆系

    C．检查液面高度   D．将变速器置于倒挡

（10）手动变速器一般由壳体、同步器、（　　　　）和操纵机构组成。

    A．齿轮   B．输入轴   C．输出轴   D．变速传动机构

（11）二轴式变速器在所有前进挡工作时都只有（　　　　）齿轮副工作。

    A．1 对   B．2 对   C．3 对   D．4 对

（12）在三轴式变速器各挡位中，输入轴的动力不经中间轴齿轮直接传递给输出轴的是（　　　　）。

    A．倒挡   B．低速挡   C．高速挡   D．直接挡

（13）互锁装置的作用是（　　　　）。

    A．防止变速器自动换挡或自动脱挡   B．防止同时换入两个挡

C．防止误换倒挡　　　　　　　　　　　　　D．减小零件磨损和换挡噪声

（14）变速器要实现无冲击换挡，必须使待啮合齿轮的（　　　　　）相等。

  A．转速　　　　　　　B．受力　　　　　　　C．圆周速度　　　　　D．齿数

（15）为了实现等速传动，传动轴两端的万向节叉安装时应（　　　　　）。

  A．相差45°　　　　　　B．相差90°　　　　　C．相差180°　　　　D．在同一平面内

（16）等速万向传动装置广泛应用在（　　　　　）。

  A．变速器与驱动桥之间　　　　　　　　　　B．转向驱动桥中

  C．变速器与分动器之间　　　　　　　　　　D．转向系中

（17）普通刚性万向节传动时所产生不等速旋转，对于这种不等速的变化程度，甲认为："它与主动轴与从动轴之间的夹角大小有关，夹角越大，不等速程度越严重。"乙认为："它与发动机的转速大小有关，与夹角大小无关，转速越高，不等速程度越严重。"则（　　　　　）。

  A．甲对　　　　　　　B．乙对　　　　　　　C．甲、乙都对　　　　D．甲、乙都不对

（18）所谓普通万向节"传动的不等速性"是指主动轴匀速旋转时（　　　　　）。

  A．从动轴的转速是不相等的　　　　　　　　B．从动轴在一周中的角速度是变化的

  C．从动轴在一周内的转速是不等的

（19）用两个万向节加一根传动轴实现等角速传动，必须满足的两个条件是（　　　　　）。

  A．输入轴、输出轴和传动轴夹角不相等，两端万向节叉不在同一平面

  B．输入轴、输出轴和传动轴夹角不相等，两端万向节叉在同一平面

  C．输入轴、输出轴和传动轴夹角相等，两端万向节叉在同一平面

  D．输入轴、输出轴和传动轴夹角相等，两端万向节叉不在同一平面

（20）球叉式万向节每次传力时（　　　　　）。

  A．只有2个钢球传力　　　　　　　　　　　B．只有3个钢球传力

  C．只有4个钢球传力　　　　　　　　　　　D．只有5个钢球传力

（21）汽车在转弯行驶中，差速器中行星齿轮的运动状态是（　　　　　）。

  A．静止不动　　　　　　B．只有公转

  C．只有自转　　　　　　D．既有自转又有公转

（22）轿车差速器中的行星齿轮一般有（　　　　　）。

  A．1个　　　　　　　　B．3个　　　　　　　C．2个　　　　　　　D．4个

（23）在讨论差速器什么时候起作用时，甲认为"差速器只在汽车转弯时起作用。"乙认为"汽车在直线行驶时，差速器也随时起差速作用。"则（　　　　　）。

  A．甲对，乙不对　　　　B．甲不对，乙对　　　C．甲乙都对　　　　　D．甲乙都不对

（24）装用普通行星齿轮差速器的汽车，当一个驱动轮陷入泥泞地时，汽车难以驶出的原因是（　　　　　）。

  A．该轮无扭矩作用

  B．好路面上的车轮得到与该轮相同的小扭矩

  C．此时两车轮转向相反

  D．差速器不工作

（25）如将一辆汽车的后驱动桥架起来，并挂上挡，这时转动一侧车轮，另一侧车轮（　　　　　）。

  A．同向并以相等速度转动　　　　　　　　　B．反向并以相等速度转动

C. 不转动　　　　　　　　　　　D. 反向并以不相等速度转动

（26）差速器的运动规律是，设一个半轴齿轮的转速为 n_1，另一个半轴齿轮的转速为 n_2，差速器壳的转速为 n_0，则（　　　　）。

　　A. $n_2 + n_1 = n_0$　　　B. $n_2 + n_1 = 2n_0$　　　C. $n_2 - n_1 = n_0$　　　D. $n_1 - n_2 = n_0$

（27）汽车后桥主减速器的作用是（　　　　）。

　　A. 增大功率　　　　B. 增大扭矩　　　　C. 增大转速　　　　D. 增大附着力

三、判断题

（1）汽车在行驶中受的力包括驱动力、行驶阻力和附着力。　　　　　　　　　（　　）

（2）无论汽车是什么样的行驶状态，总是受到滚动阻力、空气阻力、上坡阻力和加速阻力的作用。　　　　　　　　　　　　　　　　　　　　　　　　　　　　　　　　（　　）

（3）当汽车的驱动力和行驶阻力相等时，汽车就停止运动。　　　　　　　　（　　）

（4）不管离合器处于接合或分离状态，其压紧弹簧均处于压缩状态。　　　　（　　）

（5）一般离合器在接合状态时，压紧弹簧的变形量要比分离状态时小。　　　（　　）

（6）摩擦片式离合器在正常工作时，其在分离和接合状态过程中都会产生打滑现象。（　　）

（7）离合器从动盘磨损后，其踏板自由行程会变小。　　　　　　　　　　　（　　）

（8）离合器踏板的总行程也就是踏板的有效行程。　　　　　　　　　　　　（　　）

（9）离合器扭转减震器中的弹簧，在汽车正常行驶时不受力。　　　　　　　（　　）

（10）膜片弹簧离合器压盘是由传动片驱动的。　　　　　　　　　　　　　　（　　）

（11）膜片弹簧离合器的特点之一，是从动盘上的摩擦片磨损后，其压紧力仍可保持不变。
　　　　　　　　　　　　　　　　　　　　　　　　　　　　　　　　　　（　　）

（12）离合器液压操纵机构中踏板的自由行程还包括了主缸推杆与主缸活塞之间的间隙。
　　　　　　　　　　　　　　　　　　　　　　　　　　　　　　　　　　（　　）

（13）汽车上设置变速器是为了改变发动机扭矩，增加发动机功率。　　　　　（　　）

（14）变速器挂直接挡传动时，不需要通过齿轮来传动。　　　　　　　　　　（　　）

（15）用接合套换挡，就是将输入轴（第1轴）、输出轴（第2轴）用接合套连接起来，而不需要通过齿轮传动。　　　　　　　　　　　　　　　　　　　　　　　　　　　（　　）

（16）防止自动脱挡的结构，通常都用防止直接挡自动脱挡。　　　　　　　　（　　）

（17）同步器的作用是使变速器输入轴（第1轴）和输出轴（第2轴）转速同步后才能挂上挡。
　　　　　　　　　　　　　　　　　　　　　　　　　　　　　　　　　　（　　）

（18）使用装有惯性同步器的变速器，在操作时，驾驶员操作力越大，则可使换挡时间越短。
　　　　　　　　　　　　　　　　　　　　　　　　　　　　　　　　　　（　　）

（19）普通十字轴万向节的主动轴以匀角速度转动，而从动轴以不等角速度转动，因此它的平均角速度也是不等的。　　　　　　　　　　　　　　　　　　　　　　　　　（　　）

（20）普通万向节输入轴和输出轴夹角越大，则不等速度也越大。　　　　　　（　　）

（21）实现普通万向节等角速传动，必须满足两个条件，有一个条件不符合，就不能实现等角速传动。　　　　　　　　　　　　　　　　　　　　　　　　　　　　　（　　）

（22）传动轴弯曲或传动轴管凹陷会导致车身抖动，握方向盘的手有麻木感。（　　）

（23）等速万向节的基本原理是从结构上保证万向节在传动过程中，传力点始终处于两轴交角的平分面上。　　　　　　　　　　　　　　　　　　　　　　　　　　　　（　　）

（24）桑塔纳轿车转向驱动桥外侧装用的是 VL 型万向节。　　　　　　（　　）

（25）要求按记号原位装复万向传动装置，其目的是为了安装方便。　　（　　）

（26）传动系消耗功率越小，滑行距离越长，其总的技术状况越好。　　（　　）

（27）差速器的主要作用是：汽车在转向行驶时，防止左右两驱动轮以不同的转速旋转。
　　　　　　　　　　　　　　　　　　　　　　　　　　　　　　（　　）

（28）汽车后桥轴承一般有预紧度，是指安装轴承时要有过盈，不留间隙。（　　）

（29）圆锥齿轮的啮合调整在保证齿侧间隙下满足啮合印痕。　　　　　（　　）

（30）圆锥齿轮副的啮合印痕接近齿轮的大端，是由于主动圆锥齿轮的前后位置不当所致。
　　　　　　　　　　　　　　　　　　　　　　　　　　　　　　（　　）

四、简答题

（1）汽车传动系的功用是什么？

（2）普通十字轴刚性万向节为了达到等角速度传动的目的，必须满足什么要求？

（3）离合器的功用是什么？

（4）对离合器有什么要求？

（5）变速器的功用是什么？

（6）同步器的功用是什么？

（7）汽车为什么要采用万向传动装置？

（8）驱动桥的功用是什么？

（9）主减速器的功用是什么？其基本形式有哪两种？它们的基本组成怎样？

（10）离合器的摩擦衬片为什么都铆在从动盘上？可否铆在压盘上？

（11）简述膜片弹簧离合器的工作原理（用简图表示）。

2 汽车行驶系

学习目标

知识目标

◎ 能叙述汽车行驶系的基本类型和主要功用。

◎ 能正确描述轮式汽车行驶系的基本组成及作用。

◎ 能正确描述车架、车桥、车轮和悬架的作用、类型及结构特点。

◎ 能正确描述车轮定位的概念、内容、作用及检测方法。

◎ 能简单叙述电控悬架的组成和工作原理。

能力目标

◎ 会检修车桥，正确使用四轮定位仪对汽车进行四轮定位检测。

◎ 会更换车轮轮胎，对轮胎磨损进行检查。

◎ 会正确使用车轮动平衡机对车轮进行平衡检测。

◎ 会检修汽车悬架。

汽车行驶系是保证汽车安全行驶的一个重要系统，包括使汽车滚动行驶的车轮、连接车轮的车桥、支撑车身的悬架、承受各种载荷的车架等结构组成。汽车行驶系的作用是接受汽车传动系输出的转矩，通过驱动轮与路面的接触，转化为路面对汽车的驱动力，以保证汽车正常行驶。在汽车行驶过程中承受并传递路面对汽车产生的各种反力及由此形成的力矩。

现代汽车行驶系有多种形式，如轮式行驶系、半履带式行驶系、全履带式行驶系和车轮—履带式行驶系。采用何种形式的行驶系取决于汽车经常行驶的路面的性质。对于大多数行驶于坚实路面的普通汽车来说，行驶系通常以轮式行驶系为主，如图 2.1 所示。汽车行驶系具有结构简单、行驶效率高等优点。

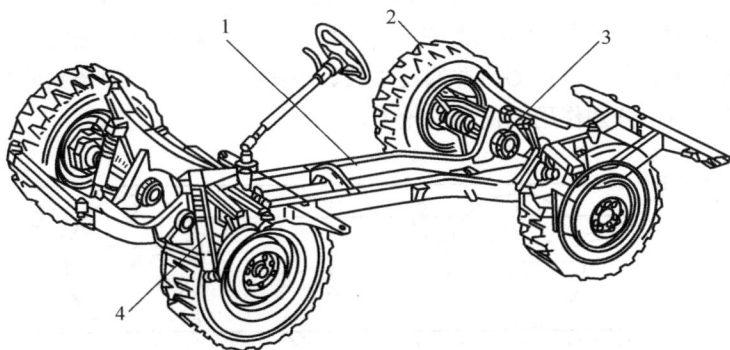

图 2.1　汽车行驶系

1—车架；2—车轮；3—车桥；4—悬架

课题一　认识汽车行驶系

汽车行驶系可接受传动系的动力，通过驱动轮与路面的作用产生驱动力，使汽车正常行驶，并与转向系配合，保证汽车操纵的稳定性。

基础知识

一、行驶系组成与功用

1. 行驶系组成

如图 2.1.1 所示，行驶系主要由车轮、车桥、车架和悬架组成。

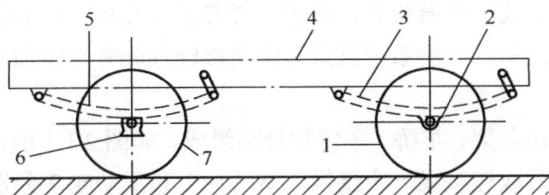

图 2.1.1　轮式行驶系组成示意图

1—驱动轮；2—驱动桥；3—后悬架；4—车架；5—前悬架；6—从动桥；7—从动轮

2. 行驶系的功用

（1）使汽车成为一个整体，并支撑汽车的总重量。

（2）接受传动系的动力，通过车轮与路面的作用产生驱动力，使汽车正常行驶。

（3）承受并传递作用于车轮上的各种反力和力矩。

（4）缓和不平路面对车身造成的冲击，衰减震动保持汽车行驶平顺性。

（5）与转向系配合，保证汽车操纵的稳定性。

二、汽车行驶系受力分析

汽车行驶系受力分析如图 2.1.2 所示。在水平方向上，发动机的动力通过传动系传递到驱动车轮上，产生驱动转矩 M_t，通过轮胎与地面的附着作用，产生推进汽车前进的驱动力 F_t。在垂直方向上，受到的力为汽车的全部质量 G，并通过车架、车桥、车轮和悬架传到地面，同时引起地面的垂直反作用力 Z_1、Z_2，分别作用在前后车轮上。

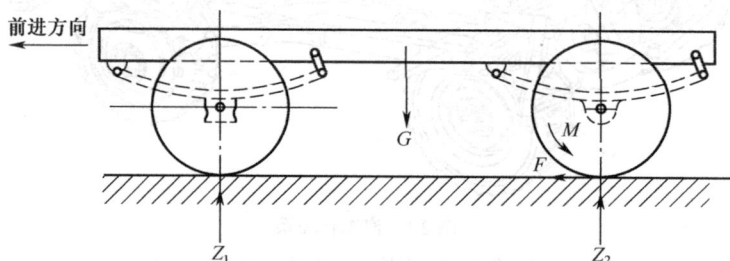

图 2.1.2　汽车行驶系受力分析示意图

汽车在制动时，同样产生一个与汽车驱动力矩 M_t 相反的制动力矩 M_ζ 作用于车轮上产生一个与汽车行驶方向相反的制动力 F_ζ，迫使汽车减速或停车。

想一想

汽车的驱动力矩和制动力矩哪个更大些？

三、汽车行驶系类型

汽车作为一种地面交通运输工具，其行驶系的基本组成和结构形式，在很大程度上取决于汽车经常行驶路面的性质。绝大多数汽车行驶在比较坚实的道路上，其行驶系中直接与路面接触的部分是车轮，因而称这种行驶系为轮式行驶系，这样的汽车便是轮式汽车。汽车行驶系的结构形式除轮式以外，还有半履带式、全履带式、车轮—履带式等几种。行驶系中直接与路面接触的部分是履带，则称为履带式汽车。行驶系中直接与路面接触部分有车轮和履带，则称为半履带式汽车或车轮—履带式汽车。

轮式汽车行驶系一般由车架、车桥、车轮和悬架组成，如图 2.1.1 所示。车架 4 是全车的装配基体，它将汽车的各相关总成连接成一个整体。驱动轮 1 和从动轮 7 分别支撑着驱动桥 2 和从动桥 6。为减少车辆在不平路面上行驶时车身所受到的冲击和震动，车桥又通过弹性前悬架 5 和后悬架 3 与车架连接。在某些没有整体车桥的行驶系中，两侧车轮的半轴可分别通过各自的弹性悬架与车架连接，即所谓独立悬架。

想一想　哪种用途的汽车是采用履带式行驶系？

课题小结

（1）汽车传动系的基本作用是将发动机的动力传递给驱动车轮，使汽车行驶。

（2）汽车行驶的驱动与附着条件是：驱动力大于等于行驶阻力，小于等于附着力。

（3）汽车传动系布置形式：发动机前置前驱、发动机前置后驱、发动机中置后驱、发动机后置后驱和全轮驱动。

作业测评

（1）汽车行驶系的功用是什么？

（2）汽车行驶系由哪几部分组成？

（3）什么是轮式行驶系？

课题二　检修车架与车桥

车架是汽车各总成部件的安装基体，承受汽车内外各种载荷，它的结构要与汽车总体布置相适应，并具有足够的刚度和强度。车桥是连接车架与车轮并传递两者之间各方向作用力及其产生的弯矩与扭矩。

基础知识

一、车架

1．车架的作用

车架的作用有两个，一是作为支撑连接汽车各总成零件的安装基体，承受车内外各种静载荷；二是在汽车行驶中，承受各种动载荷。因此，车架必须满足以下要求。

（1）结构形式能满足汽车总布置的要求。几乎汽车所有总成部件均安装在车架上，车架应使它们保持可靠稳定的相对位置关系，在汽车行驶过程中，这些总成部件不允许发生运动干涉。

（2）结构具有足够的强度和刚度。车架在各种载荷作用下，会产生沿纵向平面内的弯曲变形和空间的扭转变形，过大的变形会导致总成间相对位置的改变，进而影响它们的正常工作，加速机件的磨损。

（3）结构简单，便于生产制造，便于与其他总成的安装连接，重量轻。

（4）具有优化的结构形状，有利于降低汽车重心，提高汽车行驶的稳定性。

2．车架构造

车架按其结构形式分有4种类型，即边梁式车架、中梁式车架、综合式车架和无梁式车架。

（1）边梁式车架由若干根横梁和位于左右两侧的两根纵梁构成，通过铆接或焊接将横梁、纵梁连接成坚固的框架，如图 2.2.1 所示。这种车架便于安装车身和布置总成，有利于车辆的改装变形和发展多种车型的需要，所以目前应用广泛。车架的横梁一般是由低碳钢钢板冲压成槽形，以增强车架的抗扭能力。纵梁一般用低碳合金钢板冲压而成，纵梁的断面一般为槽形，也有的做成"Z"形、"工"字形或箱形"口"断面；纵梁上钻有很多孔，用于安装踏脚板、转向器、燃油箱、蓄电池、车身等零部件的支架。

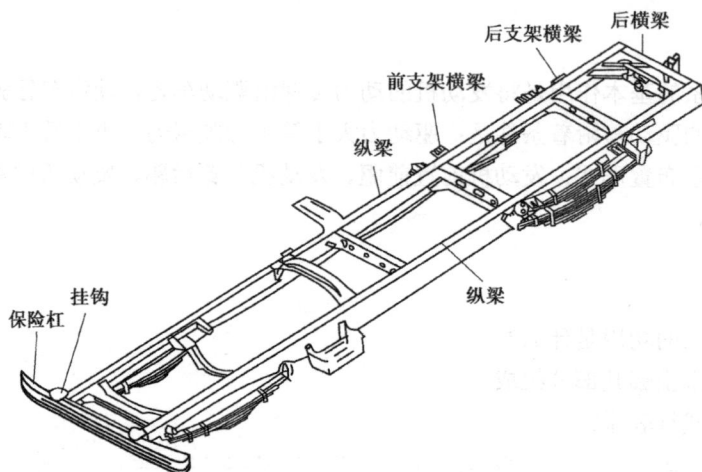

图 2.2.1 边梁式车架结构图

（2）中梁式车架又称为脊梁式车架，其结构如图 2.2.2 所示。中梁式车架只有一根位于汽车中央的纵梁，纵梁断面为圆形或矩形，其上固定有横向的托架或连接梁，使车架成鱼骨状。中梁式车架重量轻、重心低、行驶稳定性好，其结构使车轮跳动空间比较大，便于采用独立悬架系统。车架刚度和强度较大，传动轴安装在中梁内，所以对传动轴有良好的防尘作用。但是这种车架制造工艺复杂、精度要求高、维护保养不方便。另外，横梁（托架）是悬臂梁，弯矩大，根部处易形成应力集中而损坏。

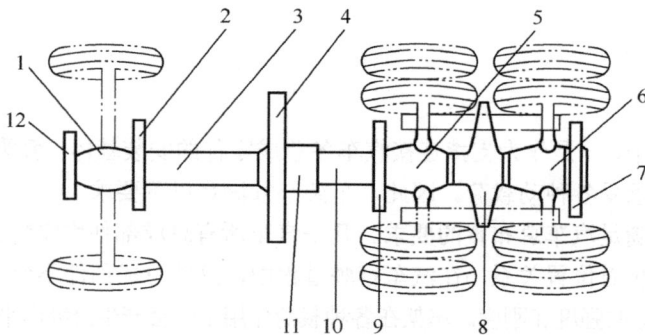

图 2.2.2 中梁式车架结构图

1—前桥壳；2—发动机及驾驶室支撑梁；3—前脊梁；4—托架；
5—中桥壳；6—后桥壳；7—托架；8—连接梁；9—托架；
10—中央脊梁；11—分动器壳；12—托架

（3）综合式车架是边梁式车架与中梁式车架的综合，通常中部具有较大的扭转刚度，但在制造工艺上比较复杂，一般在轿车上使用，其结构如图 2.2.3 所示。

图 2.2.3　综合式车架结构图

（4）无梁式车架也称为承载式车身，如图 2.2.4 所示。它以车身兼作车架，这种车身对其头部、侧围、车尾、底板等部位采用加强的结构，使车身和底架共同组成了车身本体的刚性空间结构。这种形式的车身具有较大的抗弯曲和抗扭转的刚度，质量小、高度低、车身重心低、装配简单、高速行驶稳定性较好。但由于道路载荷会通过悬架装置直接传给车身本体，因此噪声和振动较大。

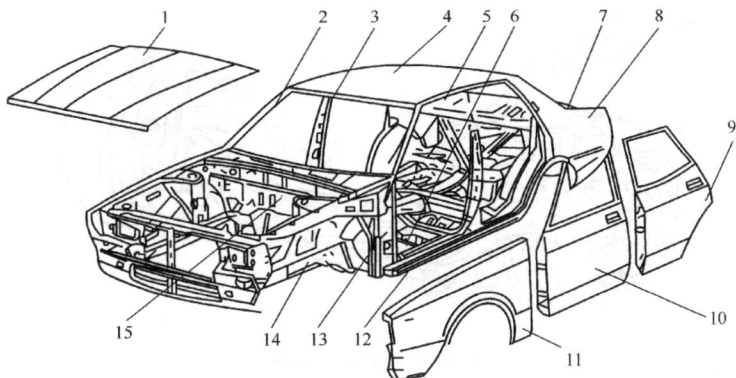

图 2.2.4　无梁式车身结构图

1—发动机罩；2—前窗柱；3—中柱；4—车顶边梁；5—车顶；6—车底；
7—行李箱；8—后翼子板；9—后门；10—前门；11—前翼子板；
12—门槛；13—前门立柱；14—前悬架支撑板；15—中间隔板

想一想　4 种车架形式分别对应哪种车辆？

二、车桥

1. 车桥的作用与类型

车桥是通过悬架与车架（或承载式车身）相连，其两端安装车轮。车架所受的垂直载荷通过悬架和车桥传到车轮，车轮上的滚动阻力、驱动力、制动力和侧向力及其弯矩、扭矩又通过车桥传递给悬架和车架，所以说车桥的作用是连接车架与车轮并传递两者之间各方向作用力及其产生的弯矩与扭矩。

车桥的类型根据其结构或作用不同有不同的分类方法。根据悬架结构不同分为整体式车桥和断开式车桥；根据车桥在车上的位置不同分为前桥、中桥和后桥；根据车桥上车轮所起的作用不同分为转向桥、驱动桥、转向驱动桥和支持桥。转向桥和支持桥也称为从动桥。

货车的前桥是什么桥？普通轿车的前桥是什么桥？

2．车桥构造

驱动桥已经在模块一汽车传动系中讲述过，本模块只介绍转向桥和转向驱动桥。

（1）转向桥。转向桥的作用是支撑汽车部分重量，安装前轮及制动器，连接车架，传递各种作用力，使前轮偏转以实现转向。转向桥主要由前轴、转向节、主销和轮毂 4 部分组成。

转向桥在结构上有两种形式，与非独立悬架相连的是整体式转向桥，如图 2.2.5 所示。与独立悬架相连的是断开式转向桥，如图 2.2.6 所示。下面以整体式转向桥为例介绍其结构特点。

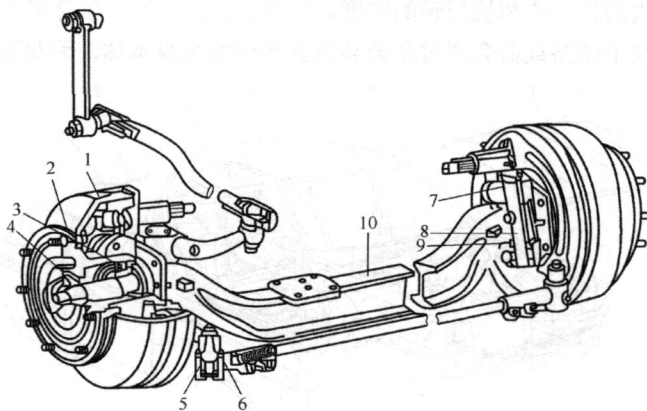

图 2.2.5　整体式转向桥

1—制动鼓；2—轮毂；3，4—轮毂轴承；5—转向节臂；
6—油封；7—衬套；8—主销；9—止推轴承；10—前轴

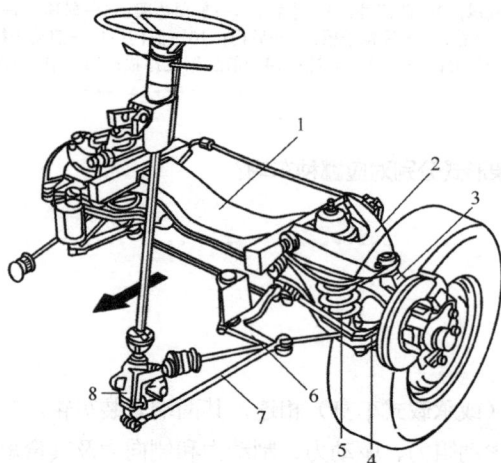

图 2.2.6　断开式转向桥

1—前轴；2—悬架导向臂；3—转向节；4—转向节臂；
5—转向横拉杆；6—转向三角臂；7—转向直拉杆；8—转向器

① 前轴。前轴通常制成"工"字形断面，故又称为"工"字梁，其两端向上翘起呈拳形，并有上下相通的圆孔，主销插入孔内，将前轴与转向节连接起来。在前轴凹形上平面的两端各有一块安装钢板弹簧用的底座，其上钻有安装"U"形螺栓用的 4 个通孔和 1 个位于中心的钢板弹簧定位孔。在前轴两端还制有转向轮最大转向角限位凸块。在主销孔内侧纵向有锥形孔，以安装锥形锁销，防止主销转动。

② 转向节。转向节与前轴通过主销采用铰接连接方式，形似羊角，故又称为羊角。它是一个叉形件，由上下两耳和支撑轮毂轴承的轴颈构成。上下两耳各制有安装主销的同轴孔，通过主销与前轴相连。为减少磨损，在销孔内压入衬套，并在衬套上开有润滑油槽。为使转向灵活轻便，在转向节下耳轴孔的上平面装有滚子推力轴承。

③ 主销。主销的作用是铰接前轴与转向节，使转向节能绕着主销摆动，以使车轮偏转实现转向。主销的中部切有凹槽，安装时用锥形锁销与它配合，使其固定在前轴的销孔中，防止其相对前轴转动。

④ 轮毂。轮毂的作用是将车身或半轴传来的各种作用力或转矩传递到整个车轮以及在车辆行驶过程中随车轮一起旋转的旋转件，如制动鼓或制动盘、轮速传感器的齿圈等。前轮轮毂通过内外两轮毂轴承装在转向节轴颈上，轴承的预紧度可以用调整螺母调整，调好后，套上锁环和锁紧垫圈，再拧紧锁紧螺母，并用锁紧垫圈弯曲片包住锁紧螺母，以防松动。在轮毂外端装有端盖，以防泥水和尘土侵入。轮毂内侧装有油封和挡油盘，以防润滑脂进入车轮制动器内。

（2）转向驱动桥。转向驱动桥能实现转向和驱动两种功能，因此转向驱动桥具有一般驱动桥所具有的主减速器、差速器及半轴，也具有一般转向桥所具有的转向节、主销、轮毂等。如图 2.2.7 所示，转向驱动桥的中部装有主减速器和差速器，内半轴和外半轴通过等角速万向节连接在一起，外半轴的端部制有花键，它和半轴凸缘相啮合。转向节是由转向节轴颈和转向节外壳连接成的整体。转向节轴颈上装有两个轮毂轴承，以支撑轮毂，转向节轴颈内孔壁内压有衬套，以支撑外半轴。在转向节外壳的上、下两端分别装有上、下两段主销的加粗部分，并用止动销止动，在转向节外壳上端装有转向节臂，在转向节外壳下端装有下盖，润滑脂由上、下油嘴注入，分别进入主销中心油道，再从两个侧孔出来进入主销与衬套之间，实现润滑。

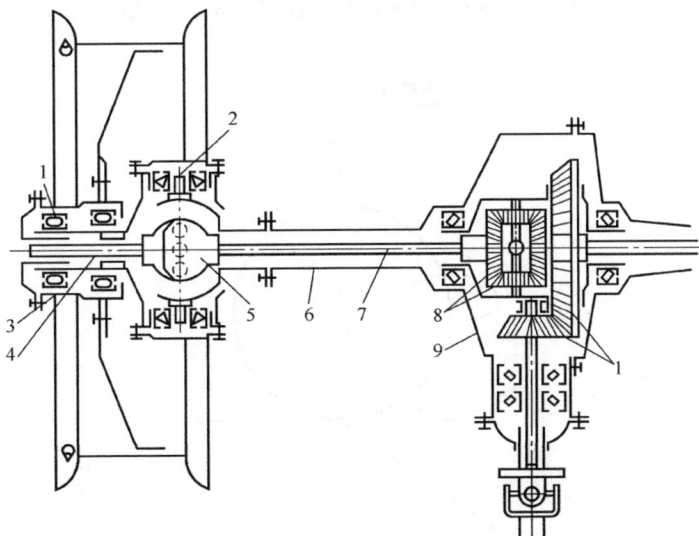

图 2.2.7　转向驱动桥结构图

1—主减速器；2—主销；3—轮毂；4—外半轴；5—万向节；
6—半轴套管；7—内半轴；8—差速器；9—主减速器壳

转向驱动桥与转向桥的区别就是横梁变成了桥壳，转向节变成了转向节壳体，其组成都是空心的，同时多了驱动轴，这根驱动轴被位于桥壳中间的差速器一分为二，而变成了内半轴和外半轴。转向驱动桥与单独驱动桥、转向桥相比，不同之处有下面4点。

① 由于转向所需要半轴被分为两段，内半轴与差速器相连，外半轴与轮毂相连，二者用等角速万向节连接。

② 转向节轴颈做成空心，以便外半轴从中穿过。

③ 转向的连接叉是球状转向节壳体，既满足了转向的需要，又适应了转向节的传力。

④ 主销分成上、下两段，分别固定在万向节的球形支座上。

三、转向轮定位

为保证汽车稳定直线行驶能力，降低驾驶员工作的疲劳强度，提高转向系反应速度，增加行车安全，延长轮胎使用寿命，汽车转向轮应能满足以下要求。

（1）轮胎磨损小。汽车行进过程是驾驶员不断调整方向的过程，此时，会加剧轮胎的磨损，良好的转向桥应能使转向轮磨损减至最小。

（2）转向轻便。驾驶员可以用最小的劳动付出控制汽车转向。

（3）自动回正作用。当转向轮偶遇外力作用发生偏转，或汽车转向行驶过程中转向轮发生偏转时，一旦施加在转向盘上的外力消失，转向轮应能立即自动回正到直线行驶位置。

所有这些要求的满足均依赖转向轮正确的定位来保证。汽车转向轮的空间位置由转向轮本身、转向节和前桥的相对安装关系来确定，这些关系反映到转向轮的几个定位参数上，包括主销后倾、主销内倾、前轮外倾和前轮前束。

1．主销后倾

主销安装在前轴主销孔后，在汽车纵向平面内，其上端略向后倾，在汽车纵向垂直平面内，主销轴线与垂线之间的夹角称为主销后倾角γ，一般不超过3°。

如图2.2.8所示，主销后倾后，形成了绕主销的稳定力矩M，即

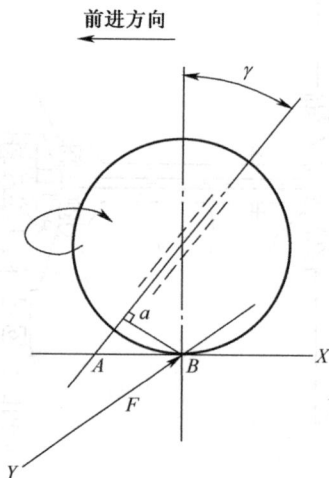

图 2.2.8　主销后倾角示意图

$$M = Fa$$

式中：F——汽车离心力引起的路面对车轮的侧向力；

a——主销后倾轴线延长线和路面的交点与车轮和路面接触点之间的距离。

主销后倾角的作用是使汽车自动保持直线行驶和在汽车转弯后转向轮自动回正。

想一想

主销后倾角越大越好吗？

延伸阅读

主销后倾回正原理

车辆行驶时，B 点不断受路面阻力作用，这个阻力使前轮总是追随 A 点自动保持直线行驶。当汽车直线行驶偶遇外力而发生偏转时，假设转向轮向右偏转一个角度，在汽车这一转弯瞬间产生的离心力通过车轮作用在接触点 B 处，引起路面对车轮的侧向力，从而产生一个绕主销轴线转动的稳定力矩 M，由于该力矩方向与车轮偏转方向相反，使转向轮自动恢复到中间位置，保证了汽车直线行驶的稳定性。同理，当汽车转弯后，由于稳定力矩 M 的作用，仍将使车轮恢复到中间位置，即转向轮自动回正。

2. 主销内倾

主销装在前轴上，其上端略向内倾，称为主销内倾。在汽车横向垂直平面内，主销轴线与垂线之间的夹角称为主销内倾角 δ，如图 2.2.9 所示，它是由前轴两端主销孔倾斜形成的，一般为 $5°\sim8°$。

主销内倾角的作用是使车轮转向后能自动回正，且转向轻便。

主销后倾角与主销内倾角的关系如下。

（1）直线行驶时车轮偶遇外力而偏转，主要是主销内倾角起回正作用。

（2）主销后倾角的回正作用与车速有关，而主销内倾角的作用与车速无关。

图 2.2.9 主销内倾角示意图

（3）主销后倾角与主销内倾角都有使汽车转向后自动回正、保持汽车直线行驶的作用。

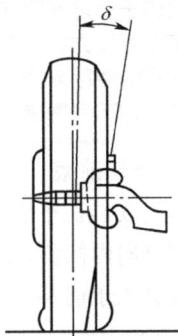

延伸阅读

主销内倾回正原理

当转向轮在外力作用下由中间位置偏转一个角度，如定转到图示虚线位置（见图 2.2.10），车轮最低点将陷入路面下，但实际上车轮下边缘不能陷入路面以下，而是将转向轮连同整个汽车前部向上抬起一个相应高度。这样，汽车前部本身质量有使前轮回到中间位置的倾向。前轮偏转角越大，汽车前部抬起越高，车轮自动回正作用就越强，而要克服汽车前部质量使前轮偏转，实现汽车转向，就会变得越沉重，这对安全行车很重要。

3. 转向车轮外倾

转向车轮安装在转向节上时，其旋转平面上端向外倾斜，这种现象称为转向轮外倾。车轮旋转平面与垂直于车辆支撑面的纵向平面之间的夹角 α 称为前轮外倾角，如图 2.2.11 所示。

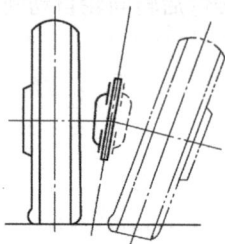

图 2.1.10 主销内倾回正示意图

图 2.2.11 转向车轮外倾角示意图

车轮外倾角的作用是提高车轮工作的安全性，与主销内倾相配合提高了转向操纵轻便性。前轮外倾角是由转向节的结构确定，一般不超过 1°。

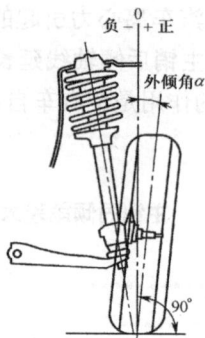

延伸阅读

车轮外倾意义

由于主销与衬套之间，轮毂与轴承等处都存在间隙，若空车时车轮的安装正好垂直于路面，则满载时由于上述间隙的变化，以及车桥因承载而变形，都会引起车轮向内倾斜。车轮内倾将使路面对车轮的垂直反力的轴向分力压向轮毂外端的小轴承，使该轴承及其锁紧螺母等部件承受载荷增大，降低了它们的使用寿命，严重时会损坏锁紧螺母而使车轮脱落。为此，安装车轮时预先留有一定外倾角，以防上述不良影响。

4. 前轮前束

车轮安装在车桥上，两前车轮的中心平面不平行，其前端略向内倾斜，这种现象称为前轮前束。两前轮后端距离 A 大于前端距离 B，其差值 $A-B$ 称为前轮前束值，如图 2.2.12 所示。

前轮前束的作用是消除因车轮外倾所造成的不良后果，保证车轮不向外滚动，防止车轮侧滑和减轻轮胎的磨损。前轮前束值可以通过改变转向横拉杆的长度来调整，一般为 0～12mm。

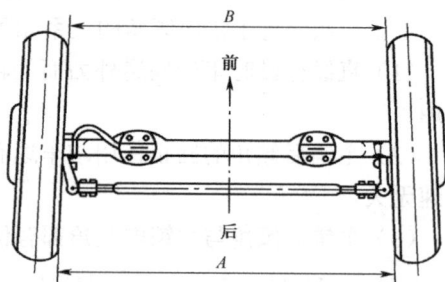

图 2.2.12 前轮前束示意图

延伸阅读

前轮前束

由于车轮外倾，汽车行驶时，两个车轮滚动类似于两个锥体的滚动，其轨迹不再是直线而是逐渐向各自的外倾滚开，如图 2.2.13 所示。但由于受到车桥和转向横拉杆的约束，两侧车轮不可能向外滚开，这样，车轮在路面上滚动行的同时又被强制拉向内侧，产生向内的侧滑，从而加剧轮胎的磨损。有了前束，车轮滚动的轨迹是向内侧偏斜，只要前束值与车轮外倾角配合适当，车轮向内、外侧滚动的偏斜量就会相互抵消，使车轮每一瞬间的滚动方向都朝向正前方。

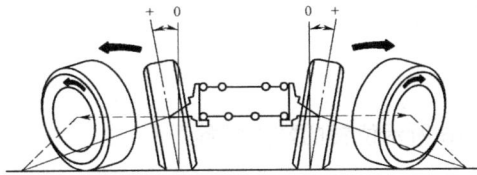

图 2.2.13 车轮外倾

课题实施 **检修桑塔纳轿车后桥**

桑塔纳轿车的后桥为非独立悬架，由横梁、螺旋弹簧、减震器等组成，如图 2.2.14 和图 2.2.15 所示。

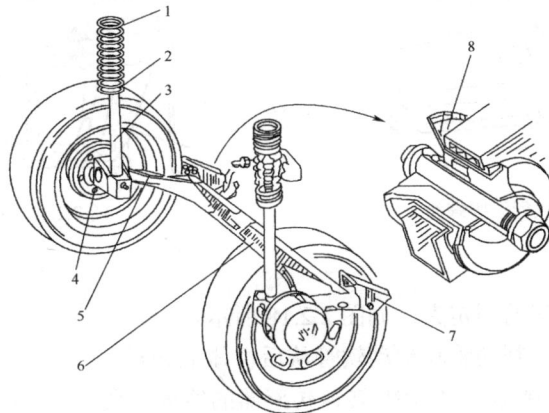

图 2.2.14 桑塔纳轿车后桥总成结构示意图

1—支撑杆座；2—减震器支柱；3—减震器；4—短轴；5—后摇臂；
6—横梁；7—橡胶金属支撑支架；8—橡胶金属支撑座

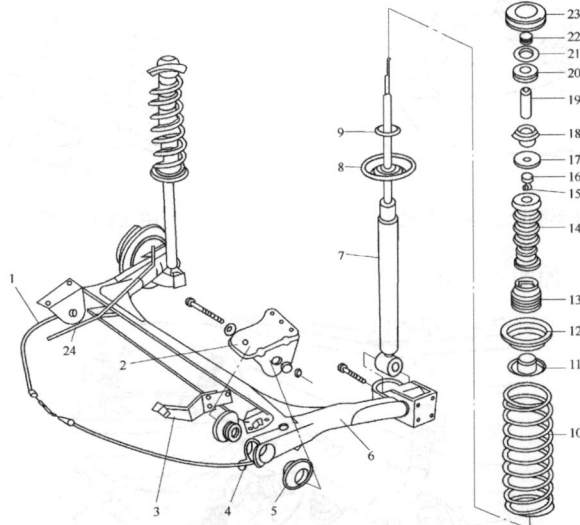

图 2.2.15 桑塔纳轿车后桥与后悬架的分解图

1—手制动钢丝套管；2—支撑座；3—调节弹簧支架；4—手制动钢丝绳支架；
5—橡胶金属支撑；6—后悬架臂；7—减震器；8—下弹簧座圈；9, 17—垫圈；
10—螺旋弹簧；11—护盖；12—上弹簧座；13—波纹橡胶管；14—缓冲块；
15—卡箍；16—隔圈；18—下轴承环；19—隔套；20—上轴承环；21—衬盘；
22—自锁螺母（35N·m）；23—塞盖；24—制动管和制动软管

步骤一　后桥的整体拆卸。

（1）拆下车轮。

（2）举升汽车。

（3）拆下排气管如图 2.2.16 所示位置的紧固螺栓。

（4）拆下如图 2.2.17 箭头所示排气管与车身底盘相连的橡胶减震圈。

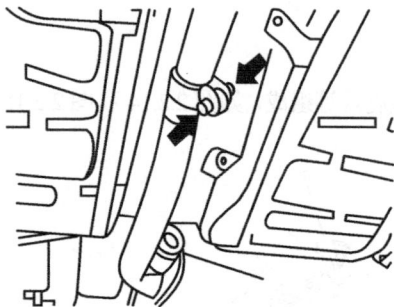

图 2.2.16　拆下排气管紧固螺栓

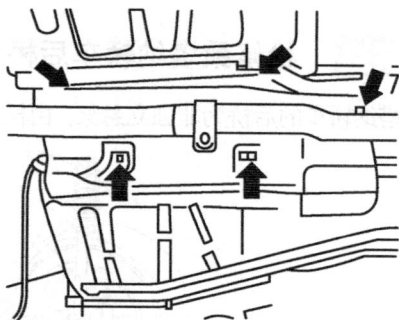

图 2.2.17　拆下橡胶减震圈

（5）小心拆下排气管。

（6）拆下驻车制动拉索的固定夹，如图 2.2.18 所示。

（7）将驻车制动拉索、制动管和制动软管从后桥体上分开。

（8）拆下 ABS 转速传感器，将 ABS 转速传感器的线束从夹头中拉出，如图 2.2.19 所示。

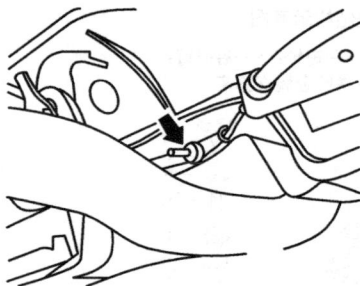

图 2.2.18　拆下驻车制动拉索的固定夹

图 2.2.19　拆下 ABS 转速传感器

（9）松开制动管 B，如图 2.2.20 所示。

图 2.2.20　松开制动管 B

（10）用专用工具撑住后桥横梁，放下车辆。

（11）取下车厢内减震器盖板，从车身上拧下支撑杆座螺母，如图 2.2.21 所示。

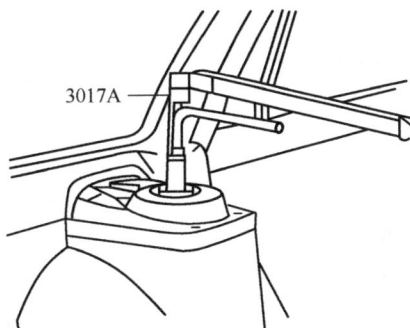

图 2.2.21　拆下减震器支撑杆座螺母

> **提示**
>
> 如要把支撑座留在车身上，需要拆下支撑座与横梁上的固定螺栓。

（12）拆下车身上左右轴承支撑座。

（13）慢慢升起车辆，将后桥从车身底厂拆出。

（14）拆下金属橡胶支撑座，用专用工具将金属橡胶支撑逐一拉出，如图 2.2.22 和图 2.2.23 所示。

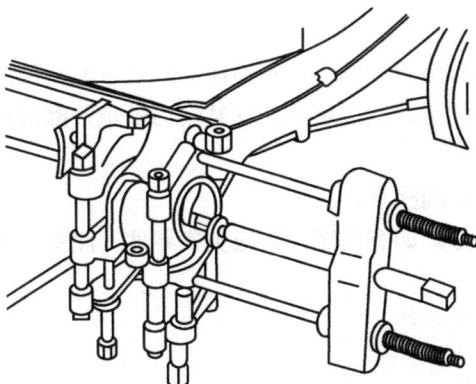

图 2.2.22　拆卸橡胶金属支撑

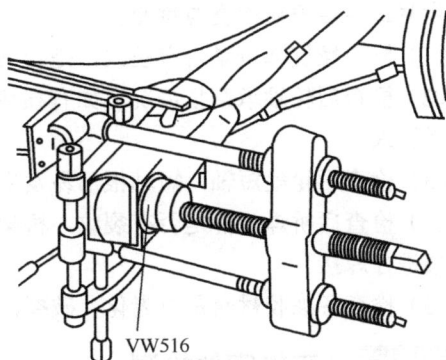

图 2.2.23　拉出另一半橡胶支撑

步骤二　后桥的整体安装。

安装的顺序与拆卸顺序相反，但安装时要注意以下几点。

（1）安装新的金属橡胶支撑时，应使其扇形体与沟槽互相嵌在一起，如图 2.2.24 所示，安装深度 a 为 61.6～62.0mm，如图 2.2.25 所示。

（2）将手制动拉索辅设在排气管上面，然后将后桥装到车身上。

（3）将减震器支撑杆座装入车身的支架中，并用螺母固定。

（4）横梁必须平放，车身与横梁的夹角为 17°+2°，如图 2.2.26 所示。

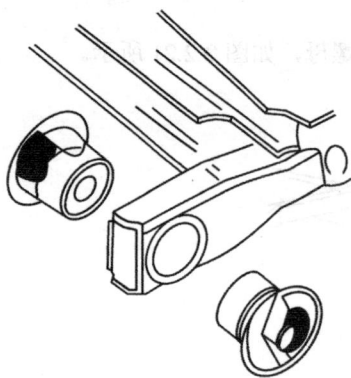

图 2.2.24　橡胶金属支撑安装位置

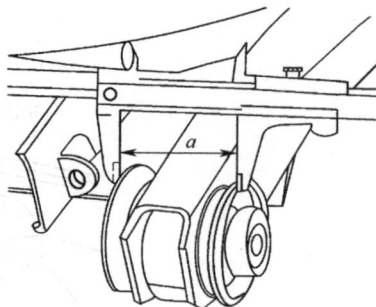

图 2.2.25　橡胶金属支撑安装深度

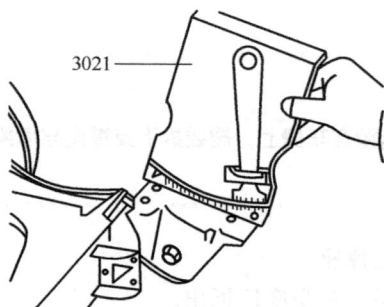

图 2.2.26　车身与横梁的夹角 17°+2°

（5）各连接螺栓、螺母应按规定拧紧力矩拧紧。

步骤三　后桥的检查与维修。

（1）检查螺旋弹簧是否有裂纹，是否磨损，减震器是否漏油，如有损坏，均应更换新件。

（2）检查后轮轴承磨损情况，如有损坏或转动不灵活，则应更换，安装新的轴承外圈应用专用工具压入。

（3）检查后轮毂短轴，短轴根部易发生裂纹，应仔细检查。

（4）检查后桥焊接件是否有裂纹，桥架是否有变形。如有问题，则应更换零件，注意不允许对桥架进行焊接。

（5）检查各橡胶衬套是否老化、破裂，必要时更换新件。

拓展训练　**车轮定位检测**

训练一　前轮定位检测

通常后轮驱动的汽车无论厂方是否提供后轮定位数据，在大多数情况下只需做前轮定位。前轮驱动的汽车按理应做四轮定位，但如果没发现转向困难、行驶跑偏，后轮没有畸形磨损时，通常也只是做前轮定位。

1．前轮定位的准备工作

（1）使所有的车轮处于同一高度，并处于直线行驶方位。将两个定位仪的转角盘置于两个前轮的下方。

提示

轮胎气压必须符合厂家规定。

（2）拆下轮毂罩，把定位仪吸在所测车轮转向节轴端或轮毂端面上。如条件不允许也可以用轮辋夹来安装，汽车处于行车制动状态，如图 2.2.27 所示。

2．主销后倾角的测试

（1）确认转角盘指针处于零位，然后根据转角盘指针读数将所检查车轮向外转 20°。

（2）将要检查的主销后倾角玻璃管调至零。

（3）根据转角盘指针读数，将车轮向内转 40°（即车轮向内侧偏斜 20°），把定位仪调平，记下主销后倾角读数。

3．主销内倾角测试

和主销后倾角的测试方式一样，将车轮从直线行驶位置，先向外转 20°，转动主销内倾角水准器，使气泡调到零位，向内旋转车轮 40°，使其向内转动 20°，记下主销内倾角水准器上读出的主销内倾角数值。

4．前轮外倾角的测试

测量前轮外倾角时，汽车应处于直线行驶位置，记下前轮外倾角的数值。如以轮辋夹为定位基础，做前轮外倾角测试。测试后，将车轮旋转 180°后再次测试，两次测量数据如有差别，说明轮辋变形，需要换车轮。

5．前轮前束测试

前轮前束通常用前束尺或盒尺进行空载状态下滚动测量，汽车在平地上保持直线行驶的位置，先测两前轮后侧中心线间距离，向前滚 180°，再在同一位置测胎冠中心线间距离，如图 2.2.28 所示。

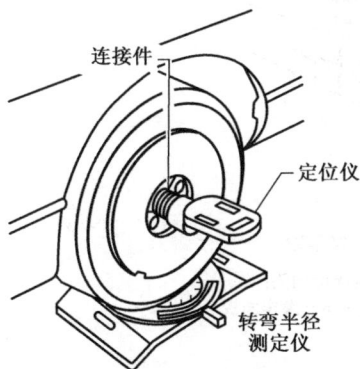

图 2.2.27　机械式前轮定位仪的使用与安装

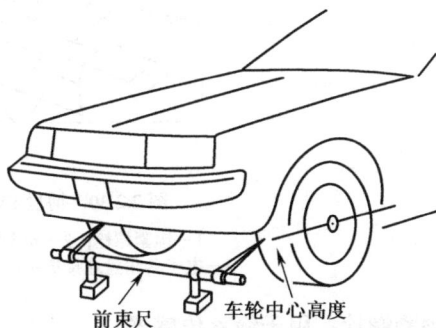

图 2.2.28　用前束尺测前轮前束

训练二　四轮定位检测

1．博世 FWA510/515 四轮定位仪的组成

博世 FWA510/515 四轮定位仪的主机部分包括显示屏、打印机组件、键盘、主机组件、主电

源开关和车轮单元支架、车轮单元连接插座等，其
FW515有无线电信号接收器，如图2.2.29所示。

（1）主机部分。

① 显示屏：又叫作彩色监视器，显示操作主程序，
其中控制命令菜单位于屏幕左侧。

② 打印机组件：用于打印测量数据，以协助向车
主解释定位程序的效果。

③ 多功能键盘：用于程序操作和输入文字及数字
信息。

④ 主机组件：仪器的主体部分，装有车辆定位程
序，含有汽车四轮定位过程及诊断图形，电子控制系统
也位于此部分。

⑤ 主电源开关：位于机柜右下方。

⑥ 车轮单元的轮辋支架：FWA515充电插座也位
于此部分。

⑦ 车轮单元连接插座：用于连接传感器数据电缆。

⑧ 无线电信号接收器：将无线电信号传入控制单
元。无线电信号和光束信号相比，不受外界光源影响，
检测的可靠性、分析能力更胜一筹。

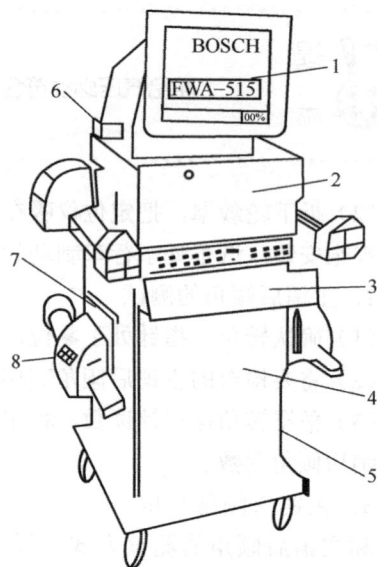

图 2.2.29　博世 FWA515 四轮定位仪

1—显示屏；2—打印机组件；3—多功能键盘；
4—主机组件；5—主电源开关；6—车轮单元的支架；
7—车轮单元连接插座；8—无线电信号接收器

（2）车轮单元组成部分。博世 FWA515 四轮定位仪车轮单元的组成如图 2.2.30 所示。

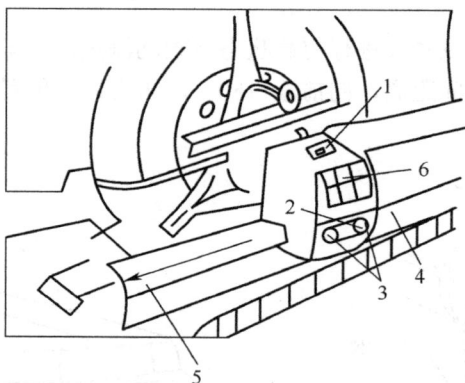

图 2.2.30　博世 FWA515 四轮定位仪车轮

1—锁紧螺栓；2—安全锁销；3—数据线连接插头；
4—电子转角盘连接插头；5—安装方向箭头；6—操作面板

① 锁紧螺栓：用于锁紧传感器。
② 安全锁销：向左拨动锁销能从轮辋支架上取下传感器。
③ 数据线连接插头（需要时用）。
④ 电子转角盘连接插头：仅用于前轮单元。
⑤ 安装方向箭头：箭头应指向车前。
⑥ 操作面板。

2．车轮单元操作面板的组成

博世 FWA515 型四轮定位仪车轮单元操作面板的组成，如图 2.2.31 所示。

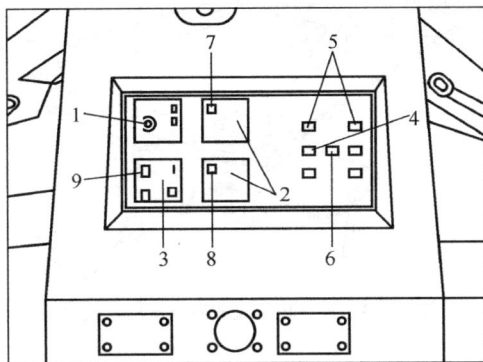

图 2.2.31　博世 FWA515 四轮定位仪车轮单元操作面板的组成

1—传感器开关；2—偏位补偿；3—测量与偏位补偿转换开关；4—电子水平指示灯；
5—通信状态指示灯；6—上止点偏位补偿指示灯；7—下止点偏位补偿指示灯；
8—测量状态指示灯；9—偏位补偿状态指示灯

（1）传感器开关：仅适用于博世 FWA515 型定位仪的传感器状态指示灯，此时指示灯在测量过程中应始终亮着，如此灯出现闪烁状态，说明传感器电池快耗尽了。

（2）偏位补偿：主要是帮助解决轮辋偏位（端面圆跳动）和车轮转动时卡具被撑开带来的误差，对前束和外倾角进行补偿。

（3）测量与偏位补偿转换开关。按下开关，从测量模式转换为补偿模式。

（4）电子水平指示灯：取代传统的水泡，消除人为测量误差，显示传感器水平位置正确。

（5）通信状态指示灯。

熄灭：表示传感器有故障。

持续亮：与主机通信中断。

闪烁：与主机通信良好。

（6）上止点偏位补偿指示灯，在做补偿期间时，当上部补偿结束并已接受测量值时，LED 亮。

（7）下止点偏位补偿指示灯，在做补偿期间时，当下部补偿结束并已接受测量值时，LED 亮。

（8）测量状态指示灯，在测量操作期间亮并在校准期间闪烁。

（9）偏位补偿状态指示灯，在补偿模式中亮并在校准期间闪烁。

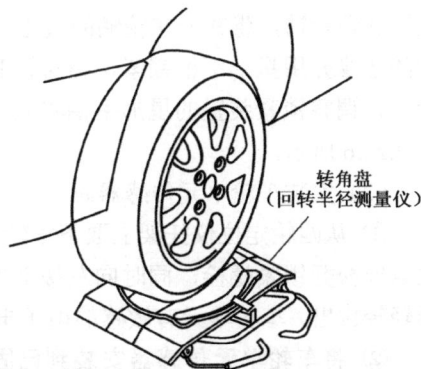

图 2.2.32　转角盘

转角盘
（回转半径测量仪）

3．转角盘和后滑板的作用

无论做二轮定位还是做四轮定位，汽车前轮都必须放置在转角盘上，如图 2.2.32 所示。

（1）后滑板能使后轮向外侧自由移动，可以正确地安置后悬架，如图 2.2.33 所示。

（2）可以对后轮前束和后轮外倾角进行无约束调整（可准确地调整后轮外倾角和前束）。

在车辆开上后滑板之前，应在后滑板上插上锁定销锁定。

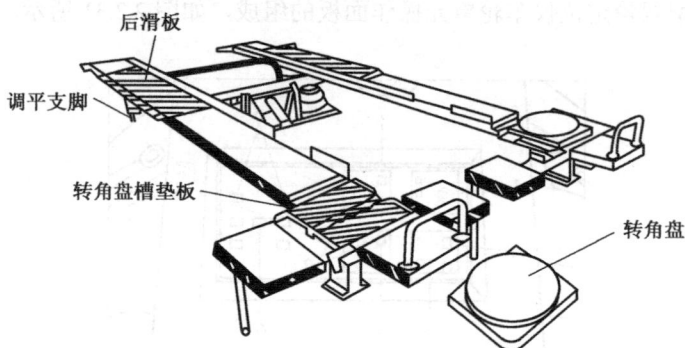

图 2.2.33 带有转角盘和后滑板的定位台

4. 四轮定位检测步骤

（1）车轮的安装。汽车的前轮停在转角盘上，后轮停在后滑板上，如图 2.2.34 所示。前轮转向节轴中心应与转角盘零刻度线在同一直线上，如图 2.2.35 所示。锁销要留在转角盘上，使用自动变速器的，变速杆应置于 P 位，用专用推杆压住制动踏板，实行行车制动。

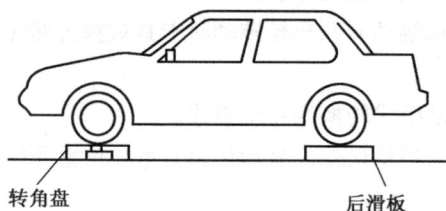

图 2.2.34 前轮停在转角盘上，后轮停在后滑板上

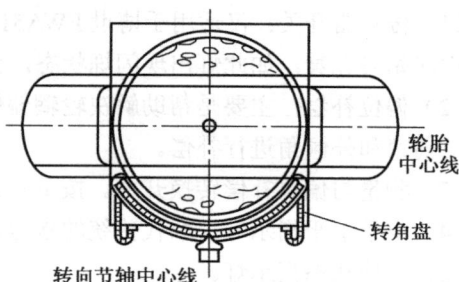

图 2.2.35 转向节轴中心线与转向盘零刻度线对正

在每个车轮上装上轮辋夹，先拆去轮辋装饰罩，依照轮胎所标记的轮辋尺寸调锁紧销。例如，轮胎的标记为 P205/75R15，这里的 15 为轮辋直径（英寸数，15in），按 15in 的尺寸调节两个较低位置的锁紧销，将其卡在轮辋的边缘。轮辋夹上的调节钮应指向车轮顶端，移动顶部的销子到轮辋的边缘并用星形手柄锁紧，将可调整的夹紧臂放在轮胎上，调整锁紧装置的星形手柄将其锁紧在轮胎上，如图 2.2.36 所示。

（2）安装车轮单元传感器。

① 从四轮定位仪托架上取下车轮单元传感器，此时注意要松开锁紧螺栓，同时向左拨动安全锁销，将传感器轻轻拔出。车轮单元有敏感的电子电路，要避免碰撞。

② 将车轮单元传感器安装到已固定好的轮胎卡具上，每个传感器都有安装方向箭头，箭头方向应指向车前，且两前轮传感器长臂朝车头方向，两后轮传感器长臂朝车尾。

③ 打开四轮定位仪机柜右下方的主电源开关，计算机会自动启动，当程序开始初始化的时候，打开传感器电源开关。

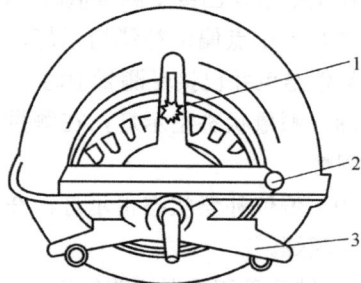

图 2.2.36 安装轮辋卡具
1—顶部锁销；2—锁紧装置；3—低位置锁紧销

④ 当主机接收到传感器信号时，中间指示灯便会闪烁。

⑤ 确保传感器电子水平指示灯指示水平位置，这时两个绿色灯点亮，旋紧传感器上的翼形螺钉。

⑥ 将电子转角盘电缆插头插入两前轮传感器中间插座中，如果是 FWA510 四轮定位仪还需用两根长电缆将前轮传感器与主机旁边的插孔相连，把每个后轮传感器通过电缆与前轮传感器的插座孔相连。

（3）开始定位程序。

① 打开设备电源开关。计算机启动后出现如图 2.2.37 和图 2.2.38 所示的开机界面。

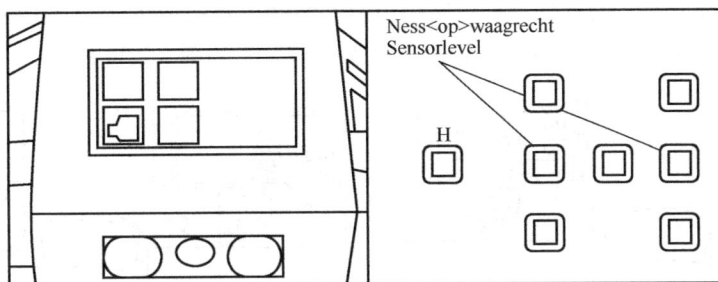

图 2.2.37　计算机启动后出现的开机界面

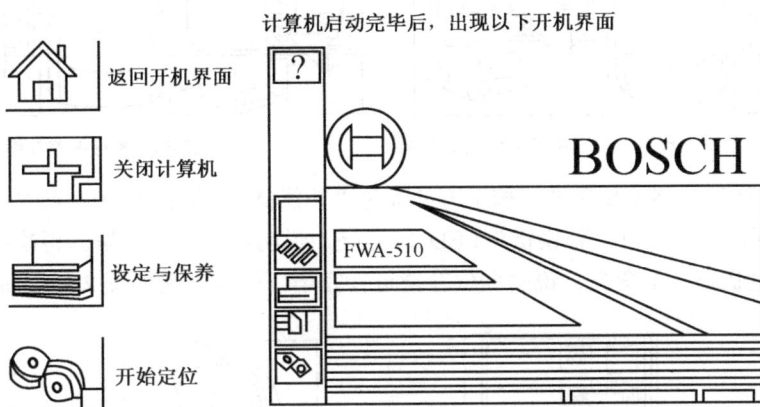

计算机启动完毕后，出现以下开机界面

图 2.2.38　计算机启动完毕后的界面

② 选择车型数据。选择车型有两种方式：

● 可以使用 ↑ ↓ ← → 键在制造商和车型描述间滚动；

● 键入制造商的首位字母，如键入字母 P，便可以显示出 "Passat"，按 Q 键确认车型选择，显示其参考资料，选择过程中，车型代码显示在状态栏中。

③ 偏位补偿。

> **提示** 借助偏位补偿能解决轮辋的偏位（端面圆跳动）和车轮转动时卡具被撑开带来的误差，对前束和外倾角进行补偿。端面圆跳动小于 1mm 的轮辋，无须做轮辋补偿，只是对端面圆跳动较大的轮辋，才需做轮辋补偿。

● 安装转向盘锁。

● 松开驻车制动。

● 装上保护装置。

- 将前轴支起。
- 拔掉转角盘锁销和后滑板锁销。
- 按"两点补偿键"。

在每个车轮单元传感器上执行下列操作。

按下"测量与偏位补偿转换键"，操作状态指示灯（黄色）从位置 1（测量状态）跳到位置 2（偏位补偿状态），此时出现如图 2.2.39 所示的画面，执行偏位补偿。

调平传感器，按下上方的蓝色"补偿键"，设计"180"点的位置，一旦 LED 灯"h"停止闪烁，上面蓝色"补偿键"LED 灯点亮，说明数据保存完毕，如图 2.2.40 所示。

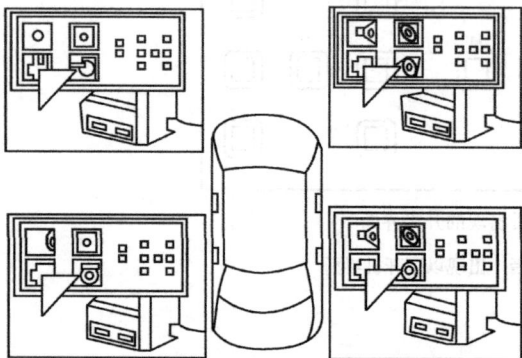

图 2.2.39　按"两点补偿键"屏幕上出现偏差补偿初始界面　　　　图 2.2.40　执行偏差补偿界面

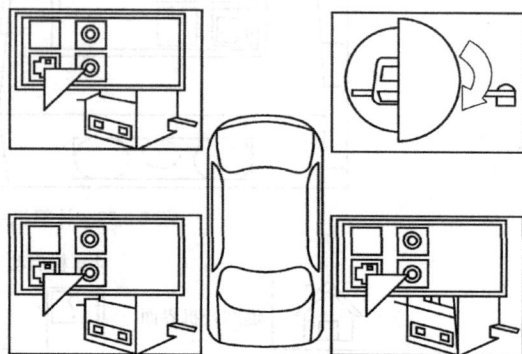

将车轮旋转 180°，调平传感器，按下方的蓝色"补偿键"，设定"180"点的位置，一旦 LED 灯"h"停止闪烁，上面蓝色"补偿键"LED 灯点亮，说明数据保存完毕。再次按下操作状态选择键，10s 后测量状态灯 1 变亮，说明偏位补偿进行完毕。此时出现如图 2.2.41 所示的画面。

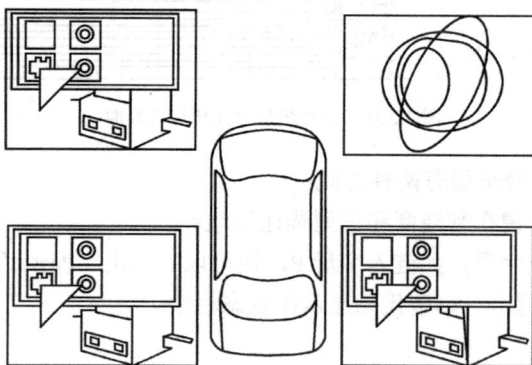

图 2.2.41　偏位补偿完毕时屏幕上显示的界面

（4）定位检测。

① 调整 4 个传感器水平，使屏幕上的电子水平显示变绿。

② 将转向盘转到中间位置，此时屏幕上会出现一带红线标记的电子水平显示。

③ 如果转向盘离中心位置较远，此时屏幕上会出现两个箭头指向转向盘的中心位置。

④ 一旦转向盘处于正中间位置，此时屏幕上会出现一个信号灯图标（此时前轮处于正前方位置）。稳住方向盘 5s，测量值传送成功后，信号灯图标就会消失。

⑤ 将自动显示左右 20°时进行测量的图形指导画面完成左右转动转向盘 20°后，可测量出主销后倾角、内倾角和 20°转角差，如果只完成左右转动转向盘 10°，则无转角差测量值。测量步骤如下：向右慢打转向盘，快接近 20°时会出现一个电子水平显示，作为精确调整，一旦指针进入公差允许范围，红色信号灯将会出现（此时前轮处于右转 20°的位置）。稳住转向盘 5s 后，测量值被存储起来。存储完毕后程序自动跳到下一步。在此过程中要注意转动转向盘时身体不要挡住前后传感器之间的光线。

⑥ 向左慢打转向盘，快接近 20°时会出现一个电子水平显示，作为精确调整，一旦指针进入公差允许范围，红色信号灯将会出现（此时前轮处于右转 20°的位置），稳住转向盘 5s 后，测量值被存储起来，存储完毕后程序自动跳到下一步。

⑦ 接下来屏幕上自动显示所有测量值的一览表，如图 2.2.42 所示。定位角度测量值超过允许范围时为红色背景，否则为绿色背景，若角度参考值不存在，则为蓝色背景。

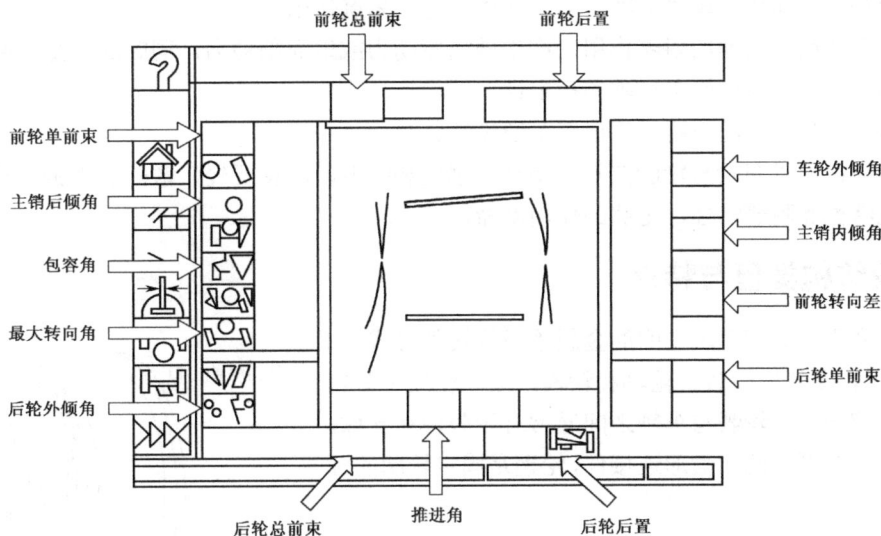

图 2.2.42　屏幕上出现所有测量值一览表

课题小结

（1）根据悬架结构的不同，车桥分为非断开式和断开式两种，分别与非独立悬架和独立悬架配用；根据车桥的作用不同，车桥又可分为转向桥、驱动桥、支持桥和转向驱动桥 4 种类型；转向桥结构主要由前轴、转向节、主销和轮毂 4 部分组成。

（2）转向驱动桥具有一般驱动桥的结构，也具有一般转向桥的结构。但由于转向的需要，与转向轮相连的半轴被分为两段，其间用万向节连接；同时主销也因此分制成上、下两段；转向节轴颈部分被做成中空，以便外半轴穿过其中。

（3）转向车轮、转向节、主销和转向轴之间安装的相对位置，称作转向轮定位。它包括主销后倾、主销内倾、转向轮外倾和转向轮前束 4 项内容。

作业测评

（1）转向桥的结构组成及作用是什么？

（2）转向驱动桥与转向桥在结构上有什么区别？

（3）什么是转向轮定位？转向轮定位的内容及作用有哪些？

课题三 检查更换轮胎

车轮与轮胎是汽车行驶系中及其重要的部件之一，它处于车轴与地面之间。

基础知识

一、车轮与轮胎的作用

（1）支撑整车的重量，包括汽车质量上下运动时产生的惯性动载荷。

（2）缓和由路面传给车体的冲击力，产生一定的隔震作用。

（3）借助轮胎与路面的附着作用，产生地面驱动力或地面制动力，同时还产生平衡汽车侧向力的地面侧向反力，保证汽车行驶的稳定性。

（4）承担跨越障碍的作用，保证汽车通过性。

综上所述：要求车轮与轮胎要具有足够的强度和刚度，质量要轻，散热能力强。轮胎要具有良好的弹性特性和附着特性，足够的使用寿命。

二、车轮结构类型与特点

车轮是介于轮胎和车轴之间的金属承载旋转件总成。如图 2.3.1 所示，车轮由轮毂、轮辋和轮辐组成。轮毂是车轮与车轴连接部分，在轮毂与车轴之间通常有轮毂轴承支撑，轮辐是轮毂与轮辋之间的盘形连接件，轮辋是固定轮胎的圆柱状金属圈。

如图 2.3.2 所示，车轮按轮辐结构不同可分为辐板式和辐条式，根据轮辋形式不同又可分为组合式和整体式。

1. 轮毂

轮毂内装有轮毂轴承，为使轴承得到润滑，可在轮毂内腔加少量润滑脂。轮毂螺栓又称为轮胎螺栓，用以连接轮毂、轮辐和制动鼓，包括螺柱、螺母和套螺母。多数轮胎螺栓是不能左右互换的，左轮用左旋螺纹，右轮用右旋螺纹，这样可避免汽车前进行驶时因旋转惯性而出现轮胎螺母自行松动现象。

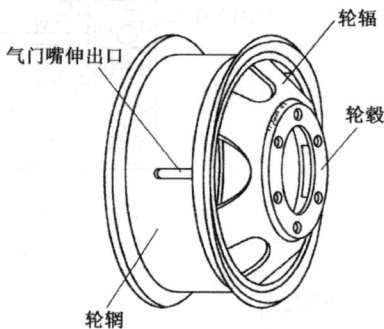

图 2.3.1 车轮的组成

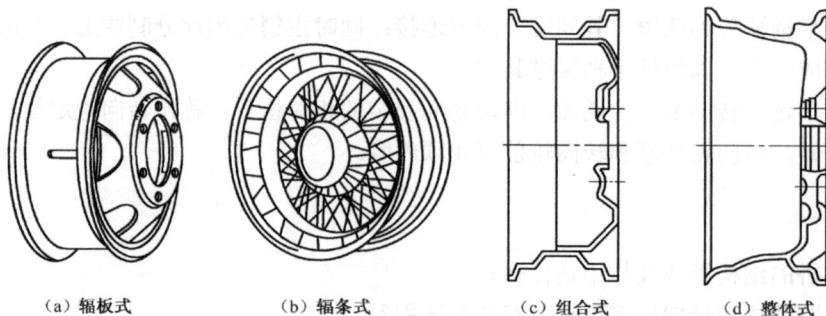

（a）辐板式　　　（b）辐条式　　　（c）组合式　　　（d）整体式

图 2.3.2 各种车轮类型

目前一些车辆上由于采用了球面弹簧垫圈，可以防止螺母自行松脱，故左右车轮的螺栓均可用右旋螺纹。

2. 轮辋

轮辋按其断面结构形式可分为对开式轮辋、深槽轮辋和平底轮辋。

（1）深槽轮辋。代号为 DC，如图 2.3.3（a）所示。深槽轮辋易于装卸，一般都是采用钢板冲压成形的整体结构，多用于小轿车及越野车。

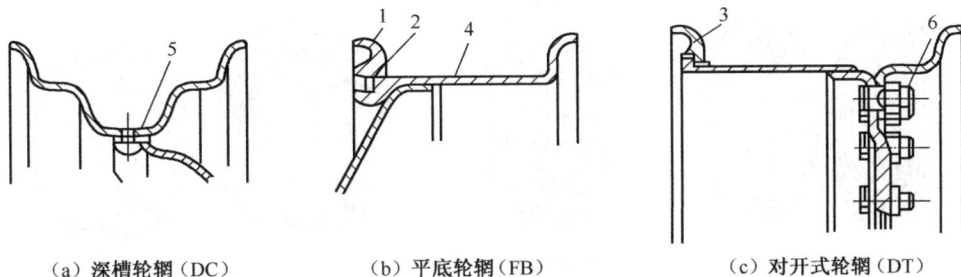

（a）深槽轮辋（DC）　　（b）平底轮辋（FB）　　（c）对开式轮辋（DT）

图 2.3.3　常见轮辋的轮廓类型

1，3—挡圈；2—锁环；4—轮辋；5—轮辐；6—螺柱

（2）平底轮辋。代号为 FB，如图 2.3.3（b）所示。平底轮辋底面呈平环状，一侧有突缘，另一侧为可拆装挡圈，便于轮胎的拆卸，主要用于中、重型载货汽车和大客车。

（3）对开式轮辋。代号为 DT，如图 2.2.3（c）所示。对开式轮辋由左右可分的两部分轮辋组成，两部分轮辋可以等宽，也可以不等宽。

图 2.3.4　国产轮辋规格含义及具体内容

3. 国产轮辋规格的表示方法

根据国家标准规定，国产轮辋规格用一组数字、符号和字母表示，分为 5 部分，各部分的含义及具体内容如图 2.3.4 所示。

（1）轮辋名义宽度代号。以数字表示，取两位有效数字，单位为 in（英寸）。

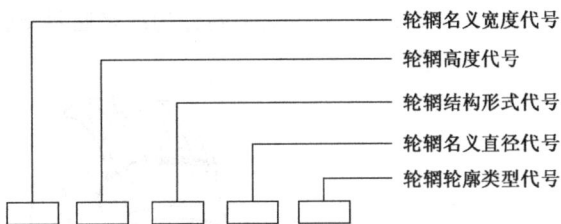

1in=25.5mm

（2）轮辋高度代号。用一个或几个字母表示，常用代号及相应高度值，单位为 mm。

（3）轮辋结构形式代号。用符号"×"表示一件式轮辋，用符号"-"表示多件式轮辋。

（4）轮辋名义直径代号。以数字表示，单位为 in。

（5）轮辋轮廓类型代号。用几个字母表示，如深槽轮辋用 DC 表示。

例如：上海桑塔纳轿车轮辋规格为 5.5J×13。其含义是轮辋名义宽度和名义直径分别为 5.5in 和 13in，轮辋高度为 17.27mm，一件式轮辋。

三、轮胎

1. 轮胎分类

根据轮胎分类标准不同，分别有以下一些类型。

（1）根据轮胎气压高低的不同分为：高压胎（0.5～0.7MPa）、低压胎（0.2～0.5MPa）和超低压胎（小于 0.2MPa）。

（2）根据轮胎花纹不同分为：普通花纹轮胎、混合花纹轮胎和越野花纹轮胎，如图 2.3.5 所示。

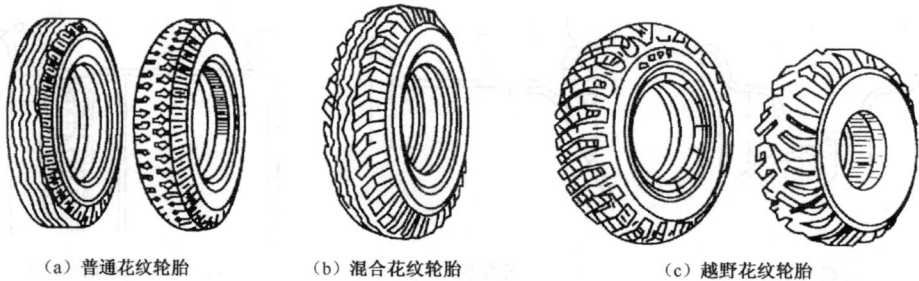

（a）普通花纹轮胎　　　（b）混合花纹轮胎　　　（c）越野花纹轮胎

图 2.3.5　各种花纹轮胎

（3）根据内胎有无分为：有内胎轮胎和无内胎轮胎。

（4）根据帘布排列方式不同分为：普通斜交胎和子午线轮胎，如图 2.3.6 所示。

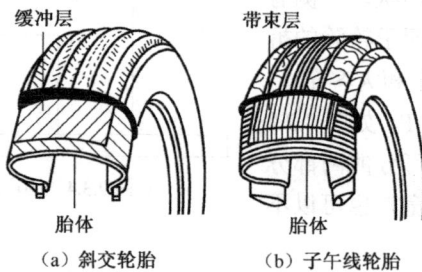

（a）斜交轮胎　　　（b）子午线轮胎

图 2.3.6　帘布不同排列方式的轮胎

延伸阅读

轮胎安装在轮辋上，外缘直接与地面接触，靠两者的接触，产生供汽车行驶的驱动力或制动时的制动力及转向时的横向推力等。同时，它还需和汽车悬架承担汽车行驶时受到的冲击，衰减由此产生的震动。另外，轮胎还必须承受作用在其上的重力。当车轮滚动时，轮胎在各种力的作用下不停地交替处在加载和卸载状态中，从而使得轮胎温度上升，过高的温度将极大影响橡胶性能和轮胎组织，严重时甚至会造成胎面橡胶整块剥落，大大缩短轮胎的使用寿命。所以要求轮胎必须具有足够适宜弹性、足够承载能力、均匀质量分布和良好的散热能力。

2. 子午线轮胎

子午线轮胎帘布层帘线排列的方式与轮胎横断面一致，即与胎面中心线成 90°，帘线的这种排列很像地球上的子午线，故称为子午线轮胎。这种结构可使轮胎强度充分发挥，故它的帘布层层数比普通轮胎可减少将近一半，且没有偶数限制，轮胎很柔软，因缓冲层层数较多，极大提高了胎面的刚度和强度。子午线轮胎的这些结构特点，使其具有更加优越的性能：耐磨性好、使用寿命长、滚动阻力小（比斜交轮胎小25%~30%）、节约燃料（比斜交胎节油6%~8%）、承载能力强、减震性能和附着性能好、胎面耐刺穿、自重轻等。

3. 轮胎标识

我国汽车用低压充气轮胎规格的标注采用英制表示法。标记方式如下：

轮胎断面宽度（in）+气压标识符+轮辋直径（in）

其中：气压标识符以"-"表示低压胎，用R表示子午线胎。

举例1：9.00-20，表示轮胎断面宽9in，轮辋直径20in低压胎。

举例2：9.00R20，表示轮胎断面宽9in，轮辋直径20in子午线胎。

国际上ISO标准对子午线胎的标注方式如下：

$$\frac{断面宽度(mm)}{扁平率}+结构代号+轮辋直径(in)+允许载荷代号+速度代号$$

例如：195/70 R 14 88 H

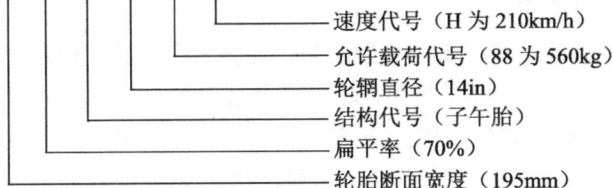

- 速度代号（H为210km/h）
- 允许载荷代号（88为560kg）
- 轮辋直径（14in）
- 结构代号（子午胎）
- 扁平率（70%）
- 轮胎断面宽度（195mm）

> **提示** 高速轮胎在设计上只能向车辆前进的方向转动（车辆正常的行驶方向），这种区别非常重要，在拆装车轮时，必须要加以注意轮胎胎侧上标有转动方向箭头。

> **延伸阅读**
> 扁平率是轮胎断面高度与断面宽度之比，轮胎扁平化是近年来汽车装备不断进步的一个发展方向。在相同情况下，低扁平率轮胎具有更大的承载能力，由于接地面积增大，接地点压力分布均匀，故在干燥路面上可获得更大的附着能力，转向时抗侧滑能力增强，转向更灵敏，但与此同时也产生了转向阻力矩增大和轮胎磨损加剧的问题。

四、车轮动平衡

1. 车轮动不平衡的原因

（1）汽车的车轮由轮胎、轮辋、轮毂等组成，由于制造上的原因，使车轮整体各部分质量分布不可能非常均匀。

（2）当汽车车轮高速旋转时，会形成动不平衡状态，造成车辆在行驶中车轮抖动、转向盘震动等现象。

2．何时需要进行车轮动平衡检测

车轮动平衡不好会造成轮胎异常磨损，引起震动。下列情况出现应做车轮动平衡检测。

（1）由于颠簸导致原车轮平衡块丢失。

（2）车轮出现某种有节奏的异响。

（3）当汽车高速行驶时，方向盘出现抖动。

（4）更换轮胎、轮毂或补胎后。

（5）车轮受过较大的撞击。

3．车轮动平衡在汽车上的形式与技术要求

在汽车车轮的轮毂边缘上，有一块或多块大小不等的平衡块，这些平衡块对汽车高速行驶的稳定性起着非常重要的作用。车轮动平衡调整技术要求如下。

（1）在进行车轮动平衡时，要先清除轮辋内侧的淤泥，检查轮胎是否有损伤，胎压是否正常。

（2）车轮动不平衡在轮辋边缘上不大于 80g。

（3）轮胎允许的不平衡量为 ±5g。

课题实施 检查、更换轮胎

操作一 检查轮胎磨损

轮胎磨损过度，花纹过浅，除容易爆胎外，还会使汽车操作稳定性变差。如果汽车在雨中高速行驶，由于不能把水全部从胎下排出，轮胎将会出现水滑现象，致使汽车失控。《机动车运行安全技术条件》（GB 7258—2004）规定，轿车轮胎胎冠上花纹磨损至花纹深度不小于 1.6mm，载货汽车转向轮胎冠上花纹深度不小于 3.2mm，其余轮胎胎冠花纹深度不小于 1.6mm。若小于规定深度，应停止使用。轮胎花纹深度可用深度尺进行测量。

胎面磨损标志位于胎面花纹沟底部，如图 2.3.7 所示，当胎面磨损到此处时，花纹沟断开，表明轮胎必须停止使用。轮胎磨损标记在轮胎胎侧上有三角形箭头标记"△"指示磨损标记出现位置。通常每只轮胎应沿圆周等距离设置，不少于 4 个。

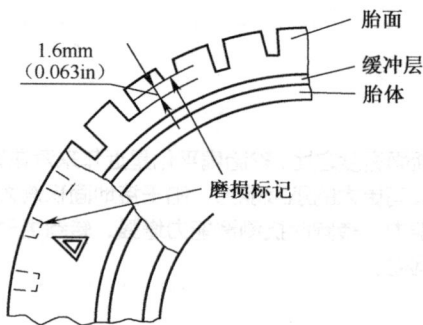

图 2.3.7 轮胎磨损标记

操作二 更换轮胎

1．扒胎机的主要结构

扒胎机的主要结构如图 2.3.8 所示。

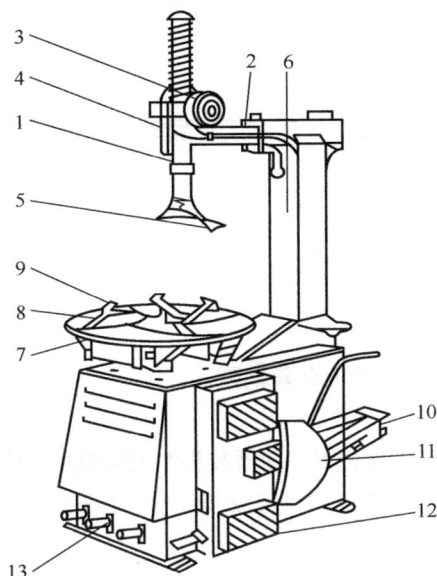

图 2.3.8　扒胎机主要结构

1—垂直轴；2—水平轴；3—锁紧手柄；4—手柄；5—拆装头；
6—支柱；7—工作台；8—撑爪；9—滑板；10—轮缘拆离臂；
11—轮缘拆离片；12—轮缘拆离座；13—脚踏板控制器

2. 扒胎机的使用方法

在使用扒胎机之前，应熟练掌握其控制方法。

（1）踩下左边第 1 个脚踏板，支柱向后转动；拉动手柄可使其复位（有的扒胎机无此功能）。

（2）踩下左边第 2 个脚踏板，听到"咔"的声音后松开，此时撑爪不动；重复一次，撑爪向内移动；再重复一次，撑爪向外移动，恢复到初始位置。

（3）拉开轮缘拆离臂，踩下右边第 2 个脚踏板并持续踩着，大气缸带动轮缘拆离器向内侧运动，靠轮缘拆离片对轮胎的压力使轮胎与钢圈分离。松开脚踏板，大气缸恢复到初始位置。

（4）向下踩着右边第 1 脚踏板，工作台顺时针旋转；反之，向上抬起脚踏板，工作台逆时针旋转。

（5）向下扳动锁紧手柄，可同时松开垂直轴和水平轴；反之，向上推动锁紧手柄，可同时锁住垂直轴和水平轴。

3. 操作方法与步骤

步骤一　拆卸轮胎前的准备工作。

（1）取下车轮装饰外罩。

（2）松开轮毂紧固螺母。

（3）用千斤顶举升汽车。

（4）旋下轮毂紧固螺母，取下车轮。

（5）放净轮胎里的气体，将轮胎放到轮缘拆离座上。

（6）拉开轮缘拆离臂，调整轮缘拆离片刃口与轮毂边缘处接触好，持续踩下分离开关，则气缸带动轮缘拆离器向内侧运动，靠轮缘拆离片对轮胎的压力使轮胎与钢圈分离。松开脚踏板，气缸恢复到初始位置。

步骤二 拆卸轮胎。

（1）将已经使轮胎与钢圈分离的车轮放到工作台的撑爪上，踩动左边第2个踏板，夹紧钢圈。

（2）用手搬动车轮，确定已经夹紧车轮。

（3）调整垂直轴，使其处于工作位置，并夹紧垂直轴。

（4）用撬棍把轮胎边缘搭到拆装头的里侧，踩下右边第1个踏板，工作台顺时针旋转，即可拆下轮胎。

步骤三 安装轮胎。

（1）将钢圈放到工作台上，用撑爪夹紧钢圈。

（2）把轮胎放到钢圈的上方。

（3）调整垂直轴，使其处于工作位置，使拆装头伸入到钢圈和轮胎内3～5mm，并夹紧垂直轴。

（4）踩下右边第1个踏板，工作台顺时针旋转，同时双手向下按着轮胎，并不断拍打，即可安装好轮胎。

（5）给车轮充气，先充入少量气体，再充入到规定气压值。

（6）按拆卸车轮的相反顺序安装车轮，并拧紧到规定力矩。

> **提示**
> （1）当遇到意外阻碍应立即停止，并向上抬起右边第1个踏板，使工作台逆时针旋转。
> （2）拆装时要涂些油脂或皂化液。
> （3）拧紧轮毂紧固螺母时，要采用交叉换位方法拧紧。

拓展训练 车轮动平衡检测

一、动平衡机介绍

动平衡机结构如图2.3.9所示。

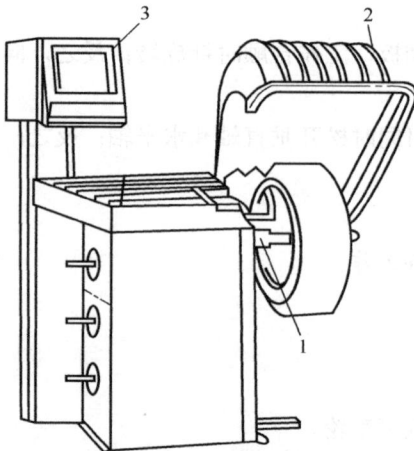

图2.3.9 车轮动平衡机

1—转轴；2—车轮护罩；3—显示与控制装置

二、动平衡检测步骤

（1）拆除旧平衡块及轮胎花纹内砂石，清洗车轮，将轮胎充气到标准气压。

（2）选择合适的定位锥和紧固件把车轮安装在平衡机上，输入轮辋的直径、宽度，测出轮辋边缘至平衡机的距离并输入。

（3）放下防护罩，按规定操作平衡机，当车轮自动停止转动时，从仪表板指示装置读出不平衡量及不平衡点的位置。

（4）用手缓慢转动车轮，当指示装置分别显示内、外侧不平衡点位置时，停止转动车轮，在轮辋边缘内、外侧正上方安装平衡块。平衡块的质量应与指示装置显示的不平衡量相同。

（5）重新进行检测，直到不平衡量小于 5g，符合规定要求为止。

课题小结

（1）车轮由轮毂、轮辋以及它们之间的连接部分组成，按照轮辐的构造可分为辐板式和辐条式两种形式。

（2）轮辋规格用轮辋的断面宽度和轮辋的名义直径以及轮缘高度代号表示；轮胎按胎体结构可分为充气轮胎和实心轮胎，充气轮胎根据工作气压可分为高压胎、低压胎和超低压胎，高压胎现已不再使用，充气轮胎按胎面花纹可分为普通花纹轮胎、越野花纹轮胎、混合花纹轮胎；子午线轮胎的帘布层层数一般比普通斜胶轮胎减少 40%～50%，极大地提高了胎面的刚度和强度，由于子午线轮胎结构与斜交轮胎不同，使其具有比斜交胎更优越的性能；高压轮胎规格一般用 D×B 表示，低压轮胎规格一般用 B—d 表示。

（3）轮胎的检查主要包括气压的检查，两侧轮胎气压的差异，不利于汽车行驶的稳定性和安全性。

（4）轿车轮胎胎冠上花纹磨损至花纹深度不小于 1.6mm。

作业测评

（1）轮辋有哪些种类？各用于哪些应用场合？

（2）轮胎的作用是什么？可以分成哪些种类？

（3）什么是子午线轮胎？与普通斜交轮胎比较，子午线轮胎有哪些优越性？

（4）低压胎的规格如何表示？试举例。

（5）轮胎气压过高、过低会引起哪些不良后果？如何检测轮胎气压？

课题四 检修汽车悬架

汽车悬架是车架（或承载式车身）与车桥（或车轮）之间一切传力连接装置的总称。

基础知识

一、汽车悬架的功用与组成

汽车悬架的功用是把路面作用于车轮上的各种力及其力矩传递到车架（或承载式车身）上，

以保证汽车正常行驶。现代汽车的悬架主要由弹性元件、导向装置和减震器 3 部分组成。图 2.4.1 所示为一般汽车悬架组成示意图。

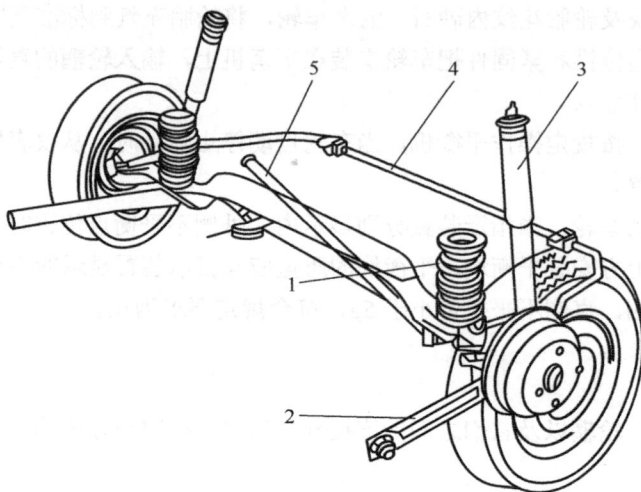

图 2.4.1　汽车悬架系统

1—弹性元件；2—纵向推力杆；3—减震器；4—横向稳定杆；5—横向推力杆

1．弹性元件

承受并传递垂直载荷，缓和不平路面引起的冲击，使车架（或承载式车身）与车桥（或车轮）之间保持弹性连接。

2．导向装置

导向装置包括横向稳定杆和纵向推力杆，作用是传递除垂直载荷以外的各种力和力矩，并确定车轮相对于车架（或车身）的运动关系。

3．减震器

用于衰减震动，提高乘坐舒适性。

二、悬架类型

汽车悬架系统根据结构和左右车轮震动的相互影响不同,可分为独立悬架和非独立悬架两种,如图 2.4.2 所示。

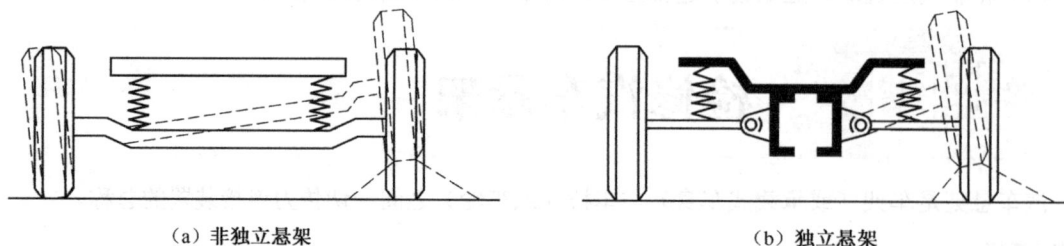

（a）非独立悬架　　　　　　　　　　　　　（b）独立悬架

图 2.4.2　两种汽车悬架类型结构示意图

1．独立悬架的结构特点

独立悬架的特点是两侧车轮分别安装在断开式车桥的两端，每边车桥单独通过弹性元件与车架相连，这样当一侧车轮跳动时不会影响另一侧车轮的运动。独立悬架行驶平顺性和操纵稳定性好，结构比较复杂，在轿车上广泛应用。

2．非独立悬架的结构特点

非独立悬架的特点是两侧车轮分别安装在同一整体式车桥上，车桥通过弹性元件与车架相连，这种悬架当一侧车轮因道路不平跳动时，将影响另一侧车轮的运动。非独立悬架结构简单，工作可靠，承载能力强，广泛用于货车的前桥和后桥、轿车后桥。

三、汽车悬架主要元件结构

1．弹性元件

汽车悬架系统中常采用的弹性元件有钢板弹簧、螺旋弹簧、扭杆弹簧、橡胶弹簧等。

（1）钢板弹簧。钢板弹簧也称叶片弹簧，其结构如图 2.4.3 所示。通常钢板弹簧被应用于非独立悬架系统中，在车桥靠近车架或车身时靠钢板弹簧的弹性变形来起缓冲作用，并在车桥靠近和离开车架或车身的整个过程中，通过各片相互之间的滑动摩擦，部分衰减路面的冲击作用。

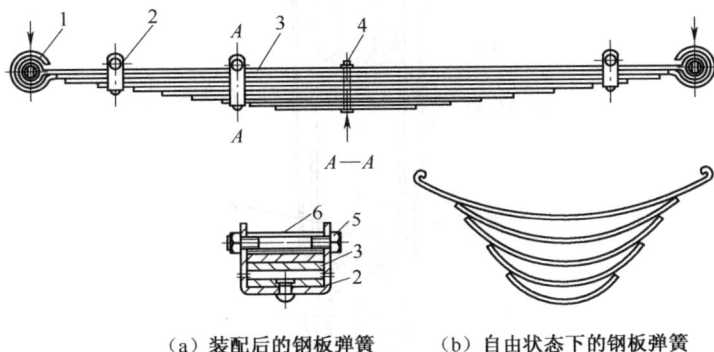

（a）装配后的钢板弹簧　　（b）自由状态下的钢板弹簧

图 2.4.3　钢板弹簧结构示意图

1—卷耳；2—钢板夹；3—钢板；4—U 形螺栓；5—钢板夹螺栓；6—套钢板夹螺栓管

（2）螺旋弹簧。螺旋弹簧是用弹簧钢钢丝卷制而成的，它们有刚度不变的圆柱形螺旋弹簧和刚度可变的圆锥形螺旋弹簧。螺旋弹簧多用在独立悬架上，尤其是前轮独立悬架系统中，有些轿车的后轮非独立悬架也采用螺旋弹簧作为弹性元件。螺旋弹簧只能承受垂直载荷，本身减震作用也比较弱，因此在采用螺旋弹簧的悬架系统中，必须要安装减震器和导向装置。

2．减震器

现代汽车悬架系统中普遍采用的是液力减震器，它与弹性元件并联安装，如图 2.4.4 所示。其工作原理是利用液体流动的阻力来消除汽车震动的能量。当汽车在不平路面上行驶时，车架与车桥将产生往复的相对运动，这时活塞在缸筒内也往复运动，减震器内油液便反复从一个腔通过一些窄的孔流入另一个腔。由于孔壁与油液的摩擦及液体分子内摩擦等形成了对震动的阻尼力，使车身和车架的震动能量转化为热能，被油液吸收后散至大气中。

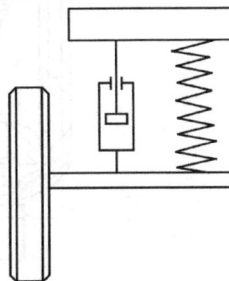

图 2.4.4　液压减震器

在往复运动（压缩和伸张）两行程中均能起减震作用的减震器称为双向作用式减震器，目前汽车上广泛采用双向作用筒式减震器，如图 2.4.5 所示。它有 3 个同心钢筒，外面的钢筒其上部的吊环与车架（或车身）相连。中间是储油筒，内装一定量的油液（不装满），其下端的吊环与车桥相连。里面是工作缸筒，其内装满油液。减震器工作时，储油缸筒与工作缸筒作为一个整体随车桥而运动。在工作缸筒内，通过与防尘罩、上端吊环制成一体的活塞杆固定着活塞。活塞上装有伸张阀和流通阀，在工作缸筒下端的支座上装有压缩阀和补偿阀。流通阀和补偿阀的弹簧都很软，较小的油压即可使其打开或关闭。压缩阀和伸张阀的弹簧都较硬，预紧力较大，只有当油压增大到一定程度时，才能将其打开；而只要油压稍有降低，阀可立刻关闭。双向作用减震器的工作原理如图 2.4.6 所示。

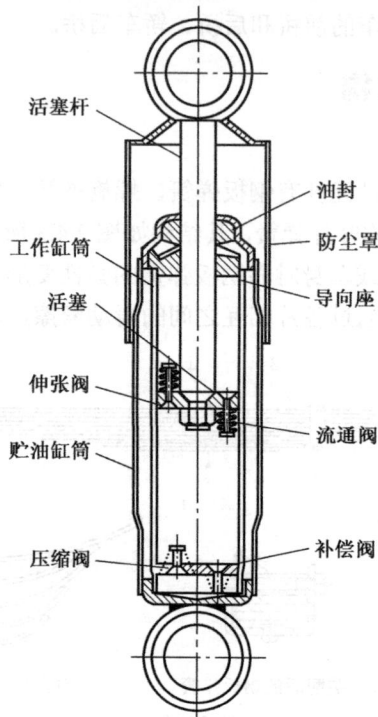

图 2.4.5 双向作用筒式减震器

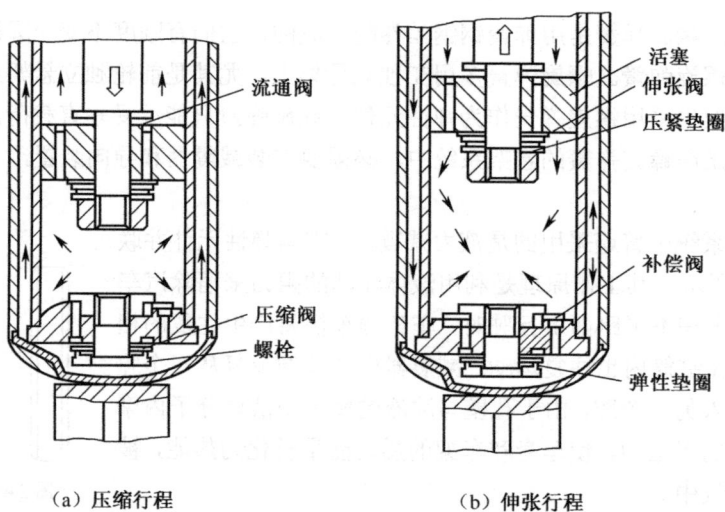

（a）压缩行程 （b）伸张行程

图 2.4.6 双向减震器工作原理

（1）压缩行程。当车桥移近车架（或车身）时，减震器受压缩，活塞下移，使其下方腔室容积减小，油压升高，具有一定压力的油液顶开流通阀进入活塞上方腔室。由于活塞杆占去上腔室的部分容积，使上腔室增加的容积小于下腔室减小的容积，因此还有一部分油液不能进入上腔室而只能压开压缩阀，流回储油缸筒。油液流经上述阀孔时，受到一定的节流阻力，为克服这种阻力而消耗了震动能量，使震动衰减。

（2）伸张行程。当车桥相对远离车架（或车身）时，减震器受拉伸，活塞上移，使其上腔室油压升高，上腔室的油液便推开伸张阀流入下腔室。同样，由于活塞杆的存在，上腔室减小的容积小于下腔室增加的容积，使下腔室流来的油液不足以充满下腔室所增加的容积，使下腔室内产生一定的真空度，这时储油缸筒中的油液在真空度作用下推开补偿阀流入下腔室进行补充。

由于伸张阀弹簧的刚度和预紧力比压缩阀的大，而且伸张行程时油液的通道截面也比压缩行程时小（图中未画出），所以减震器在伸张行程产生的阻尼力比压缩行程内产生的阻尼力大得多。

四、几种常见的汽车悬架

1. 钢板弹簧式非独立悬架

图 2.4.7 所示为解放 CA1092 型汽车的前悬架。钢板弹簧 2 中部用两个 U 形螺栓 3 固定在前桥上。钢板弹簧的前端卷耳用钢板弹簧销 15 与前支架 1 相连，形成固定式铰链支点，起传力和导向作用；而后端卷耳则用吊耳销 14 与可在车架上摆动的吊耳 9 相连，形成摆动式的铰链支点。这种连接方式能使钢板弹簧变形时，两端卷耳中心线间的距离作相应改变。

> **提示**　为了延长弹簧的使用寿命，在两端卷耳内压入衬套，使其与钢板弹簧销滑动配合，销上钻有径向和轴向油道，通过油嘴将润滑脂注入至衬套处进行润滑。

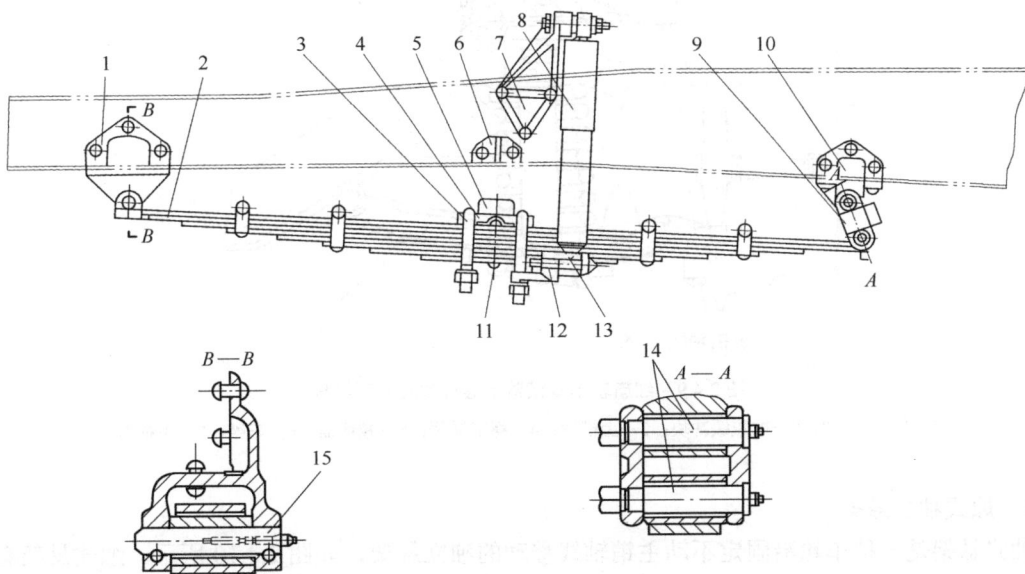

图 2.4.7　解放 CA1092 型汽车前悬架

1—钢板弹簧前支架；2—钢板弹簧；3—U 形螺栓；4—盖板；5—缓冲块；
6—限为位块；7—减震器上支架；8—减震器；9—吊耳；10—吊耳支架；11—中心螺栓；
12—减震器下支架；13—减震器连接销；14—吊耳销；15—钢板弹簧销

2. 螺旋弹簧式非独立悬架

以螺旋弹簧为弹性元件的非独立悬架多用于轿车的后悬架，如图2.4.8所示。螺旋弹簧的上端装在车身的支座中，下端装在纵向推力杆1上的弹簧座2上。由于螺旋弹簧只能承受轴向载荷，所以必须要通过纵向推力杆1和横向推力杆5将地面作用于车轮的纵向和横行载荷传递给车身或车架。推力杆两端以铰接方式与车轴和车架相连，铰链销轴外包橡胶衬套，这种弹性连接方式有利于消除震动和噪声。两减震器的上端铰接在车身支架上，下端铰接在车桥的支架上。

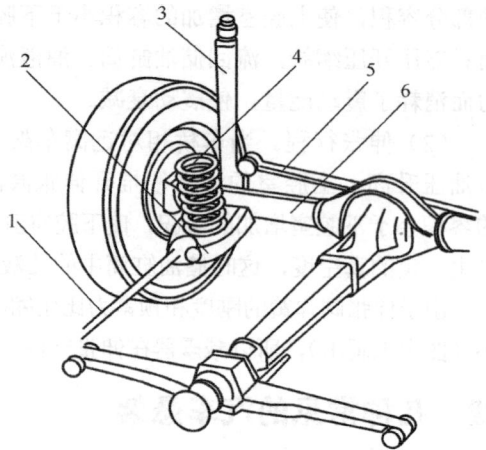

图 2.4.8　螺旋弹簧式非独立悬架

1—纵向推力杆；2—弹簧座；3—减震器；
4—螺旋弹簧；5—横向推力杆；6—半轴套管

3. 双横臂不等长式独立悬架

图2.4.9所示为双横臂不等长式独立悬架结构图，这种悬架结构广泛应用于轿车的前轮上。它以螺旋弹簧作为弹性元件，双向作用筒式减震器置于弹簧中间，它的上、下两端通过橡胶衬垫分别与车架和下横臂相连。上、下横臂通过横臂轴与车架铰链连接，外端则分别通过球头销与转向节相连。上、下球头销间的连心线构成一根虚拟的主销轴线。转向时，车轮绕此轴线偏转。不等长双横臂是上臂比下臂短，当车轮上、下运动时，上臂比下臂运动弧度小，这将使轮胎上部轻微地内外移动，对下部影响很小，所以有利于减小轮胎磨损，提高汽车行驶的平顺性。

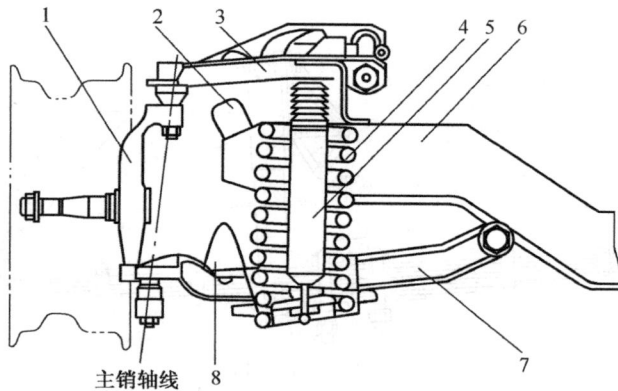

图 2.4.9　红旗轿车双横臂不等长独立悬架结构

1—转向节；2，8—橡胶缓冲块；3—上横臂；4—螺旋弹簧；5—减震器；6—车架；7—下横臂

4. 烛式独立悬架

烛式悬架是一种车轮沿固定不动主销轴线移动的独立悬架，如图2.4.10所示。烛式悬架有一根刚性固定在车架（车身）上的主销，当汽车在不平路面上行驶时，车轮、转向节一起沿固定主销轴线移动。螺旋弹簧只承受垂直载荷，而车轮上所受的纵向力、侧向力及其力矩则由转向节、套筒经主销传给车架，因此套筒与主销磨损都比较严重。

5．麦弗逊式独立悬架

麦弗逊式独立悬架的特点是车轮沿摆动的主销轴线移动，如图 2.4.11 所示。筒式减震器上端用螺栓与车身连接，下端通过球铰链与悬架下摇臂相连，承受前桥的侧向力和弯矩以增加侧向刚度，使前路不易偏摆。减震器外套有螺旋弹簧。这种悬架没有传统的主销实体，转向轴线为上、下铰接中心的连线。当车轮上、下跳动时，减震器下支点随悬架摇臂摆动，故主销轴线角度是变化的，车轮随着可以摆动的主销轴线而运动。此结构简单，布置紧凑，便于维修，且转弯半径小，机动性好。

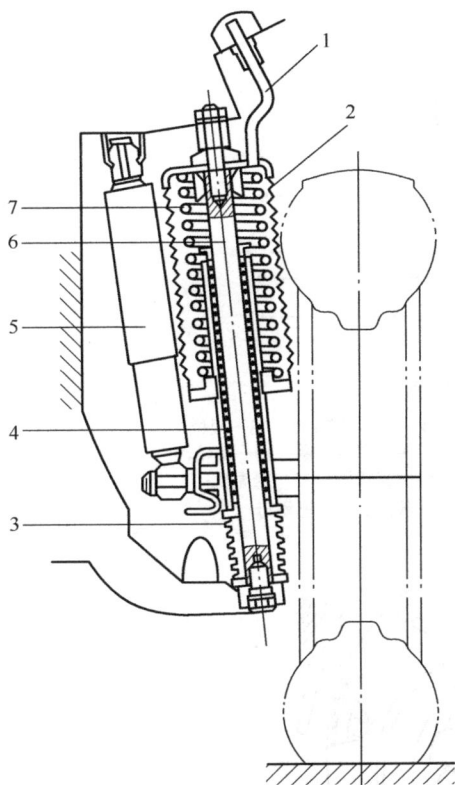

图 2.4.10　烛式独立悬架结构

1—通气管；2，3—防尘罩；4—套筒；
5—减震器；6—主销；7—螺旋弹簧

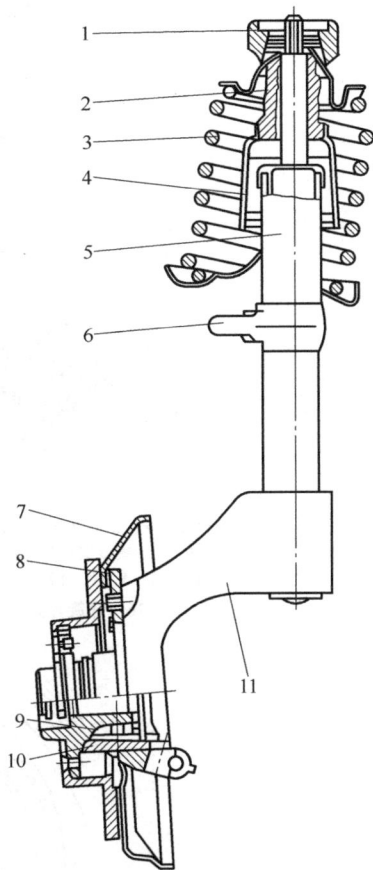

图 2.4.11　麦弗逊式独立悬架结构

1—螺母盖；2—限位缓冲器；3—螺旋弹簧；
4—防尘罩；5—减震器；6—转向臂；7—挡泥板；
8—制动盘；9—车轮轴承；10—卡簧；11—车轮轴承壳

课题实施 **桑塔纳 2000GSi 轿车前悬架的拆装与更换**

操作一　前悬架支柱总成拆装

图 2.4.12 所示为桑塔纳 2000GSi 轿车前悬架支柱总成分解图。

步骤一　前悬架支柱总成的拆卸。

（1）取下车轮装饰罩。

（2）车轮着地，拆下轮毂与传动轴紧固螺母（230N·m），如图 2.4.13 所示。

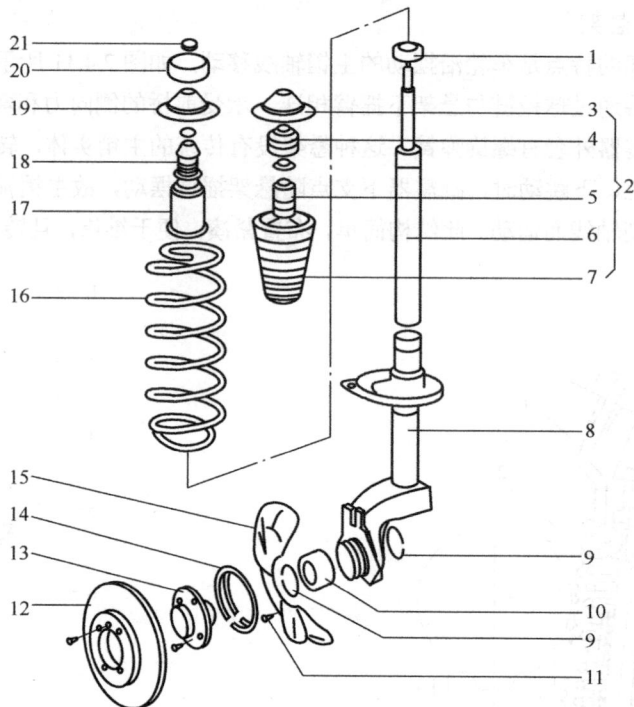

图 2.4.12　前悬架支柱总成

1—螺母盖；2—崎岖路面选装件；3、19—弹簧护圈；4—波纹护盖；5、18—限位缓
冲器；6—减震器；7—辅助橡胶弹簧；8—车轮轴承壳；9—弹簧挡圈；10—车轮轴
承；11—螺栓；12—制动盘；13—轮毂；14—ABS 传感器齿圈；15—挡泥板；
16—螺旋弹簧；17—护套；20—悬架支柱轴轴承；21—开槽螺母

图 2.4.13　拆下轮毂与传动轴紧固螺母

（3）举升汽车，旋下轮毂紧固螺母（120N·m），取下车轮。

（4）旋下 ABS 传感器，拧下制动钳紧固螺栓（70N·m）如图 2.4.14 所示，拆下制动盘。

（5）取下制动软管支架，用钢丝将制动钳固定在车架上，如图 2.4.14 上部箭头所示。拆下球形接头紧固螺栓（25N·m），如图 2.4.14 下部箭头所示。

（6）压出横拉杆接头（30N·m），如图 2.4.15 所示。

图 2.4.14　拧下制动钳紧固螺栓

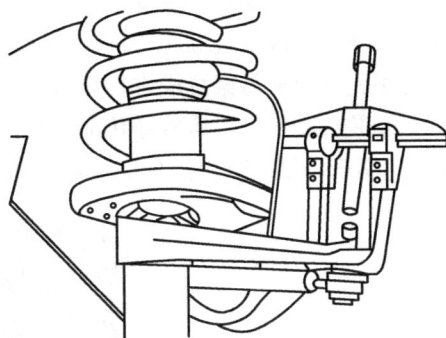

图 2.4.15　压出横拉杆接头

（7）拧下稳定杆紧固螺栓，如图 2.4.16 所示。

（8）向下掀压下臂，从车轮轴承壳内拉出传动轴，或利用两固定车轮凸缘的螺孔，将专用工具固定在轮毂上，用液压装置从轮毂中压出传动轴，如图 2.4.17 所示。

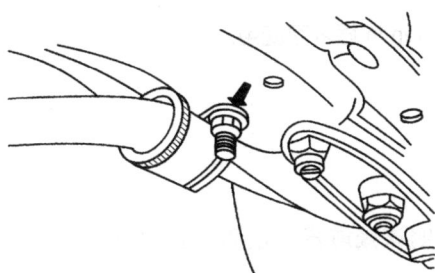

图 2.4.16　拆卸稳定杆

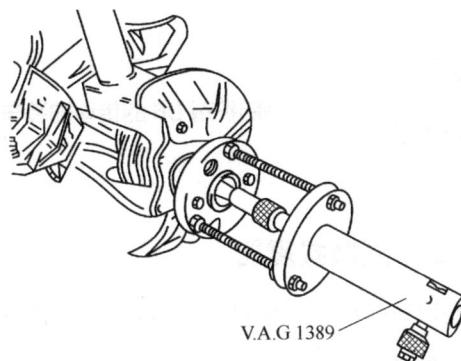

V.A.G 1389

图 2.4.17　压出传动轴

（9）拆掉压力装置。取下悬架支柱橡胶盖，支撑减震器支柱下部或沿反方向固定，拧下活塞杆的螺母（60N·m），用内六角扳手阻止活塞杆转动，如图 2.4.18 所示，取下前悬架支柱总成。

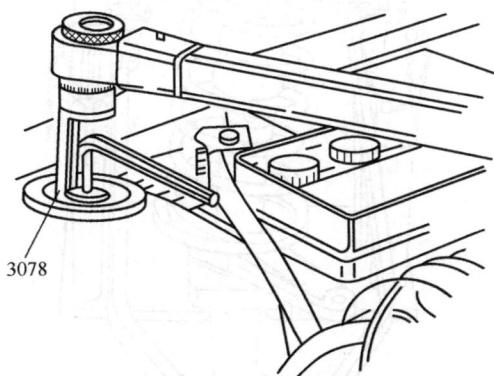

3078

图 2.4.18　拧下活塞杆螺母

步骤二 前悬架支柱总成安装。

前悬架支柱总成安装顺序与拆卸顺序相反，但要注意以下事项。

（1）不允许对前悬架总成进行焊接或整形处理，不合格则更换新的零部件总成。

（2）安装传动轴时，应擦净传动轴与轮毂花键齿面上的油污，去除防护剂的残留物。在外等速万向节（RF）花键面上涂一圈 5mm 宽的防护剂 D6，如图 2.4.19 箭头所示。

图 2.4.19 在万向节花键轴上涂防护剂

（3）安装时，所有螺栓和螺母紧固力矩都应符合规定，所有自锁螺母必须更换新件。

> 涂防护剂 D6 的传动轴装车后，应停车 60min 后才可使用。

操作二 更换减震器

在汽车行驶中，如果减震器发出异常的声响，则说明该减震器已损坏，必须更换。一般减震器是不进行修理的。

步骤一 拆卸减震器。

（1）用拉具压住弹簧座圈，压缩压紧弹簧，如图 2.4.20 所示。

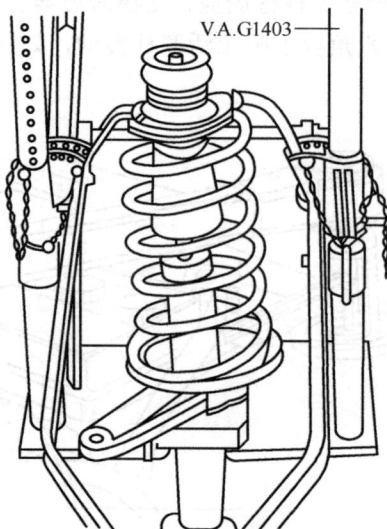

V.A.G1403

图 2.4.20 用拉具压缩压紧弹簧

（2）拧开开槽螺母，放松弹簧，用扳手 A 阻止活塞杆的转动以使螺母松开，如图 2.4.21 所示。

（3）拆卸减震器，如图 2.4.22 所示。

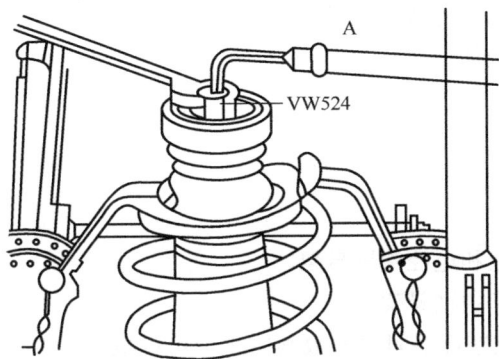

图 2.4.21　拧开开槽螺母，放松弹簧

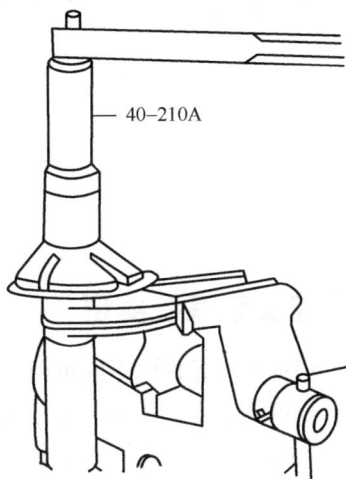

图 2.4.22　拆卸减震器

步骤二　安装减震器。

按照拆卸减震器的相反顺序安装减震器。

课题小结

（1）汽车悬架是车架（或承载式车身）与车桥（或车轮）之间一切传力连接装置的总称。它的功用是把路面作用于车轮上的各种力及其力矩传递到车架（或承载式车身）上，以保证汽车正常行驶。

（2）汽车悬架可分为两大类：非独立悬架和独立悬架。

（3）非独立悬架广泛用于货车的前桥和后桥。而在轿车中，非独立悬架一般用于后桥。非独立悬架中大多采用钢板弹簧作为弹性元件。

（4）轿车上广泛采用独立悬架，有的轿车全部车轮都采用独立悬架。独立悬架能使两侧车轮各自独立地与车架或车身弹性连接。在独立悬架中，多采用螺旋弹簧和扭杆弹簧作为弹性元件。

（5）独立悬架的结构类型分为 3 大类：横臂式独立悬架、烛式悬架和麦弗逊式悬架。

（6）减震器的基本工作原理是利用液体流动的阻力来消耗冲击震动的能量，使汽车震动迅速衰减。

作业测评

（1）汽车的悬架主要由哪几部分组成？

（2）汽车悬架分为哪几类？各有什么特点？

（3）怎样维护钢板弹簧的悬架？

（4）螺旋弹簧非独立悬架由哪几部分组成？

（5）独立悬架的结构类型按车轮的运动形式可分为哪几类？

（6）写出双向作用筒式减震器的工作原理。

现代汽车采用电子控制悬架系统，该系统可根据不同的路面条件，不同的载质量，不同的行驶速度等来控制悬架系统的刚度，调剂减震器阻尼力的大小，甚至可以调整车身高度，从而使车辆的平顺性和操纵稳定性在各种行驶条件下达到最佳组合。

基础知识

一、电控悬架系统类型

（1）根据弹性元件的不同可分为电控空气悬架和电控液压悬架。

（2）根据调节方式的不同可分为半主动悬架和主动悬架。

① 半主动悬架是指悬架元件中的弹簧刚度或减震器阻尼系数其中之一可以根据需要进行调节。为减少执行元件所需的功率，主要采用调节减震器的阻尼系数的方法，这种方法只需提供调节制动阀、控制器和反馈调节器所消耗的较小功率即可。

② 主动悬架是一种具有做功能力的悬架，通常包括产生力和转矩的主动作用器（液压缸、气缸、伺服电动机、电磁铁等）、测量元件（加速度、位移和力传感器等）、反馈控制器等。主动悬架需要一个动力源（液压泵或空气压缩机等）为悬架系统提供连续的动力输入。当汽车载荷、行驶速度、路面状况等行驶条件发生变化时，主动悬架系统能自动调整悬架刚度（包括整体调整和单轮调整），从而能同时满足汽车行驶平顺性和操纵稳定性等各方面的要求。

二、主动电控空气悬架系统

1. 电控空气悬架系统（TEMS）的组成

TEMS 系统由行驶控制开关、高度控制开关、转向传感器、车速传感器、节气门位置传感器、制动灯开关、门控开关、空挡启动开关（装用自动变速器于自动变速的车上）、发动机电控单元（ECU）、TEMS ECU、执行器、减震器、TEMS 指示灯、检查连接器等组成。图 2.5.1 所示为丰田凌志 LS400 电控空气弹簧悬架系统各部件在车上的安装位置。

2. TEMS 主要部件的构造和工作原理

（1）行驶控制开关（LRC 开关）。如图 2.5.2 所示，行驶控制开关安装在中间操作盒内，由两个按钮组成。用于驾驶员选择理想的阻尼方式，即 NORMAL（标准）或 SPORT（跑车）方式。它向 TEMSECU 提供通断信号，ECU 根据此信号决定减震器的阻尼方式。

（2）高度控制开关。高度控制开关为跷跷板式 2 挡位开关，即 NORMAL 和 HIGH，如图 2.5.2所示，ECU 根据这个信号确定一个基本车身高度。

（3）空气悬架开关。如图 2.5.3 所示，该开关主要是用来在举升车辆、牵引拖挂车辆和道路条件过于苛刻以及空气悬架系统检测时，关闭该开关，取消悬架的自动控制。

（4）转向传感器。转向传感器由转向传感器组件和开缝盘组成，如图 2.5.4 所示，用于检测转向盘最大转向角和转向盘已转动的方向。转向传感器组件为两个 LED 和两个光电晶体管，它们安装在转向柱管上。开缝盘固定在转向盘主轴上，并随转向盘的转动而转动。当开缝盘上的缝在两个 LED 和两个光电晶体管之间通过时，从 LED 发出的光线交替切断或穿过，光电晶体管也就由来自 LED 的光线反复接通和关断。这样，光电三极管（Tr_1 和 Tr_2）就按照来自 LED 的信号，发出通/断信号。TEMS ECU 就根据这些信号的变化，判断转向盘最大转向角和转动方向。

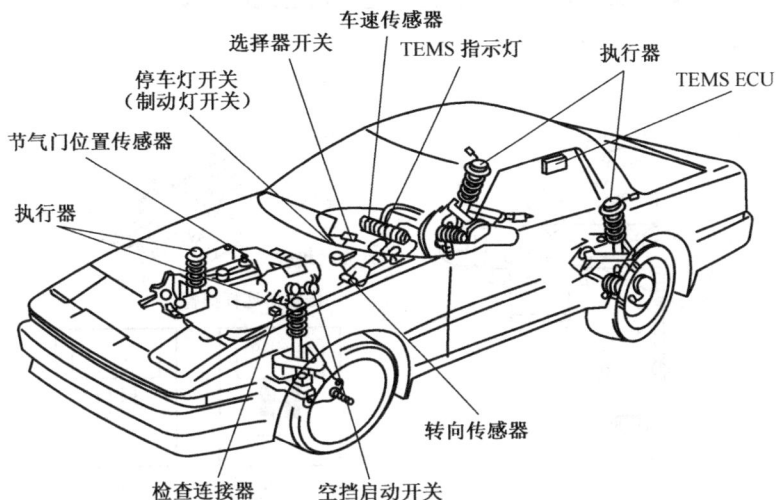

图 2.5.1　丰田凌志 LS400 电控悬架各部件安装位置示意图

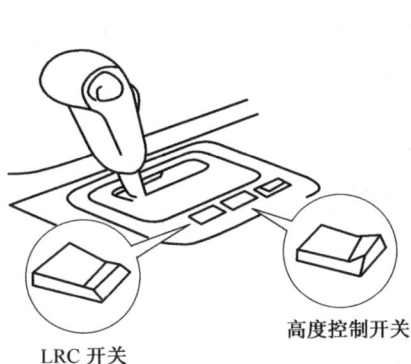

图 2.5.2　LRC 开关和高度控制开关位置

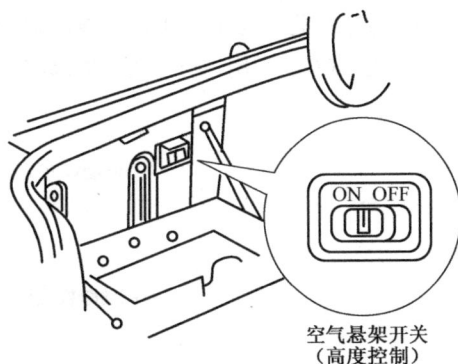

图 2.5.3　空气悬架开关

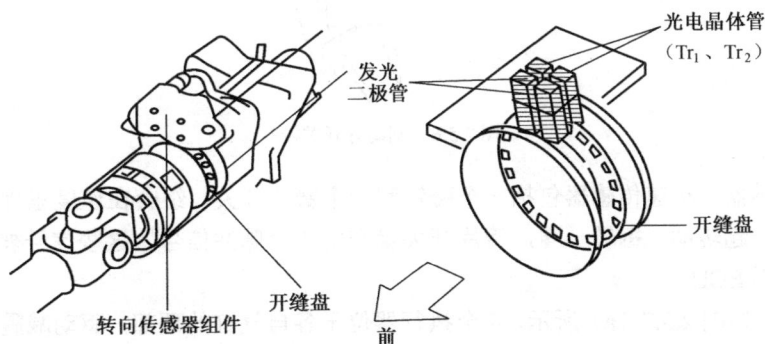

图 2.5.4　转向传感器结构与原理

（5）高度传感器。高度传感器用于持续监测车身与悬架下控制臂之间的距离，以及不同路面状态下车高和悬架的垂直位移量。前悬架高度传感器安装在车身上，由传感器连杆与减震器下支座相连接。后悬架高度传感器也安装在车身上，由传感器连杆与下控制臂相连接。每个高度传感器都是由开孔盘和4组光电截波器组成，如图2.5.5所示。传感器连杆上下移动，直接带动开孔盘旋转。开孔盘又在光电截波器的发光二极管与光电三极管之间转动，光电截波器的开关信号被组合成16挡车高信号输入悬架控制ECU。

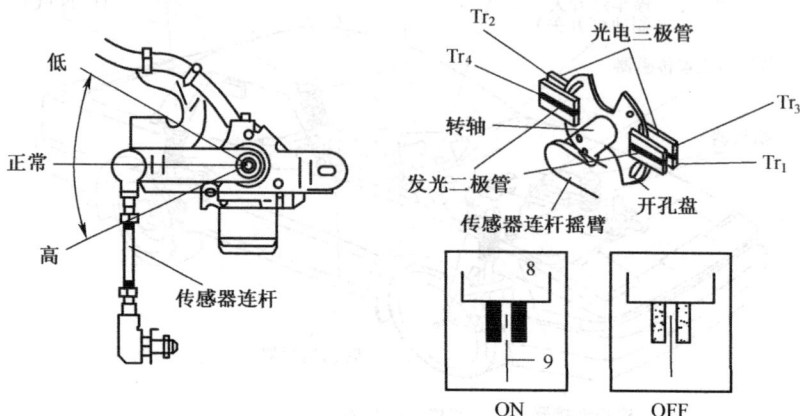

图2.5.5 高度传感器结构与原理

（6）制动灯开关。制动灯开关安装在制动踏板支架上，如图2.5.6所示。踩下制动踏板时，制动灯开关接通，ECU利用这一信号判断是否使用了制动器。

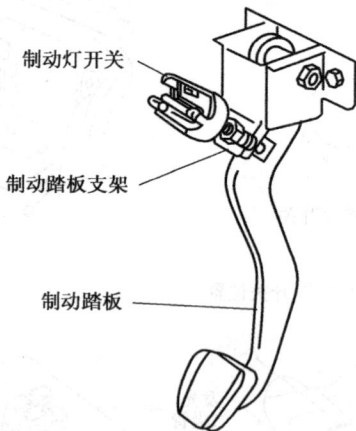

图2.5.6 制动灯开关

（7）车速传感器。车速传感器包括一个磁铁和一个簧片开关，组合在速度里程表内。磁铁与速度里程表转轴一起转动，每转一圈，簧片开关就产生4个脉冲信号。这些信号被传送至TEMS ECU，将车速告诉ECU。

（8）执行器。如图2.5.7（a）所示，4个执行器位于各自气缸的顶部，驱动减震器的旋转滑阀（图中未画出），该执行器是由电磁阀驱动的，能对频繁变化的行驶情况做出准确的反应。电磁铁包括4个定子铁芯和2对定子线圈，如图2.5.7（b）所示。当A接电源负极，B接电源正极，即K_1通，K_2、K_3断时，阻尼为"软"；当A接电源正极，B接电源负极时，即K_2通，K_1、K_3断时，阻尼为"硬"；当 K$_3$ 通，K$_1$、K$_2$ 断时，阻尼为"中等"。

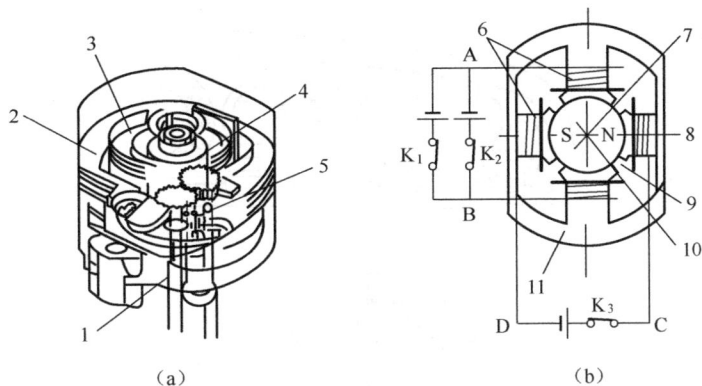

（a）   （b）

图 2.5.7　执行器结构与原理

1—空气阀控制杆；2，11—定子；3，6—定子线圈；
4，9—永久磁铁；5—减震器旋转阀控制杆；7—"软"阻尼位置；
8—"中"阻尼位置；10—"硬"阻尼位置

（9）减震器。减震器的构造和工作原理基本与前面所述减震器一样，区别在于其阻尼能用额外的量孔开合调节。如图 2.5.8 所示，活塞杆和旋转滑阀（与控制杆作为一整体转动）在 A—A'、B—B'、C—C' 3 个位置有量孔。当旋转滑阀转动时，阻尼分 3 级变化。阻尼变为"软"，3 个量孔都打开；阻尼变为"中等"，B 量孔打开，A、C 量孔关闭；阻尼变为"硬"，3 个量孔都关闭。

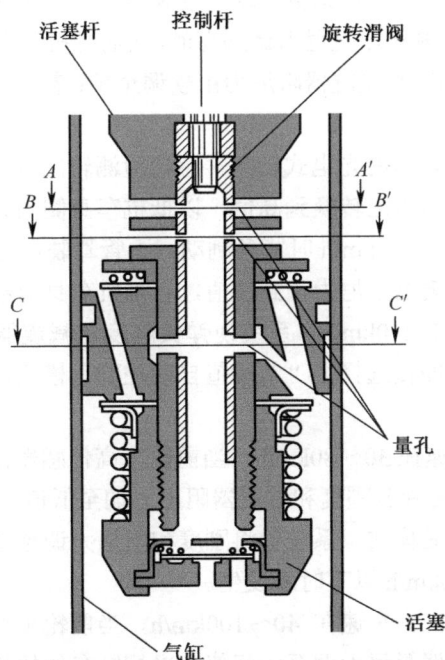

图 2.5.8　减震器结构与原理

（10）TEMS 指示灯。TEMS 指示灯（LED）有 3 个，置于组合仪表内，用来显示当时减震器的阻尼状态，如图 2.5.9 所示。同时，这些指示灯可用作诊断和失效保护显示。点火开关接通约

2s 后，3 个指示灯均应亮灯，表示 TEMS 系统没有故障。

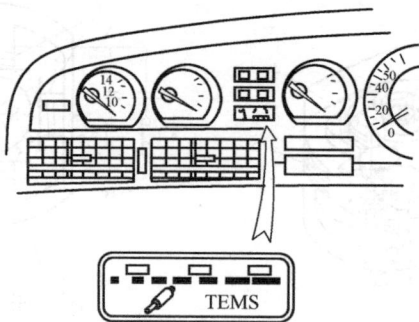

图 2.5.9 TEMS 指示灯

三、电控空气悬架控制内容

在主动式空气悬架系统中，车高、弹簧刚度和减震器阻尼力可同时得到控制，且各自可以取 3 种数值，其所取数值由 ECU 根据当时的运行条件和驾驶员选定的控制方式决定。驾驶员可以任意选择 4 种自动控制模式，即控制车身高度的"常规值自动控制"和"高值自动控制"，以及控制弹簧刚度和减震器阻尼力的"常规值自动控制"和"高速行驶时自动控制"，具体控制内容如下。

1. 利用弹簧刚度和减震器阻尼力进行控制

（1）抗后坐。通过传感器检测加速踏板移动速度和位移。当车速低于 20km/h 且加速度大时，ECU 通过执行器将弹簧刚度和减震器阻尼力调到高值，从而抵抗汽车起步时车身后坐。若选择"常规值自动控制模式"，则弹簧刚度和减震器阻尼力由软调至硬；若选择"高速行驶自动控制"模式，则刚度和阻尼力由中等调至硬。

（2）抗侧倾。由装在转向轴内的光电式转角传感器检测转向盘的操作情况，急转弯时，ECU 通过执行器使弹簧刚度和减震器阻尼转换到高值，以抵抗车身侧倾。

（3）抗"点头"。在车速高于 60km/h 时紧急制动，不管驾驶员选择了何种控制模式，ECU 都能通过执行器使弹簧刚度和减震器阻尼力调到高值，以抵抗车身前部下冲。

（4）高速感应。当车速大于 110km/h，系统使弹簧刚度和减震器阻尼力调至中间值，从而提高高速行驶时的操纵稳定性，即使选择了"常规值自动控制"模式，系统也将刚度和阻尼力调至中间值。

（5）前、后关联控制。车速在 30～80km/h，当前轮车高传感器检测出路面有较小凸起，则在后轮越过该凸起之前，系统将使弹簧刚度和减震器阻尼力调至低值，从而提高汽车的乘坐舒适性。此时即使驾驶员选择了高速行驶模式，系统仍将刚度和阻尼力调至低值。为了不影响高速时的操纵稳定性，此动作在车速为 80km/h 以下时才发生。

（6）坏路、俯仰、震动感应。车速在 40～100km/h，当前轮车高传感器检测出路面有较大凸起时，系统将弹簧刚度和减震器阻尼力调至中间值，以抑制车体的前后颠簸、震动等大动作，从而提高汽车的乘坐舒适性和通过性，而不管控制处于何种模式。车速高于 100km/h 时，系统将刚度和阻尼力调至高值。

（7）良好路面正常行驶。弹簧刚度和减震器阻尼力由驾驶员选择，"常规值自动控制"模式的刚度和阻尼力处于低值；"高速行驶时自动控制"模式的刚度和阻尼力为中间值。

2．车身高度控制

悬架 ECU 接收左右前轮和左后轮 3 个车身高度传感器发出的车高信号，经处理后对执行器发出指令，对车身高度进行调整。

（1）高速感应。当车速高于 90km/h 时，将车身高度降低一级，以减小风阻，提高行驶稳定性。若选择了"常规值自动控制"模式，则车身高度值由中间值调至低值；若选择了"高值自动控制"模式，则车高由高值调至中间值。在车速为 60km/h 时，车高恢复原状。

（2）连续坏路面感应。汽车在坏路面上连续行驶，车高信号持续 2.5s 以上有较大变动，且超过规定值时，悬架控制系统将车高升高一级，使来自路面对突然抬起感减弱，并提高汽车的通过性能。

汽车在连续坏路行驶且车速大于 40km/h 小于 90km/h 时，不论选择了何种控制模式，悬架控制系统都将车高调至高值，以减小路面不平感，确保足够的离地间隙，提高乘坐舒适性。

车速小于 40km/h 时，车高则完全由驾驶员选择，选择"常规值自动控制"时，车高为中间值；选择"高值自动控制"时，车高为高值。

在连续坏路面上，车速高于 90km/h 时，不管驾驶员选择了何种控制模式，车高都将调至中间值，以避免车身过高对高速行驶稳定性产生不良影响。

另外，当汽车处于驻车控制模式时，为了使车身外观平衡，保持良好的驻车姿势，当点火开关关闭后，ECU 即发出指令，使车身高度处于常规模式的控制。

课题实施　丰田凌志 LS400 轿车电控悬架系统功能检查与调整

步骤一　汽车高度检查。

（1）先检查轮胎充气是否正常，然后检查汽车高度。

（2）启动发动机，将高度控制开关从 NORM 位置切换到 HIGH 位置，从操作高度控制开关到压缩机启动约需 2s，从压缩机启动到完成高度调整需 20～40s，汽车高度的变化量为 10～30mm。

（3）在汽车处于 HIGH 高度状态时，启动发动机，将高度控制开关从 HIGH 位置切换到 NORM 位置，从操作高度控制开关到开始排气约需 2s，从开始排气到完成高度调整需 20～40s，汽车高度变化量为 10～30mm。

步骤二　溢流阀的检查。

连接高度控制插座上的端子 1 与 7，迫使压缩机工作，等压缩机工作一段时间后，检查溢流阀是否漏气。这时 ECU 中会记录一个故障码，待检查结束后，务必将这个故障码清除。

步骤三　漏气检查。

将高度控制开关拨到 HIGH 位置，使汽车高度上升，检查空气软管和软管接头是否漏气。

步骤四　汽车高度调整。

将汽车停放在水平路面上，使高度控制开关处于 NORM 位置，检查汽车高度。如不符合规定高度，应进行调整，方法如下。

（1）拧松车身高度传感器两个锁紧螺母。

（2）转动螺栓以调节长度，每转一圈能使汽车高度改变大约 4mm。

（3）检查传感器连接杆的尺寸是否小于极限值，前、后悬架的极限值均为 13mm，如图 2.5.10 所示。

（4）预拧紧两只锁紧螺母。

（5）复查汽车高度，并检查车轮定位。

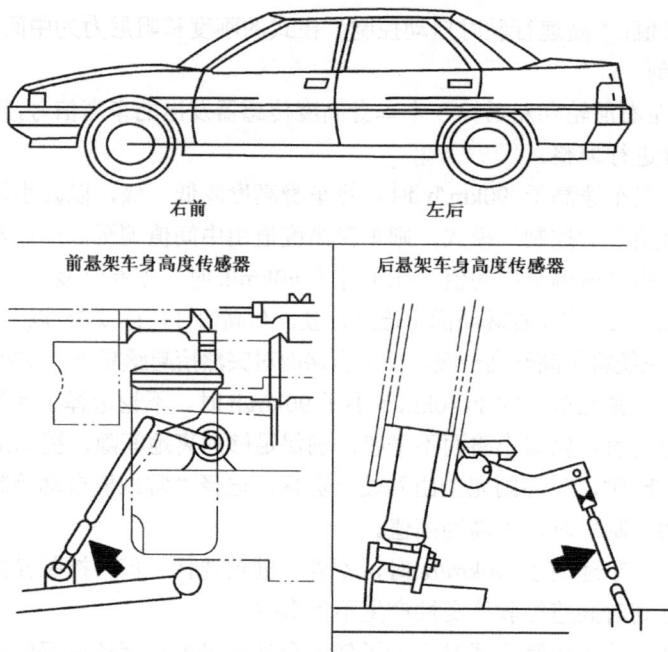

右前　　　　　　　左后

前悬架车身高度传感器　　　　　后悬架车身高度传感器

图 2.5.10　调整传感器连接杆

课题小结

（1）电子控制悬架系统可根据不同的路面条件，不同的载质量，不同的行驶速度等来控制悬架系统的刚度，调剂减震器阻尼力的大小，甚至可以调整车身高度，从而使车辆的平顺性和操纵稳定性在各种行驶条件下达到最佳的组合。

（2）根据弹性元件的不同可分为电控空气悬架和电控液压悬架。根据调节方式的不同可分为半主动悬架和主动悬架。

（3）电控悬架系统由传感器、ECU 和执行器组成。

（4）电控空气悬架系统控制内容包括弹簧刚度、减震器阻尼力和车身高度调节。

作业测评

（1）电子控制悬架有哪些调剂功能？

（2）电子控制悬架分几种类型？

（3）悬架阻尼调节装置的工作原理是什么？

（4）车高传感器是如何工作的？

模块小结

　　该模块重点学习的知识：轮式汽车行驶系的基本组成和功用；常见车架、车桥、车轮和悬架的类型与结构特点。车轮定位的意义以及定位参数大小与汽车行驶操纵稳定性的关系。

　　该模块重点学习技能：车桥及悬架的拆装，更换轮胎及车轮动平衡检测，车轮定位的检测方法。

综合练习

一、填空题

（1）车架按其结构形式不同可分为_____、_____和_____3种。

（2）为了与不同悬架相配合，车桥分为_____和_____。

（3）转向驱动桥具有一般驱动桥具有的_____、_____及半轴，也具有一般转向桥所具有的转向节壳体、_____、_____等。

（4）主销安装在前轴主销孔后，在汽车_____平面内，其上端略向_____称为主销后倾。在汽车纵向垂直平面内，_____与垂线之间夹角称为主销后倾角。

（5）汽车两个前轮的旋转平面不平行，前端略向内收，称为_____。两轮前端距离为 B，后端距离为 A，则其_____即为前束值。

（6）轮胎花纹主要有_____、_____和_____。

（7）悬架一般由_____、_____、_____、_____等部分组成。

（8）子午线轮胎具有_____、_____、_____等优点。

（9）按控制形式不同，悬架可分为_____和_____两类。

二、选择题

（1）现代轿车一般采用（　　）。

　　A．中梁式车架　　　　　　　　　B．承载式车身

　　C．边梁式车架　　　　　　　　　D．综合式车架

（2）转向轮定位指的是（　　）。

　　A．转向节与转向轮之间安装时，二者保持一定的相对位置

　　B．转向节与前轴之间安装时，二者保持一定的相对位置

　　C．转向节、转向轮、前轴与车架之间安装时，保持一定的相对位置

　　D．转向轮与车架之间保持一定的相对位置

（3）主销后倾角是（　　）。

　　A．使前轴上的主销孔向后倾斜而获得

　　B．使前轴、钢板弹簧和车架三者在装配时，使前轴向后倾斜而获得

　　C．转向节叉上主销孔轴向后倾斜而获得

　　D．由锥形主销获得

（4）调整前轮前束的方法是（　　）。

　　A．改变转向主拉杆长度　　　　　B．改变转向横拉杆长度

　　C．改变转向摇臂长度　　　　　　D．改变梯形臂长度

（5）主销内倾能使转向车轮自动回正的原因是（　　）。

　　A．有了稳定力矩　　　　　　　　B．减小了转臂

　　C．汽车前部重力的作用　　　　　D．汽车牵引力的作用

（6）为了降低汽车车身高度和汽车质心，以提高汽车行驶的稳定性，汽车车架通常做成（　　）。

　　A．前窄后宽　　　　B．前宽后窄　　　　C．前部横梁下凹　　　　D．前后一样宽

（7）前轮外倾角是由（　　）来确定的。

A．转向节轴向下倾斜　　　　　　　　　B．主销孔轴线向外倾斜

C．前轴两侧向下倾斜　　　　　　　　　D．主销安装后向外倾斜

（8）钢板弹簧的各片在自由状态下，其曲率半径不同，这是为了安装后（　　）。

A．长片中层以上有一定的预压应力

B．使曲率半径减小

C．长片中层以上有一定的预拉应力

D．使曲率半径增大

（9）对于平顺性要求较高的轿车，其悬架常采用的是（　　）。

A．独立悬架　　　　B．非独立悬架　　　　C．平衡悬架　　　　D．相关悬架

（10）双向作用筒式减震器中压缩阀在（　　）时，打开起作用。

A．一般伸张行程　　　　B．一般压缩行程　　　　C．伸张剧烈　　　　D．压缩剧烈

三、判断题

（1）车架的功用是安装汽车总成或部件。　　　　　　　　　　　　　　　　（　　）

（2）前窄后宽式车架，前端较窄的原因是为了安装发动机的方便。　　　　（　　）

（3）前轴采用工字梁，主要是为了减轻重量和节省材料。　　　　　　　　（　　）

（4）主销后倾角是在加工前轴主销孔时形成的。　　　　　　　　　　　　（　　）

（5）主销内倾角之所以能起自动回正的作用，是车轮偏转后产生的离心力的反力引起的稳定力矩，而起自动回正作用的。　　　　　　　　　　　　　　　　　　　　　　　　　　（　　）

（6）前轮外倾角可以提高转向轮工作的安全性，所以前轮外倾角越大越好。　（　　）

（7）转向驱动桥主销上、下两段的轴线必须在同一轴线上，而且应通过等角速万向节的中心。

（　　）

（8）车架变形的可能原因之一，是使用不合理，超载严重。　　　　　　　（　　）

（9）轿车一般采用平式轮辋而货车则一般采用深式轮辋。　　　　　　　　（　　）

（10）轮胎螺母的一端制成凸起的球面，其目的是增加轮胎的压紧力。　　（　　）

（11）混合花纹轮胎适用于各种路面。　　　　　　　　　　　　　　　　　（　　）

（12）在安装人字形越野花纹轮胎时，人字的尖端应在汽车前进时先着地。　（　　）

（13）子午线轮胎的帘布层和缓冲层形成三向交叉，所以提高了胎面的强度和刚度。

（　　）

（14）9.00—20N 和 9.00—20ZG 都是低压轮胎，因此可以互相换装。　　（　　）

（15）动平衡的车轮一定静平衡。　　　　　　　　　　　　　　　　　　　（　　）

（16）螺旋弹簧只能承受汽车的垂直载荷，所以必须装有导向装置。　　　（　　）

（17）在汽车剧烈震动时，要求减震器的阻尼力最大。　　　　　　　　　（　　）

（18）减震器的主要工作原理是利用减震液流动的阻尼力变为热能散发出去，以消耗震动能量。

（　　）

（19）由于减震器伸张阀比压缩阀弹簧硬，所以伸张时减震器的阻尼力大。　（　　）

（20）为了节约材料，可将长钢板弹簧截短使用。　　　　　　　　　　　（　　）

学习目标

知识目标

◎ 能简单叙述转向系常用术语的含义和转向梯形的作用。

◎ 能正确描述转向系的分类及其组成。

◎ 能正确描述齿轮齿条式和循环球式转向器的构造、工作原理及特点。

◎ 能正确描述动力转向系油泵和转向控制阀的构造、工作原理。

◎ 能简单叙述电控转向系的组成和工作原理。

能力目标

◎ 会进行转向传动机构的拆装及检修。

◎ 会进行齿轮齿条式和循环球式转向器的拆装、检测和调整。

◎ 能进行液压动力转向系统检查与维护。

汽车在行驶过程中，经常需要改变行驶方向。就轮式汽车而言，改变行驶方向的方法是，驾驶员通过一套专设的机构，使汽车转向桥上的车轮（转向轮）相对于汽车纵轴线偏转一定角度。此时路面作用于转向轮上向后的反作用力就有了垂直于车轮平面的分量，并成为汽车作曲线运动的向心力。在汽车直线行驶时，往往转向轮也会受到路面侧向干扰力的作用，自动偏转而改变行驶方向。此时，驾驶员也可以利用这套机构使转向轮向相反方向偏转，从而使汽车恢复原来的行驶方向。这一套用来改变或恢复汽车行驶方向的专设机构称为汽车转向系，如图3.1所示。

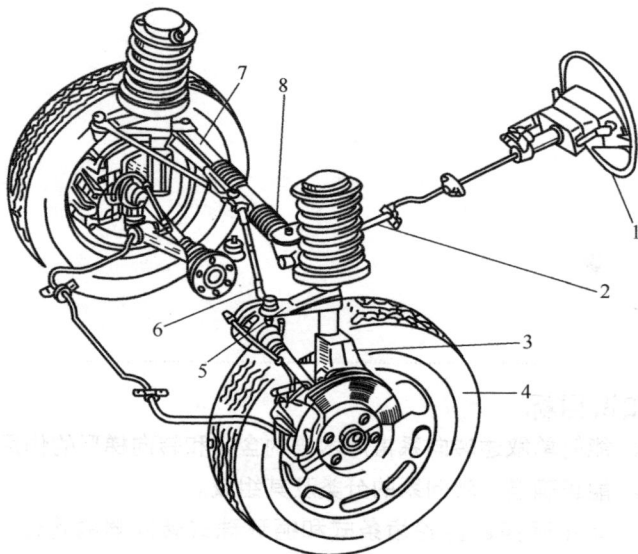

图 3.1　汽车转向系

1—转向盘；2—安全转向柱；3—转向节；4—车轮；5—转向节臂；6—左、右横拉杆；7—转向减震器；8—转向器

课题一　认识汽车转向系

汽车上用来改变汽车行驶方向的机构称为汽车转向系。

基础知识

一、汽车转向系的作用与类型

1. 作用

汽车转向系的作用是：不仅可以改变汽车的行驶方向，使其按驾驶员规定的方向行驶，而且还可以克服由于路面侧向干扰力使车轮自行产生的转向，恢复汽车原来的行驶方向。

2. 类型

（1）机械转向系。机械转向系以驾驶员的体力作转向动力源，如图3.1.1所示。

（2）动力转向系。动力转向系除了驾驶员的体力外，还以汽车的动力作为辅助转向能源，又可以分为液压助力式、气压助力式和电动助力式的动力转向系。在正常情况下，汽车转向所需能量，只有一小部分由驾驶员提供，而大部分是由发动机通过转向加力装置提供的。但在转向加力装置失效时，一般还应当能由驾驶员独力承担汽车转向任务。因此，动力转向系是在机械转向系的基础上加设一套转向加力装置而形成的。图 3.1.2 所示为液压助力式动力转向系。

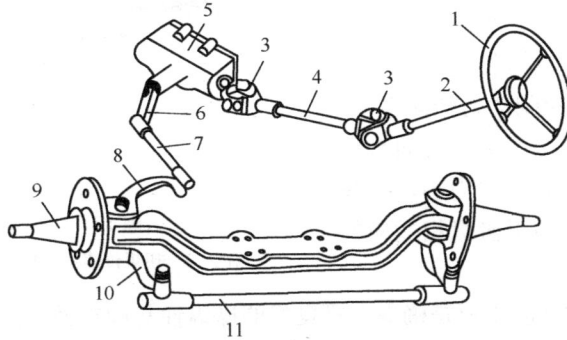

图 3.1.1 机械转向系示意图

1—转向盘；2—转向轴；3—转向万向节；4—转向内传动轴；5—转向器；6—转向摇臂；7—转向直拉杆；
8—转向节臂；9—转向节；10—转向梯形臂；11—转向横拉杆

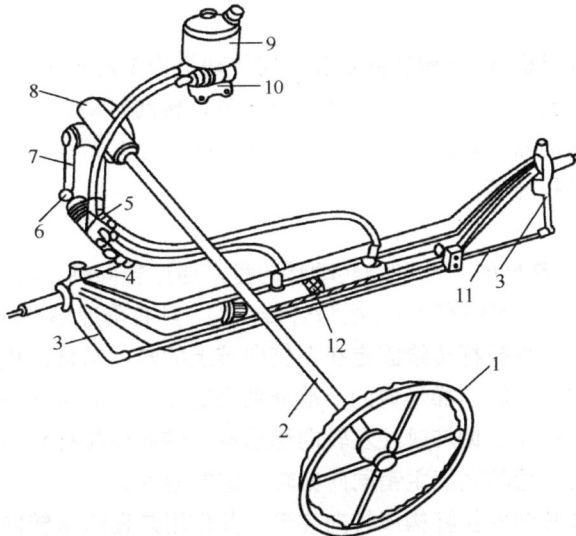

图 3.1.2 液压助力式动力转向系示意图

1—转向盘；2—转向轴；3—梯形臂；4—转向节臂；5—转向控制阀；6—转向直拉杆；7—转向摇臂；8—转向器；
9—转向油罐；10—转向液压泵；11—转向横拉杆；12—转向动力缸

（3）电动助力转向系。电动助力转向系统（Electrical Power Steering，EPS）是利用电动机产生的动力协助驾车者进行转向。如图 3.1.3 所示，电动助力转向系一般由转矩传感器 2、电控单元微处理器 3、电动机 4 和发电机 1 所组成。由于电动助力转向系统只需电力不用液压，与机械式液压动力转向系统相比较省略了许多元件。没有液压系统所需要的油泵、油管、压力流量控制阀、储油罐等，零件数目少，布置方便，重量轻，而且无"寄生损失"和液体泄漏损失。因此，电动助力转向系统在各种行驶条件下均可节能 80% 左右，提高了汽车的运行性能。电动助力转向系在近年得到迅速的推广，也是今后助力转向系统的发展方向。

（4）电子控制转向系。电子控制转向系包括电子控制动力转向系和电子控制四轮转向系。

电子控制动力转向系旨在使车辆低速尤其是停放车辆时转向轻便，而当车速较高时，电子控制使系统的液压助力作用减弱，转向操纵力增加，使驾驶员在高速行驶时对转向盘有更好地控制。在电子控制动力转向系中，按照车速通过控制电磁阀改变动力转向系统中的油压控制回路，低速时转向力小，提高操纵力；在中高速时使之与手操纵相适应的转向力，提高操纵稳定性。

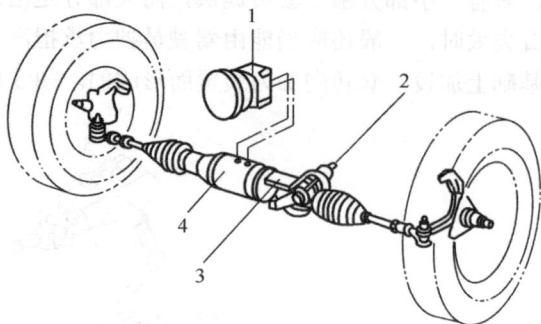

图 3.1.3　电动助力转向系

1—发电机；2—扭矩传感器；3—电控单元微处理器；4—电动机

电子控制四轮转向的功能主要是确保车辆良好的操纵性与稳定性，即有效控制车辆横向的运动特性，以充分保证车辆的操纵稳定性。

二、汽车转向系的基本组成和工作原理

1. 基本组成

汽车转向系由转向操纵机构、机械转向器和转向传动机构3大部分组成，其具体组成如图3.1.1所示。转向操纵机构包括转向盘、转向轴、转向万向节、转向传动轴；机械转向器有多种类型，轿车上常采用齿轮齿条转向器；转向传动机构包括转向摇（垂）臂、转向直（纵）拉杆、转向节臂、转向梯形臂、转向横拉杆等。

2. 工作原理

如图 3.1.1 所示，汽车转向时，驾驶员转动转向盘，通过转向轴、转向万向节和转向传动轴，将转向力矩输入转向器。转向器中有 1~2 级啮合传动副，具有降速增矩的作用。转向器输出的转矩经转向摇臂，再通过转向直拉杆传给固定在左转向节上的转向节臂，使左转向节及装于其上的左转向轮绕主销偏转。左、右转向梯形臂的一端分别固定在左、右转向节上，另一端则与转向横拉杆作球铰链连接。当左转向节偏转时经左转向梯形臂、转向横拉杆和右转向梯形臂的传递，右转向节及装于其上的右转向轮随之绕主销同向偏转一定的角度。

左、右转向梯形臂和转向横拉杆构成转向梯形，其作用是在汽车转向时，使左、右转向轮按一定的规律进行偏转。

想一想　汽车转向过程中，内、外侧转向车轮的偏转角是否相同？关系如何？

三、转向系常用术语

1. 转向梯形与前展角

为了使汽车能够顺利地转向，并保持汽车转向时，转向轮只有向前的滚动而没有横向的滑动，

转向传动机构必须使转向轮的滚动轨迹符合一定的规律，即前内转向轮偏转角 β 大于前外转向轮偏转角 α（$\beta>\alpha$），如图 3.1.4 所示。如果汽车在转向时，两前转向轮的偏转角相同，那么各车轮就不可能绕同一中心滚动，运动轨迹也将发生改变。若使两转向轮自由滚动，它们的运动轨迹就有逐渐相互靠近的趋势。然而两车轮是安装在同一轴的两端，轮距 B 是不变的，这样当汽车转向时，转向轮就要产生边滚边滑的现象，使行驶阻力增加，转向困难，并加速轮胎的磨损。

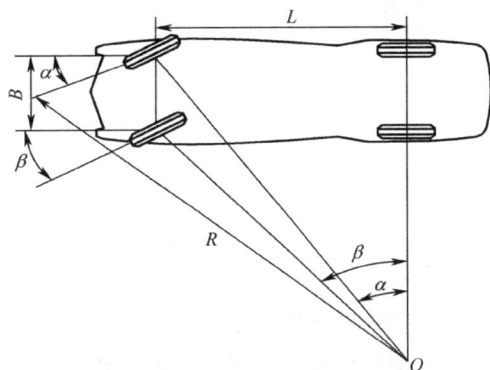

汽车转向时两转向轮内转角 β 与外转角 α 之差（$\beta-\alpha$）称为前展角。为了产生前展，将转向机构设计成梯形。这样，在汽车转向时，就可以使转向内轮与外前轮产生不同的偏转角而实现车轮的纯滚动。

图 3.1.4 汽车转向示意图

L—轴距；B—轮距；O—转向中心；R—转弯半径

2. 转弯半径与转向盘自由行程

从转向中心 O 到外侧转向轮与地面接触点的距离 R 称为汽车转弯半径。转弯半径 R 愈小，则汽车转向所需要场地就愈小，汽车的机动性也愈好。当外侧转向轮偏转角达到最大值 α_{max} 时，转弯半径 R 最小。

延伸阅读

转向盘的自由行程是指转向盘在空转阶段的角行程，这主要是由于转向系各传动件之间的装配间隙和弹性变形所引起的。由于转向系各传动件之间都存在着装配间隙，而且这些间隙将随零件的磨损而增大，因此在一定的范围内转动转向盘时，转向节并不马上同步转动，而是在消除这些间隙并克服机件的弹性变形后，才作相应的转动，即转向盘有一空转过程。转向盘自由行程对于缓和路面冲击及避免驾驶员过于紧张是有利的，但过大的自由行程会影响转向灵敏性。所以汽车维护中应定期检查转向盘自由行程。一般汽车转向盘的自由行程应不超过 10°～15°，否则应进行调整。

想一想 转向盘操纵的轻便性及转向操纵灵敏性如何兼顾？

3. 转向系角传动比

转向系角传动比是指转向盘的转角与转向盘同侧的转向轮偏转角的比值，一般用 i_w 表示。转向系角传动比是转向器角传动比 i_1 和转向传动机构角传动比 i_2 的乘积。转向器角传动比是转向盘转角和转向摇臂摆角之比。转向传动机构角传动比是转向摇臂摆角与同侧转向轮偏转角之比。

转向系角传动比越大，增矩作用加大，转向操纵越轻便。但由于转向盘转的圈数过多，导致操纵灵敏性变差，所以转向系角传动比不能过大。而转向系角传动比太小又会导致转向沉重，所以转向系角传动比既要保证转向轻便，又要保证转向灵敏。但机械转向系很难做到这一点，所以越来越多的车辆采用动力转向系。

课题小结

（1）汽车转向系的作用是不仅可以改变汽车的行驶方向，使其按驾驶员规定的方向行驶，而且还可以克服由于路面侧向干扰力使车轮自行产生的转向，恢复汽车原来的行驶方向。

（2）汽车转向系由转向操纵机构、机械转向器和转向传动机构3大部分组成。

（3）转向系角传动比越大，增矩作用越大，转向操纵越轻便，但操纵灵敏性变差。

作业测评

（1）叙述汽车转向系的作用。

（2）对照模型或实物，说出机械转向系的基本组成和动力传递路线。

课题二 检修机械转向系

机械转向系由转向操纵机构、转向传动机构和转向器3部分组成。

基础知识

一、转向操纵机构

汽车转向操纵机构主要由转向盘、转向管柱、转向轴（为了叙述方便，将转向轴和转向柱管统称为转向柱）等组成，如图3.2.1所示。其功用是将驾驶员操纵转向盘的力传给转向器，同时为了使驾驶员舒适驾驶，还要求转向操纵机构可以进行调节，以满足不同驾驶员的需求；为了防止车辆撞击后对驾驶员的损伤，还要求转向操纵机构具有一定的安全保护装置。

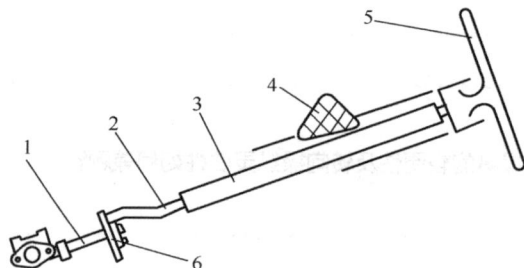

图 3.2.1　桑塔纳轿车转向操纵机构示意图

1—下转向轴；2—上转向轴；3—转向管柱；4—可折叠安全元件；
5—转向盘；6—安全联轴节

1．转向盘

转向盘用于产生转向操纵力，它由轮毂、轮辐和轮缘组成，常见的有3根辐条式和4根辐条式，如图3.2.2所示。

安全气囊和喇叭开关放置在转向盘中央。包括我国在内的大多数国家和地区都规定车辆右侧通行，相应地应将转向盘安置在驾驶室左侧。这样，驾驶员的左方视野较广阔，有利于两车安全交会。相反，在一些规定车辆左侧通行的国家和地区使用的汽车上，转向盘则应安置在驾驶室右侧。

图 3.2.2　转向盘形式

想一想　你知道安全气囊和喇叭的图形符号是怎样的吗?

2. 转向柱

转向柱将驾驶员作用于转向盘的转向操纵力传给转向器。它由转向轴和转向柱管组成。转向轴是传力部件，通过轴承支撑与转向柱管固定于车身上。为了方便不同体型驾驶员的操纵及保护驾驶员的安全，现代新型汽车转向柱还带有各种调整机构及安全装置。

延伸阅读

上海桑塔纳轿车采用的是设有可分离机构的安全转向柱，如图 3.2.1 所示，转向柱分为上下两段，用安全联轴节连接，一旦发生撞车事故，驾驶员因惯性而以胸部扑向转向盘 5 时，迫使转向柱管 3 压缩位于转向柱上方的安全元件 4 而向下移动，使两个销子迅速从下转向轴凸缘的孔中退出，从而形成缓冲而减少对驾驶员的伤害。一汽红旗、奥迪轿车的转向操纵机构与此类似，只是无可折叠的安全元件。

设有能量吸收机构的转向柱从结构上能使转向轴和转向管柱在受到冲击后，轴向收缩并吸收冲击能量，从而有效地缓和转向盘对驾驶员的冲击，减轻其所受伤害的程度。

二、转向器

转向器是转向系中的降速增矩传动装置，其功能是增大由转向盘传到转向节的力，并改变力的传动方向。按转向器中传动副的结构形式分，可以分为循环球式、齿轮齿条式、蜗杆曲柄指销式、蜗杆滚轮式等几种。采用齿轮齿条式转向器可以使转向传动机构简化（无须转向摇臂和转向直拉杆等），故多用于前轮为独立悬架的轻型及微型轿车和货车上。例如，桑塔纳、夏利、高尔夫、标致、雪铁龙以及南京依维柯轻型货车等都采用了齿轮齿条式转向器。

1. 齿轮齿条式转向器

齿轮齿条式转向器有两种结构：一种是中部输出型，即转向横拉杆安装在齿条中部，如图 3.2.3 所示；另一种是转向横拉杆安装在齿条的两端，如图 3.2.4 所示。

齿轮齿条式转向器主要由转向器壳体 8、转向齿轮 9、转向齿条 5 等组成。转向器通过转向壳体 8 的两端用螺栓固定在车身（车架）上。齿轮轴 6 通过球轴承 7、滚柱轴承 10 垂直安装在壳体中，其上端通过花键与转向轴上的万向节（图中未画出）相连，其下部分是与轴制成一体的转向齿轮 9。转向齿轮 9 是转向器的主动件，它与相啮合的从动件转向齿条 5 水平布置，齿条背面装有压簧垫块 4。在压簧 3 的作用下，压簧垫块 4 将齿条 5 压靠在齿轮 9 上，保证二者无间隙啮合。调整螺塞 1 可用来调整压簧的预紧力。压簧 3 不仅起消除啮合间隙的作用，而且还是一个弹性支撑，可以吸收部分振动能量，缓和冲击。

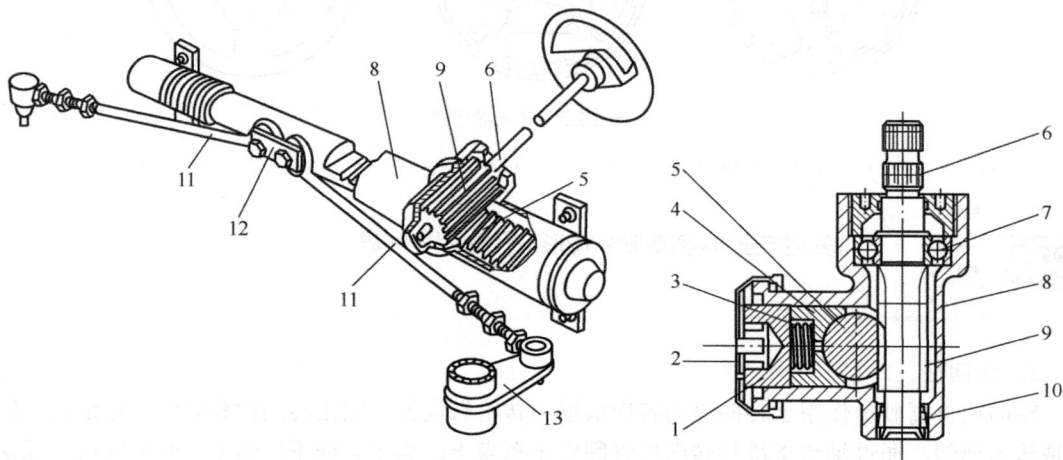

图 3.2.3　中间齿轮齿条式转向器

1—调整螺塞；2—罩盖；3—压簧；4—压簧垫块；5—转向齿条；6—齿轮轴；
7—球轴承；8—转向器壳体；9—转向齿轮；10—滚柱轴承；
11—转向横拉杆；12—拉杆支架；13—转向节

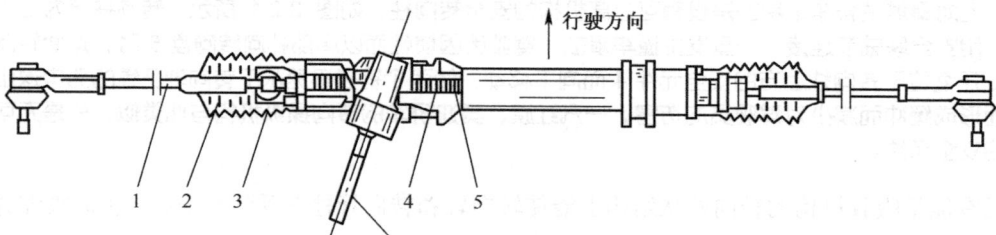

图 3.2.4　两边输出齿轮齿条式转向器

1—转向横拉杆；2—防尘罩；3—球座；4—齿条；5—转向器壳体；6—转向齿轮轴

转向齿条 5 的中部通过拉杆支架 12 与左、右转向横拉杆 11 连接。转动转向盘时，转向齿轮 9 转动，与之相啮合的转向齿条 5 沿轴向移动，从而使左、右转向横拉杆带动转向节 13 转动，使转向轮偏转，实现汽车转向。

2. 循环球式转向器

循环球式转向器的特点是有两级传动副，如图 3.2.5 所示，第一级传动副是转向螺杆 12—转向螺母 3；螺母 3 的下平面加工成齿条，与齿扇轴 21 内的齿扇相啮合，构成齿条—齿扇第二级传动副。显然，转向螺母 3 既是第一级传动副的从动件，也是第二级传动副的主动件。通过转向盘转动转向螺杆 12 时，转向螺母 3 不能随之转动，而只能沿杆 12 转向移动，并驱使齿扇轴（即摇臂轴）21 转动。转向螺杆 12 支撑在两个推力球轴承 10 上，轴承的预紧度可用调整垫片 14 调整。

在转向螺杆 12 上松套着转向螺母 3，为了减少它们之间的摩擦，二者的螺纹并不直接接触，其间装有许多钢球 13，以实现滚动摩擦。

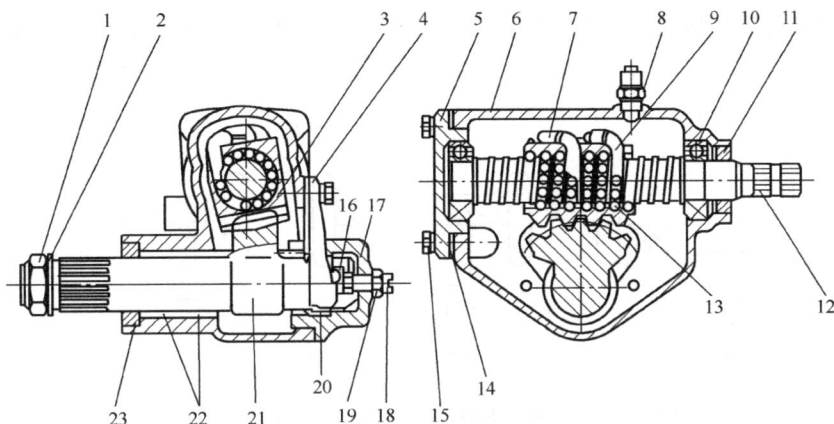

图 3.2.5　循环球式转向器

1—螺母；2—弹簧垫圈；3—转向螺母；4—转向器壳体密封垫圈；5—转向器壳体底盖；6—转向器壳体；
7—导管夹；8—加油（通气）螺塞；9—钢球导管；10—球轴承；11、23—油封；12—转向螺杆；
13—钢球；14—调整垫片；15—螺栓；16—调整垫圈；17—侧盖；18—调整螺钉；
19—锁紧螺母；20、22—滚针轴承；21—齿扇轴（摇臂轴）

当转动转向螺杆时，通过钢球将力传给转向螺母，使螺母沿螺杆 12 轴向移动。随着螺母 3 沿螺杆 12 作轴向移动，其齿条便带动齿扇绕着转向摇臂轴 21 作圆弧运动，从而使转向摇臂轴 21 连同摇臂产生摆动，通过转向传动机构使转向轮偏转，实现汽车转向。

> **延伸阅读**
>
> **循环球结构特点**
>
> 　　转向螺杆和螺母上都加工出断面轮廓为两段或三段不同心圆弧组成的近似半圆的螺旋槽。二者的螺旋槽能配合形成近似圆形断面的螺旋管状通道。螺母侧面有两对通孔，可将钢球从此孔塞入螺旋形通道内。转向螺母外有两根钢球导管 9，每根导管的两端分别插入螺母侧面的一对通孔中，导管内也装满了钢球。这样，两根导管和螺母内的螺旋管状通道组合成两条各自独立的封闭的钢球"流道"。转向螺杆转动时，通过钢球将力传给转向螺母，螺母即沿轴向移动。同时，在螺杆与螺母二者和钢球间的摩擦力偶作用下，所有钢球便在螺旋管状通道内滚动，形成"球流"。钢球在管状通道内绕行两周后，流出螺母而进入导管的一端，再由导管另一端流回螺旋管状通道。所以在转向器工作时，两列钢球只是在各自的封闭流道内循环，而不致脱出。

> **想一想**
>
> 齿轮齿条式转向器与循环球式转向器在结构上的主要区别是什么？

三、转向传动机构

转向传动机构的功用是将转向器输出的力矩放大到转向桥两侧的转向节，使两侧转向轮偏转，且使二转向轮偏转角按一定关系变化，以保证汽车转向时车轮与地面的相对滑动尽可能小。

转向传动机构的组成和布置因转向器位置和转向轮悬架类型而异。

1. 与非独立悬架配用的转向传动机构

与非独立悬架配用的转向传动机构如图 3.2.6 所示，它一般由转向摇臂 2、转向直拉杆 3、转向节臂 4、两个梯形臂 5 和转向横拉杆 6 组成。各杆件之间都采用球形铰链连接，并设有防止松动、缓冲吸振、自动消除磨损后的间隙等结构。

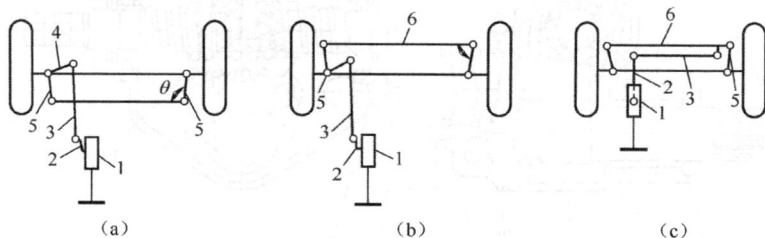

图 3.2.6 与非独立悬架配用的转向传动机构示意图

1—转向器；2—转向摇臂；3—转向直拉杆；4—转向节臂；5—转向梯形臂；6—转向横拉杆

当前桥仅为转向桥时，由左、右梯形臂 5 和转向横拉杆 6 组成的转向梯形一般布置在前桥之后，如图 3.2.6（a）所示，称为后置式。这种布置简单方便，且后置的横拉杆 6 有前面的车桥做保护，可避免直接与路面障碍物相碰撞而损坏。当发动机位置较低或前桥为转向驱动桥时，往往将转向梯形布置在前桥之前，如图 3.2.6（b）所示，称为前置式。若转向摇臂 2 不是在汽车纵向平面内前后摆动而是在与路面平行的平面内左右摆动（如北京 BJ 2020N 型汽车），则可将转向直拉杆 3 横向布置，并借球头销直接带动转向横拉杆 6，从而推动左右梯形臂 5 转动，如图 3.2.6（c）所示。

（1）转向摇臂。图 3.2.7 所示为常见转向摇臂的结构形式，其大端具有三角细花键锥形孔，用以与转向摇臂轴外端相连接，并用螺母固定；其小端带有球头销，以便与转向直拉杆做空间铰链连接。转向摇臂安装后从中间位置向两边摆动的角度应大致相等，故在把转向摇臂安装到摇臂轴上时，二者相应的角度位置应正确。为此，常在摇臂大孔外端面上和摇臂轴的外端面上各刻有短线，或是在二者的花键部分上都少铣一个齿作为装配标记。装配时应将标记对齐。

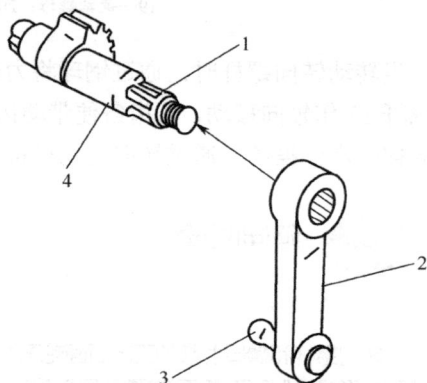

图 3.2.7 转向摇臂

1—细齿花键；2—转向摇臂；3—球头销；4—摇臂轴

（2）转向横拉杆。转向横拉杆体用钢管制成，其两端切有螺纹，一端为右旋，另一端为左旋，与横拉杆接头旋装连接，如图 3.2.8 所示。接头的螺纹孔壁上开有轴向切口，故具有弹性，旋装到杆体上后可用螺栓夹紧。旋松夹紧螺栓以后，转动横拉杆体，可改变转向横拉杆的总长度，从而调整转向轮前束。

想一想

为什么横拉杆两端螺纹旋向不同？

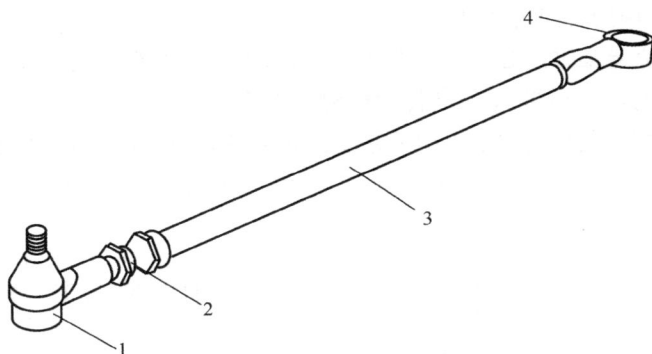

图 3.2.8 轿车的转向横拉杆
1—球头销；2—调整螺母；3—横拉杆；4—连接环

（3）转向直拉杆。转向直拉杆体两端用扩大的钢管制成，在扩大的端部里，装有由球头销、球头座、弹簧座、压缩弹簧、螺塞等组成的球铰链。球头销的锥形部分与转向摇臂连接，并用螺母固定。其球头部分的两侧与两个球头座配合，前球头座靠在端部螺塞上，后球头座在弹簧的作用下压靠在球头上，这样，两个球头座就将球头紧紧夹持住。

（4）转向节臂与梯形臂。如图 3.2.9 所示，转向横拉杆通过转向节臂与转向节相连。转向横拉杆两端经左、右梯形臂与转向节相连。转向节臂和梯形臂带锥形柱的一端与转向节锥形孔相配合，用键防止螺母松动。臂的另一端带有锥形孔，与相应的拉杆球头销锥形柱相配合，同样用螺母紧固后插入开口销锁住。

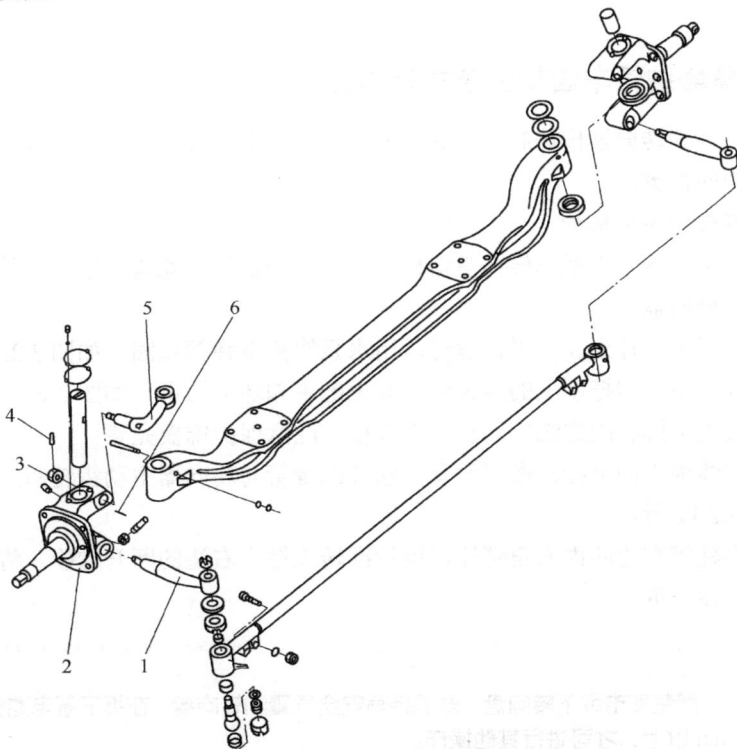

图 3.2.9 CA1092 型汽车转向节臂和梯形臂
1—左转向梯形臂；2—转向节；3—锁紧螺母；4—开口销；5—转向节臂；6—键

2.非独立悬架配用的转向传动机构

当转向轮采用独立悬架时,由于每个转向轮都需要相对于车架(或车身)作独立运动,所以,转向桥必须是断开式的。与此同时,转向传动机构中的转向梯形也必须分成两段或三段。图 3.2.10所示为几种独立悬架配用的转向传动机构示意图。其中 3.2.10(a)、(b)所示的机构与循环球式转向器配用,图 3.2.10(c)、(d)所示的机构与齿轮齿条式转向器配用。

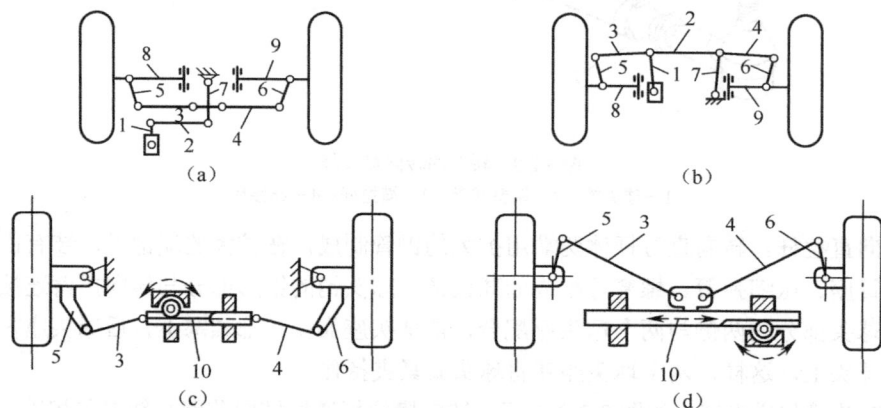

图 3.2.10 与独立悬架配用的转向传动机构示意图
1—转向摇臂;2—转向直拉杆;3—左转向横拉杆;4—右转向横拉杆;5—左梯形臂;6—右梯形臂;7—摇杆;
8—悬架左摆臂;9—悬架右摆臂;10—齿轮齿条式转向器

课题实施

操作一 检修桑塔纳轿车齿轮齿条式转向器

在进行齿轮齿条式转向器检修时,应先断开蓄电池电源,并使车轮处于直线行驶位置,此时转向灯开关处于中间位置。

步骤一 分解转向操纵机构。

(1)如图 3.2.11 所示,先撬出转向盘盖板,拧下转向盘固定螺母,取出垫片,拔下喇叭线,用专用拉拔器拉下转向盘。

(2)拆下组合开关,拧出 3 个平口螺钉,用水泵钳拆下弹簧垫圈,如图 3.2.12 所示。

(3)用冲子冲出阻风门把手上的弹簧销,旋出把手和环形螺母,如图 3.2.13 所示。

(4)拧下仪表板下饰板固定螺钉,拆下下饰板,注意保护饰板完整。

(5)从前围穿线板中向上拉出密封衬套,松开凸缘管与转向器主动齿轮间的的夹箍,取出其所有螺栓,如图 3.2.11 所示。

(6)旋出转向柱管左边的内六角螺栓,用标准转头钻出右边的断开螺栓,将转向柱管、转向轴及转向盘锁圈等逐一拆下。

> 提示 严禁敲击取下转向盘,对于装有安全气囊的转向盘,在拆下蓄电池负极后,必须等待 1min 以上,才可进行其他操作。

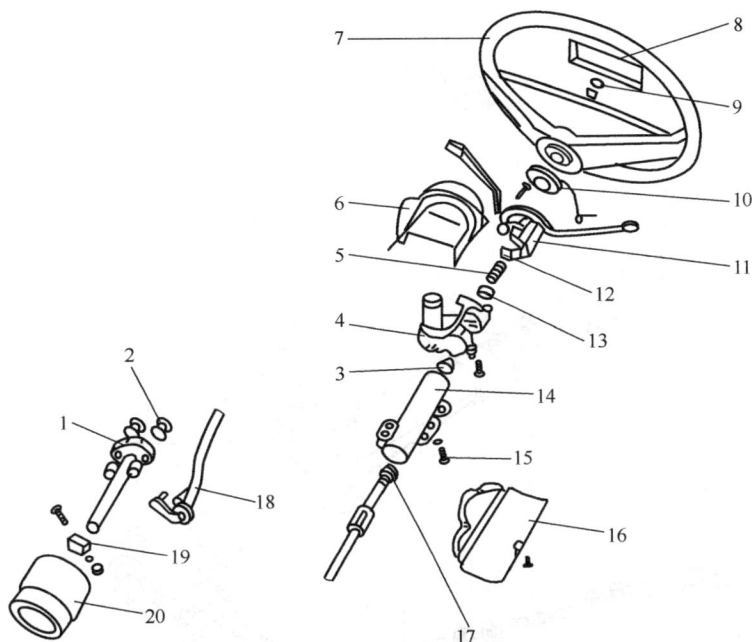

图 3.2.11　转向操纵机构分解图

1—凸缘管；2—橡胶衬套；3—橡胶支撑环；4—转向盘锁套；5—弹簧；6—罩板；7—转向盘；
8—盖板；9—转向盘紧固螺母；10—接触环；11—组合开关；12—弹簧垫圈；
13—接触环；14—转向柱套管；15—圆柱螺栓；16—罩壳；
17—断开螺栓；18—转向柱；19—夹紧箍；20—密封衬套

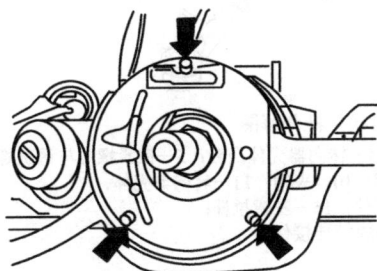

图 3.2.12　拆卸组合开关

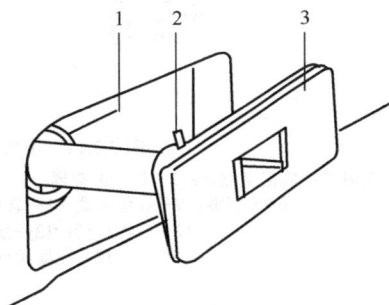

图 3.2.13　拆卸阻风门把手

1—环形螺母；2—弹簧销；3—把手

步骤二　分解转向器。

（1）如图 3.2.14 所示，拆下转向减震器两端 1、3 的连接螺栓，从转向器壳上拆下转向减震器，从转向齿条上拆下横拉杆支架。

（2）拆下齿条与横拉杆连接件 17 的连接螺栓，使转向器与传动机构分离。

（3）拆下转向器左、右凸缘与车身的连接螺栓、螺母，从车上取下转向器总成。

（4）拆下齿条防尘套 9。

（5）拆下齿条压紧装置，然后拆下转向器壳端头的卡环、端盖、密封圈及弹簧，抽出齿条。

（6）拆下转向齿轮密封圈、密封座套，取出转向齿轮轴 8。

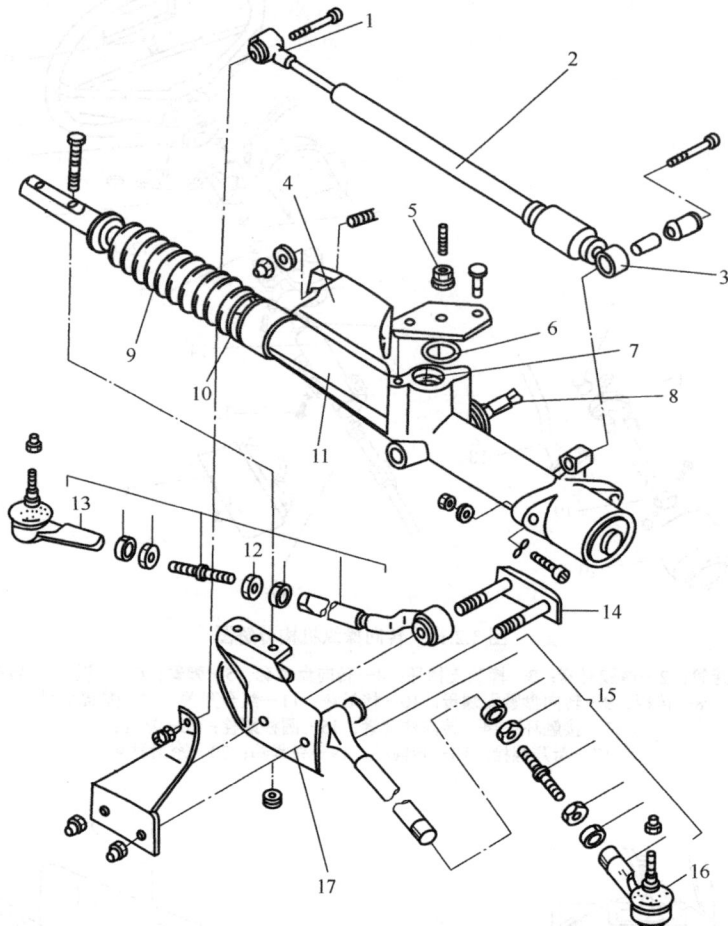

图 3.2.14　桑塔纳轿车机械转向器与横拉杆分解图
1—转向减震器固定支点端；2—转向减震器；3—减震器接受振动端；4—转向器壳体凸台；5—锁紧螺母与调整螺栓；
6—密封圈；7—补偿弹簧；8—转向齿轮轴；9—防尘套；10—夹箍；11—转向器壳体；
12—右横拉杆；13—横拉杆球头；14—连接件；15—左横拉杆；
16—左横拉杆球头；17—齿条与横拉杆连接件

> **提示** 在抽出齿条之前应将行程做标记以便组装时参考，抽出时不要转动齿条。

步骤三　检修齿轮齿条式转向器。

（1）转向齿轮与齿条应运动灵活，无卡滞现象。

（2）检查转向器外壳应无裂纹及磨损，若零件出现裂纹应更换，转向横拉杆、转向齿条在总成修理时应进行隐伤检验。

（3）转向齿条的直线度误差不得大于 0.30mm。

（4）齿面上应无疲劳剥蚀及严重磨损，若出现左右大转角时转向沉重，且又无法调整时应更换转向器。

步骤四　装配与调整齿轮齿条式转向器。

（1）齿轮齿条式转向器及操纵机构的装配按分解的相反顺序进行，在装配转向盘时要始终保持转向轮处于直行位置，转向灯开关应在中间位置。转向器凸缘管应推靠到转向齿轮轴上，不能有间隙，用卡箍卡紧。紧固转向柱管时，应先将断开螺栓拧至螺栓头，再拧紧圆柱螺栓。各螺栓、螺母应按表 3.1 所示中规定的力矩拧紧。

表 3.1　转向系主要连接件螺栓、螺母拧紧力矩

序　号	连　接　件	力矩/（N·m）	序号	连　接　件	力矩/（N·m）
1	转向盘固定螺母	40	6	横拉杆球头销螺母	30
2	转向盘锁套螺栓	10	7	转向支架紧固螺母	45
3	转向柱管圆柱螺栓	20	8	转向器固定螺母	35（前）/20（后）
4	凸缘管夹紧箍及万向节螺栓	25	9	补偿机构压盖螺栓	20
5	横拉杆锁紧螺母	40	10	转向减震器连接螺栓	35

想一想　为什么装配转向盘时，转向灯开关应在中间位置？

（2）齿轮齿条式转向器调整。转向器一经拆卸，必须调整齿轮齿条啮合间隙。调整方法是：将车轮着地并置于直线行驶位置，松开锁紧螺母，向里拧动锁紧螺钉，直至螺钉与垫圈挡块接触为止。

操作二　拆装与调整循环球式转向器

步骤一　分解循环球式转向器。

（1）如图 3.2.15 所示，转动螺杆至中央位置，做标记标出螺杆与壳体的相对位置。

（2）拆下扇形齿轮齿隙调整螺钉的锁紧螺母，以及端盖螺钉。顺时针旋转调整螺钉，以拆下端盖与衬垫。

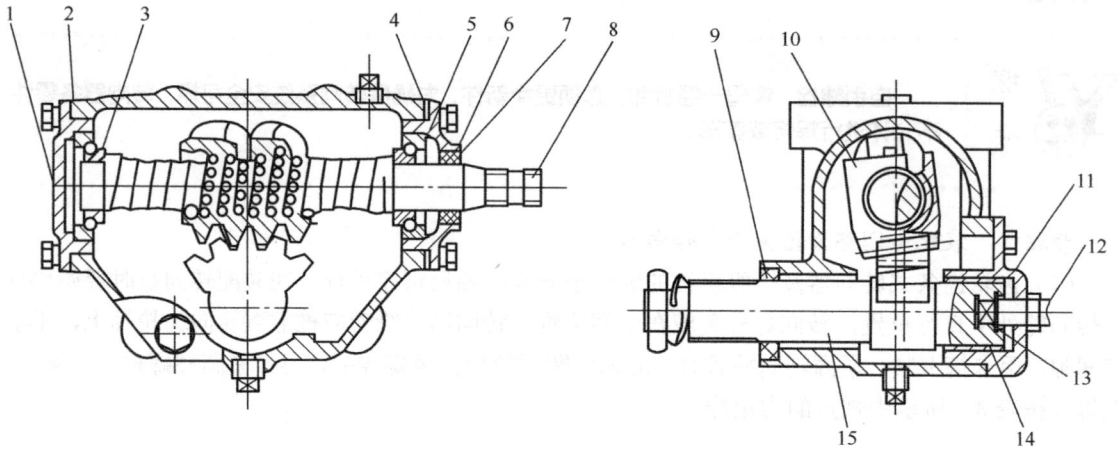

图 3.2.15　循环球式转向器装配图

1—下盖；2—调整垫片；3，5—螺杆轴承；4—上盖调整垫片；6—上盖；7—螺杆油封；
8—转向螺杆；9—摇臂轴油封；10—转向螺母；11—侧盖；12—调整螺钉；
13—弹簧挡圈；14—止推垫片；15—摇臂轴

（3）从摇臂轴端部拆下调整螺钉及调整垫片，并从壳体上拆下摇臂轴。将全部转向器零件放在工作台上。

（4）松开螺杆调整器的锁紧螺母，拆下轴承及轴承挡圈。

（5）拆下螺杆转向螺母总成，拆下球导管螺钉和球导管。将转向螺母倒过来，从一侧向另一侧转动螺杆，以卸下所有的钢球。从螺杆上卸下转向螺母。

（6）从转向器壳体上拆下摇臂轴油封。

（7）用拉拔器拆下轴承。

步骤二　装配与调整循环球式转向器。

提示

装配前，要对所有零件进行清洗，橡胶零件不能用汽油清洗。

（1）循环球式转向器的装配按照分解的逆顺序进行。装配时，首先按分解时的标记方向，把螺杆装入螺母中后再装钢球。装钢球时可用木棒或塑料棒把钢球轻轻敲入循环轨道内，并在导管口涂润滑脂，按标记一条滚道一条滚道地装配，不能混装。最后用导管夹把导管固定。装配后，要用手试转螺杆，检查钢球在滚道内是否转动灵活。然后把螺杆轴承内座圈装到螺杆轴颈上，并使其靠近止推面，再把轴承外座圈压装到上下面止推面上，从壳体上端装入螺杆螺母总成。

（2）转向轴承预紧度的调整。通过增减转向器壳与下盖之间的垫片来调整轴承预紧度。调整好后，用手上下推动转向轴不得有松旷感，转向轴应转动灵活，所需扭矩符合要求。用弹簧秤拉转向盘或转向轴测其拉力即可。

（3）啮合副啮合间隙的调整。调整啮合间隙时，应首先使啮合副处于中间啮合位置；然后通过转向器侧盖上的调整螺钉改变摇臂轴的轴向位置，使啮合间隙合适；最后用锁紧装置锁紧。啮合间隙（不大于 0.05mm）正常后，用力摇动摇臂轴应无松旷感，在任何位置转动方向盘应轻便灵活。

> **注意**　检查循环球式转向器时不能让球形螺母碰到蜗杆端头；车辆处于直线行驶位置时调整转向器啮合间隙；转向系装配好之后还要进行最大转向角和方向盘游隙的检查调整。

课题小结

（1）汽车常用转向器有齿轮齿条式和循环球式。

（2）循环球式转向器中一般有两级传动副，第一级是螺杆—螺母传动副，第二级是齿条—齿扇传动副或滑块—曲柄销传动副。

（3）齿轮齿条式转向器可以使转向传动机构简化，不需转向摇臂和转向直拉杆等。

作业测评

（1）齿轮齿条式转向器检修时要注意哪些问题？

（2）循环球式转向器如何调整传动副啮合间隙？

（3）与独立悬架配用的转向传动机构应注意什么？

（4）转向器与转向传动机构是怎样连接的？

课题三　检修液压动力转向系

动力转向系是在原机械转向系基础上，利用一定的动力助力方式，对转向器施加作用力，以减少驾驶员转动转向盘的操纵力，减轻驾驶疲劳的转向系统。

动力转向系按动力介质的不同分为气压式、液压式和电动式 3 类。气压动力转向系主要用于采用气压制动系统的货车和客车。对于装载质量过大的货车，因为其气压制动系统的工作压力较低，使得部件结构复杂、尺寸过于庞大、消耗功率多、易产生泄漏，而且转向力也不宜有效控制，所以这种助力系统不容易用于大型货车和小型轿车。液压动力转向系工作灵敏度高，结构紧凑、外廓尺寸较小，工作时无噪声，工作滞后时间短，而且能吸收来自不平路面的冲击。因此，液压式动力转向系在各类汽车上得到了广泛的应用。图 3.3.1 所示为桑塔纳轿车动力转向系统。电动动力转向系通常需要微机控制，目前处于发展阶段，许多中高档轿车已经采用。

> **想一想**　液压动力转向系的要求是什么？

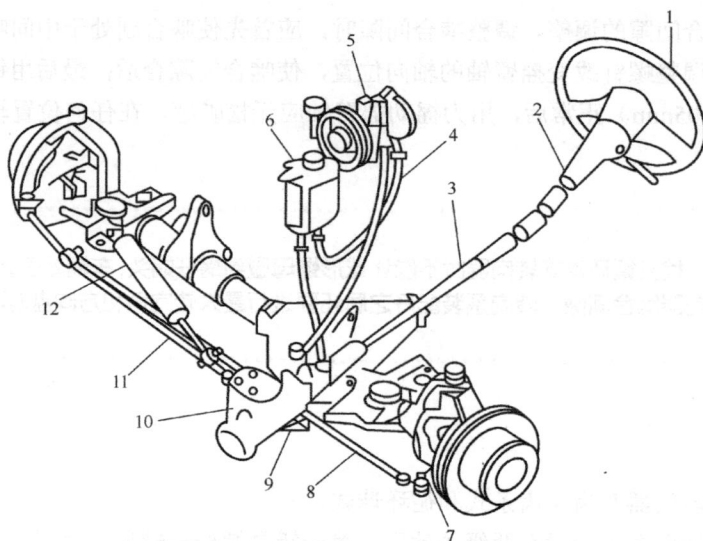

图 3.3.1 桑塔纳轿车动力转向系统

1—转向盘；2—转向柱；3—转向中间轴；4—转向油管；5—转向油泵；6—转向油罐；7—转向节臂；
8—转向横拉杆；9—转向摇臂；10—转向器；11—转向直拉杆；12—转向减震器

基础知识

采用液压动力转向的汽车在转向时，所需的动力只有小部分是驾驶员提供的，而大部分是发动机驱动转向油泵旋转，将发动机输出的部分机械能转化为压力能，并在驾驶员的控制下对转向传动装置或转向器传力，从而实现转向。

一、液压动力转向系的组成与类型

液压动力转向系由机械转向器、转向控制阀、转向动力缸以及将发动机输出的部分机械能转换为压力能的转向油泵（或空气压缩机）、转向油罐等组成，常见类型有常流式和常压式两种，分别如图 3.3.2 和图 3.3.3 所示。

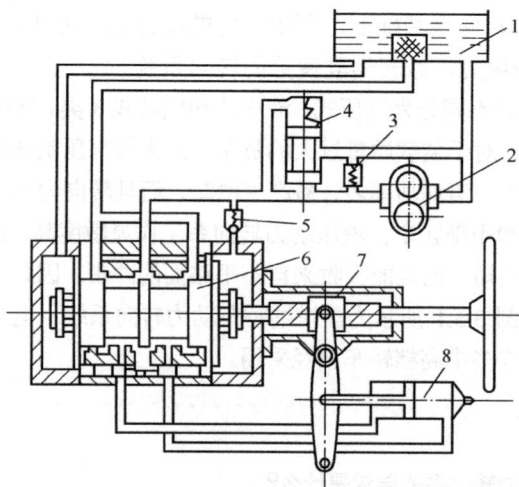

图 3.3.2 常流式液压动力转向系

1—转向油罐；2—转向油泵；3—安全阀；4—流量控制阀；5—单向阀；6—转向控制阀；7—机械转向器；8—动力缸

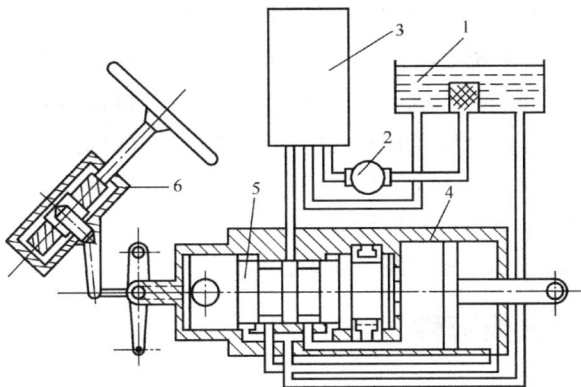

图 3.3.3　常压式液压动力转向系
1—转向油罐；2—转向油泵；3—储能器；4—动力缸；5—转向控制阀；6—机械转向器

两种液压动力转向装置相比，常压式的优点在于有储能器积蓄液压能，可以使用流量较小的转向油泵，而且还可以在油泵不运转的情况下保持一定的转向加力能力，使汽车有可能续驶一定距离。这一点对重型汽车而言尤为重要。常流式的优点则是结构较简单，油泵寿命较长，漏泄较少，消耗功率小，广泛应用于各种汽车。

在汽车常用的常流式动力转向系中，有的将机械转向器、动力缸和转向控制阀组成一个整体，如图 3.3.4（a）所示。这种三合一的布置形式称为整体式动力转向系，其优点是结构紧凑，安装、维修与调整方便。还有的将动力缸作为一个独立部件，而将机械转向器与转向控制阀组合成一个整体，如图 3.3.4（b）所示。此种结构称为半整体式动力转向系，其与整体式动力转向系比较，可以获得更大的助力作用。图 3.3.4（c）所示为组合式动力转向系，其特点是将转向控制阀和动力缸组合成一个整体，转向控制阀不是由转向轴直接操纵，属于间接操纵式。组合式动力转向系的优点是可以在不改变原来机械转向系零部件的情况下，根据需要附加安装动力转向系。缺点是零部件较多，安装调试比较麻烦，只适用一些改装车。

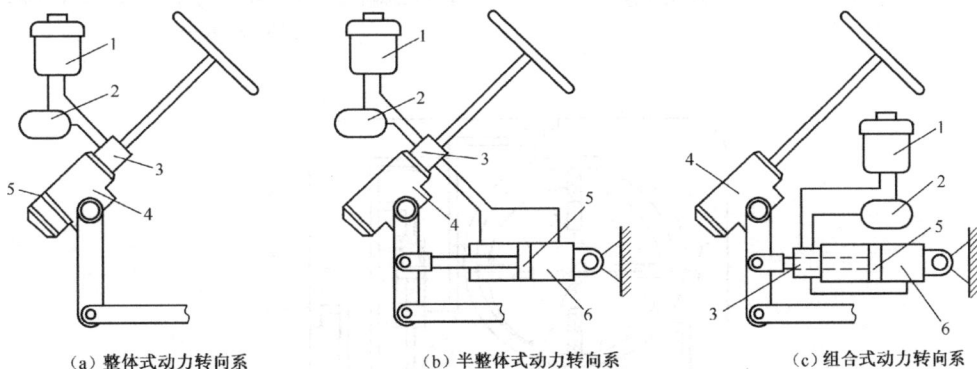

（a）整体式动力转向系　　　　（b）半整体式动力转向系　　　　（c）组合式动力转向系

图 3.3.4　动力转向系三种布置类型
1—转向油罐；2—转向油泵；3—转向控制阀；4—转向器；5—动力缸活塞；6—动力缸

二、常流式液压动力转向系工作原理

常流式动力转向系工作原理如图 3.3.2 所示。在不转向时，转向控制阀保持在开启状态，转向动力缸 8 活塞两端经控制阀与转向油罐相通，转向油泵 2 输出的油液也经转向控制阀与转向油罐 1 相通，因而油泵空转，液压系统油液只是不停地流动，油压很小，转向油泵 2 这时实际上处于空转状态。当驾驶员转动转向盘时，机械转向器 7 通过转向摇臂使转向轮偏转的同时，又使转向控制阀 6 移动，使转向动力缸的一侧工作腔经转向控制阀仍与转向油泵 2 相通，另一侧工作腔经转向控制阀与转向油罐 1 相通。由于这时转向油泵输出管道经转向控制阀 6 不再与转向油罐 1 相通，因而油压升高，推动转向动力缸 8 的活塞移动，从而帮助驾驶员使转向轮偏转。当转向盘停止转动后，转向控制阀即恢复到中立位置，动力缸不再工作。

三、液压动力转向系主要部件

1．转向油泵

转向油泵是动力转向装置的动力源，其功用是将发动机的机械能变为驱动转向动力缸工作的液压能，再由转向动力缸输出的转向力，驱动转向车轮转向。转向油泵的结构类型有多种，图 3.3.5、图 3.3.6 和图 3.3.7 所示分别为常见的齿轮泵、转子泵和叶片泵。叶片泵结构紧凑，在轿车上应用广泛。

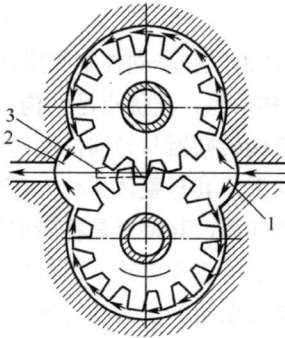

图 3.3.5　齿轮泵
1—进油口；2—出油口；3—卸荷槽

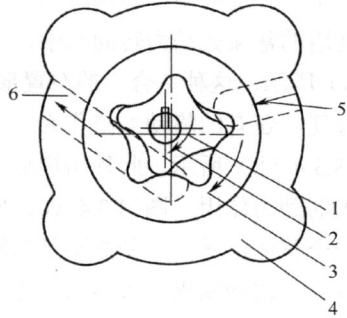

图 3.3.6　转子泵
1—主动轴；2—内转子；3—外转子；4—油泵壳体；
5—进油口；6—出油口

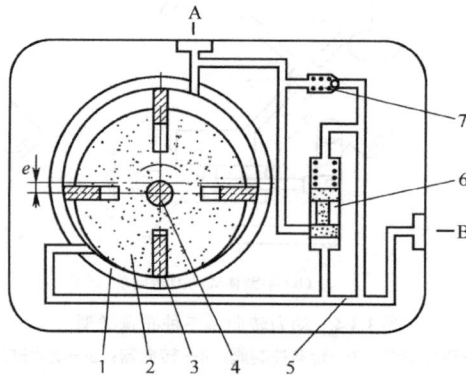

图 3.3.7　叶片泵
1—定子；2—转子；3—叶片；4—转子轴；5—出油管道；6—溢流阀；7—安全阀；A—进油孔；B—出油孔

叶片泵由泵体、转子、定子、叶片、驱动轴等组成，图 3.3.8 所示为叶片泵分解图。叶片 6

嵌入转子 11 相应槽内，并且可以在槽内自由滑动，然后一起装入定子 13 内。转子 11 通过花键与驱动轴 18 连接，驱动轴由发动机皮带轮通过联轴节 19 带动，泵体外壳装有进油管接头 15、出油管接头 1，在出油管接头 1 内装有流量控制阀 3，用于控制油泵的输出油压和流量。

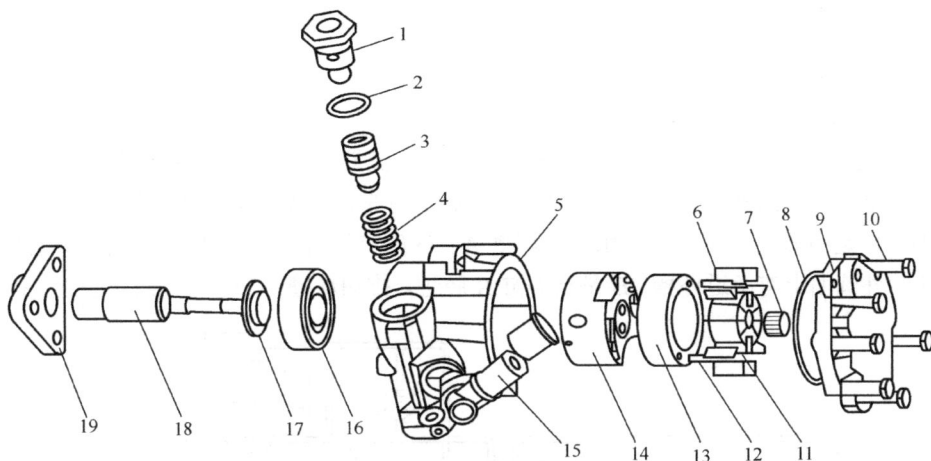

图 3.3.8 叶片泵分解图

1—出油管接头；2, 8—密封圈；3—流量控制阀；4—弹簧；5—壳体；6—叶片；7, 16—轴承；
9—叶片泵盖；10—螺栓；11—转子；12—定位销；13—定子；14—进出油侧板；
15—进油管接头；17—油封；18—驱动轴；19—联轴节

叶片泵的工作原理如图 3.3.9 所示，转子 1 通过驱动轴由发动机通过皮带驱动，在离心力作用下，安装在转子槽内的叶片 2 向外甩，并压靠在定子椭圆形内腔，转子按顺时针方向转动时，来自油罐的油液从进油口 A 进入油泵，并被吸入到转子、定子与叶片之间的油腔，随着转子的转动，油腔容积从进油口 A 先逐渐增大（吸油），再逐渐减小（压油）产生压力从出油口 B 流出，再经过节流孔 5 流向出油口 4，出油口与转向控制阀连接。

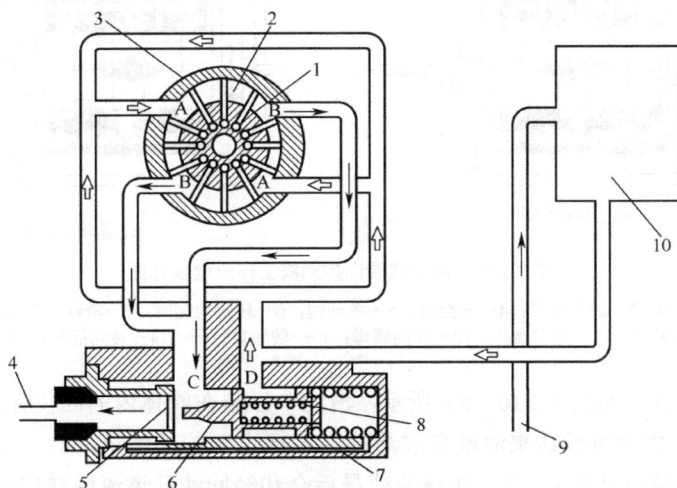

图 3.3.9 叶片泵工作原理示意图

1—转子；2—叶片；3—定子；4—出油口；5—节流孔；6—流量控制阀芯；7—量孔；
8—限压阀；9—从转向控制阀来油液；10—转向油罐

如果油泵压力过高，将会出现什么后果？

2．转向控制阀

转向控制阀有滑动式和回转式两种。

（1）滑动式转向控制阀。阀体沿轴向移动来控制油液流量的转向控制阀称为滑动式转向控制阀，如图 3.3.10 所示。滑动式转向控制阀的阀体 9 的内圆上有 3 道环槽，与发动机带动的转向油泵 3 相通，环槽 D、E 是回油道，与油罐 1 相通。环槽 A、D 间有油道与动力缸 15 中的活塞右侧 R 腔相通。滑阀 7 的外圆面上有两道环槽，B 是动力缸 R 腔进、排油环槽，C 是动力缸 L 腔进、排油环槽。

（a）直线行驶

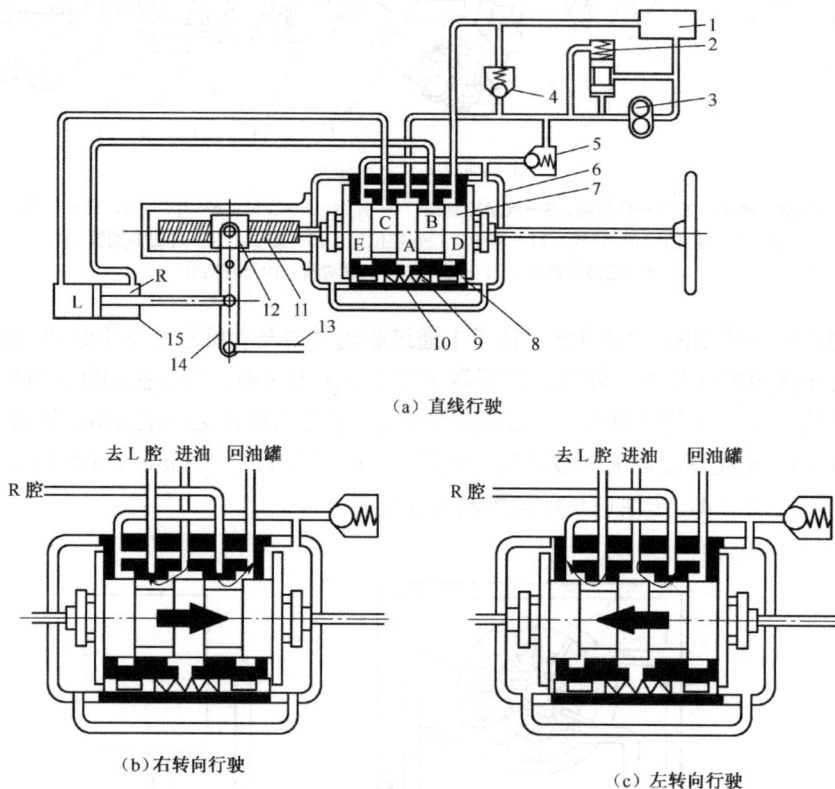

（b）右转向行驶   （c）左转向行驶

图 3.3.10　滑动式转向控制阀工作原理示意图

1—转向油罐；2—溢流阀；3—转向油泵；4—安全阀；5—单向阀；6—转向控制阀；7—滑阀；8—反作用柱塞；9—阀体；10—回位弹簧；11—转向螺杆；12—转向螺母；13—转向直拉杆；14—转向摇臂；15—动力缸

①　汽车直线行驶，如图 3.3.10（a）所示，滑阀 7 靠装在阀体内的回位弹簧 10 和反作用柱塞 8 保持在中间位置，由油泵输送来油液自进油孔进入阀体 9 的环槽 A，然后分成两路，一路流过环槽 B、D，另一路流过环槽 C、E。两路油液最后会和经回油孔道流回转向油罐。因此，油泵的负荷很小，只需要克服管道阻力，而整个系统内油路相通，油压处于低压状态。

②　汽车右转向行驶，如图 3.3.10（b）所示，驾驶员操纵转向盘带动转向螺杆 11 顺时针旋转，

由于转向轮受到路面的阻力，开始转向摇臂和转向螺母保持不动，驾驶员继续转动转向盘，则与转向轴连成一体的滑阀和左螺旋杆便克服回位弹簧和反作用柱塞一侧的油压力而向右移动。这时环槽 A 与 C、B 与 D 分别连通，而环槽 C 与 E、A 与 B 则分别隔绝，因而动力缸中活塞左侧 L 腔与进油道相通，形成高压区，而活塞右侧 R 腔与回油道相通，形成低油压区。在油压差的推动下，活塞向右移动，转向螺母 12 向左移动，而直拉杆则与活塞同向移动，并带动转向轮偏转。由于油压很高，汽车转向主要靠活塞推力，从而大大减小驾驶员作用在转向盘上转向力。

想一想　如果油液总是按上面的方向流动，转向轮一直偏转，将会出现什么后果？

在转向盘和螺杆顺时针继续转动中，上述液压力一直存在，当转向盘转过一定角度而保持不动时，转向螺杆不转动，螺杆施加在螺母上向左的作用力消失，螺母也不能再继续相对于螺杆左移。但在油压差的作用下，螺母仍将带动螺杆和滑阀一起继续左移，直到滑阀回到图 3.3.10（a）所示的中间位置，这时动力转向系停止工作，转向轮便不再偏转。

③ 当汽车向左转向时，如图 3.3.10（c）所示，逆时针转动转向盘，转向螺杆 11 便随之转动，同样由于螺母因车轮转向阻力作用不能立即作轴向移动，而使螺杆带动滑阀向左作轴向移动，环槽 C 与 E、A 与 B 接通，环槽 A 与 C、B 与 D 分别隔绝，此时，从液压泵输出的高压油进入动力缸右腔，推动活塞左移，使之对转向起助力作用，而动力缸左腔的油液则通过 C 口流回油罐。

（2）回转式转向控制阀。回转阀式转向控制阀的结构如图 3.3.11 所示。所谓回转阀式转向控制阀是指驾驶员在转动转向盘时，通过带动转阀阀芯绕其轴线的转动来控制油液流量的大小和方向，从而进行转向助力的转向控制阀。它主要由阀套、扭杆、阀芯等组成。扭杆 3 具有弹性，一端与转向轴连接，另一端通过连接销与阀芯 4 连接，圆柱形阀芯外表面、阀体的内表面开出若干油槽，两者装配后形成若干油道。

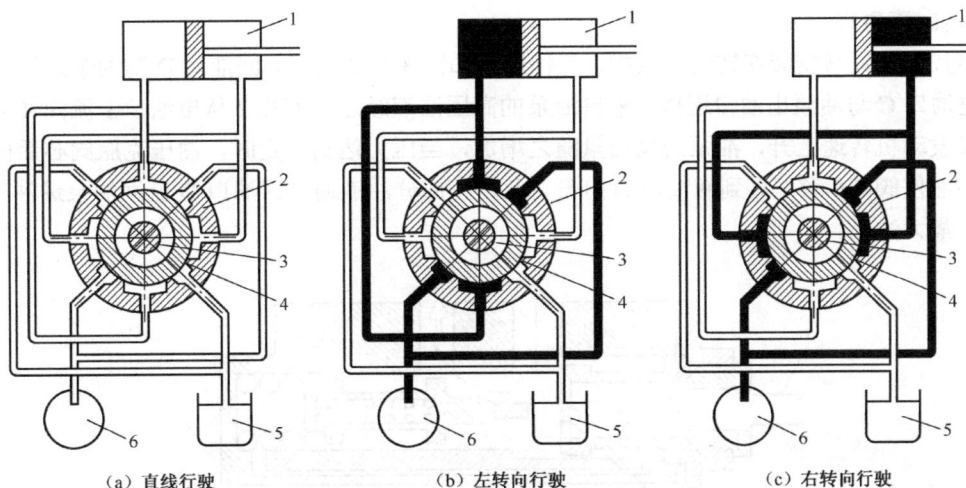

图 3.3.11　回转式转向控制阀工作原理示意图

1—动力缸；2—阀套；3—扭杆；4—阀芯；5—转向油罐；6—转向油泵

① 汽车直线行驶时，如图 3.3.11（a）所示，转向盘处于中间位置，所有油道相通，来自转

向油泵 6 的油液从进油道流入转阀，再从回油道流回转向油罐 5，此时动力转向不起作用。

② 汽车左转向行驶时，如图 3.3.11（b）所示，转向盘带动扭杆逆时针转动一个小角度，扭杆带动阀芯 4 也逆时针转动一个小角度，此时来自转向油泵 6 的高压油液从进油道流入转阀，经过油道流入转向动力缸 1 左腔室（图中高压油道以黑色表示），而动力缸 1 的右腔室油液通过回油道流回转向油罐 5，在压力差的作用下推动活塞右移，起到助力作用，使得转向轻便。

③ 汽车右转向行驶时，如图 3.3.11（c）所示，转向盘带动拉杆顺时针转动一个小角度，扭杆 3 带动阀芯 4 也顺时针转动一个小角度，此时来自转向油泵 6 的高压油液从进油道流入转阀，经过油道流入转向动力缸 1 右腔室（图中高压油道以黑色表示），而动力缸 1 的左腔室油液通过回油道流回转向油罐 5，在压力差的作用下推动活塞左移，起到助力作用，使得转向轻便。

> 想一想
>
> 扭杆的作用是什么？

在转向过程中，若转向盘转动的速度快，阀体与阀芯的相对角位移量也大，上下动力腔的油压差也相应加大，前轮偏转的速度也加快；转向盘转动的速度慢，前轮偏转也慢；转向盘转到某一位置上不动，前轮也偏转到某一位置上不变。此即"快转快助，大转大助，不转不助"的原理。

转向后需回正时，驾驶员放松转向盘，阀芯在弹性扭杆作用下回到中间位置，失去了助力作用，转向轮在回正力矩的作用下自动回位。若驾驶员同时回转转向盘时，转向助力器助力，帮助车轮回正。

> 想一想
>
> 汽车行驶中偶遇阻力，车轮发生偏转时，动力转向系怎样有助于转向盘回正？

3. 转向流量阀

流量控制阀通常安装在转向油泵中，工作原理如图 3.3.12 所示。回油口 D 与油泵进油口管路相通，进油口 C 与油泵出油口连接，来自油泵的高压油液经过节流孔 2 从出油口 1 流向转向控制阀。随着发动机转速上升，油泵的泵油量随之增加，当压力达到一定时，油压克服阀芯后面弹簧的预紧力而使阀芯后移，直到回油口 D 打开，此时一部分油液通过回油口 D 流回油泵进油口，从而限制了最大油压。

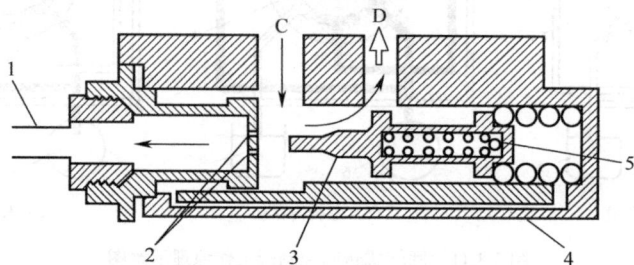

图 3.3.12 流量控制阀工作原理示意图

1—出油口；2—节流孔；3—流量控制阀芯；4—量孔；5—限压阀；C—接转向控制阀；D—回油口

在停车或极低速工况下进行转向时，由于转向阻力非常大，因此液压动力转向系统的油压也变得非常大，此时可能导致液压系统密封零件的损坏，为此在流量控制阀中设置了限压阀，限压阀 5 由弹簧和球阀组成。在液压系统油压正常的情况下，限压阀关闭，当节流孔处油压过高时，高压油液通过节流孔前面的小孔，油道和量孔 4 克服阀芯内部弹簧的预紧力将球阀顶开，一部分油液从阀芯小孔流回油泵，从而限制了系统过高的油压。

课题实施 桑塔纳 2000 轿车动力转向系检修

操作一　分解与装配转向器

桑塔纳 2000 轿车动力转向系的转向器分解如图 3.3.13 所示。

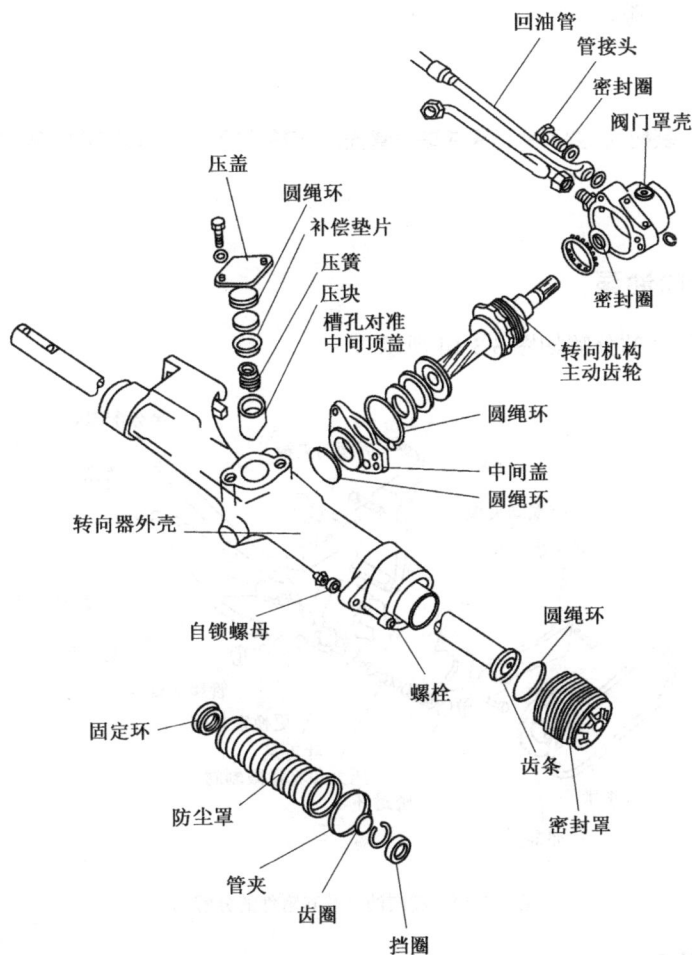

图 3.3.13　动力转向器分解图

步骤一　分解转向器。
（1）拆开阀门罩壳螺栓。
（2）拆下补偿器。
（3）取出转向控制阀阀体密封圈。

（4）取下转向齿轮轴上的O形密封圈。

（5）用专用工具卸下齿条壳右端密封罩。

（6）拆下齿条左端固定环、防尘软管及软管夹箍。

（7）取下孔用挡圈和齿形环。

（8）抽出齿条密封圈。

（9）其他分解步骤与机械转向器相同。

步骤二　装配转向器。

转向器装配按照分解的逆顺序进行。在装配转向控制阀阀体密封圈时，应将密封圈装至限位块处，密封唇边朝向中间盖板。在安装啮合间隙补偿装置时，应使压块的槽孔对准中间顶盖，并使密封座厚面朝上。与机械转向器相似，动力转向器也是通过调整螺栓改变补偿弹簧预紧力，调整齿轮与齿条的啮合间隙。

提示

装配前，要对所有零件进行清洗，橡胶零件不能用汽油清洗。密封衬垫不能重复使用。

操作二　更换转向油泵

转向油泵及其附件的分解如图3.3.14所示。

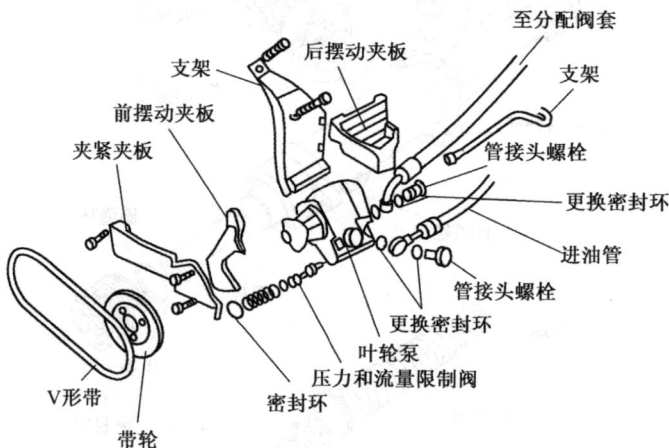

图3.3.14　转向油泵及其附件的分解图

步骤一　拆卸转向油泵。

（1）吊起车辆。

（2）拆卸油泵上回油管的高压软管的放油螺栓，如图3.3.15所示，排放AFT润滑油。

（3）拆卸转向油泵支架上的张紧螺栓，如图3.3.16所示。

（4）拆卸转向油泵后支架上的固定螺栓，如图3.3.17所示。

（5）松开转向油泵中心支架上的固定螺母和螺栓，如图3.3.18所示。

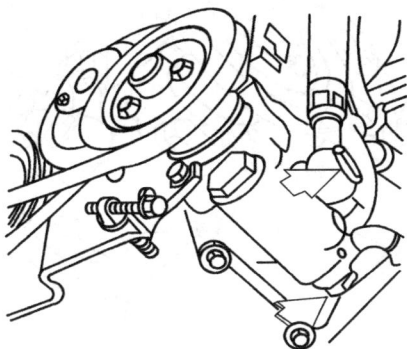

图 3.3.15　拆卸放油螺栓

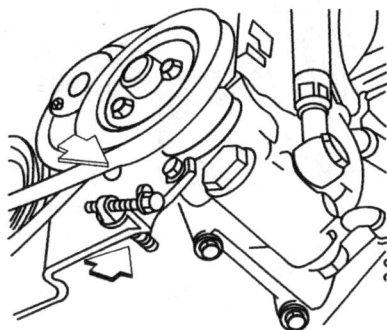

图 3.3.16　拆下张紧螺栓

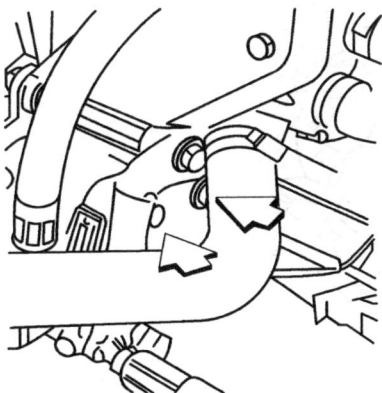

图 3.3.17　拆卸转向油泵后支架上的固定螺栓

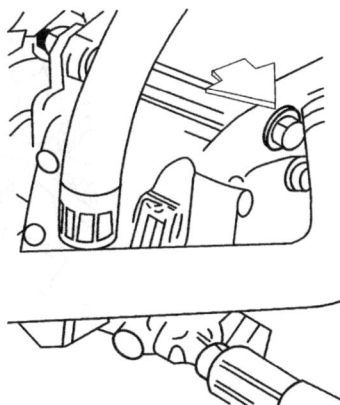

图 3.3.18　松开转向油泵中心支架上的固定螺母和螺栓

（6）把转向油泵固定在台虎钳上，拆卸带轮和中心支架。

步骤二　安装转向油泵。

转向油泵的安装顺序与拆卸顺序相反。转向油泵安装完毕后应调整转向油泵"V"形带的张紧度，并加注 ATF 油液。

> **提示**
>
> 安装完毕后，要对动力转向系统进行密封性检查。

步骤三　调整转向油泵 V 形带。

（1）松开转向油泵支架上的后固定螺栓，如图 3.3.19 所示。

（2）松开特制螺栓的螺母，如图 3.3.20 所示。

（3）通过张紧螺栓把 V 形带绷紧，如图 3.3.21 所示。当把拇指压在 V 形带中间处时，V 形带应用 10mm 绕度为合适。

（4）拧紧特制螺栓的螺母，拧紧转向油泵支架上的固定螺栓。

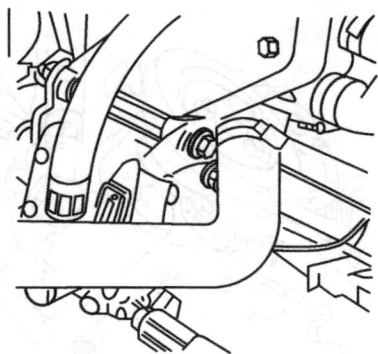

图 3.3.19　松开转向油泵支架上的后固定螺栓

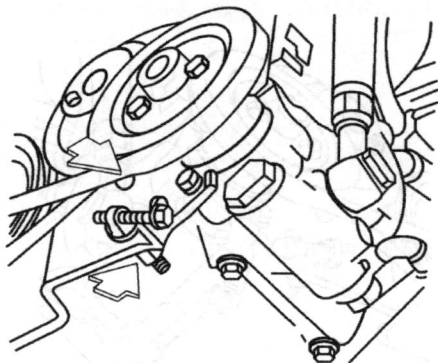

图 3.3.20　松开特制螺栓的螺母

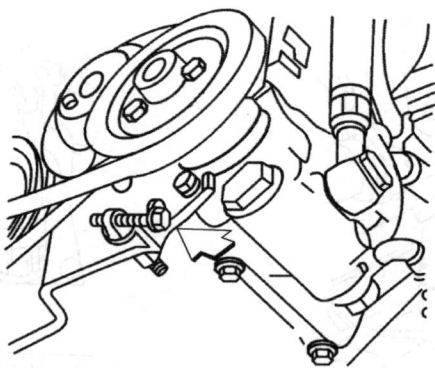

图 3.3.21　绷紧 V 形带

操作三　检查动力转向系

步骤一　检查动力转向系泵油压力。

（1）将量程为 15MPa 的压力表和节流阀串接到转向油泵和转向控制阀之间的管路中，如图 3.3.22 所示。

（2）启动发动机，如果需要，向转向油罐中补充 ATF 油。

（3）发动机怠速运转，转动转向盘数次。

（4）急速关闭节流阀（不超过 5s），并读出压力数，额定值应为 6.8～8.2MPa，若压力足够，说明转向油泵正常。

（5）如果没有达到额定值，就应检查压力和流量限制阀是否完好。如果不正常应更换溢流阀、安全阀或转向油泵。

步骤二　检查动力转向系密封性。

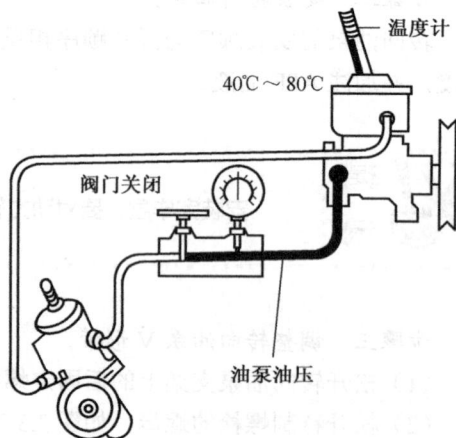

图 3.3.22　转向油泵压力检查

转向系统密封性的检查，应在热车时进行，其常见的泄漏点如图 3.3.23 所示，检查方法如下。

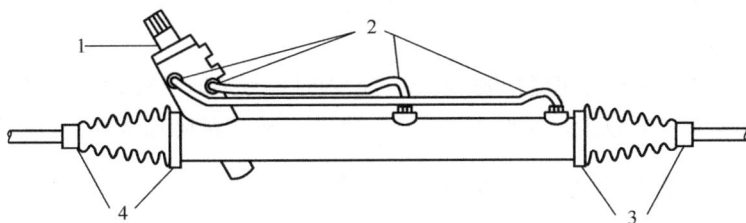

图 3.3.23　齿轮齿条式动力转向器常见泄漏点

1—小齿轮轴油封；2—油管接头；3，4—防尘套及卡箍

（1）将转向盘快速向左、右两侧转至极限位置，并保持不动。目测检查转向控制阀、齿条密封（松开波纹管软管夹箍，再将波纹管推至一旁）、叶轮泵、油管接头是否有漏油现象，如有渗漏应更换密封件。

提示

转至极限位置时停留时间不能超过 5s。

（2）如果发现储油罐中缺少 ATF 油时，应检查转向系统的密封性是否完好。

（3）当转向器主动齿轮不密封时，必须更换阀体中的密封环和中间盖板上的圆形绳环。

（4）如果转向器罩壳中的齿轮齿条密封件不密封，转向动力油液可能流入波纹管套里。此时，应拆开转向机构，更换所有密封环。

（5）如油管接头漏油，应查找原因并重新接好。

想一想

如果动力转向系出现失效或转向沉重等故障，应对动力转向系做什么检查？

拓展训练

训练一　检查转向盘

1. 检查转向操纵力

（1）检查转向操纵力时，将汽车停放在水平干燥的路面上，油液温度达到 40℃～80℃，轮胎气压正常，并使前轮处于直线行驶位置。

（2）发动机怠速运转，将一弹簧秤钩在转向盘边缘上，拉动转向盘，检查转向盘左右转动一圈所需拉力变化。一般来说，如果转向操纵力超过 44.5N，说明动力转向工作不正常，应检查有无皮带打滑或损坏，转向油泵输出油压或油量是否低于标准，油液中是否渗入空气，油管是否有压瘪或弯曲变形等故障。

2. 转向盘回位检查

检查时，一面行驶一面查看下列各项。

（1）缓慢或迅速转动转向盘，检查两种情况下的转向盘操纵力有无明显的差别，并检查转向盘能否回到中间位置。

（2）使汽车以约 3.5km/h 的速度行驶，将转向盘顺时针或逆时针转动 90°，然后放开手 1～2s，如果转向盘能自动回转 70° 以上，说明工作正常，否则应查明故障原因并予以排除。

训练二　检查转向储油罐液面高度及更换油液

转向储油罐的功用是储存、滤清、冷却动力转向系统工作油液，其表面有不同方式表示的液面高度要求。如果液面高度太低，将使动力转向系渗入空气，造成汽车转向操作不稳，忽轻忽重或有噪声。

1．转向储油罐液面的检查

（1）将车辆停放在平坦的地面上，使前轮处于直行位置。

（2）启动发动机，并使其达到正常的工作温度。

（3）使发动机怠速运转大约 2min，左、右打几次转向盘，使油温达到 40℃～80℃，关闭发动机。

（4）观察储油罐的液面，此时液面应处于"Max"（上限）与"Min"（下限）之间，液面低于"Min"时，应加至"Max"，如图 3.3.24 所示。

（5）对于用油尺检查的汽车：拧下带油尺的封盖，用布将油位标尺擦净，将带油尺的封盖插入储油罐内拧好，然后重新拧出，观察油尺上的标记，应处于"Max"与"Min"之间，必要时将转向油加至"Max"处。

2．转向油液的更换

（1）放油。

① 支起汽车前部，使两前轮离开地面。

② 拧下转向储油罐盖，拆下转向油泵回油管，然后将转向油放入容器中。

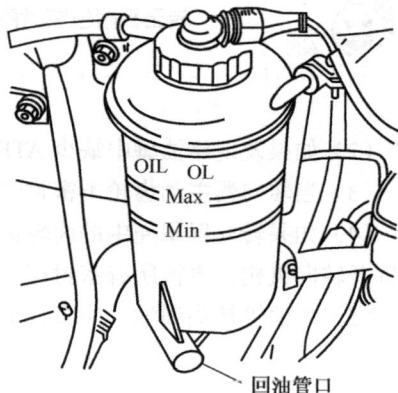

图 3.3.24　转向储油罐油面的检查

③ 发动机怠速运转，在放转向油的同时，左右转动转向盘。

（2）加油与排气。

① 向转向储油罐内加注符合规定的转向油（桑塔纳 2000 转向油型号为 PENPOSIN CHF 11S（PL-VW521 46）。

② 停止发动机工作，支起汽车前部，并用支架支撑，连续从左到右转动转向盘若干次，将转向系统中多余的空气排出。

③ 检查转向储油罐中油面的高度，视需要加至"Max"标记处。

④ 降下汽车前部，启动发动机怠速运转，连续转动转向盘，注意油面高度的变化。当油面下降时就应不断地加注转向油，直到油面停留在"Max"处，并在转动转向盘后，储油罐中不再出现气泡为止。

课题小结

（1）动力转向系按系统内部的压力状态分为常流式和常压式两种。

（2）常压式动力转向工作特点是：无论转向盘处于中立位置还是转向位置，系统工作管路中总是保持高压。这种常压式动力转向系应用不多。

（3）常流式动力转向的工作特点是：转向盘处于中立位置时，转向控制阀保持开启。

（4）动力转向系有多种形式，最常见的有整体式、分置式、液压加力器式等。

（5）动力转向系的主要组成部分有转向传动机构、转向液压泵、流量控制阀、油罐、转向控制阀、转向器等。

（6）转向液压泵是汽车动力转向系中的主要动力源，其作用是将发动机输入的机械能转化为液压能向外输出。常用的转向液压泵有齿轮泵、叶片泵、转子泵等。

（7）转向控制阀按阀体的运动方向分为滑阀式和转阀式两种。滑阀式转向控制阀的阀体沿轴向移动来控制油液流量；转阀式转向控制阀的阀体绕其圆心转动控制油液流量。

作业测评

（1）液压式动力转向助力系统的特点是什么？主要由哪几部分组成？

（2）为什么汽车广泛采用常流式液压动力转向系？

（3）简述桑塔纳轿车动力转向系结构特点。

（4）根据转向助力装置连接组合的方式，动力转向可以分为哪3种类型？各有什么特点？

（5）现代轿车主要采用什么类型的动力转向?有什么优点？

课题四　认识电动式动力转向系统

随着汽车的高速化，对汽车操纵的轻便性及灵活性要求越来越高。普通动力转向系的助力特性是不变的，且与车速无关，这会导致停车及低速时，转向盘操纵沉重，中速时较轻快，当车速增高时更加轻快。如果考虑停车及低速时的轻便性，则使高速时操纵力过小，路感下降，易出现转向过度。反之会使停车及低速时操纵力过大，转向沉重，效率下降。电控电动式助力转向系是最新形式的转向装置，与电控液压式助力转向系相比，用电动机代替动力缸，用电子开关代替控制阀，不仅能根据不同的车速产生适合各种车速的助力，而且不受发动机停止运转的影响。在停车时，驾驶员可获得最大的转向动力，且具有结构紧凑、零部件少、重量轻、节省燃料等优点。

基础知识

一、电动式动力转向系组成与工作原理

电子控制电动助力转向系统分四轮转向系统和二轮转向系统，其中四轮转向系统前后轮一起转向，具有更佳的操纵稳定性和反应灵敏性。电动助力转向系统按车速控制范围划分又分为低中速助力转向系统和全速范围助力转向系统。不同类型的电动助力转向系统的结构及性能有一定的差别，但其基本组成及控制原理是相同的。图3.4.1所示为电动助力转向系统基本组成示意图，它主要由转矩传感器、转向器、助力电动机、电子控制器等组成。当操作转向盘时，装在转向轴上的转矩传感器测出转向力矩大小，并转换成电信号送电子控制器，电子控制器根据转向力矩和车速信号控制电动机和离合器输出助动力矩，并通过蜗轮蜗杆转向器操纵转向横拉杆，实现电子控制电动助力转向。

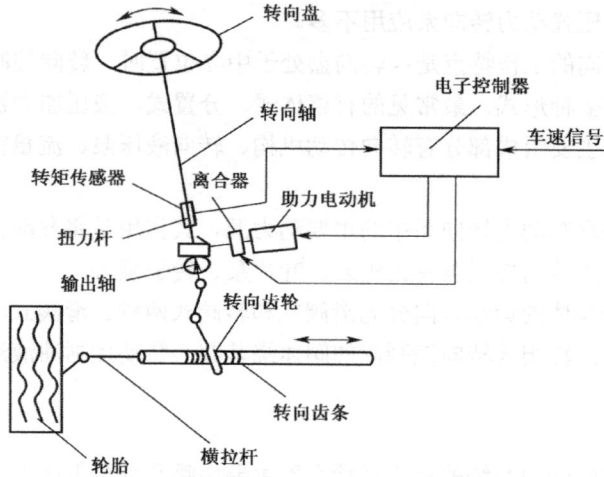

图 3.4.1 电动助力转向系统基本组成示意图

想一想

电动动力转向与液压动力转向的主要区别是什么？

二、电动动力转向系统的部件结构及工作原理

1. 转矩传感器

转矩传感器有无触点式和有触点式两种类型。

（1）无触点式转矩传感器。图 3.4.2 所示为无触点式转矩传感器工作原理，转矩传感器实际上是一只扭矩传感器，当操作转向盘时，转向轴扭力杆将产生扭转变形，其变形扭转角与扭矩成正比。所以只要测得转向轴扭力杆的扭转角，即可得到转向力矩的大小，作为选择助力大小的依据之一。无触点式转矩传感器均由磁性材料定子和转子制成，形成闭合磁路；线圈 A、B、C、D 分别绕在定子极靴上，接成桥式输入/输出电路，U、T 为电桥输入端，V、W 为电桥输出端。

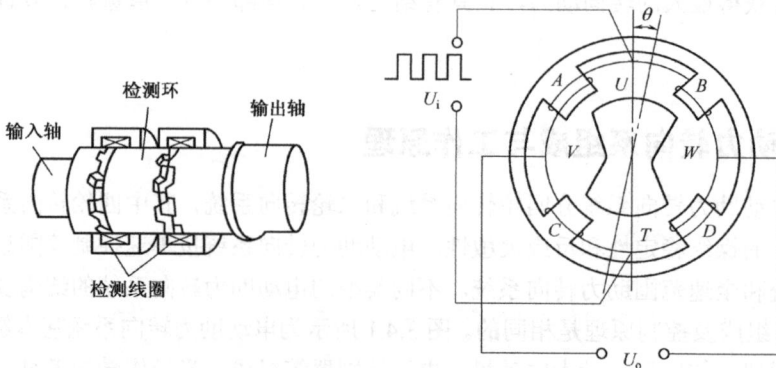

图 3.4.2 无触点式转矩传感器工作原理

在电桥的输入端加入脉冲电压 U_i，当转向轴扭力杆扭转角为零时，定子与转子之间的相对转角也为零，转子与定子各极靴的磁通气隙磁阻相同，电桥处于平衡状态，电桥输出电压 $U_o=0$。当转向

时，转向轴扭力杆被扭转而产生一定大小的扭转角，此时传感器转子也跟随转过一定角度 θ，如图 3.4.2 所示。转子旋转 θ 角后，转子与定子各极靴的磁通气隙磁阻不相同，其中，与 A、C 线圈极下的磁阻增大，与 B、D 线圈极下的磁阻减小，且转子偏转角 θ 越大，磁阻大小差别越大。电桥失去平衡，电桥输出电压 $U_o \neq 0$，且 U_o 与转角 θ 成正比，即转向时扭矩越大，转向传感器输出信号电压越大。

（2）有触点式转向传感器。图 3.4.3 所示为有触点式转向传感器结构，此结构为电位器式结构。在转向盘力矩作用下，扭杆扭转变形，变形的方向和变形位移量与作用在转向盘上的力矩相对应。扭杆的变形角位移带动电位器滑片移动，转换为电位器电压的变化，并通过集电环将信号输出。

2．助力电动机

用于电动助力转向的电动机一般为小型永磁定子式、可正/反转的小型直流电动机，其额定电压为 12V，最大电流为 30A。正/反转电动机的驱动电路如图 3.4.4 所示，其中 a_1、a_2 为控制端，由控制器输出的触发控制信号由此两端加到驱动电路上，触发控制助力电动机启动旋转，输出助动力。当 a_1 端接到触发控制信号时，三极管 VT_3 和 VT_2 导通，电动机 M 得电，电流由电枢的 D_2 端流入、D_1 端流出，电动机正转。当 a_2 端接到触发控制信号时，三极管 VT_4 和 VT_1 导通，电动机 M 得电，电流由电枢的 D_1 端流入、D_2 端流出，电动机反转。

3．干式单片电磁离合器

电磁离合器用来传递助力转矩，它安装在电动机与蜗轮蜗杆转向器之间，将电动机的助动力传递给转向器。如图 3.4.5 所示，控制器输出的控制电流经离合器滑环流入，当电流通过滑环进入离合器线圈时，主动轮产生的电磁吸力将带花键的压板吸引，使之与主动轮压紧。电动机的动力经过电动机轴、主动轮、压板、花键、从动轴传给执行机构。设置电磁离合器的另一个目的是便于电动机与转向器的迅速结合与分离，即当低速转向需要助动力时，控制器输出控制信号启动电动机，并使离合器吸合，使电动机的助动力及时传递到转向器上。而当车速较高时，离合器失去激磁电流而立即分离，不使电动机的惯性影响转向器的工作。当助力电动机出现故障时，可使助力电动机与转向器分离，便于人工操作转向。

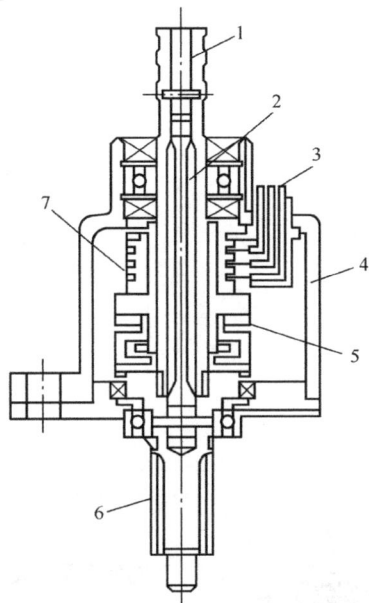

图 3.4.3　有触点式转向传感器结构
1—轴；2—扭杆；3—输出轴；4—外壳；5—电位器；6—小齿轮；7—滑环

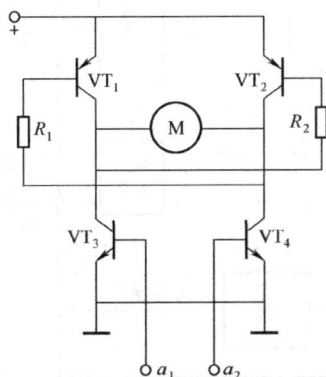

图 3.4.4　正/反转电动机驱动电路

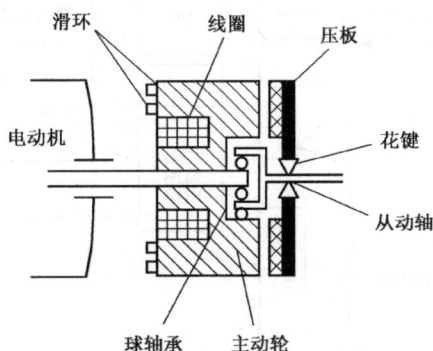

图 3.4.5　干式单片电磁离合器工作原理

4．减速机构

减速机构是电动动力转向系统不可缺少的部件。目前实用的减速机构有多种组合方式，一般采用蜗轮蜗杆与转向轴驱动组合式，如图 3.4.6 所示，也有的采用两级行星齿轮与传动齿轮组合式。为了抑制噪声和提高耐久性，减速机构中的齿轮有的采用树脂材料制成，或采用特殊齿形。

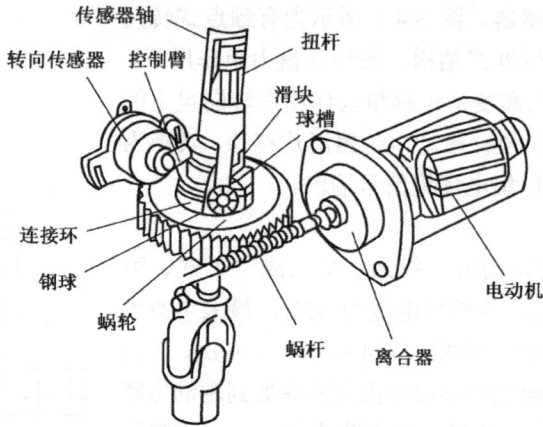

图 3.4.6　电动机与传动装置

想一想

为什么电动动力转向系统需要减速机构？

5．电子控制单元

电子控制电动动力转向的控制系统结构如图 3.4.7 所示。

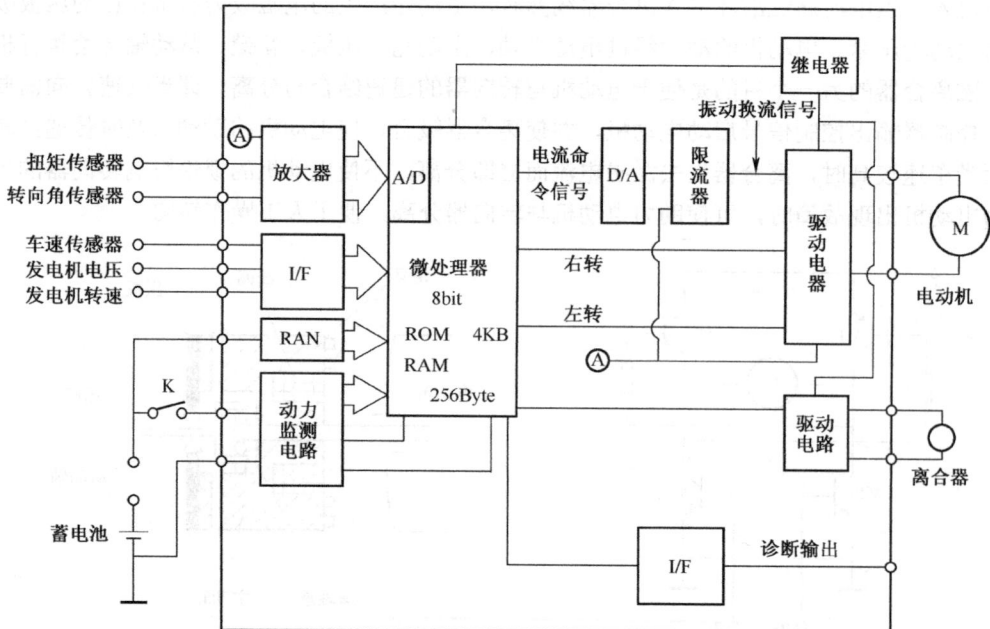

图 3.4.7　电子控制电动动力转向的控制系统结构示意图

输入的主要信号有转矩传感器、转向角传感器、车速传感器、发电机电压、发动机转速等。随着车速的升高，微机控制相应地降低助力电动机电流，以减少助力转矩。当发动机处于怠速时，微机控制助力电动机和离合器不工作，微机的控制指令经输出接口送入电动机和离合器的驱动放大电路中，控制电动机的旋转方向和离合器的离合。

三、电子控制动力转向系统控制

电子控制电动动力转向系统的控制功能主要有速度控制、电动机电流的控制和临界控制。

1. 速度控制

当车速高于 45km/h 时，系统停止对电动机供电控制方式工作，以确保行车安全。

2. 电动机电流的控制

该系统根据汽车转向力矩和车速信号来确定电动机的驱动电流，并向电动机输入电流。当车速很低时，转向需要的助力大，所以此时供给电动机的电流值很大；当车速接近 45km/h 时，需要的转向助力减少，供给电动机的助力电流也减少；当车速高于 45km/h 时，无须助力，电动机的电流被自动切断。这样，在车速从 0～45km/h 的整个范围内实现了助力作用，因此把这种转向系统称为车速感应式电控动力转向系统。

3. 临界控制

临界控制是为了保护电控动力转向系统中的电动机以及电控单元而设的控制项目。在转向器偏转最大（即临界状态）时，向电动机供给的助力电流达到最大（20A）。在这种场合下，因为电动机不能转动，此时能量全部转换成热能。另一方面，电子控制装置兼任功率放大器，若持续对其供电，也要发热，引起控制系统的损坏。所以临界控制的内容就是当电动机连续通过大电流 30s 之后，系统就会控制电流使之逐渐减少。反之，当临界控制状态解除之后，就会逐渐增大电流，一直达到正常的工作电流值为止。

【课题实施】

操作一　认识广州本田飞度轿车电动动力转向系统

广州本田飞度轿车装备了电动动力转向（EPS）系统。该系统组成及在车上安装位置如图 3.4.8 所示。通常，当点火开关置于 ON 位时，仪表板上的 EPS 指示灯会点亮，发动机启动后熄灭，说明电动动力转向系统工作正常。发动机启动后，如果系统有任何问题，则 EPS 指示灯会常亮，且动力转向关闭，此时电子控制装置（ECU）会记忆故障代码。在这种情况下，如果发动机再次启动，电子控制装置不会再激活 EPS 系统，但系统会让 EPS 指示灯常亮，直到点火开关置于 OFF。系统恢复正常后，指示灯自动熄灭。

但是，即使系统运行正常，在下列情况下 EPS 指示灯也会点亮。

（1）当车辆原地不动，而发动机转速为 2500r/min 或更高，持续大约 30s 时。

（2）当发动机转速为 280r/min 或更低，且车辆以 10km/h 或更高速度行驶大约 3s 时。

另外，EPS 在下面情况也将受到限制：当系统受到不断重复的剧烈转向力时，如车辆停止时不断地转动转向盘，会造成 EPS 电动机功率消耗增加，使电流加大会造成电动机发热，从而影响系统正常工作。所以，电子控制装置会监控电动机的电流，当检测到电动机中热量增大时，会逐渐降低电动机的电流，以保护系统，从而限制动力助力操纵。执行该功能时，EPS 指示灯不点亮。

如果转向盘上没有施加转向力矩，或者点火开关关闭时，电子控制装置将逐渐恢复动力助力，直到完全恢复为止，最长大约需要 15min。

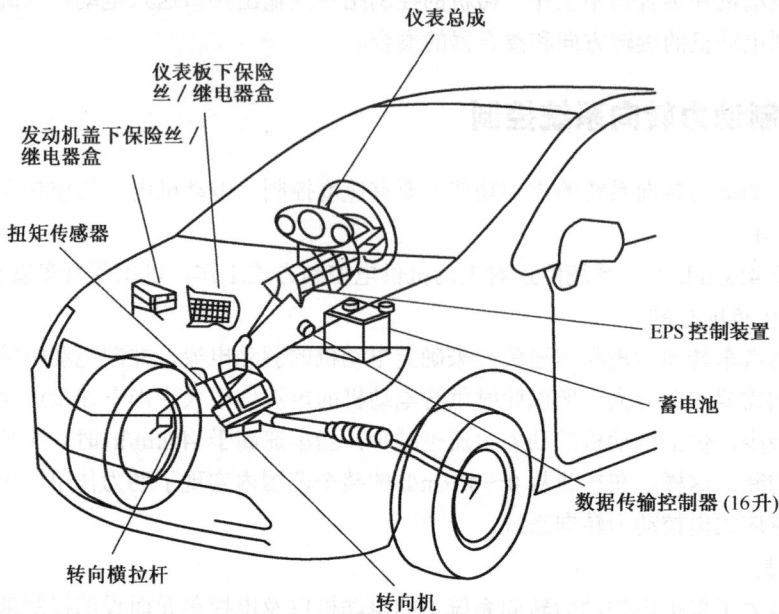

图 3.4.8 EPS 系统元件的安装位置

操作二 电动动力转向系统检查

步骤一 转向传感器检查。

（1）检查转向传感器线圈电阻。图 3.4.9 所示为电动式电控动力转向系统端子排列示意图。

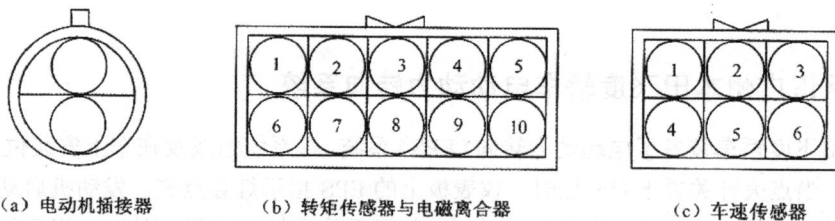

（a）电动机插接器　　（b）转矩传感器与电磁离合器　　（c）车速传感器

图 3.4.9 电动式电控动力转向系统端子排列示意图

从转向机总成上拔下转向传感器，其端子排列如图 3.4.9（b）所示，测量端子 3 与 5 之间、8 与 10 之间的电阻值，其阻值正常为 $2.18k\Omega \pm 0.66k\Omega$。

（2）检查转向传感器电压。重新连接转向传感器连接器，将转向盘置于中间位置，测量端子 3 与 5 之间、8 与 10 之间的电压值，正常为 2.5V。如果电压在 4.7V 以上，说明传感器电路有断路故障，如果电压值在 0.3V 以下，说明电路有短路故障。

步骤二 车速传感器检查。

（1）检查车速传感器电阻。拔下车速传感器连接器，其端子排列如图 3.4.9（c）所示。测量端子 1 与 2 之间、4 与 5 之间的电阻值，正常电阻值为 $165\Omega \pm 20\Omega$。

（2）检查车速传感器转动。从变速器上拆下车速传感器，用手转动传感器转子，检查其是否顺畅。

步骤三　检查执行元件。

（1）检查电动机。从转向机上断开电动机连接器，其端子如图 3.4.9（a）所示，给电动机加蓄电池电压，电动机应能转动。

（2）检查电磁离合器。从转向机上断开电磁离合器连接器，其端子如图 3.4.9（b）所示，将蓄电池电压正极接到 1 号端子，负极接到 6 号端子，在接通和断开电源的瞬间，应能听到离合器工作的响声。

课题小结

（1）电动动力转向系统具有结构紧凑、零部件少、重量轻、节省燃料等优点。

（2）电动动力转向系统主要由传感器、转向器、助力电动机、电子控制器等组成。

（3）电动动力转向系统的工作原理是：当操作转向盘时，装在转向轴上的转矩传感器测出转向力矩大小，并转换成电信号送电子控制器；电子控制器根据转向力矩和车速信号控制电动机和离合器输出助动力矩，并通过蜗轮蜗杆转向器操纵转向横拉杆，实现电子控制电动助力转向。

模块小结

该模块重点学习的知识：汽车转向系的功用、类型及基本工作原理。汽车转向系分机械转向系和动力转向系。动力转向系又分为液压动力转向系、气压动力转向系和电动动力转向系。在液压动力转向系中常采用的是常流式液压动力转向系。

该模块重点学习技能：转向器的拆装、分解、检修及装配，动力转向系的检修与检查。

综合练习

一、填空题

（1）汽车按_____所需要的方向行驶，必须有一整套用来控制汽车行驶方向的机构是_____。

（2）转向系的作用是_____汽车的行驶方向和保持汽车稳定的_____行驶。

（3）转向系是由_____、_____和_____3 大部分构成。

（4）要满足汽车在转向时，两侧车轮不发生滑动，各个车轮的轴线在转向应_____。

（5）从瞬时转向中心 O 点到转向外轮中心面的距离 R，叫作汽车的_____。

（6）我国的交通规则规定，车辆靠右侧通行，故转向盘都安置在驾驶室的_____。

（7）循环球式转向器中一般有_____传动副。

（8）转向传动机构的作用是将_____传递的力传给转向车轮，以实现_____。

（9）转向传动机构一般包括转向垂臂、_____、直拉杆臂以及由转向节臂、横拉杆和_____组成。

（10）转向横拉杆是连接左、右梯形节臂的杆件，它与左右梯形节臂及前轴构成_____。

（11）转向盘自由行程是指_____未发生偏转而转向盘所转过的角度。

（12）动力缸、控制阀转向器合为一体的称为_____。

（13）反作用柱塞的作用是能将路面_____反映到转向盘。

二、选择题

（1）桑塔纳轿车采用的安全转向操纵机构为（　　）。

    A. 缓冲吸能式　　　　B. 网状管柱变形式　　C. 钢球滚压变形式　　D. 可分离式

（2）在桑塔纳2000型轿车的动力转向系中，转向油泵采用（　　）。

    A. 叶片式　　　　　　B. 齿轮式　　　　　　C. 转子式　　　　　　D. 柱塞式

（3）循环球式转向器是（　　）转向器。

    A. 单传动比　　　　　B. 双传动比　　　　　C. 三传动比

（4）动力转向装置工作时，当转向轮偏角增大时，动力缸内的油压（　　）。

    A. 增大　　　　　　　B. 减小　　　　　　　C. 不变

（5）轿车广泛采用的转向器是（　　）。

    A. 循环球式　　　　　　　　　　　　　B. 曲柄双销式

    C. 可变传动比的齿轮齿条式　　　　　　D. 涡杆涡轮式

（6）转阀式动力转向系统的转向"路感"突然消失，则可能的原因是（　　）。

    A. 油泵皮带断裂　　　　　　　　　　　B. 油管断裂

    C. 油泵溢流阀卡住造成油压过高　　　　D. 转阀扭杆弹簧断裂

（7）在下列情况中，动力转向起加力作用的是（　　）。

    A. 缓慢转向时　　B. 直行时

    C. 快速回正时　　　D. 汽车直行转向轮遇到偏转力矩干扰时

三、判断题

（1）汽车转向时，内侧转向轮的偏转角小于外侧车轮的偏转角。　　　　　　　（　　）

（2）转向系角传动比越大，转向越省力，越灵敏，所以转向系角传动比应越大越好。（　　）

（3）调整转向器传动副的啮合间隙，可以调整转向盘自由行程。　　　　　　　（　　）

（4）转向横拉杆两端螺纹的旋向不同是为了拆装方便。　　　　　　　　　　　（　　）

（5）常流式动力转向器中的反作用柱塞是用来使驾驶员对道路有"路感"作用。　（　　）

（6）转向盘自由行程既是不可避免的，又是不可缺少的。　　　　　　　　　　（　　）

学习目标

知识目标

◎ 能叙述汽车制动系的作用、工作原理。

◎ 能正确描述制动系的分类、组成。

◎ 能正确描述鼓式制动器和盘式制动器的构造、工作原理及特点。

◎ 能正确描述驻车制动装置的构造、工作原理。

◎ 能正确描述液压制动系统的组成、结构特点、工作原理。

◎ 能简单叙述气压制动系统的组成、工作原理。

◎ 能简单叙述 ABS 的组成和工作原理。

能力目标

◎ 会进行鼓式制动器的拆装、检修及调整。

◎ 会进行盘式制动器的拆装、检修。

◎ 会进行液压制动系统的检查与维护。

汽车制动系是保证汽车动力性能发挥和行车安全的最基本的系统，它通常必须具备让汽车在行车过程中的及时减速至全停车的功能；让汽车在下长坡时具有稳定车速，不使汽车速度越来越快的功能；对已停驶的汽车维持汽车停驻功能。所有这些功能统称为汽车的制动性能。汽车制动系一般都由两部分组成，即车轮制动器和制动传动装置，如图 4.1 所示。制动器是制动系中用以产生阻碍车轮转动的部件，汽车制动器有两种，分别是鼓式制动器和盘式制动器；传动装置是将驾驶员踏板力传递到制动器的一系列部件，有机械式、液压式和气压式。例如，液压制动系传动装置包括制动主缸、真空助力装置、液压管路等。

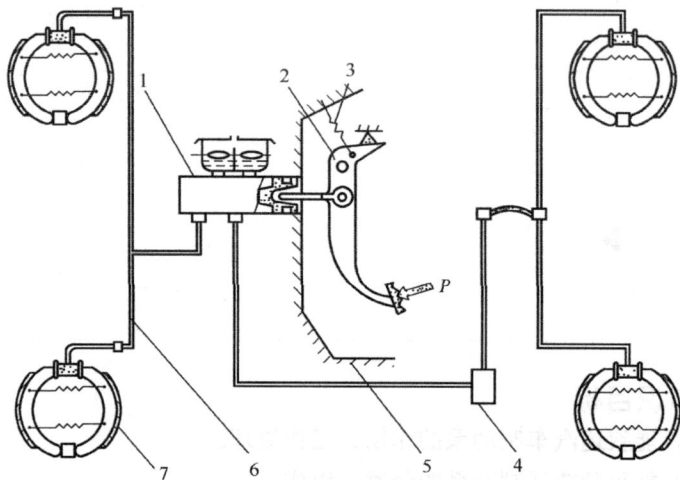

图 4.1　汽车液压制动系统示意图

1—制动主缸；2—制动踏板；3—回位弹簧；4—比例阀；5—地板；6—液压油管；7—车轮制动器

课题一　认识汽车制动系

基础知识

一、制动系功用与组成

汽车在保证行驶安全的前提下，应尽可能地提高行驶速度，以提高运输生产率，同时还应视需要能减速和停车。因此，汽车上必须设有用来强制汽车减速和停车以及能在坡道上停放的可靠装置——汽车制动系统。

1. 汽车制动系的功用

汽车制动系的功用是视需要使汽车减速或在最短的距离内停车，并保证停放可靠，不致自动滑溜。

2. 汽车制动系的组成

虽然在结构上各不相同，但汽车制动系主要都是由制动传动装置和制动器两大部分组成。随着电子控制技术在汽车上的应用，现代汽车都在原制动系基础上配置了制动防抱死电子控制系统（ABS），在汽车制动过程中，自动调节车轮的制动力，防止车轮抱死，从而获得最佳制动性能，减少交通事故。

二、制动系类型

按制动系功用不同分为行车制动系、驻车制动系和辅助制动系。从汽车制动系结构上看，一般至少有行车制动系和驻车制动系两套各自独立的系统。

（1）行车制动系主要用于汽车行驶时的减速和停车。一般通过液压或气压将踏板力传到制动器，利用制动器内旋转件与固定件之间的机械摩擦作用，使旋转的车轮减速或停止转动。

（2）驻车制动系主要用于停车后防止汽车滑溜。

（3）辅助制动系主要用于汽车下长坡时稳定汽车行驶车速。

> **提示** 汽车制动系还有其他分类方法，如按制动能量的传输方式分为机械式、液压式、气压式；按制动能源分为人力式、动力式、伺服式；按制动系统回路分为单回路、双回路等。

三、制动系工作原理

如图 4.1.1 所示，液压制动系由两部分组成，即液压操纵机构和鼓式车轮制动器。液压操纵机构包括踏板、主缸、推杆、油管等部件；制动器主要由制动轮缸 6、制动鼓 8、制动蹄 10、制动底板 11、回位弹簧 13 等部件组成。制动底板 11 是固定不动的，在制动底板上装有铆有摩擦片 9 的制动蹄 10、制动轮缸 6、回位弹簧 13 等部件。制动蹄 10 下端通过偏心支撑销 12 安装在制动底板上，上端用回位弹簧 13 拉紧靠在轮缸活塞 7 上。制动轮缸 6，通过油管 5 与装在车架上的制动主缸 4 相通。制动鼓 8 与制动蹄摩擦片之间间隙的调整靠偏心支撑销 12。

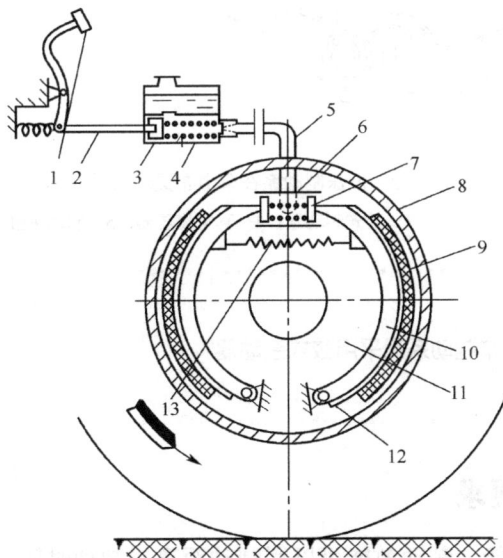

图 4.1.1　制动系工作原理图

1—制动踏板；2—推杆；3—主缸活塞；4—制动主缸；5—油管；6—制动轮缸；7—轮缸活塞；8—制动鼓；9—摩擦片；
10—制动蹄；11—制动底板；12—偏心支撑销；13—回位弹簧

不制动时，制动蹄摩擦片的外圆面与制动鼓的内圆面保持有一定的间隙，使车轮能自由旋转。

制动时，驾驶员踩下制动踏板 1 推动推杆 2 和主缸活塞 3，使制动主缸 4 内的油液产生一定压力后进入制动轮缸 6，推动轮缸活塞 7 使两制动蹄 10 的上端张开，消除与制动鼓 8 的间隙后紧压在制动鼓的内圆面上。这样固定的制动蹄与旋转的制动鼓之间产生一个与车轮旋转方向相反的摩擦阻力矩，迫使汽车迅速减速甚至停车。放松制动踏板后，在回位弹簧 13 的作用下，制动蹄与制动鼓的间隙又恢复，因而解除了制动。

想一想　摩擦阻力矩越大制动性越好吗？

四、制动系布置

通常，中、低档轿车采用的液压制动系前轴为盘式制动器，后轴为鼓式制动器，如图 4.1.2 所示。而高档轿车通常都采用盘式制动器，货车通常两轴都采用鼓式制动器。

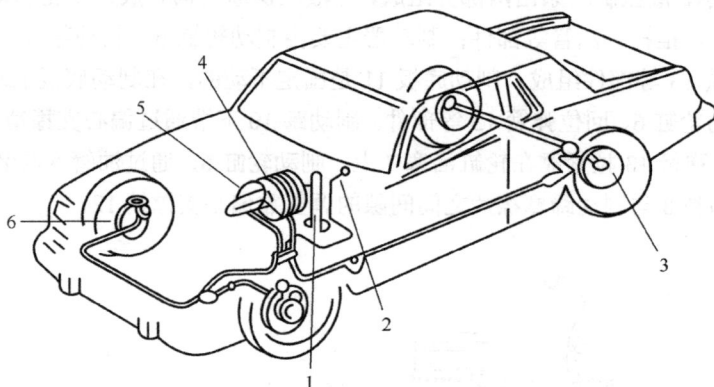

图 4.1.2　液压制动系在车中布置示意图

1—制动踏板；2—驻车制动杆；3—鼓式制动器；4—真空增压器；5—制动主缸；6—盘式制动器

想一想　为什么货车制动系都采用鼓式制动器？

五、对汽车制动系的要求

（1）具有良好的制动效能。制动效能可以用制动距离、制动时间、制动减速度或地面制动力评价。

（2）具有良好的制动效能恒定性。制动效能恒定性主要指制动器抗热衰退性能。

（3）制动稳定性好。制动时不能有制动跑偏、制动侧滑或制动时失去转向能力。

（4）操纵轻便、灵敏，调整与维护便捷。

课题小结

（1）汽车制动系的功用是视需要使汽车减速或在最短的距离内停车，并保证停放可靠，不致自动滑溜。

（2）汽车制动系是通过制动器产生摩擦力矩使汽车减速甚至停车。

（3）制动系通常由车轮制动器、制动传动装置及制动力调节系统（ABS）组成。

作业测评

（1）叙述汽车制动系的作用及对制动系的要求。

（2）对照模型或实物，说出汽车制动系的基本组成和动力传递路线。

课题二 检修车轮制动器

车轮制动器就是将气压或液压转变为摩擦阻力矩，以迫使车轮减速或停转的装置。

基础知识

一、车轮制动器的基本组成与类型

车轮制动器主要由旋转元件和固定元件两部分组成，旋转元件与车轮连接，同车轮一起旋转；固定元件与车桥连接，固定不动。制动时，利用旋转元件与固定元件的摩擦，产生摩擦力矩。

根据产生摩擦的工作表面不同，车轮制动器分为鼓式制动器和盘式制动器，如图 4.2.1 所示。鼓式制动器旋转元件为制动鼓，工作表面是圆柱面。盘式制动器旋转元件为圆盘状的制动盘，工作表面是端面。

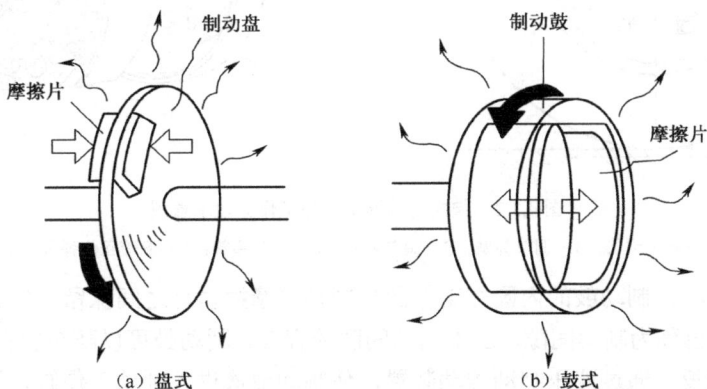

图 4.2.1　车轮制动器类型

提示

制动器按旋转元件安装位置不同还可分为车轮制动器和中央制动器。

二、车轮制动器基本工作原理

如图 4.2.1 所示，当摩擦片压紧在旋转的制动鼓或制动盘时，两者接触面之间产生摩擦，通过摩擦将汽车的动能转变为热能，并将热量散发到空气中，最终使车辆减速以至停车。

三、鼓式制动器

鼓式车轮制动器多为内张双蹄式，按张开装置不同，可分为液力轮缸张开式和气压凸轮张开式。下面以液力轮缸张开式为例分析鼓式制动器的结构特点和工作过程。

1. 鼓式制动器结构特点与工作原理

如图 4.2.2 所示，鼓式制动器主要由制动鼓、制动蹄、制动底板、轮缸、回位弹簧等组成。

（1）制动鼓通常是用铸铁制成的。制动时，制动蹄压向制动鼓内表面产生摩擦力。

（2）鼓式制动器有两个制动蹄，朝向车轮前进方向的称为第一蹄，与其相对应的称为第二蹄。制动蹄由摩擦衬片、腹板和凸缘组成，凸缘焊接到腹板上为摩擦衬片提供稳定的表面。腹板的厚度根据制动器制动力的大小有所不同。摩擦衬片是由含有阻热纤维的非金属材料制成的，通过铆接或黏结的方式与腹板连接。

（3）制动底板为制动蹄和有关部件提供基座，一般用螺栓或焊接的方法将底板固定在桥壳上。

（4）轮缸把由制动主缸提供的制动液压力转换成车轮制动器的机械力。

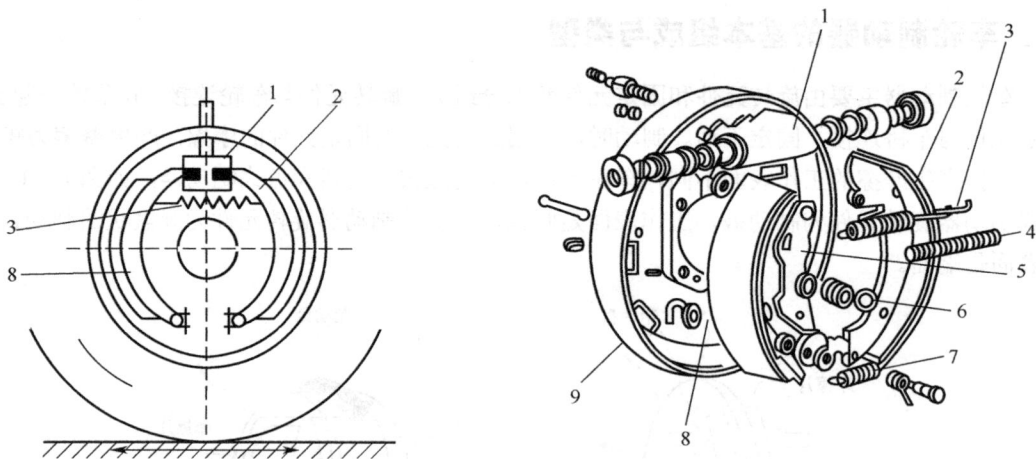

图 4.2.2　鼓式制动器结构与工作原理示意图

1—轮缸；2—制动蹄；3—回位弹簧；4—调节弹簧；5—调节杠杆；6—调节弹簧；7—下蹄回位弹簧；8—制动底板；9—制动鼓

制动器不工作时，制动鼓的内圆柱工作面与制动蹄摩擦衬片之间保留一定的间隙即为制动摩擦副的间隙，通常也称为制动间隙。由于制动间隙的存在，制动鼓可以随车轮自由旋转。制动时，驾驶员踩下制动踏板，通过液压制动传动装置，使制动油液进入制动工作缸，推动工作缸活塞克服回位弹簧的拉力，使制动蹄绕支撑销转动而张开，消除制动蹄与制动鼓之间的间隙后压紧在制动鼓上。这样，不旋转的制动蹄摩擦衬片对旋转着的制动鼓就产生一个摩擦力矩，阻碍车轮旋转，其大小取决于工作缸的张开力、摩擦系数及制动鼓内径的大小。当放松制动踏板时，在回位弹簧的作用下，将制动蹄拉回原位，摩擦力矩和制动力消失，制动蹄与制动鼓的间隙得以恢复，从而解除制动。

想一想

制动间隙增大会对制动性能产生什么影响？

延伸阅读

鼓式制动器领蹄、从蹄分析

图 4.2.3 所示为鼓式制动器制动过程中的受力分析示意图。汽车前进时，制动鼓的旋转方向如箭头所示（逆时针方向）。在制动过程中，两蹄在相等的促动力 F_S 的作用下，分别绕各自的支撑点紧压在制动鼓上。制动蹄 1 张开时的旋转方向（逆时针方向）与制动鼓的旋转方向各自的支撑点紧压在制动鼓上。制动蹄 1 张开时的旋转方向（逆时针方向）与制动鼓的旋转方向相同；制动蹄 2 张开时的旋转方向（顺时针方向）与制动鼓的旋转方向相反。旋转着的制动鼓即对两制动蹄分别作用着法向压力 N_1 和 N_2，以及相应的切向作用力 T_1 和 T_2，两蹄受到的这些力分别被各自支撑点的支持力 S_1 和 S_2 所平衡。由图 4.2.3 可见，蹄 1 上的切向合力 T_1 形成的以 O_1 为支点的力矩使该蹄在制动鼓上压得更紧，即力 N_1 变得更大，从而使 T_1 也更大。这表明蹄 1 具有"增势"作用，具有这种属性的制动蹄称为领蹄或增势蹄。与此相反，切向合力 T_2 以 O_2 为支点的力矩则使从蹄 2 有放松制动鼓的趋势，即有使 N_2 和 T_2 本身减小的趋势，故该蹄具有"减势"作用，具有这种属性的制动蹄称为从蹄或减势蹄。

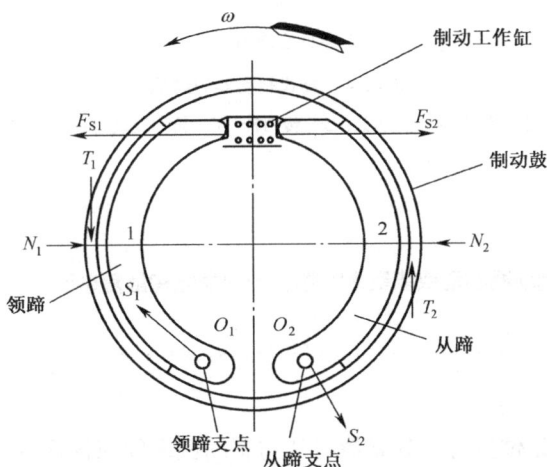

图 4.2.3　鼓式制动器工作受力分析图

提示

为了使领蹄和从蹄的摩擦片寿命相近，有些领蹄、从蹄制动器的领蹄摩擦片的周向尺寸设计得较大。但是这样将使得两蹄摩擦片不能互换，从而增加了零件个数和制造成本。

2. 鼓式制动器类型

鼓式制动器因制动蹄支撑点设置不同有多种结构形式，如图 4.2.4 所示，它们分别被称作领从蹄式、双领蹄式、双从蹄式、单向自增力式、双向自增力式等，它们的区别在于制动蹄的设置方式各异，由此导致左右两制动筛上获得的摩擦效果以及汽车所能得到的制动性能不同。

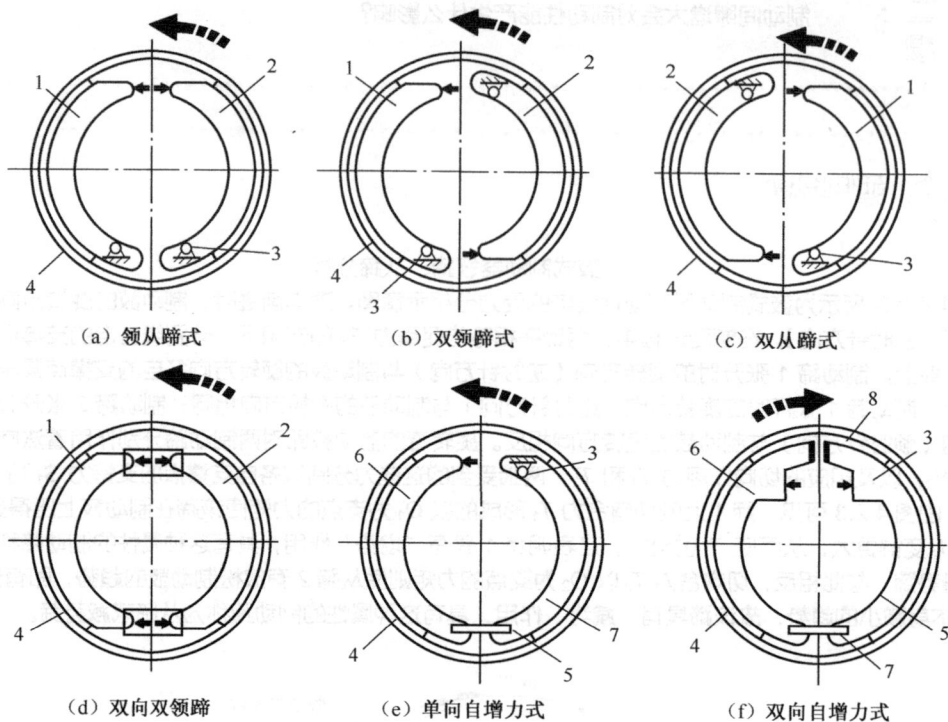

（a）领从蹄式　　　　　　　（b）双领蹄式　　　　　　　（c）双从蹄式

（d）双向双领蹄　　　　　　（e）单向自增力式　　　　　　（f）双向自增力式

图 4.2.4　鼓式制动器的结构

1—领蹄；2—从蹄；3—固定支撑销；4—制动鼓；5—传力杆；6—第一制动蹄；7—第二制动蹄；8—双向支撑销

> **想一想**
>
> 哪种制动器制动效能最大？哪种制动器结构最复杂？

3. 鼓式制动器制动间隙调整

制动蹄在不工作的原始位置时，其摩擦衬片与制动鼓之间应该保持合适的间隙，其设定值由汽车制造厂规定，一般为 0.25～0.5mm。制动间隙过小，不易保证彻底解除制动，造成摩擦片快速磨损；制动间隙过大，又会造成制动延迟，制动力矩减小。但在制动器工作过程中，由于摩擦片的磨损，制动间隙将逐渐增大。因此，任何形式的制动器在结构上必须保证有检查和调整制动间隙的可能。

制动间隙调整有手动调整和自动调整两种方法。

（1）手动调整。一般采用手动调整制动间隙的鼓式制动器，在其腹板外边开有一个检查孔，以便用薄厚规检查摩擦片与制动鼓之间的间隙值是否符合规定值，否则要对其进行调整。

① 转动调整凸轮和带偏心轴颈的支撑销。按图 4.2.5 中所示方向转动调整凸轮，使制动蹄绕支撑销偏心轴颈向外旋转，以减小制动蹄与制动鼓之间的间隙。

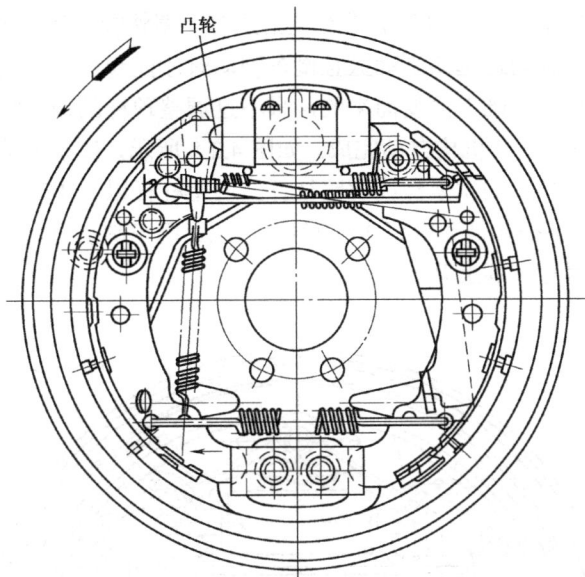

图 4.2.5　转动调整凸轮和带偏心轴颈的支撑销

②　转动调整螺母。有些制动器的轮缸两端面制成调整螺母，如图 4.2.6 所示。调整时，用旋具拨动调整螺母，使制动蹄上端靠近或远离制动鼓，从而调整制动间隙。制动间隙调整好以后，要用锁片插入调整螺母的齿槽中，锁定调整螺母。

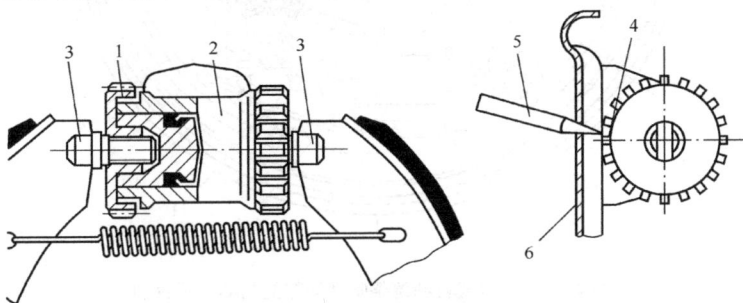

图 4.2.6　转动调整螺母

1—调整螺母；2—轮缸；3—可调支座；4—齿槽；5—旋具；6—制动底板

③　调整可调顶杆。在自增力制动器中，两制动蹄下端支撑在可调顶杆上，其结构如图 4.2.7 所示。可调顶杆由顶杆体、调整螺钉和顶杆套组成。调整制动间隙时，用旋具拨动调整螺钉，以改变顶杆长度，从而改变制动蹄与制动鼓之间的间隙。

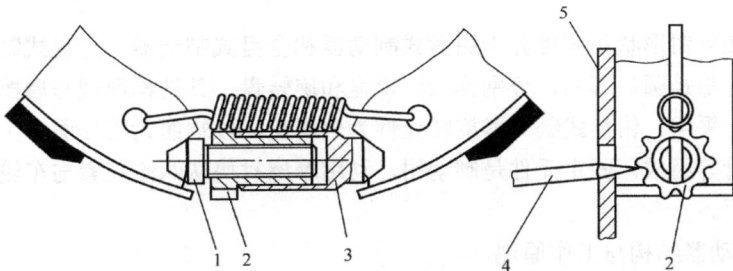

图 4.2.7　调整可调顶杆

1—调整螺钉；2—顶杆套；3—顶杆体；4—旋具；5—制动底板

（2）自动调整。图4.2.8所示为典型的带有拉索式自动调整制动间隙的制动器示意图。调节器一般安装在第二蹄上，当制动蹄远离制动鼓且倒车制动时才能起作用。简单地说，拉索式自动调整装置是在手动式调整顶杆基础上演变而来的，只不过调整顶杆的调整螺钉不再由人工拨动，而是通过拉索、杠杆、棘轮等一套机构自动完成。如图4.2.8所示，拉索上端通过连接环固定于制动蹄支撑销上，由通过拉索导板的拉索操纵调整杠杆，调整杠杆以其中部的弯舌支撑于制动蹄腹板上，其另一个弯舌（棘爪）插入调整螺钉13的棘轮齿间。倒车制动时，调整杠杆的支点随制动蹄下移，而其弯舌则沿行星轮齿廓上升。

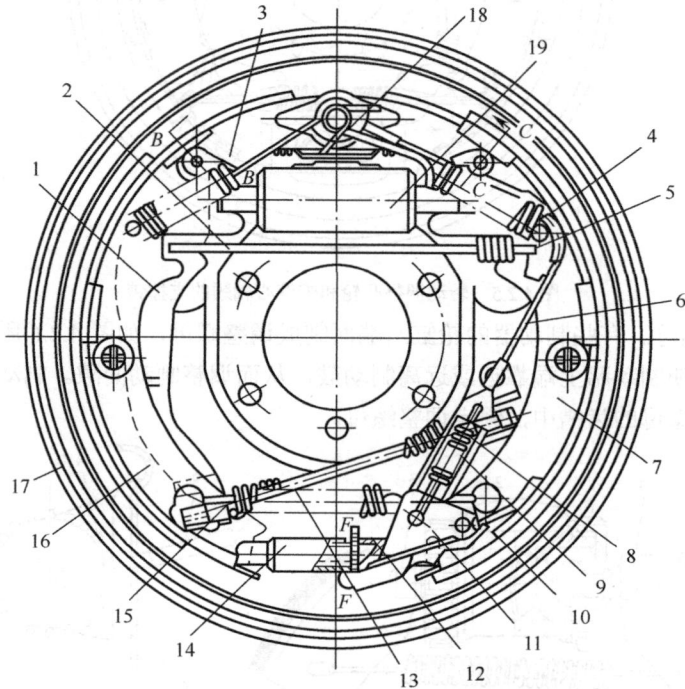

图4.2.8　拉索式自动调整制动间隙的制动器示意图

1—驻车制动杠杆；2—驻车制动推杆；3—回位弹簧；4—推杆弹簧；5—自调拉索导向板；6—自调拉索；7—后制动蹄；
8—弹簧支架；9—自调拉索弹簧；10—自调拨板回位弹簧；11—自调拨板；12—可调顶杆套；13—调整螺钉；
14—可调顶杆体；15—拉紧弹簧；16—前制动蹄；17—制动底板；18—自调拉索吊环；19—制动轮缸

四、盘式制动器

盘式制动器按夹钳形状不同可分为钳盘式制动器和全盘式制动器。全盘式制动器摩擦副的固定元件和旋转元件都是圆盘形的，分别称为固定盘和旋转盘。其结构原理与摩擦离合器相似，只在少数重型汽车上采用。钳盘式制动器旋转元件为金属盘，以端面为工作面，主要由制动盘、制动钳、轮缸、油管等组成。固定元件是制动钳，利用摩擦衬块从两侧夹紧与车轮共同旋转的制动盘，产生制动作用。

1. 钳盘式制动器结构与工作原理

由于夹钳工作方式不同，钳盘式制动器可分为定钳式和浮钳式两种结构类型，如图4.2.9所示。

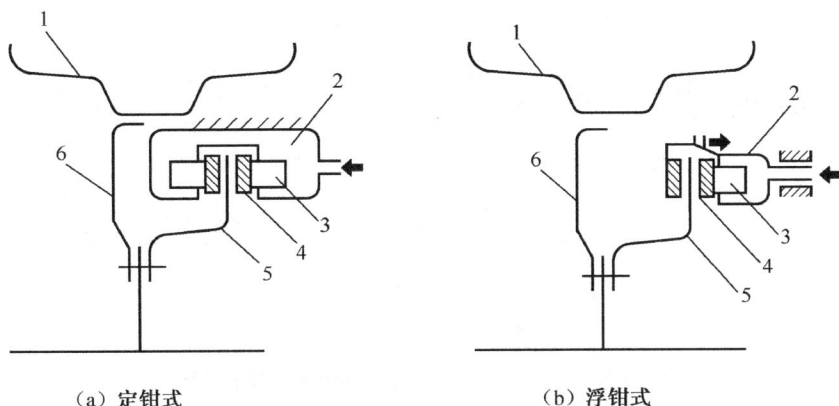

（a）定钳式　　　　　　　　　　　　（b）浮钳式

图 4.2.9　钳盘式制动器示意

1—轮毂；2—制动钳；3—活塞；4—制动衬块；5—制动盘；6—轮辋

（1）定钳式制动器的制动夹钳固定安装在底板上，如图 4.2.9（a）所示，制动盘每侧设有制动衬块和轮缸。制动时，制动液进入卡钳壳体内，推动制动盘两端轮缸内的活塞向制动盘移动，活塞则推动制动衬块压紧制动盘，使车轮停止转动。该结构形式的缺点是：①油缸较多，使制动钳结构复杂；②油缸分置于制动盘两侧，必须使用跨越制动盘的钳内油道或外部油管来连通，这必然使得制动钳的尺寸过大；③热负荷较大时，油缸（特别是外侧油缸）和跨越制动盘的油管或油道的制动液容易受热汽化。

（2）浮钳式制动器的制动钳可相对于制动盘移动，只在制动盘的内侧设置油缸，外侧的制动衬块装在钳体内，制动卡钳的钳体靠两个销子安装在转向节上，允许卡钳沿销子轴向滑动，制动盘两侧都有摩擦块。制动时，活塞推动内侧摩擦块靠到制动盘上，与活塞运动方向相反的力则推动卡钳体沿销子移动，使外侧摩擦块与制动盘的另一侧接触，完成制动。活塞上有橡胶密封圈，在制动时变形，解除制动时便恢复原状。浮钳式制动器是单侧油缸结构，不需要跨越制动盘的油道，故不仅轴向和径向尺寸较小，而且制动液受热汽化的机会较少。

想一想　盘式制动器和鼓式制动器在制动效能上哪个更大些？

2. 盘式制动器制动间隙自动调整

盘式制动器制动间隙 δ 是利用密封圈的弹性变形来实现的。如图 4.2.10 所示，密封圈内圈与活塞外圈是较紧配合制动时，活塞被压向制动盘，密封圈随即发生弹性变形；解除制动时，密封圈恢复原状。当制动盘与摩擦衬块因多次制动磨损后，造成制动间隙逐渐增大。如果制动间隙超过活塞的行程时，活塞在制动液压力作用下，克服密封圈的摩擦阻力，能继续前移直至达到完全制动为止。活塞与密封圈之间这一不可恢复的相对位移，补偿了由于磨损而产生的过量间隙，即对制动间隙进行了自动调整，保证了制动的可靠性。

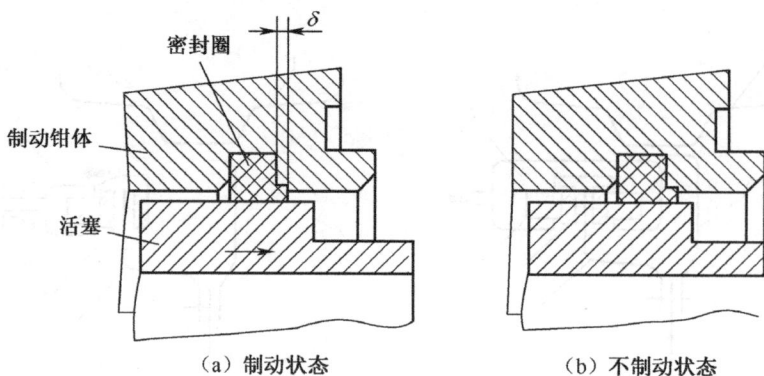

（a）制动状态　　　　　　　　　　（b）不制动状态

图4.2.10　盘式制动器制动间隙自动调整原理示意图

五、驻车制动器

鼓式制动器的驻车制动装置布置在鼓式制动器内，如图4.2.11所示。驻车制动杠杆3的上部以铰链与右制动蹄2连在一起，驻车制动杠杆的内部支靠在驻车制动推杆4的凹槽中，驻车制动推杆通过两端的凹槽支撑在左右两制动蹄之间。当驾驶员通过驻车制动手柄和驻车制功传力装置拉动驻车制动杠杆3的下端时，杠杆将以其上部铰链点为支点，推动驻车制动推杆左移。推动左制动蹄5向左靠在制功鼓1上，同时，驻车制动杠杆又会以驻车制动推杆的右端为支点，继续顺时针转动驻车制动杠杆上部铰链点将推动右制动蹄向右张开，抵靠在制动鼓上，从而实现驻车制动。

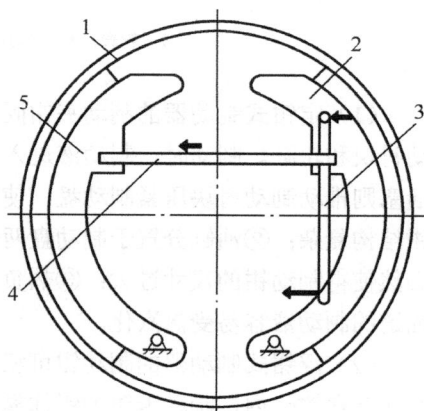

图4.2.11　鼓式制动器中驻车制动装置
1—制动鼓；2—右制动蹄；3—驻车制动杠杆；
4—驻车制动推杆；5—左制动蹄

想一想　怎么在盘式制动器中布置驻车制动装置？

课题实施　检修桑塔纳轿车车轮制动器

操作一　检修桑塔纳轿车前轮盘式制动器

桑塔纳轿车前轮盘式制动器分解如图4.2.12所示。

步骤一　拆卸盘式制动器。

（1）松开车轮螺栓螺母。

（2）松开制动钳壳体的紧固螺栓，使前轮制动器与车轮轴承分开。

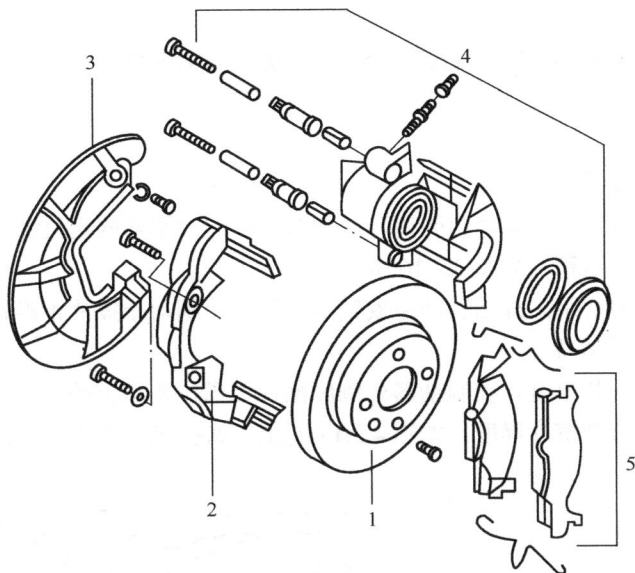

图 4.2.12　桑塔纳轿车盘式制动器分解

1—制动盘；2—制动钳支架；3—防截盘；4—制动钳总成；5—制动蹄

（3）拧松制动器罩的螺栓，将制动器罩从转向节上取下。

（4）松开制动软管接头。

步骤二　分解制动摩擦片。

（1）拆卸上、下定位螺栓如图4.2.13所示，用手拆卸上、下定位螺栓。

（2）取下制动钳壳体，如图4.2.14所示，取下制动器底板上的制动摩擦片。

（3）把制动钳活塞压回制动钳壳体内，如图4.2.15所示。

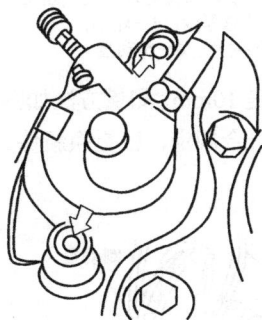

图 4.2.13　拆卸上、下定位螺栓　　图 4.2.14　取下制动钳壳体　　图 4.2.15　把活塞压回到制动钳壳体内

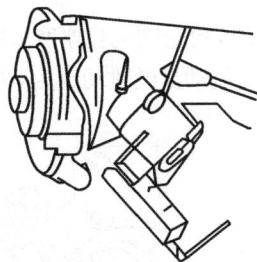

提示　　活塞回位前，先抽出制动液储液罐中的制动液，否则会引起制动液外溢，损坏表面油漆。制动液有毒，排放的制动液必须用专用容器存放。

想一想 桑塔纳 2000 轿车盘式制动器是定钳盘还是浮钳盘式？

步骤三 组装制动摩擦片。

（1）装入新的摩擦片，安装制动钳壳体，用 70N·m 的力矩紧固定位螺栓。

（2）安装上、下定位弹簧，如图 4.2.16 所示。

（3）安装后，汽车静止用力踩踏制动踏板数次，以便使制动摩擦片正确就位。

步骤四 检查盘式制动器。

（1）检查制动摩擦衬片厚度。前制动器外侧摩擦片可通过轮盘上的检视孔目测。内摩擦片利用反光镜进行目测，检查摩擦片厚度，如图 4.2.17 所示，磨损极限值为 7mm。

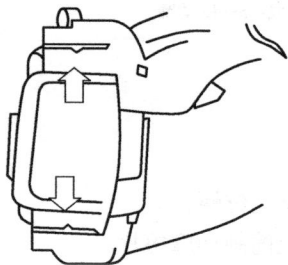

图 4.2.16 安装上、下定位弹簧

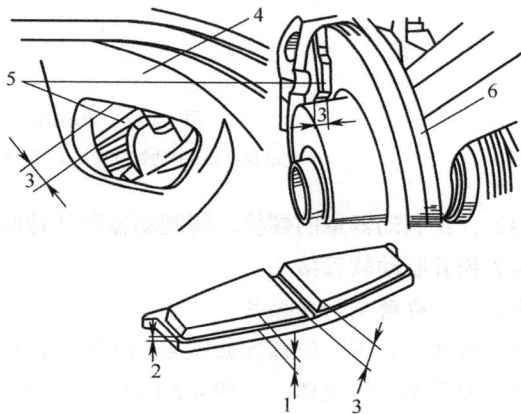

图 4.2.17 摩擦衬片厚度测量

1—制动摩擦衬片厚度；2—制动摩擦衬片磨损极限厚度；
3—制动摩擦衬片总厚度；4—轮辐；
5—外制动摩擦衬片；6—制动盘

（2）检查制动盘厚度。桑塔纳 2000 制动盘厚度为 12mm，使用极限是 10mm，测量方法如图 4.2.18 所示，制动盘圆跳动量为 0.06mm，测量方法如图 4.2.19 所示。如果不符合规定，应更换新件。

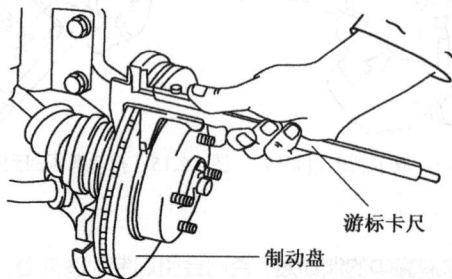

（a）用游标卡尺测量

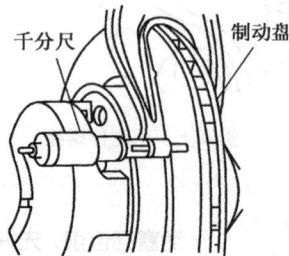

（b）用千分尺测量

图 4.2.18 制动盘厚度检查

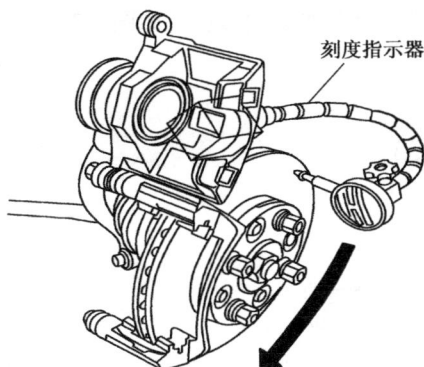

图 4.2.19　用百分表测量制动盘圆跳动

操作二　检修桑塔纳轿车鼓式制动钳

桑塔纳轿车后轮鼓式制动器分解如图 4.2.20 所示。

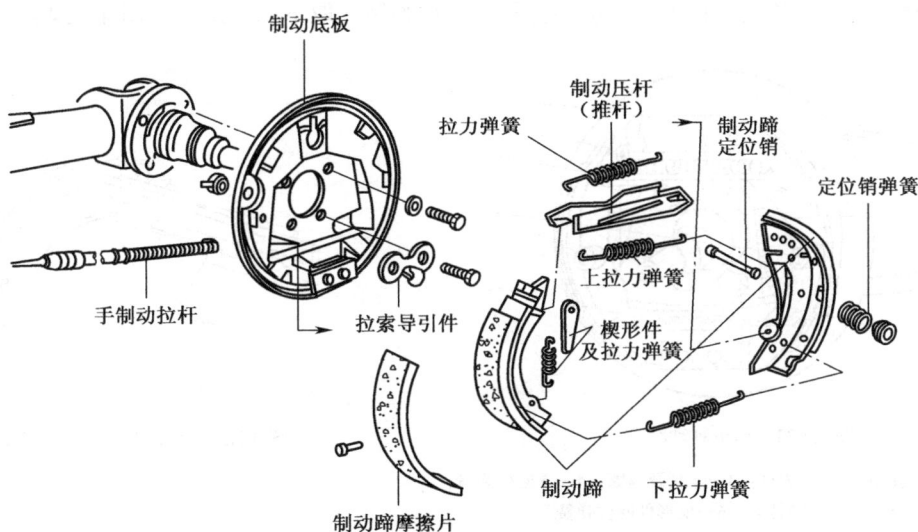

图 4.2.20　桑塔纳轿车后轮鼓式制动器分解图

想
一
想　　桑塔纳轿车后轮鼓式制动器是哪种类型？

步骤一　分解鼓式制动器。

（1）拧松车轮螺栓螺母，取下车轮。

（2）用专用工具拆下轮毂盖，如图 4.2.21 所示。

（3）取下开口销，选下后车轮轴承上的六角螺母，取出止推垫圈。

（4）用螺丝刀通过制动鼓螺孔向上拨动楔形块，如图4.2.22所示，使制动蹄与制动鼓放松。

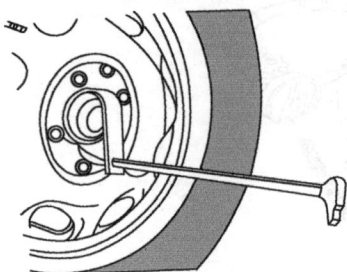

图4.2.21　拆下轮毂盖

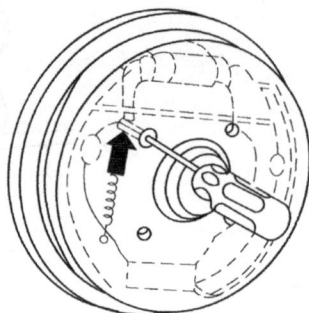

图4.2.22　拨动楔形块

（5）用鲤鱼钳拆下压簧座圈，用手从下面的支架上提起制动蹄，取出下回位弹簧。

（6）取下制动杆上的驻车制动拉索，用鲤鱼钳取下楔形件的回位弹簧。

（7）卸下制动蹄，如图4.2.23所示。

（8）把带压力杆的制动钳卡在台虎钳上拆下定位弹簧，取下制动蹄，如图4.2.24所示。

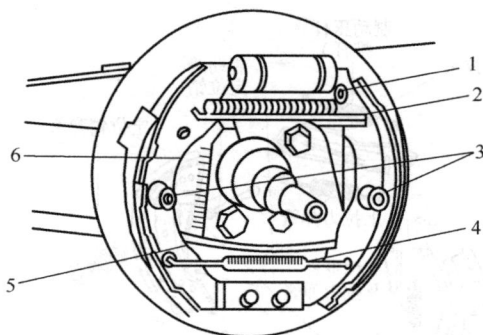

图4.2.23　卸下制动蹄

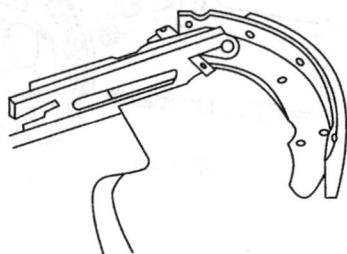

图4.2.24　拆卸制动蹄定位弹簧

1—上回位弹簧；2—压力杆；3—弹簧及座圈；4—下回位弹簧；
5—驻车制动拉索；6—楔形件回位弹簧

（9）拆下轮缸。

步骤二　安装鼓式制动器。

（1）装上回位弹簧，将制动蹄装在压力杆上。

（2）装上楔形件，凸块朝制动器底板。

（3）将带有传动臂的制动蹄装在压力杆上，如图4.2.25所示。

（4）装入上回位弹簧，在传动臂上套上驻车制动拉索。

（5）把制动蹄装在车轮制动轮缸的活塞外槽上。

（6）装入下回位弹簧，并把制动蹄提起，装到下面的支座上。

（7）装楔形件回位弹簧，装压簧和弹簧座圈。

（8）装上制动鼓及后轮轴承，然后调整轮毂轴承的间隙。

（9）用力踩一脚制动器，使制动蹄片正确就位，摩擦片与制动鼓的间隙得到自动调整。

步骤三　制动器检查。

（1）检查制动摩擦片厚度。利用制动器底板上的观察孔检查制动摩擦片厚度和拖滞情况，如图 4.2.26 所示。摩擦片厚度为 5.0mm，磨损极限值为 2.5mm（不包括底板）。

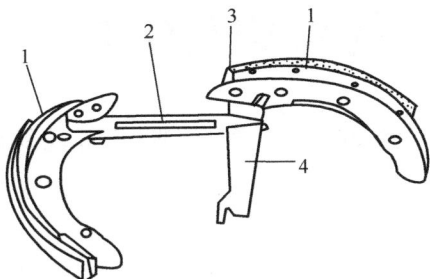

4.2.25　将制动蹄装在压力杆上

1—制动蹄；2—压力杆；3—销轴；4—制动

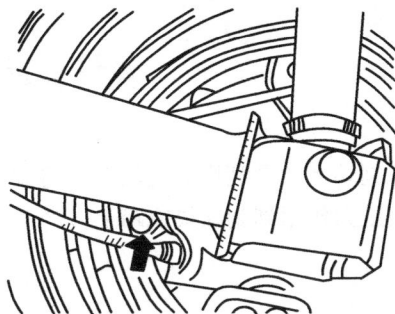

图 4.2.26　检查制动摩擦片厚度

（2）制动鼓检查。更换新的摩擦片时，应检查制动鼓尺寸，测量方法如图 4.2.27 所示。制动鼓内径为 200mm，磨损极限值为 201mm。摩擦表面径向圆跳动量为 0.05mm，车轮端面圆跳动量为 0.20mm。如果超过规定值，应更换新件。

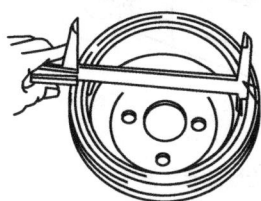

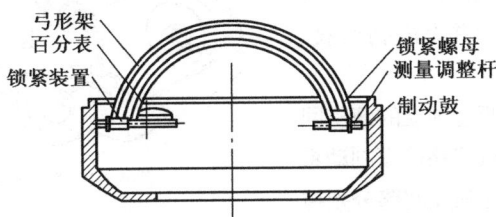

（a）用游标卡尺　　　　　　　（b）用弓形内径规　　　　　　　（c）用不圆度测量工具

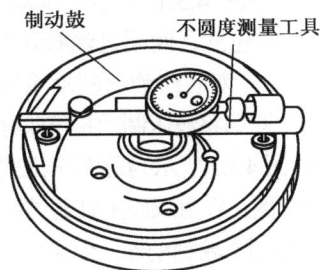

图 4.2.27　制动鼓测量方法

课题小结

（1）车轮制动器就是将气压或液压转变为摩擦阻力矩，以迫使车轮减速或停转的装置。

（2）车轮制动器根据摩擦工作面不同，分为鼓式制动器和盘式制动器。轿车通常采用盘式制动器，货车采用鼓式制动器。

（3）鼓式制动器又有简单非平衡式、平衡式、自增力式等多种结构。简单非平衡式应用比较广泛。

（4）盘式制动器有定钳式和浮钳式两种结构。

（5）制动器经过多次摩擦会有磨损，使得制动间隙增大，从而导致制动效能下降，因此要进行制动间隙的调整。盘式制动器由于自身密封圈的作用会自动调整制动间隙。鼓式制动器有的需要人工调整，有的在结构上装有专门的制动间隙自动调整机构。

作业测评

（1）鼓式车轮制动器有哪些常见形式？各有何特点？

（2）鼓式制动器的拆装步骤如何？

（3）盘式制动器最常见的是什么形式？有哪些基本组成？盘式制动器有何特点？

（4）盘式制动器的拆装步骤如何？

课题三　液压制动系统的检修与维护

液压制动系统是利用制动油液，将制动踏板力转换为油液压力，通过管路传至车轮制动器，再将油液压力作用到制动块或蹄上，产生制动作用。

基础知识

一、液压制动系统类型

液压制动系按制动管路布置不同可分为单回路液压传动装置和双回路液压传动装置。

1．单回路液压制动系

如图 4.3.1 所示，制动主缸只有一个输出口，与轮缸之间通过油管连接，并充满制动液。

2．双回路液压制动系统

双回路液压制动系统即有两套独立的液压回路。图4.3.2 所示为前/后分立式双回路液压制动系示意图，它由双腔主缸通过两套独立回路分别控制前/后车轮制动器。图4.3.3 所示为对角分立式液压制动系示意图，它是利用双腔主缸通过两套独立的液压回路分别控制前/后车轮制动器。一个回路控制左前轮和右后轮，一个回路控制右前轮和左后轮。

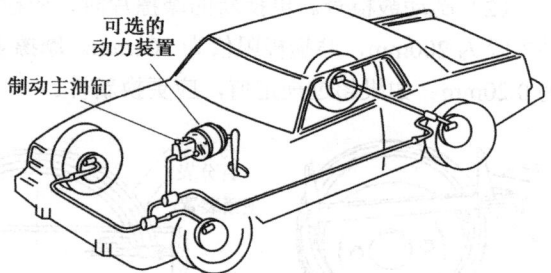

图 4.3.1　单回路液力制动系示意图

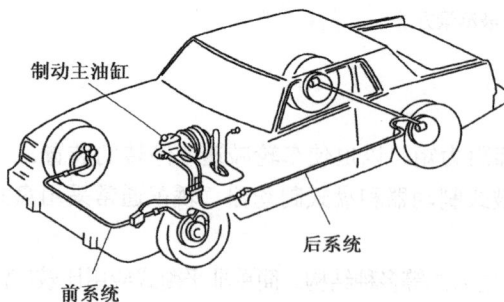

图 4.3.2　前/后分立式双回路液压制动系统示意图

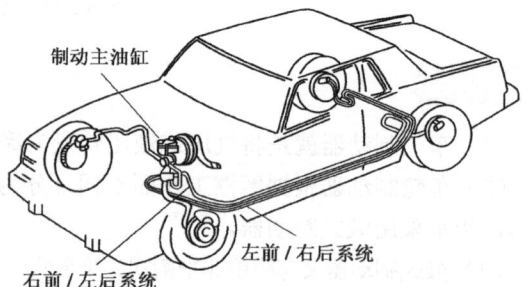

图 4.3.3　对角分立式液压制动系示意图

想一想

3 种液压制动系统哪个制动性能最好、最安全？

二、液压制动系统组成与工作原理

液压制动系统的基本组成如图 4.3.4 所示，主要包括制动主缸、制动轮缸和液压管路。制动时，驾驶员所施加的控制力通过制动踏板 2 传动制动主缸 1，制动主缸活塞的运动使得制动主缸与制动轮缸之间的油液容积减小，制动油液压力增高，油液的这种液压通过油管 4 传入前制动轮缸 5 和后制动轮缸 3，推动轮缸中的工作活塞，液压能转变为机械能，促使制动器进入工作状态。放开制动踏板后，制动主缸活塞在回位弹簧作用下回到原始位置，油路中液压消失，摩擦衬片和轮缸活塞在回位弹簧作用下回位，将制动液压回主缸，制动作用消除。

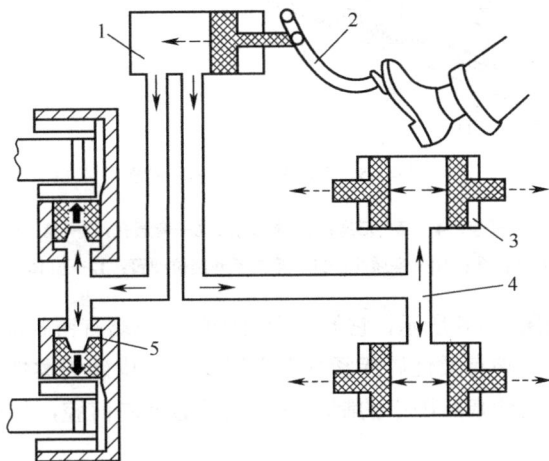

图 4.3.4 液压制动系统组成

1—制动主缸；2—制动踏板；3—后轮制动轮缸；

4—油管；5—前轮制动轮缸

想一想 为保证制动可靠，对制动液有哪些要求？

三、液压制动系统主要部件结构特点

1．制动主缸

制动主缸是液压制动系统中最重要的部件之一，它的作用是将驾驶员的人力转换为制动液的油压。通常制动主缸和储液罐制成一体，如图 4.3.5 所示，储液罐通过旁通孔 6 和补偿孔 5 与制动主缸相通。

想一想 双活塞制动主缸适用哪种液压制动系统？

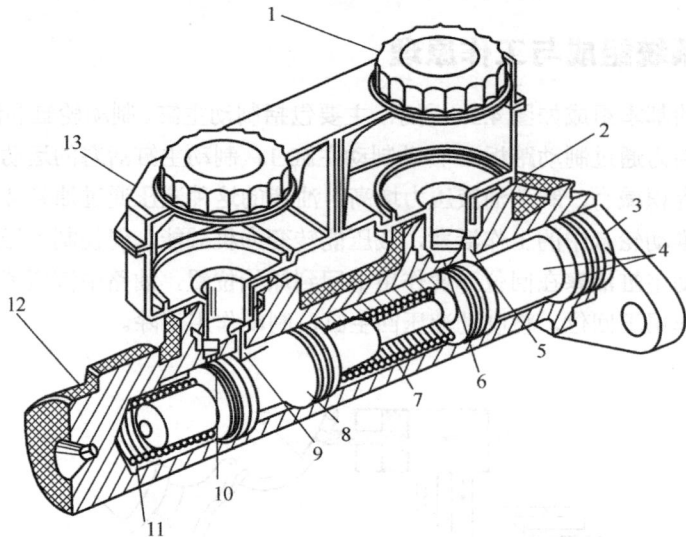

图 4.3.5　双活塞主缸结构示意图

1—盖；2—补偿孔密封圈；3—推杆座；4—第一活塞；5—补偿孔；6—旁通孔；7—第一活塞回位弹簧；8—第二活塞；
9—第二活塞补偿孔；10—旁通孔；11—第二活塞回位弹簧；12—缸体；13—储液罐

　　主缸内活塞的形状如图 4.3.6 所示，它的中间比较细，一端有密封圈，防止制动液泄漏，另一端是带有皮碗的活塞头，皮碗有柔性唇缘紧贴在主缸壁上，皮碗的柔性唇缘既可以密封活塞前面腔中的制动液，也能弯曲让活塞后腔中的制动液通过周边流向前腔，如图 4.3.7 所示。

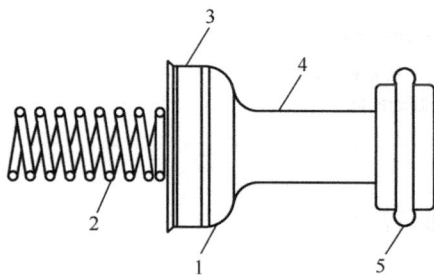

图 4.3.6　制动主缸活塞示意图

1—活塞头；2—弹簧；3—皮碗；4—线轴区；5—密封圈

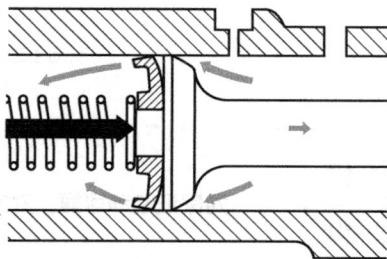

图 4.3.7　皮碗变形使制动液流过

　　制动时，驾驶员踩制动踏板，推杆向前推动主缸活塞，活塞带动皮碗一起向前移动。当补液孔被盖住时，具有一定压力的制动液体将被输送到车轮制动器，使制动器工作。解除制动后，主缸内的回位弹簧迫使活塞迅速移回原位，活塞移动的速度快于制动液流回主缸的速度，为了避免在活塞移动时，在其前腔产生低压区，而影响活塞的回位速度，必须在活塞移动时，适时地为活塞前腔补充制动液。图 4.3.7 所示为向低压区补充制动液的通道，图 4.3.8 所示为储液罐中的制动液通过排液孔流到活塞后腔。

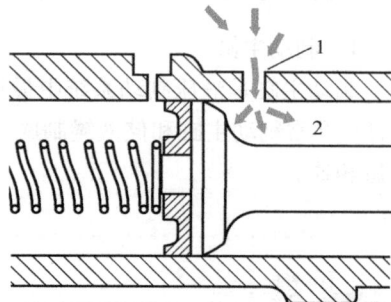

图 4.3.8　制动液流向活塞后腔

1—排液孔；2—活塞后腔

活塞回到静止位置后，制动液通过补充孔充满活塞前腔，皮碗再次密封住活塞头部。

排液孔的另一个作用是：当车轮制动器磨损，需要更多的制动液补充时，储液罐中的制动液可从排液孔、活塞头部、皮碗流到活塞前腔自动补偿需要的制动液量。

双活塞主缸的储液罐有两个独立的储液室，分别为两个液压回路提供制动液。主缸体内有两个串联的活塞，每个活塞上方都有补液孔和排液孔，提供两个独立的液压回路。两个活塞不是刚性连接，而是通过回位弹簧连接。踩下制动踏板时，推杆向前移动，使第一个活塞向前移动，活塞前端的油液是不可压缩的，因此推动第二个活塞移动，当两个活塞分别关闭各自的补液孔时，具有压力的制动液通过两个系统把力传递到制动器。

2. 制动轮缸

制动轮缸的功能是将主缸传来的液力转变为使制动蹄张开的机械推力。由于车轮制动器的结构不同，轮缸的数目和结构形式也不同，通常分为双活塞式和单活塞式两类轮缸。

想一想

哪种制动器需要使用双活塞式？哪种制动器需要使用单活塞式？

图 4.3.9 所示为双活塞式制动轮缸。缸体 3 用螺栓固定在制动地板上，缸内有两个活塞 4，两个刃口相对的密封皮碗 2 利用弹簧 1 压靠在活塞上，以保持两皮碗之间的进油孔畅通。活塞外端凸台孔内压有顶块 5 与制动蹄的上端抵紧。缸体两端的防护罩用以防止尘土和水分进入，以免活塞与缸体腐蚀而卡死。在缸体上方装有放气螺钉用以排放轮缸中的空气。

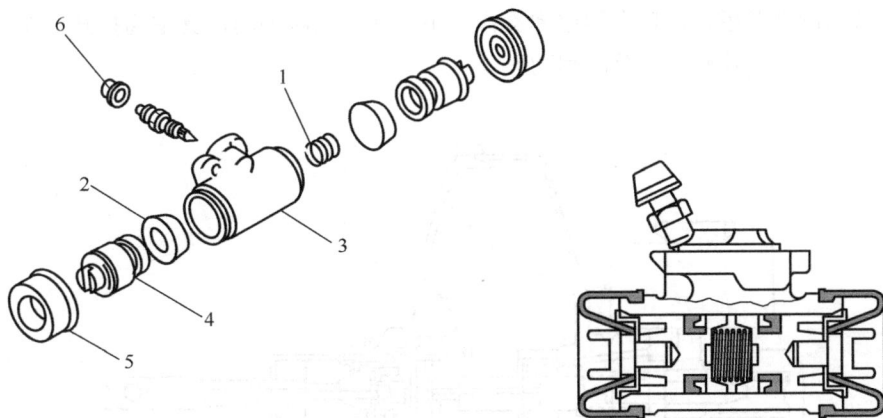

图 4.3.9　双活塞式制动轮缸
1—回位弹簧；2—密封皮碗；3—缸体；4—活塞；5—顶块；6—放气螺钉

四、真空助力式液压传动装置

目前，轿车上广泛采用真空助力器作为制动助力器，如图 4.3.10 所示。真空助力器通过螺栓装在转向盘前发动机盖下的车身上。其前部装有制动主缸，通过推杆与制动踏板连接。真空助力器内有膜片，将左、右壳体分成左气室和右气室。左气室通过单向阀接发动机进气歧管真空室，右气室经其上的制动阀和大气及左气室相通。

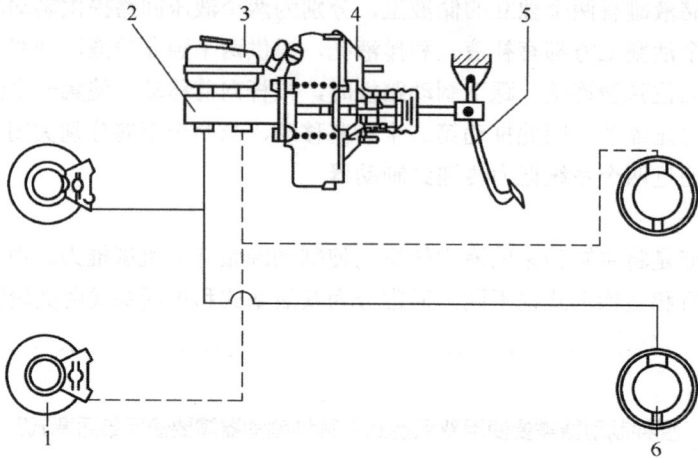

图 4.3.10　真空助力式液压传动装置

1，6—车轮制动器；2—双腔制动主缸；3—储液罐；4—真空助力器；5—制动踏板

　　未制动时右气室和左气室相通，并与发动机进气歧管真空室相通，和外界大气不通，膜片在弹簧作用下靠向右壳体，如图 4.3.11 所示。制动时，制动推杆克服弹簧力左移，并通过制动阀柱塞推动膜片，使顶杆和后活塞左移，制动主缸产生一定液压。同时，真空阀与阀座接触而封闭左、右气室通道，空气阀开启，右气室与大气接通，如图 4.3.12 所示。由于左、右气室的压力差产生助力作用，放松制动踏板，推杆在回位弹簧作用下，使空气阀关闭，真空阀打开，左、右气室相通并与真空室相通。膜片回位，解除制动。

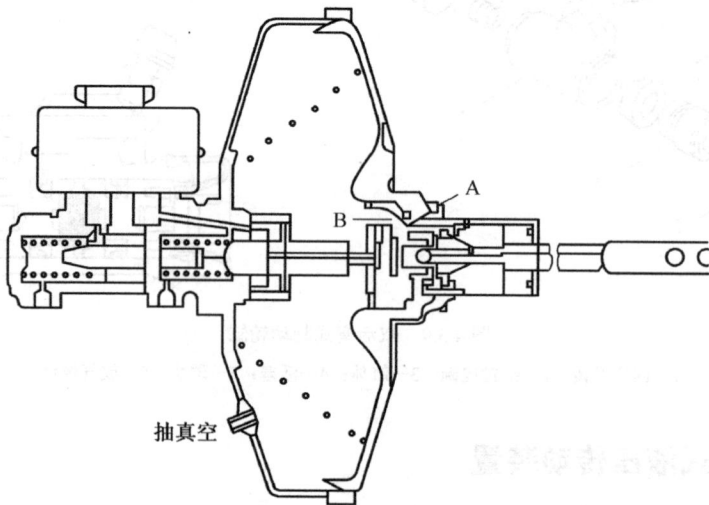

抽真空

图 4.3.11　真空助力器没工作时

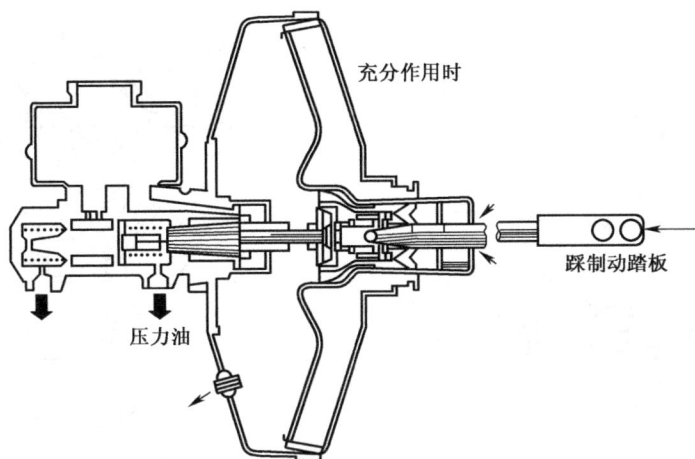

图 4.3.12　真空助力器工作时

课题实施　制动液更换和制动系统放气

步骤一　更换制动液。

更换制动液时，应选择原厂制动液。大众公司制动液型号为 NQ52760XO。制动液应每两年更换一次，如果不到两年，但汽车行驶里程超过 50 000km，也应更换制动液。

制动液有毒和强腐蚀性，不可与油漆接触。制动液具有吸湿性，即它能吸收周围空气中的水分，因此要将它保存在封闭的容器中。

制动液储液罐位于发动机罩内制动主缸上方，制动液罐表面刻有"Max"和"Min"标记，应注意检查液面高度。正常工作时，液面应始终保持在"Max"和"Min"标记之间，汽车制动摩擦片磨损而自动调整引起制动液面略有下降是正常的。若短时间内出现制动液面显著下降或低于"Min"标记，则可能是制动系统有渗漏，应立即检查，排除故障后方可行驶。

步骤二　制动系统放气。

（1）使用专用放气装置 VW1238/1 放气。首先接通 VW1238/1 放气装置，按规定顺序打开放气螺栓，如图 4.3.13 所示，然后排出制动轮缸中的气体，用专用排液瓶盛放排出的制动液。

制动系统放气顺序为右后轮→左后轮→右前轮→左前轮。

提示　放气时，一般从最远端制动轮缸开始。

（2）不用 VW1238/1 放气装置放气。

① 将一根软管的一端接到放气螺钉上，另一端插入排液瓶，如图 4.3.14 所示。

② 一人用力迅速踩下制动踏板，并缓慢放松，如此反复数次后，踩下制动踏板，并保持一定高度不动。

③ 另一人拧松放气螺钉，管路中的空气随制动液顺胶管排出制动系统，排出空气后再将放气螺钉拧紧。

④ 重复上述步骤多次，直至容器中制动液无气泡为止。

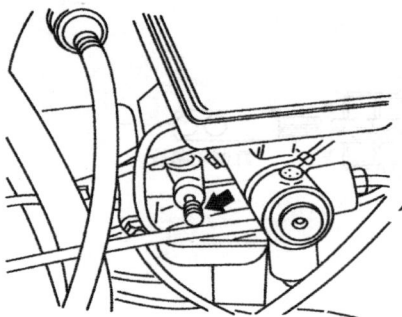

图 4.3.13 用专用装置进行制动系统放气

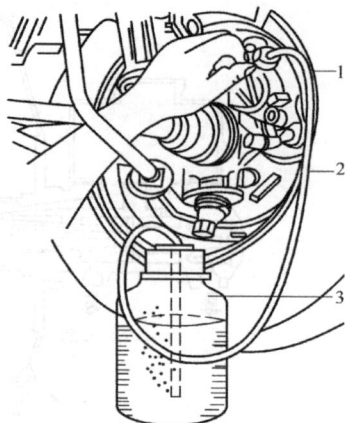

图 4.3.14 液压制动系统放气
1—放气螺钉；2—放气管；3—排液瓶

⑤ 观察储液罐制动液面高度，必要时添加制动液。

拓展训练 制动器踏板的拆卸与调整

训练一 制动踏板和制动助力器的拆卸

（1）用鲤鱼钳拆下回位弹簧。

（2）拆下锁片，取下制动踏板。必要时将制动踏板夹在台虎钳上，用冲子顶出支撑套。

（3）拆下推力杆上的销子和锁片，拆下制动助力器推力杆上叉头，使制动主缸助力器与制动踏板分离。

（4）松开踏板支撑架上的紧固螺母，向下旋出支撑架。

训练二 制动踏板自由行程的检查与调整

检查制动踏板自由行程时，用手轻轻压下踏板，直到手感到明显变重时，测出这段行程量，其值应不大于 45mm，如果不符合规定，可松开制动主缸助力器上推力杆的螺母，通过旋动叉头来调整推力杆长度，从而调整制动踏板自由行程。调整时要保证踏板有效行程为 135mm，总行程不小于 180mm，如图 4.3.15 所示。

> **提示** 制动踏板行程大小应不受附加地毯厚度影响。

步骤一 测量制动踏板自由行程。

制动踏板自由行程的检查是在发动机熄火状态下进行。先踩下制动踏板数次，直到真空助力装置内没有真空。然后，踩下踏板到感觉到有阻力时，测量自由行程。

步骤二 调整制动踏板自由行程。

自由行程调整分两步：先调整控制杆使其移动到与助力装置的空气阀接触为止，然后再调整助力装置推杆与主缸活塞接触为止。

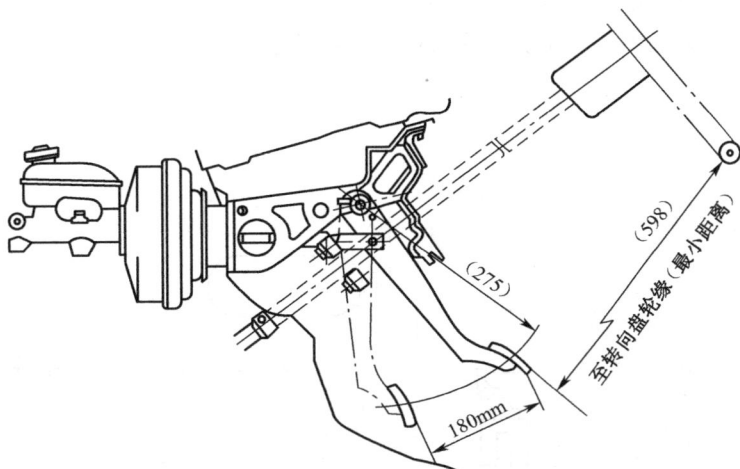

图 4.3.15　制动踏板行程调整

课题小结

（1）液压制动系统是利用制动油液，将制动踏板力转换为油液压力，通过管路传至车轮制动器，再将油液压力作用到制动块或蹄上，产生制动作用。

（2）为使制动安全可靠，汽车液压制动系统都采用双管路双回路系统。双管路双回路液压制动系统即有两套独立的液压回路。

（3）制动主缸是液压制动系统的主要部件，其作用是将驾驶员的人力转换为制动液的油压。

（4）目前，轿车上广泛采用真空助力器作为制动助力器。

作业测评

（1）液压制动传动装置由哪些零部件组成？

（2）制动主缸由哪些零件组成？

（3）制动轮缸由哪些零件组成？

（4）解释双管路双回路液压制动系统。

课题四　检修气压制动传动系统

以发动机的动力驱动空气压缩机作为制动器制动能源，而驾驶员的体力仅作为控制能源的制动系统称为气压制动传动系统。

基础知识

一、气压制动传动系统的组成

与液压制动传动系统相同，气压制动传动系统也有双管路气压制动传动系统和单管路气压制动传动系统。单管路气压制动传动系统由于安全原因，目前已很少采用。双管路气压制动传动系统主要由控制部分和气源部分组成，如图4.4.1所示。控制部分包括制动阀、双腔制动阀等，气源部分包括制动气室、调压器、气压表、放水阀、安全阀等。

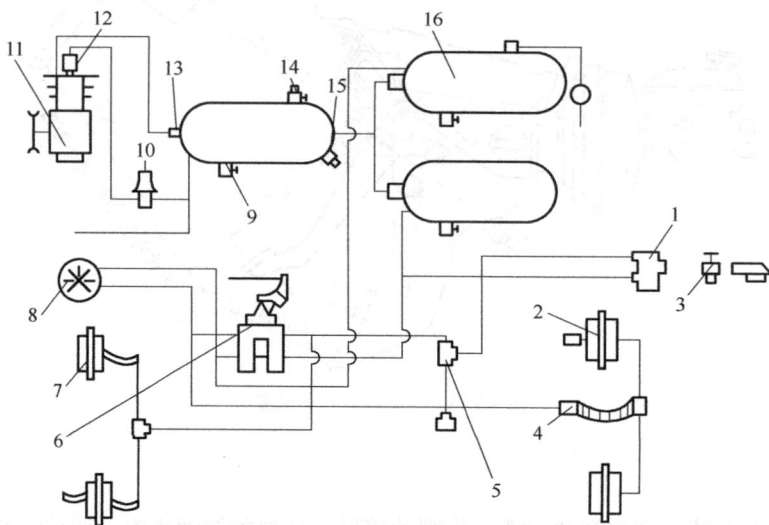

图4.4.1 双管路气压制动传动系统

1，6—制动控制阀；2，7—制动气室；3—分离开关；4—快放阀；5—双通单向阀；
8—气压表；9—放水阀；10—调压器；11—空气压缩机；12—卸荷阀；
13—单向阀；14—取气阀；15—安全阀；16—储气筒

二、气压制动传动系统工作原理

气压制动传动系统是用压缩空气作为动力源的动力，使车轮产生制动。驾驶员只需按不同的制动要求，控制踏板的行程，释放出不同数量的压缩空气，便可控制气压的大小来获得制动力。

制动过程：当驾驶员踩下制动踏板时，双腔制动阀切断各制动气室与空气的通道，并接通与压缩空气的通道，于是两个储气筒便各自独立经双腔制动阀向前、后制动气室供气，使前、后制动器产生制动。

解除制动过程：当驾驶员放松制动踏板后，在回位弹簧的作用下，前、后制动气室分别经双腔制动阀和快放阀与空气相通，与来自储气筒的压缩空气隔绝，车轮制动器的促动力消失，所有车轮制动器在车轮回位弹簧作用下回位，解除制动。

气压制动装置的主要特点是踏板行程较短，操纵轻便，制动力较大，消耗发动机的动力，结构复杂，制动不如液力式柔和。

想一想 根据气压制动传动系统的特点，这种制动系统适用哪类汽车？

三、气压制动传动系统中的主要部件

1．空气压缩机

图 4.4.2 所示为东风 EQ1090 型汽车用单缸空气压缩机，它固定于发动机一侧的支架上，由曲轴皮带盘通过三角皮带驱动。支架上有 3 道滑槽，可通过调整螺栓移动空气压缩机的位置，以调整皮带的松紧度。空气压缩机具有与发动机类似的曲柄连杆机构。铸铁制成的气缸体下端用螺栓与曲轴箱连接，缸体外铸有散热片。铝制气缸盖用螺栓紧固在气缸体上端面，其间装有密封缸垫。缸盖上有进、排气室，里面各装有一个方向相反的片状阀，用弹簧压紧于阀座上。排气阀经排气管与储气筒相通，进气阀经进气道与小空气滤清器相通。进气阀上方装有卸荷装置（卸荷室和卸荷阀），当储气筒气压达到规定值后，由调压器进入卸荷室，使卸荷阀下移，压开进气阀使空气压缩机卸荷空转。

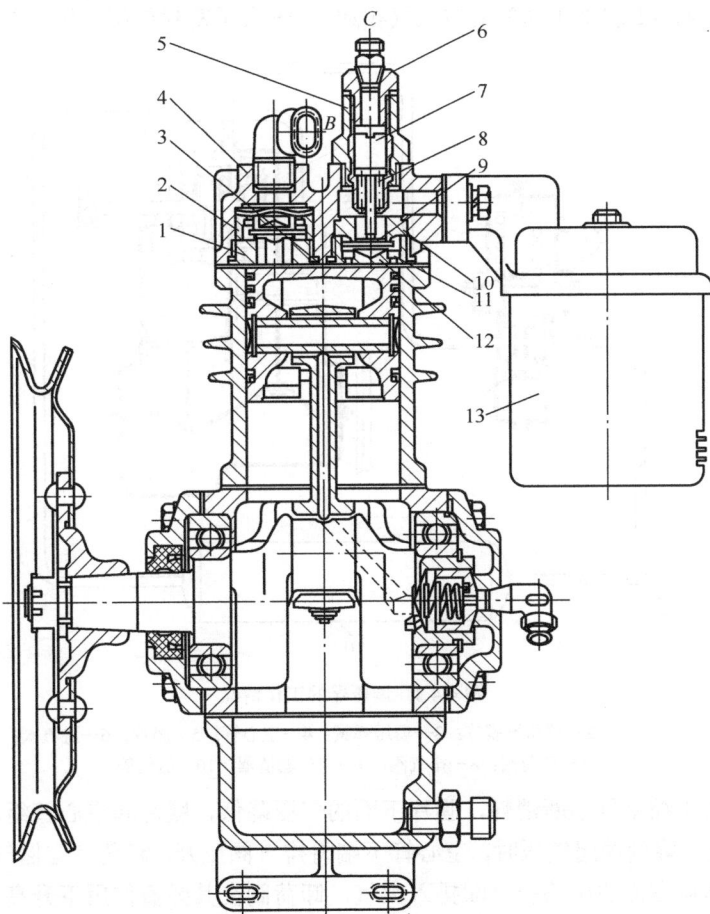

图 4.4.2　东风 EQ1090 汽车单缸空气压缩机

1—排气阀；2—排气阀导向座；3—排气阀门；4—缸盖；5—卸荷阀壳体；6—阀盖；7—卸荷阀；
8—弹簧；9—进气阀；10—进气阀座；11—进气阀门弹簧；12—进气阀门导向座；
13—空气滤清器；B—排气口；C—调压器控制压力输入口

2．调压器

调压器的作用是使储气筒内气压能控制在规定的范围内，同时使空气压缩机能卸荷空转，减小发动机的功率损失。

调压器的连接方式通常有两种：并联和串联。并联是把调压器与空气压缩机和储气筒并联，如东风 EQ1090、解放 CA1091 型汽车均采用这一连接方式；串联是将调压器串联在空气压缩机和储气筒之间，如 JN162 型汽车采用这一连接方式。图 4.4.3 所示为调压器的工作原理。当储气筒内气压低于规定值时，膜片 2 下腔气压较低，不能克服调压弹簧 3 的预紧力，膜片连同空心管 4 被调压弹簧压到下极限位置，空心管下端面紧压着排气阀，并将它推离阀座。此时，由储气筒至卸荷室的通路被隔断，卸荷室与大气相通，卸荷阀 7 在最高位置，进气阀 6 处于密封状态，空气压缩机对储气筒正常充气。当储气筒气压达到规定值时（CA1091 汽车为 800～830kPa），膜片下方气压便克服了调压弹簧 3 的预紧力而推动膜片 2 上拱，空心管 4 和排气阀也随之上移，直到排气阀压靠阀座，切断卸荷室与大气的通路，并且空心管下端面也离开排气阀，而出现一相应的间隙。此时，卸荷室即与储气筒相通，压缩空气便经气管进入卸荷室，同时压下两卸荷阀和进气阀，使两气缸相通（EQ1090 汽车是与大气相通），失去了密封作用，停止泵气并卸掉了载荷。

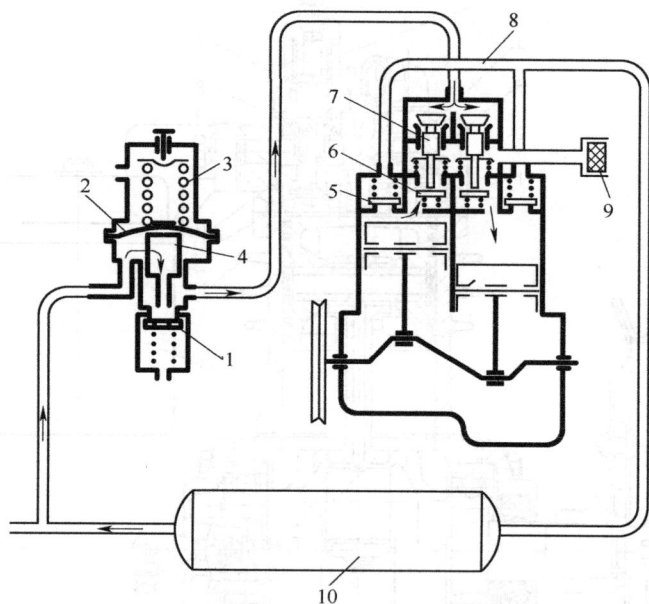

图 4.4.3 调压器的工作情况

1—排气阀；2—调压器膜片；3—调压弹簧；4—空心管；5—膜片；6—进气阀；
7—卸荷阀；8—排气阀；9—空气滤清器；10—储气筒

随着储气筒内压缩空气不断消耗，膜片下面的气压降低，膜片和空心管组即在调压弹簧作用下相应下移。当气压降到关闭气压时，空心管下端将排气阀压开，卸荷室与储气筒的通路被切断，而与大气相通，卸荷室内的压缩空气即排入大气，卸荷阀在其弹簧作用下升高，进气阀又恢复正常工作，空气压缩机又恢复了对储气筒正常供气。

3．制动控制阀

制动控制阀用来控制由储气筒进入制动气室和挂车制动控制阀的压缩空气量，并有渐进变化的随动作用，以保证作用在制动器上的力与加于制动踏板上的力成正比。制动控制阀的结构形式很多，工作原理类似，其结构随汽车所用管路系统的不同，可分为单管路单腔式、双管路双腔式或三腔式。图 4.4.4 所示为双腔串联活塞式制动控制阀（解放 CA 141 型汽车采用）的工作情况示意图。

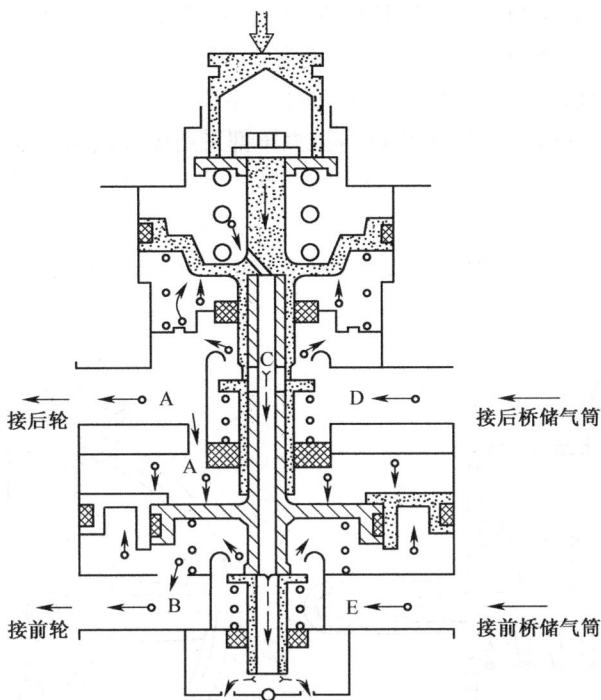

图 4.4.4 双腔串联活塞式制动控制阀的工作情况（制动状态）

不制动时，上下活塞和芯管在其回位弹簧作用下，处于腔室上端的极限位置。两阀腔的两用阀门的进气阀都处于关闭状态，芯管和阀门间存在着排气间隙，使控制管路通过排气间隙、中空的芯管和排气阀与大气相通。制动时，拉臂通过滚轮、推杆、平衡弹簧首先使上活塞及其芯管下移，消除了上阀门的排气间隙后，排气阀即关闭，进而推开进气阀。后桥储气筒的压缩空气便首先自通气口 D 进入通气口 A，充入后桥制动气室，同时，经节流孔进入上活塞下腔，使上平衡气室的气压平稳增长，从而使制动气室的气压上升的快于平衡气室；另一方面还通过通气孔进入下活塞的上腔室，推动大小活塞和芯管下移，关闭排气阀，打开进气阀使前桥储气筒的压缩空气经通气口 E 进入通气口 B，充入前桥制动一气室。由于下阀排气间隙较上阀大，所以下进气阀开启的比上进气阀较晚，故前桥充气稍滞后后桥。维持制动时，与单腔式的原理一样。开始在进气过程中，平衡弹簧被不断压缩，当上活塞上、下压力达到平衡时，上阀门即处于"双阀关闭"的平衡状态。与此同时，在进气过程中，下活塞上、下腔的气压均逐渐增高。但由于下腔没有节流孔，故其活塞下腔气压升高得较快，待下腔气压的作用引力和回位弹簧张力的合力稍大于上腔气压对下活塞的作用力时，大、小活塞开始上移，进而处于"双阀关闭"的平衡状态。这样，上、下两个活塞虽大小不等，但两控制管路内却保持着相等的与踏板行程相适应的稳定气压。可见，两腔室活塞平衡位置的协调，与两腔室的储气筒气压是否平衡有很大关系。放松制动时，与单腔式雷同，上芯管先上移，上排气阀打开，后桥制动气室的压缩空气先经排气间隙和芯管上的横孔 C 进入芯管；随后，因下活塞上腔气压的降低，下活塞和芯管便向上，打开下排气阀，前桥制动气室的压缩空气也经排气间隙，经下阀门内孔与后桥制动气室的压缩空气一起冲开排气阀的膜片排入大气。

4．制动气室

制动气室的作用是将输入的空气压力转变为转动制动凸轮的机械力，使车轮制动器产生制动力矩。制动气室可分为膜片式和活塞式两种。膜片式制动气室结构简单，但膜片寿命较短，行程较小（不大于 40mm），制动器间隙稍有变化，就需要调整。活塞式制动气室的活塞行程大，推力不变，使用中不必频繁地调整制动器间隙，活塞工作寿命也较长。但其结构较复杂，成本较高，多用于重型汽车。解放 CA141、东风 EQ140 等型汽车都采用膜片式制动气室，它们的结构都相同。图 4.4.5 所示为东风 EQ140 型汽车制动气室。夹布橡胶膜片 3 的周缘用卡箍 10 夹紧在壳体 6 和盖 2 的凸缘之间。盖与膜片之间的腔室为工作气室，借橡胶软管与制动控制阀接出的钢管连通，膜片的右方则与大气相通，回位弹簧 5 通过推杆 8 上的支撑盖 4 将膜片推到紧靠盖的极限位置。推杆的右端借连接叉 9 与制动器的制动臂相连。

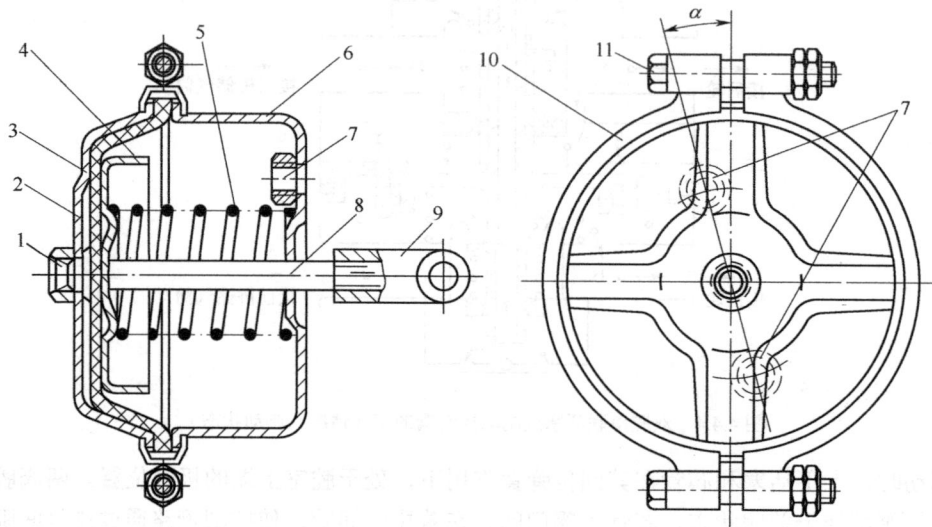

图 4.4.5　东风 EQ140 型汽车膜片式制动气室
1—通气孔；2—盖；3—膜片；4—支撑盖；5—回位弹簧；6—壳体；7—固定螺栓；
8—推杆；9—连接叉；10—卡箍；11—螺栓

制动时，由制动控制阀来的压缩空气从通气孔 1 充入工作气室，使膜片向右拱曲，将推杆推出，推动制动臂和制动凸轮转动从而实现制动。放松制动时，工作气室中的压缩空气经制动控制阀（或快放阀）泄入大气中，膜片在弹簧的作用下回位而解除制动。

课题实施　**车轮制动器间隙调整**

操作一　车轮制动器间隙局部调整

步骤一　检查推杆行程，当推杆行程超过 40mm 时，即应进行局部调整，以减少制动间隙。

步骤二　局部调整制动器，拧动调整臂上的蜗杆，在推杆长度不改变的前提下，使凸轮轴转过一定的角度，以改变制动间隙。

操作二　车轮制动器间隙全面调整

步骤一　将车桥支起，车轮离地。取下制动器上的检视孔盖。

步骤二　松开制动蹄支撑销的固定螺母，转动制动蹄支撑销，使两个销端的标记朝内相对，即两制动蹄支撑端互相靠近。

步骤三　分别向外旋转两支撑销，使两制动蹄完全与制动鼓贴合，车轮转不动为止。拧紧制动蹄支撑销固定螺母，并将锁母锁紧。

步骤四　将蜗杆轴拧松 3 响～4 响(1/2 转～2/3 转)，制动鼓应能转动而无摩擦、拖滞现象。

步骤五　检查制动间隙：一般支撑端为 0.25～0.40mm；凸轮端为 0.40～0.55mm；同一端两蹄之差不大于 0.1 mm。通入压缩空气后，制动气室推杆的行程一般为 25±5mm。

若上述检查不符合规定，应重新调整。

提示

应一个车轮一个车轮调整，直至全部调完。

课题小结

（1）气压制动传动系统是重型货车常采用的一种制动装置。

（2）气压制动传动系统主要由空气压缩机、调压阀、制动阀、制动气室、单向阀等组成。

（3）气压制动传动系统有单管路和双管路两种类型。出于安全考虑，货车都采用双管路系统。

作业测评

（1）比较气压制动传动系统与液压制动传动系统的异同点。

（2）气压制动传动系统主要由哪些部件组成？试根据相互之间关系画出草图。

课题五　认识电子控制防抱死制动系统

汽车 ABS（Auto-Lock Brake System）是指防抱死制动系统，在汽车制动过程中，自动调节车轮的制动力，防止车轮抱死，从而获得最佳的制动性能，减少交通事故。

基础知识

一、电子控制防抱死制动系统（ABS）组成及工作过程

1．ABS 组成

ABS 是由电子控制单元（ECU）、制动压力调节装置、传感器（车速传感器、轮速传感器和减速度传感器）以及常规制动装置组成。在不同的 ABS 系统中，电子控制单元的内部结构和控制逻辑可能不尽相同，制动压力调节装置的结构形式和工作原理也往往不同。图 4.5.1 所示为一种较为典型的汽车 ABS 系统结构图，从图中可以看出，在汽车的每个车轮上各安装了一个车轮转速传感器，将各个车轮的转速信号输入给电子控制单元，电子控制单元根据各车轮转速传感器输入的信号对各个车轮的运动状况进行分析判断，并形成相应的控制指令，发送给制动压力调节装置。

制动压力调节装置主要由调压电磁控制阀总成、电动泵总成、储液器等组成，通过制动管路与制动主缸和各制动轮缸相连。制动压力调节装置受电子控制单元的控制，对各制动轮缸的制动压力进行调节。

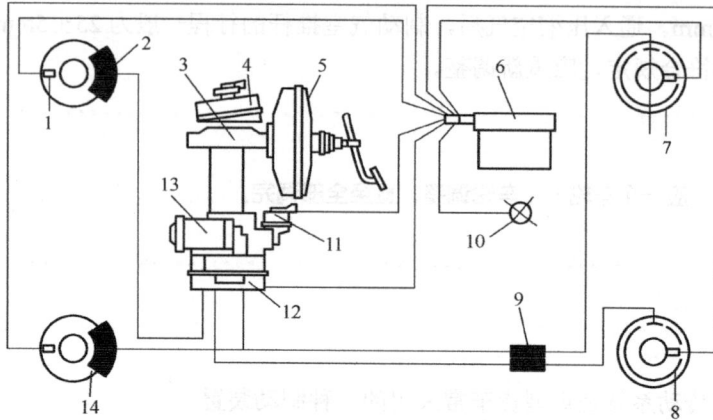

图 4.5.1　典型的 ABS 系统结构图

1—车轮转速传感器；2—右前制动器；3—制动主缸；4—储液室；5—真空助力器；6—电子控制装置；
7—右后制动器；8—左后制动器；9—比例阀；10—ABS 警示灯；11—储液器；
12—调压电磁阀总成；13—电动泵总成；14—左前制动器

在正常工作时，所有 ABS 系统都和传统的制动系统相似。在强力制动时，ABS 根据车轮的速度调节通向每个车轮的制动液压力。

2．ABS 工作过程

制动系统的工作有两个过程，一个是常规制动过程，当汽车在良好路面上正常制动时，由于没有侧滑出现，汽车制动按前面介绍的制动系统工作过程进行。当汽车在湿滑路面制动或紧急制动，车轮出现侧滑时，制动系统进入 ABS 制动压力调节过程。

（1）在常规制动阶段，ABS 并不介入制动压力控制，调压电磁阀总成中的各进液电磁阀均不通电而处于开启状态，各出液电磁阀均不通电而处于关闭状态，电动泵也不通电运转，制动主缸至各制动轮缸的制动管路均处于畅通状态，而各制动轮缸至储液器的制动管路均处于封闭状态，各制动轮缸的压力将随制动主缸的输出压力而变化。此时的制动过程与一般制动系统的制动过程完全相同。

（2）ABS 工作阶段。当制动出现抱死侧滑趋势时，ABS 通过使趋于抱死车轮的制动压力循环往复地经历保持—减小—增大过程，而将趋于抱死车轮的滑移率控制在峰值附着力系数滑移率的范围内，直至汽车速度减小到很低或者制动主缸的输出压力不再使车轮趋于抱死时为止，一般制动压力调节循环的频率可达 3～20Hz。在 4 通道 ABS 系统中对应于每一个制动轮缸各有一对进液和出液电磁阀，可由电子控制单元分别进行控制。因此，各制动轮缸的制动压力能够被独立地调节，从而使 4 个车轮都不发生制动抱死现象。

二、ABS 各零部件结构原理

1．车轮速度传感器

车轮速度传感器也叫轮速传感器或车轮转速传感器，它可以测出车轮与驱动轴共同旋转的齿圈数，然后产生与车轮转速成正比的交变信号。车轮速度传感器将车轮轮速信号传给 ABS 系统电控单元，电控单元通过计算决定是否开始或准确地进行防抱死制动，因此，车轮速度传感器十分重要。

常用的车轮速度传感器是磁脉冲式，磁脉冲式传感器是一种由磁通量变化而产生感应电压的装置，在每个车轮上安装一个，共 4 个，一般由磁感应传感头与齿圈组成。传感头是一个静止部件，通常由永久磁铁、电磁线圈、磁极等构成，安装在每个车轮的托架上。齿圈是一个运动部件，一般安装在轮毂上或轮轴上与车轮一起旋转。传感头与齿圈之间的间隙很小，通常只有 0.5～1mm，多数车轮转速传感器的间隙是不可调的。设置在车轮处的车转速度传感器感应的是相应车轮的转速，它在车轮上的安装位置如图 4.5.2 所示。

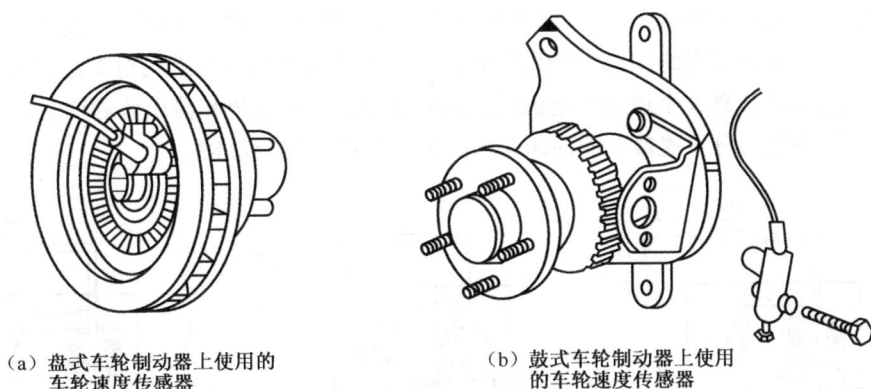

（a）盘式车轮制动器上使用的
车轮速度传感器

（b）鼓式车轮制动器上使用
的车轮速度传感器

图 4.5.2　车轮速度传感器在车轮上的安装位置

2．ABS 电子控制单元

ABS 系统电子控制部分可分为电子控制器（ECU）、ABS 控制模块、ABS 计算机等，以下简称 ABS ECU。ABS ECU 是 ABS 系统的"大脑"，其作用是接收来自于车轮速度传感器的感应电压信号计算出车轮转速，车轮的加、减速度，车轮滑移率，并对这个信号进行分析后，向制动压力调节器发出制动压力控制指令。

ABS ECU 主要由输入级电路、计算电路、输出级电路、安全保护电路等几个基本电路组成。ECU 是 ABS 系统的控制中心，它的本质是微型数字计算机，一般是由两个微处理器和其他必要电路组成的、不可分解修理的整体单元，计算机的基本输入信号是 4 个轮速传感器送来的信号，输出信号是给制动压力调节器的控制信号、输出的自诊断信号和输出给 ABS 故障指示灯的信号，如图 4.5.3 所示。

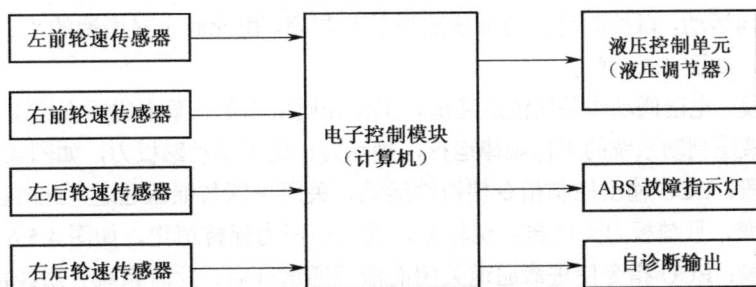

图 4.5.3　ABS ECU 工作过程

想一想

当 ABS 故障指示灯亮，表明 ABS 系统有故障时，还有制动吗？

3. ABS 执行元件——压力调节装置

ABS 执行系统的功能是在 ECU 控制指令驱动下自动调节系统压力，以获得预期的控制效应。根据控制系统工作介质的不同，执行系统压力调节装置分为液压式和气压式两种基本类型。

现代车辆液压制动系统 ABS 一般采用循环式压力调节方式。该方式是利用改变制动轮缸中参与工作的介质数量来调节系统压力。循环式 ABS 压力调节装置的基本组成与工作原理，如图 4.5.4 所示，其关键元件是具有 3 个通道的电磁阀：进液通道、出液通道和泄压旁通通道。进液通道与总泵连接，出液通道与分泵连接，而泄压旁通通道则与储液容器连接。

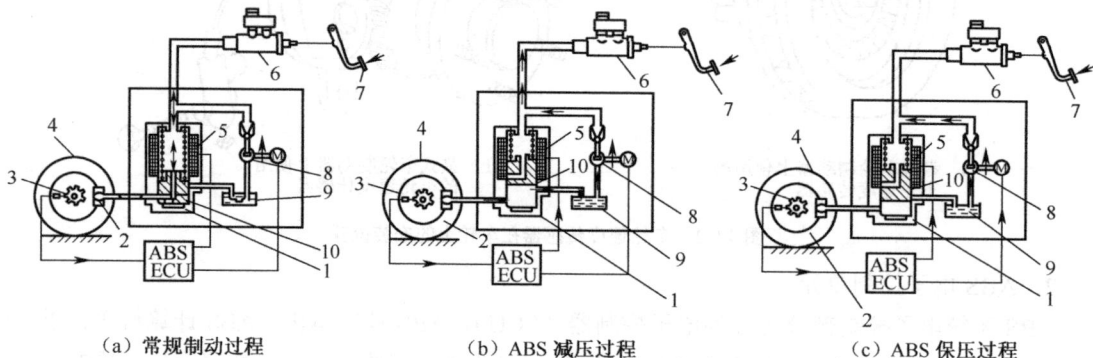

（a）常规制动过程　　　　（b）ABS 减压过程　　　　（c）ABS 保压过程

图 4.5.4　循环式 ABS 压力调节装置基本组成与工作原理

1—电磁阀；2—制动分泵；3—车轮转速传感器；4—车轮；5—电磁阀线圈；
6—制动总泵；7—制动踏板；8—电动泵；9—储油器；10—柱塞

其基本原理是：驾驶员踩制动踏板对介质施加作用力，该作用力通过电磁阀传递至分泵。ECU 指令可以使电磁阀产生相应动作，控制电磁阀进液与泄压旁通通道的开闭，即可切断压力传递路线或者减少工作介质的数量，实现压力自动调节。如前所述，ABS 控制过程必须具备 3 个工作状态：增压、保压与减压。电磁阀接收到的 ECU 控制指令一般由高、低电平（"二位"），或高、中、低（"三位"）电平脉冲信号组成。电磁阀中的电磁线圈依据信号占空比或电平产生磁力，使衔铁按相应规律做径向运动，以控制进液与泄压通道的开与闭。由此而定义所谓的"二位三通"与"三位三通"电磁阀，如图 4.5.5 所示。

（1）增压阶段：电磁阀动作关闭泄压通道，工作介质从制动总泵电磁阀直接流向制动轮缸，此时系统按照普通液压制动系统的工作规律运行，制动力正比于制动踏板力，如图 4.5.6（a）所示。

（2）保压阶段：ECU 输出控制指令使衔铁运动，关闭进压与泄压通道，此时由于参与工作的介质数量保持不变，且踏板力无法传递至轮缸，通道中压力保持恒定，如图 4.5.6（b）所示。

（3）减压阶段：ECU 指令使进液通道关闭而泄压通道开启，此时系统介质经由泄压通道与回流管路进入储能器，使轮缸压力降低，如图 4.5.6（c）所示。

（a）二位三通电磁阀　　　　　　　（b）三位三通电磁阀

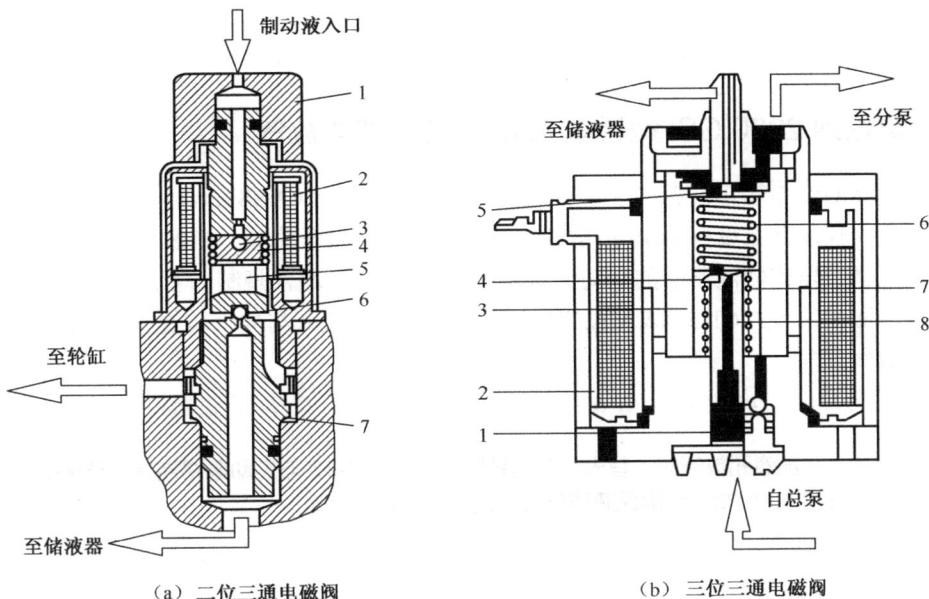

图 4.5.5　电磁阀基本构造

（a）：1—阀盖；2—电磁线圈；3—第一球 w 阀；4—弹簧；5—衔铁；6—第二球阀；7—阀体

（b）：1—限压阀；2—电磁线圈；3—衔铁；4—进液阀；5—回液阀；6—副弹簧；7—主弹簧；8—阀座

（a）常规制动及增压　　　　　　　　　　　（b）保压

（c）减压

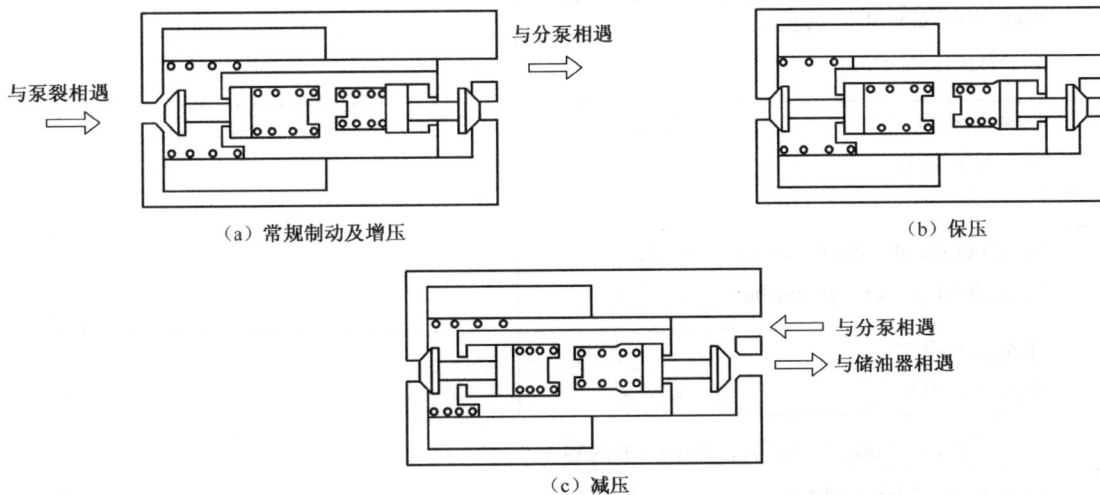

图 4.5.6　电磁阀工作过程

各个阶段 ECU 发出的指令脉冲形式，如图 4.5.7 所示。

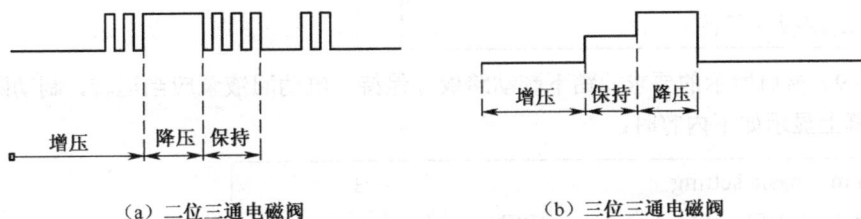

（a）二位三通电磁阀　　　　　　　　　（b）三位三通电磁阀

图 4.5.7　电磁阀控制脉冲

课题实施

操作一　桑塔纳 2000 GSi 型轿车 ABS 系统加液与放气

桑塔纳 2000GSi 型轿车装备的 MK20-I 型防抱死制动系统（ABS），具有故障监测与自诊断测试功能。在组合仪表台上设有 ABS 指示灯，行车前接通点火开关时，ABS 将进入自检状态。

更换液压调节器或储液器中的制动液泄漏尽之后，除了按照常规制动管路进行加液放气之外，必须借助故障测试仪 V.A.Gl551 或 V.A.Gl552 和专用制动液注入与放气装置 V.A.Gl238-13 对 ABS 进行加液和放气。

> 提示　加液和放气时，首先将专用装置 V.A.Gl238-13 与制动管路连接，充液压力调节到不超过 100kPa，以确保液压调节器充分放气。

步骤一　基本设定。

（1）进入诊断测试"功能选择"。在测试仪屏幕上显示输入"功能选择代码"时，输入"基本设定"的功能选择代码"04"，并按"Q"键确认，显示屏上显示出（7）、（8）窗口内容：

Test of vehiele system　　Q
04—Basic setting
车辆系统测试　　　　　　确认
04—基本设定

························（7）

Introduction of basic settmg　　HELP
Enter display group humber　　×××
进入基本设定　　　　　　帮助
输入显示组号　　　　　　×××

························（8）

输入显示组号"001"，屏幕上显示如下内容：

System in basic settmg　　　　1
Depress pedal and nold
基本设定　　　　　　　　1
踩下制动踏板并保持

························（9）

（2）按（9）窗口所示的要求，踏下制动踏板并保持，电动回液泵应当运转，制动踏板有回弹感觉。当屏幕上显示如下内容时：

System in basic settmg　　　　　　1
Rel.pedal；FR/FL bleed screw OPEN　（→）

·················（10）

基本设定	1
放松踏板；拧松右前/左前制动钳放气螺钉（→）	

（3）按"→"键，此时电动回液泵应当运转，屏幕上将显示出（11）和（12）窗口内容。等待 10s 后，踩制动踏板 10 次，并将右前/左前制动钳放气螺钉拧紧。

System in basic setting	2
Please wait …… （10secs）	
基本设定	2
请等待……（10s）	

·····················（11）

System in basic setting	2
Depress pedal 10x；bleed screw CLOSED （→）	
基本设定	2
踩踏板 10 次；拧紧右前/左前制动钳放气螺钉（→）	

·····················（12）

（4）重复上述的第（2）步至第（3）步操作过程 7 次，然后按"→"键，当屏幕显示窗口（13）、（3）所示的放气时，输入"结束输出"的功能选择代码"06"，并按"Q"键确认，退出测试状态。

System in basic setting	17
Partial bleeding ended	
基本设定	17
部分放气结束	

·····················（13）

步骤二　制动系统放气。

断开点火开关，拆下故障测试仪，然后再按常规制动管路放气方法进行放气。

提示　制动液不可流入线路插头。加液完毕试车时，必须保证 ABS 系统至少工作 1 次。

操作二　用 V.A.G1551 故障诊断仪对 PASSAT1.8ABS 进行故障查询

PASSAT1.8ABS 系统具有故障监测与自诊断测试功能。在组合仪表台上设有 ABS 指示灯，行车前接通点火开关时，ABS 将进入自检状态。当 ABS 指示灯常亮不灭时，应该用 V.A.G1551 故障诊断仪进行故障查询，操作步骤如下。

步骤一　直观检查。

检查内容包括：轮胎尺寸、轮胎气压、制动灯开关、液压管路车轮轴承及轴承间隙、ABS 控制单元线束插头是否正常，供电电压不能低于 10.5V。

步骤二　连接 V.A.G1551 故障诊断仪。

断开点火开关，将换挡杆座防尘套取下，将 V.A.G1551 故障诊断仪与诊断口连接。打开点火开关，诊断仪屏幕显示如下：

```
Test of vehicle systems          HELP
Insert address word XX
```

```
汽车系统测试                     帮助
输入地址指令 XX
```

步骤三　故障查询。

（1）输入地址"03"，制动电子系统，屏幕显示如下：

```
Test of vehicle systems          Q
03 break electronics
```

（2）按"Q"键确认，屏幕显示如下：

```
汽车系统测试                     确认
03  制动电子系统
```

```
1J0907379 Q ABS/EDS 20IE CAN 0001
→
```

```
1J0907379 Q ABS/EDS 20IE CAN 0001
→
```

1J0907379 Q　　控制单元零件号
ABS/EDS 20IE　　ABS 产品型号
CAN 0001　　　CAN 版本号
WSC XXXXX　　维修站代码

（3）按"→"键屏幕显示如下：

```
Test of vehicle systems          Q
Select function XX
```

```
汽车系统测试                     确认
选择功能 XX
```

（4）输入"查询故障存储"功能选择代码"02"，按"确认"键，屏幕显示如下：

```
Test of vehicle sestems          Q
02-interogale fault memory
```

```
汽车系统测试                     确认
02-查询故障存储
```

（5）按"确认"键后，在屏幕上出现所存储的故障数量，或者未发现故障。

```
      X faults recognissed          →
```

发现 X 个故障	→

或

No faults recognissed	→

未发现故障	→

（6）按"→"键，所显示的故障依次显示出来。故障显示完毕后，按"→"键返回初始位置。

Test of vehicle systems	HELP
Select function XX	

汽车系统测试	帮助
选择功能 XX	

步骤四　如果发现故障，按以下步骤进行。

（1）排除故障。

（2）查询故障存储（功能 02）。

步骤五　清除故障存储，输入"清除故障存储"功能选择代码"05"。

步骤六　结束输出，输入"结束输出"功能选择代码"06"。

步骤七　关闭点火开关，拔下诊断插头。

课题小结

（1）ABS 是由电子控制单元（ECU）、制动压力调节装置、传感器（车速传感器、轮速传感器和减速度传感器）以及常规制动装置组成。

（2）ABS 系统的作用是通过对制动力调节，防止汽车制动时发生侧滑。

（3）ABS 进行制动力调节工作过程为 3 个阶段：制动压力增大、制动压力保持和制动压力减小。

（4）对于有 ABS 系统的液压制动系统的放气与普通液压制动系统放气是不同的，要通过诊断仪对其进行放气。

作业测评

（1）ABS 主要功能有哪些？

（2）循环式制动压力调节器的工作原理是什么？

（3）ABS 常采用的传感器是什么类型？它给 ECU 提供什么信号？

 # 模块小结

该模块重点学习知识：汽车制动系的组成、作用及分类方法。鼓式制动器和盘式制动器的结构特点、工作原理。液压制动传动系的组成，双管路双回路液压制动系统主要部件结构、原理。

主要掌握操作技能：鼓式制动器和盘式制动器的检修，液压制动传动系统的维护与调整。

综合练习

一、填空题

（1）汽车制动系一般至少由_____和_____两套独立系统组成。

（2）制动系一般由_____和_____两个主要部分组成。

（3）鼓式制动器的制动蹄张开时的旋转方向（逆时针方向）与制动鼓的旋转方向相同是_____蹄；制动蹄张开时的旋转方向（顺时针方向）与制动鼓的旋转方向相反是_____蹄。

（4）盘式制动器有_____和_____两种类型。

（5）相对于盘式制动器来说，鼓式制动器的特点是：造价低，制动力稳定性_____，在不同路面上制动力变化很大，_____掌控，制动效能_____。

二、选择题

（1）单就制动器的制动效能讲，产生最大制动力矩的是（　　）。

　　A．自动增力式制动器　　　　　　　　B．简单非平衡式制动器

　　C．单向助势平衡式制动器　　　　　　D．双向助势平衡式制动器

（2）简单非平衡式制动器在汽车前进或后退制动时，其制动力（　　）。

　　A．一样　　　　　　B．不一样　　　　　　C．前进时大　　　　　　D．后退时大

（3）采用液压制动装置的汽车，当驾驶员将踏板踩到一点位置不动时，则主缸中（　　）。

　　A．回油阀、出油阀均开　　　　　　　B．回油阀开、出油阀关

　　C．回油阀、出油阀均关　　　　　　　D．回油阀关、出油阀开

（4）气压制动传动装置中调压器的两个管接头，应与（　　）连接。

　　A．空气压缩机和储气筒　　　　　　　B．空气压缩机和制动控制阀

　　C．卸荷阀和储气筒　　　　　　　　　D．空气压缩机和单向阀

（5）真空助力器作用于（　　）。

　　A．主缸推杆上　　　　　　　　　　　B．制动踏板上

　　C．主缸通向轮缸的管路上　　　　　　D．辅助缸的活塞上

（6）盘式制动器摩擦块的磨损量为（　　）。

　　A．0.5mm　　　　　　B．1.0mm　　　　　　C．1.5mm　　　　　　D．2.0mm

（7）（　　）制动钳的制动器其轮缸布置在制动盘的两侧，为双向轮缸。外侧的轮缸散热差，热负荷大，油液易汽化膨胀，制动热稳定性差。

　　A．定钳盘式　　　　　　B.浮钳盘式　　　　　　C.平衡式

（8）钳盘式制动器的特点有：散热能力强；抗水衰退能力强；（　　）发生间隙自调过度问题；（　　）助势作用。

　　A．易、有　　　　　　B．不易、无　　　　　　C．不易、有

三、判断题

（1）汽车行车制动装置可使汽车迅速减速或在最短距离内停车。　　　　　　　　　　（　　）

（2）简单非平衡式制动器，其前、后制动蹄的制动效能是不等的，其原因是因为两蹄的摩擦

片长度不相等造成的。 （　　）

（3）自动增力式制动器的制动蹄，其摩擦片的长片应装在前制动蹄上。 （　　）

（4）与鼓式行车制动器相比，盘式行车制动器的蹄片与制动盘之间的间隙较小，因此缸也较小。 （　　）

（5）采用双管路制动传动装置，无论液压式或气压式都是前轮先制动，后轮后制动。 （　　）

（6）调压器是用来限制供气管路中的压缩空气压力的，以便储气筒内的气压保持在规定的范围内。 （　　）

（7）真空增压器在维持制动时，控制油压与大气压平衡，以维持双阀关闭。 （　　）

（8）液压制动系放气，先从主缸开始，再从离主缸最远的轮缸由远至近放气。 （　　）

参 考 文 献

[1] 李春明，焦传君. 汽车构造[M]. 北京：北京理工大学出版社，2008.

[2] 陈家瑞. 汽车构造[M]. 北京：机械工业出版社，2003.

[3] 张为春. 汽车构造[M]. 北京：机械工业出版社，2001.

[4] 李晓. 汽车底盘构造与维修[M]. 北京：高等教育出版社，2004.

[5] 齐峰. 汽车电工[M]. 北京：电子工业出版社，2006.

[6] 张力新. 桑塔纳 2000 系列轿车维修手册[M]. 北京：机械工业出版社，1999.